BUR
Rizzoli

Dello stesso autore in BUR Rizzoli

A scuola di futuro
Essere leader
(con Richard E. Boyatzis e Annie McKee)
Focus
La forza del bene
La forza della meditazione
Intelligenza ecologica
Intelligenza emotiva
Intelligenza sociale
Leadership emotiva
Menzogna, autoinganno, illusione
Lo spirito creativo
(con Michael Ray e Paul Kaufman)

Daniel Goleman

Lavorare con intelligenza emotiva

Come inventare un nuovo
rapporto con il lavoro

BUR
Rizzoli

Pubblicato per

BUR
Rizzoli

da Mondadori Libri S.p.A.
Proprietà letteraria riservata
© 1995 by Daniel Goleman
© 1998 RCS Libri S.p.A., Milano
© 2016 Rizzoli Libri S.p.A. / BUR Rizzoli, Milano
© 2018 Mondadori Libri S.p.A., Milano

ISBN 978-88-17-11878-1

Titolo originale dell'opera:
Working with Emotional Intelligence

Traduzione di Isabella Blum

Prima edizione Rizzoli: 1998
Prima edizione BUR: 2000
Ventiduesima edizione Best BUR: settembre 2019

Seguici su:

Twitter: @BUR_Rizzoli   www.bur.eu   Facebook: /RizzoliLibri

Lavorare con intelligenza emotiva

A coloro che mi hanno mostrato che cosa significa lavorare con l'intelligenza emotiva:

....

i miei genitori, Fay e Irving Goleman

mio zio, Alvin M. Weinberg

il mio maestro, David C. McClelland

Ringraziamenti

Le idee che mi hanno portato a scrivere questo libro hanno attinto da molte fonti. Una delle principali fu una serie di conferenze tenute con mia moglie Tara Bennett-Goleman, stimolate dall'esserci dovuti sorbire insieme molte frustranti riunioni di lavoro e, in particolare, quelle dei consigli d'amministrazione di cui facevamo parte. Spesso avevo la percezione che, per qualche motivo, le cose proprio non andassero. In queste riunioni, Tara riusciva a sintonizzarsi sulle correnti emotive che scorrevano sotto la superficie e a identificare quali distraessero il gruppo deviandone le energie e impedendogli di fare il suo lavoro.

Tara e io cominciammo a lavorare a quello che divenne poi il libro *Intelligenza emotiva*. Il pensiero e il lavoro di Tara stanno ora dando i loro frutti in un libro suo, in corso di stesura. Mia moglie mi è stata vicina in ogni passo di questo viaggio intellettuale.

Un'altra importante fonte del pensiero che si riflette in queste pagine fu il mio compianto amico David C. McClelland, già mio professore all'Università di Harvard. La sua percezione idealista della natura della competenza e la sua appassionata ricerca della verità mi sono state per molto tempo d'ispirazione, e gran parte delle prove su cui ho fondato le mie argomentazioni risalgono alle sue ricerche. La notizia della morte di David, proprio mentre stavo finendo questo libro, mi ha rattristato profondamente.

Sono stato aiutato da molti amici dell'ufficio di Boston della Hay/McBer (la compagnia fondata da McClelland con David Berlew, ora mio consulente d'affari): James Burrus, suo presidente; Mary Fontaine, vice presidente e general manager; Ruth Jacobs, consulente senior; Jason Goldner e Wei Chen, ricercatori.

Richard Boyatzis, responsabile dei programmi di training per alti dirigenti presso la Weatherhead School of Management della Case Western Reserve University, già presidente della Hay/McBer, collega di David C. McClelland, e mio buon amico fin dai tempi della scuola di specializzazione ad Harvard, mi è stato di immenso aiuto. I suoi libri, *The Competent Manager* e *Innovation in Education*, rappresentano un'affermazione ormai classica dell'importanza delle competenze emotive e delle prassi ottimali per coltivarle. Richard ha generosamente condiviso con me anni di dati sulla competenza, come pure moltissime intuizioni e la sua ricca esperienza; per me è davvero un piacere lavorare con lui nella mia nuova avventura, gli Emotional Intelligence Services.

Lyle Spencer, direttore della ricerca e della tecnologia alla Hay/McBer, è stato una ricca fonte di dati e conoscenze sulle competenze degli individui superiori e sul loro valore ai fini della prestazione delle organizzazioni. Il libro di cui è coautore, *Competence at Work*, rimane un testo definitivo per i professionisti che operano nel campo.

Marilyn Gowing, direttrice del Personnel Resources and Development Center presso lo U.S. Office of Personnel Management, mi è stata di valido aiuto soprattutto nel momento in cui mi ha messo a parte della sua ricerca pionieristica sul ruolo della competenza emotiva nella prestazione individuale e collettiva.

Desidero esprimere una particolare gratitudine agli altri miei colleghi del Consortium for Research on Emotional Intelligence in the Workplace: il mio copresidente, Cary Cherniss, della Graduate School for Applied Psychology della Rutgers University; Robert Caplan, professore di psicologia delle organizzazioni alla George Washington University; Kathy Kram, direttrice del proramma MBA per alti dirigenti presso la School of Management della Boston University; Rick Price, dell'Institute for Social Research della Michigan University; e Mary Ann Re, nella Human Resources Governance presso la AT&T. Rob Emmerling e Cornelia Roche, ricercatori del Consortium, hanno fornito un'assistenza preziosa nel vagliare la letteratura sulle ricerche riguardanti il training e lo sviluppo. Gli specializzandi di Maurice Elias alla Rutgers University hanno compiuto un'indagine preliminare sul terreno di ricerca.

Il mio profondo apprezzamento va al Fetzer Institute per il sostegno offerto al lavoro del Consortium, e per il suo continuo interesse sulle iniziative riguardanti l'intelligenza emotiva.

I miei colleghi Rita e Bill Cleary, Judith Rogers e Thérèse Jacobs-Stewart, presso gli Emotional Intelligence Services, sono stati preziosi nell'evolvere le applicazioni pratiche che scaturiscono dalla mia analisi sull'intelligenza emotiva nell'ambiente di lavoro.

Ho un debito intellettuale con Claudio Fernández-Aráoz dell'ufficio di Buenos Aires della Egon Zehnder International, che con la sua generosità di spirito, il suo acuto intelletto e la sua prodigiosa energia ha arricchito questo libro. Le conversazioni con lo staff della Egon Zehnder International — compreso il direttore generale Daniel Meiland, il managing director Victor Loewenstein e lo stesso

Egon Zehnder, che è stato un pioniere nella creazione di un'organizzazione dotata di intelligenza emotiva — sono state utilissime al mio studio.

Altri che hanno generosamente condiviso con me le proprie idee sono Warren Bennis, professore di amministrazione aziendale alla USC; John Seely Brown, scienziato capo presso la Xerox Corporation; Ric Canada, direttore dello sviluppo della leadership e dell'organizzazione presso il settore telefonia cellulare della Motorola; Kate Cannon, direttrice dello sviluppo della leadership presso la American Express Financial Advisors; Richard Davidson, direttore del Laboratory for Affective Neuroscience presso la Wisconsin University; Margaret Echols e Meg O'Leary, della Coopers and Lybrand; Susan Ennis, responsabile dello sviluppo alti dirigenti alla BankBoston; Joanna Foster, della British Telecom; Howard Gardner, professore dell'Università di Harvard; Robert E. Kelley, della Carnegie-Mellon University; Phil Harkin, presidente della Linkage; Judith Hall, psicologa della Northeastern University; Jed Hughes della Walter V. Clarke Associates; Linda Keegan, vicepresidente per lo sviluppo degli alti dirigenti alla Citibank; Fred Kiehl, presidente della KRW Associates di Minneapolis; Doug Lennick, vicepresidente esecutivo alla American Express Financial Advisors; Mark Loehr, managing director presso la Salomon Smith Barney; George Lucas, direttore generale della LucasFilm; Paul Robinson, direttore dei Sandia National Laboratories; Deepak Sethi, della Thomson Corporation; Erik Hein Schmidt, direttore generale della Rangjyung Yeshe Publications; Birgitta Wistrund, del Parlamento svedese; Nick Zeniuk, degli Interactive Learning Labs; Vega Zagier del Tavistock Institute di Londra; Shoshana Zuboff, della Harvard Business School; e Jim Zucco della Lucent Technology.

Rachel Brod, mia principale assistente nella ricerca, ha rintracciato gli studi di cui avevo bisogno per fondare questo libro sui dati più aggiornati. Miranda Pierce, analista responsabile dei miei dati, ha analizzato centinaia di modelli di competenza per valutare il potere dell'intelligenza emotiva nel determinare l'eccellenza sul lavoro. Robert Buchele, professore di economia allo Smith College, ha effettuato un'analisi parallela sui dipendenti federali e ha fornito altre utili ricerche in campo economico.

David Berman, consulente informatico per eccellenza, ha gestito tempestivamente le crisi fornendo il suo supporto tecnico. Rowan Foster, mio assistente, ha fatto in modo che la mia vita professionale andasse avanti anche quando il lavoro di scrittura assorbiva tutto il mio tempo.

La mia più profonda gratitudine va alle centinaia di uomini e donne, sparsi in aziende grandi e piccole di tutto il mondo, che mi hanno messo a parte delle loro esperienze, delle loro vicende e dei loro pensieri. Molti sono citati in queste pagine con il proprio nome, ma molti altri, molti di più, restano anonimi. Questo libro deve loro gran parte delle sue intuizioni su ciò che significa lavorare con l'intelligenza emotiva.

PARTE PRIMA
Oltre l'expertise

1

Il nuovo criterio

Le regole del lavoro stanno cambiando. Oggi siamo giudicati secondo un nuovo criterio: non solo in base a quanto siamo intelligenti, preparati ed esperti, ma anche prendendo in considerazione il nostro modo di comportarci verso noi stessi e di trattare con gli altri. Questo nuovo metro viene applicato sempre più spesso quando si deve scegliere chi assumere e chi no, chi licenziare e chi riconfermare, chi scavalcare e chi promuovere.

Le nuove regole consentono di prevedere chi ha maggiori probabilità di eccellere e chi è più soggetto a perdersi lungo il cammino. Indipendentemente dal settore in cui lavoriamo, poi, esse misurano aspetti fondamentali per la definizione della nostra futura vendibilità sul mercato del lavoro.

Questo potente metro di giudizio ha ben poco a che fare con tutto ciò che a scuola ci fu presentato come importante; ai fini di questo standard, infatti, le capacità scolastiche sono in gran parte irrilevanti. La nuova misura di eccellenza dà per scontato il possesso di capacità intellettuali e di conoscenze tecniche sufficienti a svolgere il nostro lavoro. Invece, punta principalmente su qualità personali, come l'iniziativa e l'empatia, la capacità di adattarsi e di essere persuasivi.

Non si tratta di una moda passeggera, né della panacea del momento in campo di management; i dati che suggeriscono di prendere sul serio questa nuova misura del successo sono stati raccolti nell'ambito di studi che hanno coinvolto migliaia e migliaia di persone dedite a professioni di ogni genere. Oggi la ricerca individua con una precisione senza precedenti le qualità che fanno di un individuo un elemento capace di eccellere. Questa ricerca dimostra che le capacità umane di cui parleremo costituiscono la maggior parte degli ingredienti necessari per eccellere sul lavoro, e in particolare nella leadership.

Se lavorate in una grande organizzazione, è probabile che già adesso siate valutati proprio in base a queste capacità, sebbene forse non lo sappiate. Se state facendo domanda per ottenere un lavoro, probabilmente verrete esaminati e osservati attraverso queste nuove lenti; anche in tal caso, tuttavia, nessuno ve lo dirà in termini così espliciti. Indipendentemente dal tipo di lavoro che fate, comprendere il modo di coltivare queste capacità potrà rivelarsi essenziale per avere successo nella vostra carriera.

Se fate parte di un gruppo direttivo, dovete riflettere per capire se la vostra organizzazione si comporta in modo da alimentare queste competenze — o se invece le svilisce e le scoraggia. Nella misura in cui esse sono favorite dal clima che si respira nel vostro ambiente di lavoro, l'organizzazione sarà efficace e produttiva, e voi potrete ottimizzare l'intelligenza del vostro gruppo e l'interazione sinergica dei suoi migliori talenti individuali.

Se lavorate in proprio o per una piccola organizzazione, la vostra capacità di eccellere dipenderà in grandissima misura dal possedere queste abilità — sebbene quasi certamente a scuola non ve ne avranno mai parlato. Ciò nondimeno, la vostra carriera dipenderà — in misura maggiore o minore — da quanto sarete riusciti a impadronirvi di tali capacità.

In un'epoca che non offre alcuna garanzia di lavoro sicuro, nella quale il concetto stesso di «lavoro» viene rapidamente sostituito con quello di «capacità esportabili» da un contesto all'altro, queste sono le principali abilità che ci rendono — e ci mantengono — impiegabili sul mercato. Sono ormai decenni che si parla in modo alquanto inconcludente di queste capacità, che hanno ricevuto moltissime denominazioni — da «carattere» a «personalità», «capacità *soft*», «competenze». Ora che comprendiamo con maggior precisione questi talenti umani, esiste un nuovo termine per far riferimento ad essi: intelligenza emotiva.

Un modo diverso di essere intelligenti

«All'istituto tecnico avevo la media più bassa», mi racconta il co-amministratore di una società di consulenza. «Ma nell'esercito, quando andai alla scuola per allievi ufficiali, ero il primo del corso: lì dipendeva tutto da come ti comportavi, dal tuo modo di saper trattare con gli altri, dalle tue capacità di lavorare in team e di assumere la leadership di un gruppo. E questo è esattamente quel che riscontro nel mondo del lavoro.»

In altre parole, ciò che oggi conta davvero è un modo diverso di essere intelligenti. Nel mio libro del 1995, *Intelligenza emotiva*, mi ero concentrato principalmente sull'educazione, sebbene anche allora avessi trattato, in un breve capitolo, le implicazioni dell'intelligenza emotiva nell'ambiente di lavoro e nelle organizzazioni.[1]

Quel che mi colse completamente di sorpresa — e che mi fece un grandissimo piacere — fu l'ondata di interesse dimostrato dal mondo del lavoro. Rispondendo a una marea di lettere, fax, e-mails e telefonate, richieste di colloqui e consulenze, mi ritrovai imbarcato in un'odissea di portata planetaria, impegnato a parlare con centinaia e centinaia di persone — dai direttori generali alle segretarie — su ciò che significa arricchire il proprio lavoro con l'intelligenza emotiva.

Più volte mi sentii ripetere quello che finì per diventare un ritornello familiare. Persone come il consulente di successo con la bassa media scolastica mi raccontavano di aver scoperto come, ai fini dell'eccellenza sul lavoro, importasse di più possedere l'intelligenza emotiva che non l'abilità tecnica o le nozioni che si apprendono a scuola. Mi sentii dire che il mio libro aveva consentito di parlare, chiaramente e senza timore, dei costi che l'inettitudine emotiva comporta per le aziende, e di mettere in discussione una concezione limitata delle capacità utili sul lavoro, secondo la quale la-competenza-tecnica-è-tutto. Costoro credevano di aver trovato un nuovo modo di considerare ciò che desideravano nella propria organizzazione.

Certe persone mi hanno parlato con straordinaria sincerità di questioni che vanno ben oltre l'area scandagliata dal radar delle PR aziendali. Altre mi hanno raccontato che cosa *non* funziona (nel libro, i racconti sull'inettitudine emotiva sono riportati senza rivelare l'identità della persona o dell'organizzazione). D'altra parte, molti mi hanno anche raccontato storie di successi, confermando quale valore pratico l'intelligenza emotiva possa avere sul lavoro.

E così cominciò l'indagine di due anni culminata nella scrittura di questo libro. Nell'impresa, diversi fili, rappresentati dai vari aspetti professionali della mia vita, si sono intrecciati a formare un unico tessuto. Fin dal principio mi sono avvalso dei metodi del giornalismo per scavare a fondo nei fatti ed esporre le mie conclusioni. Ho anche fatto ritorno alle mie radici di psicologo accademico, compiendo un'analisi approfondita delle ricerche che chiariscono il ruolo dell'intelligenza emotiva nelle prestazioni ad alto livello di individui, gruppi e organizzazioni. Ho eseguito personalmente, o commissionato ad altri, numerose analisi scientifiche sui dati raccolti presso centinaia di società, al fine di stabilire un metro preciso per la quantificazione del valore dell'intelligenza emotiva.

Questa indagine mi ha riportato al lavoro di ricerca al quale partecipai ad Harvard dapprima mentre mi stavo specializzando e poi come membro del corpo docente. Quello studio faceva parte di una sfida lanciata al mito del QI — quel concetto falso, e ciò nondimeno ampiamente accettato, secondo il quale, ai fini del successo, ciò che conta davvero è solo l'intelletto.

Quel primo lavoro contribuì a generare ciò che ora è diventato una mini-industria impegnata ad analizzare le reali competenze che assicurano il successo in attività e organizzazioni di ogni genere; i risultati sono sorprendenti — quando si tratta di determinare una prestazione lavorativa eccellente, il ruolo del QI si colloca al secondo posto dietro all'intelligenza emotiva.

Le analisi effettuate da decine di esperti in quasi 500 fra aziende, agenzie governative e organizzazioni non-profit sparse in tutto il mondo (analisi che il lettore troverà descritte nel Secondo Capitolo del libro) sono pervenute in modo indipendente a trarre conclusioni straordinariamente simili; i loro risultati sono particolarmente convincenti, in quanto non viziati dai pregiudizi o dai limiti insiti nel lavoro di un singolo individuo o di un singolo gruppo. Le loro conclusioni indicano tutte il ruolo fondamentale dell'intelligenza emotiva ai fini dell'eccellenza sul lavoro — praticamente in ogni settore.

Di certo, nel mondo del lavoro queste idee non sono nuove: il comportamento delle persone e il loro modo di stringere relazioni con gli altri è messo al centro in alcuni di quelli che sono considerati i classici della teoria del management. Ciò che è davvero nuovo sono i dati: oggi possiamo avvalerci di 25 anni di studi empirici che ci mostrano, con una precisione finora sconosciuta, quanto sia importante l'intelligenza emotiva ai fini del successo.

Ed ecco un altro filo del tessuto, un altro campo di interesse nella mia vita professionale: dai tempi della mia stessa ricerca nel campo della psicobiologia, per decenni ho seguito i risultati d'avanguardia ottenuti dalle neuroscienze. Quest'esperienza mi ha consentito di fondare il modello dell'intelligenza emotiva su quei risultati. Molti uomini d'affari sono tradizionalmente scettici riguardo alla psicologia «soft», o diffidenti nei confronti delle infinite teorie apparse e scomparse nel corso degli anni; tuttavia, le neuroscienze hanno ora reso trasparenti le motivazioni che spiegano la grande importanza dell'intelligenza emotiva. Gli antichi centri cerebrali che elaborano l'emozione sono la sede delle abilità necessarie per dominare efficacemente noi stessi e per acquisire destrezza sociale. Pertanto, queste abilità sono radicate nel nostro patrimonio ereditario al fine di consentirci sopravvivenza e adattamento.

Le neuroscienze ci insegnano che questi centri emotivi del cervello apprendono in modo diverso da quelli in cui hanno sede i processi di pensiero. Tale intuizione è stata fondamentale nello sviluppo di questo libro e mi ha indotto a mettere in discussione quello che, nelle aziende, si può considerare il buon senso comune nel campo del training e dello sviluppo.

In questa sfida, non sono solo. Negli ultimi due anni sono stato copresidente del Consortium for Research on Emotional Intelligence in the Workplace, un gruppo di ricercatori provenienti da scuole aziendali, dal governo federale e dall'industria. La nostra ricerca rivela deplorevoli carenze nel modo in cui le aziende formano il proprio personale relativamente ad abilità che vanno dalla capacità di ascoltare e dalla leadership alla costituzione di gruppi di lavoro e alla capacità di guidare il cambiamento.

La maggior parte dei programmi di training ha abbracciato un modello accademico, compiendo così un gravissimo errore che ha comportato lo spreco di milioni di ore e di miliardi di dollari. Quel che serve è un modello interamente nuovo di pensare a ciò che è necessario per aiutare le persone a potenziare la propria intelligenza emotiva.

Alcuni equivoci

Mentre viaggiavo per il mondo, parlando e consultandomi con persone che vivono diverse realtà aziendali, mi sono imbattuto in alcuni equivoci, peraltro diffusi, riguardanti l'intelligenza emotiva.

Lasciatemi dissipare fin dal principio alcuni di quelli più comuni. Tanto per cominciare, essere dotati di intelligenza emotiva non significa semplicemente «essere gentili»: anzi, in certi momenti strategici, questo tipo di talento può richiedere di non esserlo affatto, ma di mettere l'interlocutore, senza tanti complimenti, di fronte alla verità scomoda ma importante che sta cercando di evitare.

In secondo luogo, essere dotati di intelligenza emotiva non significa dar briglia sciolta ai sentimenti — metterli tutti in bella mostra — ma piuttosto controllarli così da esprimerli in modo appropriato ed efficace, tale da consentire una serena collaborazione finalizzata al raggiungimento di obiettivi comuni.

Inoltre, quando si tratta di intelligenza emotiva, non è vero che le donne siano più «dotate» degli uomini né, se è per questo, è vero il contrario. Relativamente a queste capacità, ciascuno di noi ha un profilo personale con i suoi punti di forza e le sue debolezze: alcuni di noi possono essere molto empatici, ma carenti di alcune abilità necessarie per gestire la propria sofferenza; oppure può darsi che, pur essendo perfettamente consapevoli del minimo cambiamento del proprio umore, altri individui siano socialmente inetti.

Uomini e donne, intesi come gruppi, tendono ad avere un profilo condiviso e specifico, caratterizzato da punti forti e punti deboli. Un'analisi dell'intelligenza emotiva effettuata su migliaia di uomini e donne ha rilevato che, in media, le donne sono più consapevoli delle proprie emozioni, dimostrano maggiore empatia e sono più abili dal punto di vista interpersonale.[2] Gli uomini, d'altro canto, hanno maggior fiducia in se stessi, sono più ottimisti e più capaci di adattarsi, e controllano lo stress meglio di quanto facciano le loro controparti femminili.

In generale, tuttavia, le somiglianze sono di gran lunga più numerose delle differenze; alcuni uomini sono empatici come le donne più sensibili, e certe donne riescono a sopportare lo stress in modo del tutto analogo agli uomini più elastici. La verità è che, in media, se si osservano i punteggi complessivi di uomini e donne, i punti di forza e i punti deboli tendono a livellarsi intorno a un valore medio, e pertanto, in termini di intelligenza emotiva complessiva, non esistono significative differenze di genere.[3]

Infine, il nostro livello di intelligenza emotiva non è fissato alla nascita né si sviluppa solo durante la prima infanzia. A differenza del QI, che va incontro a pochi cambiamenti una volta passata l'adolescenza, l'intelligenza emotiva sembra in larga misura appresa e continua a svilupparsi durante tutta la vita, via via che impariamo dall'esperienza: la nostra competenza in questo campo continua a migliorare.

Gli studi che hanno monitorato il livello di intelligenza emotiva di alcuni individui nel corso degli anni hanno dimostrato che essi miglioravano costantemente in queste capacità, diventando più abili a gestire le proprie emozioni e i propri impulsi, ad automotivarsi e a perfezionare l'empatia e la destrezza in ambito sociale. Esiste una parola un po' antiquata per descrivere questa crescita nell'intelligenza emotiva: è «maturità».

Intelligenza emotiva: la priorità trascurata

Sempre più aziende ritengono che l'incoraggiamento delle abilità che fanno capo all'intelligenza emotiva sia una componente vitale nella filosofia di gestione di qualsiasi organizzazione. «Non si compete più solo con i prodotti, ma anche con il modo di impiegare al meglio le risorse umane», mi disse un manager della Telia, l'azienda di telecomunicazioni svedese. E Linda Keegan, vicepresidente per il training e lo sviluppo degli alti dirigenti della Citibank, mi dichiarò:

«L'intelligenza emotiva è la premessa fondamentale di tutto il training indirizzato ai dirigenti».

È un ritornello che mi sono sentito ripetere in continuazione:

- Il presidente di uno stabilimento che dà lavoro a 100 persone nel campo dell'industria aerospaziale mi racconta che una delle principali aziende di cui è fornitore, la Allied Signal, pretendeva che lui e tutti i suoi dipendenti fossero addestrati a seguire l'approccio QC, ormai diffusissimo, che consiste nel discutere in gruppo i controlli di qualità e le procedure di fabbricazione. «Volevano che migliorassimo nel lavoro di squadra, e questo era fantastico», mi dice. «Ma noi lo trovammo difficile — come fai a essere un team se prima non cominci a essere un gruppo? E per cementarci come gruppo dovevamo potenziare la nostra intelligenza emotiva.»
- «Siamo stati molto efficienti ad aumentare la redditività con metodi come la riprogettazione e l'accelerazione del ciclo di lavorazione dei nuovi prodotti. Ma pur avendo ottenuto grandi successi, il grafico che descrive il nostro miglioramento si sta appiattendo», mi racconta un dirigente della Siemens AG, il grande gruppo tedesco. «Affinché la curva riprenda a salire, ci rendiamo conto che è necessario valorizzare il personale — massimizzare il nostro patrimonio umano. Per questo motivo stiamo cercando di rendere l'azienda più intelligente sul piano emotivo.»
- Un ex project manager della Ford Motor Company racconta di aver progettato un nuovo modello della Lincoln Continental usando i metodi sviluppati alla Sloan School of Management del MIT, per l'apprendimento nelle organizzazioni. Mi spiega come per lui venire a sapere dell'intelligenza emotiva sia stata una sorta di rivelazione: «Sono esattamemte le abilità che dovevamo potenziare per fare della nostra un'organizzazione efficiente capace di apprendere».

Un'inchiesta eseguita dalla American Society for Training and Development nel 1977, sulle prassi diffuse nelle principali società per la valutazione comparativa delle prestazioni, rivelò che — nel valutare queste ultime, come pure nella selezione del personale — quattro aziende su cinque stavano cercando in qualche modo di promuovere nei propri dipendenti abilità facenti capo all'intelligenza emotiva, nella maggior parte dei casi avvalendosi di programmi di training e sviluppo.[4]

Se è così, perché scrivere questo libro? Perché gli sforzi di molte organizzazioni, la maggior parte purtroppo, sono stati mal guidati e

19

hanno sprecato immense quantità di tempo, energie e denaro. Per esempio, come vedremo nella Parte Quarta del libro, lo studio più sistematico mai compiuto sull'utile ricavato dai capitali investiti nel training alla leadership rivelò che un seminario di una settimana, diretto ai massimi dirigenti e tenuto in ottima considerazione, aveva in realtà avuto un effetto leggermente *negativo* sulle loro prestazioni.

Le aziende si stanno rendendo conto che anche gli interventi formativi più costosi possono fallire, e che troppo spesso ciò effettivamente accade. E questa inettitudine si manifesta proprio quando l'intelligenza emotiva — negli individui e nelle organizzazioni — sta emergendo come l'ingrediente mancante nella ricetta della competitività.

Perché tutto questo conta proprio adesso?

In un'azienda californiana di biotecnologie, di nuova fondazione, il direttore generale mi mostra orgogliosamente gli aspetti che caratterizzano la sua organizzazione. Nessuno, lui incluso, ha un ufficio fisso: tutti dispongono invece di un piccolo PC portatile — il loro ufficio mobile, collegato con quello di tutti gli altri. Qui, le qualifiche solitamente usate per descrivere le mansioni sono irrilevanti; il personale lavora in team crossfunzionali e il luogo ribolle di energia creativa. I dipendenti lavorano normalmente 70-80 ore settimanali.

«E allora qual è il rovescio della medaglia?» gli chiesi.

«Non c'è nessun rovescio», mi assicurò lui.

E proprio qui stava l'errore. Quando potei parlare con i membri del suo staff, sentii la verità: a causa del ritmo di lavoro febbrile la gente si sentiva esaurita, derubata della propria vita privata. Sebbene potessero comunicare fra loro via computer, i dipendenti avevano la sensazione che nessuno li ascoltasse davvero.

Sentivano il disperato bisogno di contatti umani, di empatia, di poter comunicare apertamente.

Nel nuovo clima aziendale, improntato all'essenzialità, in cui ogni lavoro è fondamentale, queste realtà umane sono più che mai importanti. Il cambiamento imponente è una costante: le innovazioni tecniche, la crescente competizione a livello globale e le pressioni degli investitori istituzionali sono forze in continuo aumento che permettono il costante cambiamento.

C'è poi un'altra realtà che rende l'intelligenza emotiva ancora più fondamentale: quando le organizzazioni riducono il proprio organico in successive ondate di ridimensionamento, i dipendenti confermati sono investiti di maggiori responsabilità — e sono più visibili. Là dove una figura di medio livello poteva nascondere un temperamento irascibile o troppo timido con una certa facilità, ora contano più che mai — e sono più che mai visibili — competenze come la capacità di controllare le proprie emozioni, il saper ben gestire un incontro, l'essere in grado di lavorare in un team e l'avere doti di leadership.

Nei paesi più ricchi la globalizzazione della forza lavoro favorisce l'intelligenza emotiva. Per poter essere mantenuti, gli stipendi più elevati corrisposti in questi paesi dipenderanno da un nuovo tipo di produttività. E le soluzioni di tipo strutturale o i progressi di natura tecnologica non bastano: come nell'azienda di biotecnologie californiana, lo sveltimento dei processi o altre innovazioni spesso creano nuovi problemi la cui soluzione chiede a gran voce una maggiore intelligenza emotiva.

Con il modificarsi della realtà aziendale, cambiano anche le caratteristiche necessarie per eccellere. Dati relativi ai talenti di individui capaci di prestazioni lavorative eccellenti, raccolti nel corso di diversi decenni, dimostrano come due abilità — che negli anni Settanta contavano relativamente poco per avere successo — siano diventate più importanti che mai negli anni Novanta: una di esse è la capacità di formare un team; l'altra è l'abilità di adattarsi al cambiamento. Nei profili degli individui capaci di prestazioni straordinarie hanno cominciato a fare la loro comparsa capacità interamente nuove: in particolare quella di funzionare da catalizzatori del cambiamento e di far fruttare la diversità. Nuove imprese richiedono nuovi talenti.

La nuova paura e il rapido ricambio dei posti di lavoro

Un amico che lavora in una delle 500 aziende americane con il massimo fatturato annuo, nella quale sono appena stati licenziati migliaia di dipendenti, mi confida: «È stato terribile: moltissima gente che conoscevo da anni è stata messa alla porta, si è vista retrocedere o trasferire. È stato difficile per tutti. Io ho ancora il mio lavoro, ma non mi sento più lo stesso nei confronti dell'azienda».

«Sono qui da trent'anni, e in tutto questo tempo avevamo avuto la sensazione che, fintanto che avessimo lavorato decorosamente, la compagnia sarebbe stata dalla nostra parte. Poi, all'improvviso, ci dissero "Qui nessuno ha più il posto garantito".»

In effetti, sembra che nessuno abbia più il posto garantito *da nes-*

suna parte. Questi sono tempi difficili per chi lavora. La sensazione strisciante che nessuno abbia più un impiego davvero sicuro, nemmeno quando l'azienda per cui lavora è prospera, comporta il diffondersi della paura, dell'ansia e della confusione.

Volete un segno di questo crescente malessere? Una società americana di «cacciatori di teste», ossia specializzata nella ricerca di dirigenti ad alto livello, riferisce che più della metà delle chiamate per chiedere informazioni sui posti disponibili arriva da persone ancora impiegate, ma talmente timorose di essere sul punto di perdere il lavoro da aver già cominciato a guardarsi intorno per trovarsene un altro![5] Quando la AT&T cominciò a notificare il licenziamento ai primi dei 40.000 lavoratori che avrebbe lasciato a casa — in un anno in cui i suoi profitti toccarono la cifra record di 4,7 miliardi di dollari — emerse da un sondaggio che un terzo degli americani temeva che qualcuno della propria famiglia fosse sul punto di perdere il posto.

Tali paure persistono anche in un momento in cui l'economia americana sta creando più posti di lavoro di quanti ne vadano perduti. Questo rapido ricambio — quello che gli economisti chiamano eufemisticamente «flessibilità del mercato del lavoro» — è oggi un penoso dato di fatto della vita lavorativa. E questa nuova realtà fa parte di un fenomeno globale in continuo aumento, che sta avanzando in Europa, in Asia e in tutte le principali economie del mondo industrializzato. La prosperità non è una garanzia di lavoro; i licenziamenti procedono anche quando l'economia è in piena espansione. Come afferma Paul Krugman, un economista del MIT, questo paradosso è «il triste prezzo che dobbiamo pagare in cambio di un'economia dinamica come la nostra».[6]

C'è oggi una desolazione palpabile riguardo al nuovo scenario creatosi nel mondo del lavoro. «Noi lavoriamo in quella che equivale a una tranquilla zona di guerra» — così mi ha posto la questione un dirigente di medio livello impiegato presso una multinazionale. «Non c'è modo di offrire a un'azienda la tua fedeltà e di aspettarti che sarà contraccambiata. Perciò ognuno di noi sta diventando una sorta di microimpresa in proprio all'interno dell'azienda: devi essere in grado di far parte di un team, ma anche essere pronto ad andartene e a essere autosufficiente.»

Per molti lavoratori più anziani — i figli della meritocrazia, ai quali fu insegnato che l'istruzione e le capacità tecniche erano un biglietto sempre valido per il successo — ebbene, per costoro, questa nuova filosofia può costituire un vero e proprio shock. La gente si sta rendendo conto che per avere successo è necessario qualcosa di più dell'eccellenza intellettuale o della perizia tecnica, e che sul futuro mercato del lavoro, sempre più turbolento, se si vuole sopravvivere — e di certo per prosperare — occorre un altro tipo di capacità. Qualità interiori come l'elasticità e l'iniziativa, l'ottimismo e l'adattabilità, stanno oggi assumendo un nuovo valore.

Una crisi imminente: QI in ascesa, QE in calo

Dal 1918 — quando la prima guerra mondiale rappresentò l'occasione per il primo impiego di massa del QI sulle reclute dell'esercito americano — negli Stati Uniti il punteggio medio è salito di 24 punti e un crescendo simile è stato documentato nei paesi industrializzati di tutto il mondo.[7] Le ragioni di questo fenomeno spaziano dalla migliore alimentazione al fatto che un maggior numero di bambini riceve un'istruzione più completa ed è aiutato a padroneggiare le abilità spaziali dall'esistenza di videogiochi e altri rompicapi; infine, incidono anche le dimensioni più piccole delle famiglie, che generalmente, nei bambini, sono correlate a punteggi più elevati del QI.

Tuttavia, è in atto una tendenza tanto pericolosa quanto paradossale: via via che, stando ai punteggi del QI, i bambini diventano più abili intellettualmente, nella loro intelligenza emotiva si assiste a un declino. I dati più inquietanti provengono forse da un'inchiesta su vasta scala condotta interrogando genitori e insegnanti; essa dimostra come, rispetto a quella che l'ha preceduta, l'attuale generazione di bambini sia emotivamente più disturbata. In media, oggi i giovani crescono più soli e depressi, maggiormente inclini alla collera e indisciplinati, più nervosi e tendenti a preoccuparsi, disposti a cedere agli impulsi e all'aggressività.

Bambini statunitensi, di età compresa fra i sette e i sedici anni, raccolti in due gruppi randomizzati, furono valutati dai genitori e dagli insegnanti, ossia da adulti che li conoscevano bene. Il primo gruppo fu valutato a metà degli anni Settanta; il secondo, simile, verso la fine degli anni Ottanta.[8] In quel periodo di circa quindici anni, si era verificata una costante riduzione dell'intelligenza emotiva dei bambini. Sebbene i soggetti più poveri partissero in media da un livello più basso, la velocità di declino era altrettanto alta in tutti i ceti economici, nelle zone residenziali più abbienti e negli *slum* più poveri.

Il dottor Thomas Achenbach, lo psicologo dell'Università del Vermont che effettuò questi studi — e che ha collaborato con colleghi stranieri su valutazioni simili effettuate in altre nazioni — mi racconta che il declino riscontrato nelle competenze emotive fondamentali dei bambini sembra un fenomeno diffuso in tutto il mondo. I segni più eloquenti di questo declino sono rappresentati dalla crescente diffusione, fra i giovani, di problemi come l'assenza di prospettive e di speranza sul proprio futuro, l'alienazione, l'uso di droghe, il crimine, la violenza, la depressione o i disturbi del comportamento alimentare, le gravidanze non desiderate, i comportamenti rissosi e prepotenti e l'abbandono degli studi.

Tutto questo ha implicazioni assolutamente inquietanti per il mondo del lavoro: soprattutto fra le nuove leve, si riscontrano carenze crescenti nella sfera dell'intelligenza emotiva. La maggior parte dei bambini studiati da Achenbach alla fine degli anni Ottanta, entro il 2000 avrà un'età compresa fra i venti e i trent'anni. La generazione che segna il passo nell'intelligenza emotiva è proprio quella che oggi sta facendo il proprio ingresso nella forza lavoro.

Che cosa vogliono i datori di lavoro?

Un'inchiesta compiuta presso i datori di lavoro statunitensi rivela che più della metà dei loro dipendenti manca della motivazione necessaria per continuare a imparare e a migliorare. Quattro su dieci non sono in grado di lavorare cooperativamente con i colleghi; solo il 19 per cento di quelli che fanno domanda per un primo impiego ha abbastanza autodisciplina nel proprio stile di lavoro.[9]

Un numero crescente di datori di lavoro si lamenta della mancanza di abilità sociali nei nuovi assunti. Come mi disse un dirigente di una grande catena di ristoranti, «sono troppi i giovani che non riescono a sopportare le critiche — non appena qualcuno fa loro un'osservazione su ciò che stanno facendo, si mettono sulla difensiva o diventano ostili. Reagiscono alle osservazioni sulle loro prestazioni come se si trattasse di un attacco personale».

Il problema non è limitato ai nuovi assunti: è vero anche nel caso di alcuni dirigenti anziani. Negli anni Sessanta e Settanta, la gente faceva carriera iscrivendosi alle scuole giuste e frequentandole con profitto. Ma il mondo è pieno di uomini e donne bene istruiti e un tempo promettenti che hanno raggiunto un plateau nella loro carriera — o, peggio, che hanno fallito — a causa di gravi lacune nell'intelligenza emotiva.

In un'inchiesta a livello nazionale su ciò che i datori di lavoro cercano nei nuovi assunti al primo impiego, le capacità tecniche specifiche sono risultate meno importanti della fondamentale capacità di imparare sul lavoro. Dopo di essa, i datori di lavoro hanno elencato:

- la capacità di ascoltare e comunicare oralmente;
- la capacità di adattarsi e di reagire in modo creativo a insuccessi e ostacoli;
- il dominio di sé, la fiducia e la motivazione personali necessari per lavorare verso degli obiettivi;
- il desiderio di sviluppare la propria carriera e l'orgoglio per i risultati raggiunti;
- l'efficacia nel lavoro di gruppo e nelle relazioni interpersonali, la capacità di cooperare e lavorare in team, come pure l'abilità di negoziare in caso di disaccordo;
- le capacità organizzative, il desiderio di dare il proprio contributo, le potenzialità necessarie per assumere la leadership.[10]

Su sette caratteristiche indicate come auspicabili, solo una era «scolastica», e consisteva nella «competenza nella lettura, nella scrittura e nella capacità di calcolo».

Un elenco simile è emerso anche in uno studio sulle caratteristiche che le società richiedono, ai fini dell'assunzione, ai giovani laureati in scienze aziendali.[11] Le tre competenze più auspicabili sono le capacità nel campo della comunicazione, le capacità interpersonali, e l'iniziativa. Come mi disse Jill Fadule, finanziatrice e responsabile delle ammissioni della Harvard Business School, «le capacità di essere empatici, di mettere le cose in prospettiva, di stabilire rapporti con gli altri e di cooperare» sono fra le competenze più importanti che la scuola cerca in coloro che fanno domanda di iscrizione.

Il nostro viaggio

Il mio compito, nello scrivere questo libro, è di guidare il lettore fra le argomentazioni scientifiche che sostengono l'importanza dell'intelligenza emotiva sul lavoro per i singoli, per i gruppi e per le organizzazioni. In ogni tappa ho cercato di avvalorare i dati scientifici con la testimonianza di persone impegnate in ogni tipo di lavoro e di organizzazione, e la loro voce echeggia in tutto il libro.

Nella Parte Prima sosterrò che l'intelligenza emotiva conta più del QI o dell'expertise per determinare chi eccelle sul lavoro — in *qualsiasi* lavoro — e che per esprimere uno straordinario talento nella leadership essa rappresenta praticamente tutto quanto è necessario. La realtà aziendale lo dimostra in modo convincente: le compagnie che fanno leva su questo vantaggio aumentano sensibilmente i propri profitti.

La Parte Seconda descrive nei dettagli dodici capacità specifiche, tutte basate sul dominio di sé — fra le quali l'iniziativa, la fidatezza, la fiducia in se stessi e la spinta alla realizzazione e al successo — insieme al contributo unico che ciascuna di esse dà alla prestazione eccellente.

Nella Parte Terza passeremo a considerare tredici abilità fondamentali nelle relazioni — come l'empatia e la consapevolezza politica, il saper trarre vantaggio dalla diversità, le capacità legate al lavoro in team e la leadership. Queste sono le abilità che, per esempio, ci consentono di navigare senza sforzo nelle acque di un'organizzazione mentre altri colano a picco.

Nel procedere in queste prime tre parti, il lettore si farà una percezione approssimativa del proprio modo di lavorare con l'intelligenza emotiva. Come dimostrerò nel Capitolo Terzo, la prestazione eccellente non implica che si primeggi in tutte queste competenze, ma piuttosto che si posseggano punti di forza in un numero di esse sufficiente a raggiungere la massa critica necessaria per il successo.

La Parte Quarta annuncerà buone notizie: indipendentemente dalle competenze in cui siamo più deboli, possiamo sempre imparare a migliorarci. Per aiutare i lettori che vogliono potenziare le proprie capacità nella sfera dell'intelligenza emotiva — ed evitare di sprecare tempo e denaro — offrirò loro delle linee guida pratiche e scientificamente valide, in modo che possano farlo nel modo migliore.

Infine, la Parte Quinta prende in considerazione che cosa significhi, per un'organizzazione, essere intelligente nel campo emotivo. Descriverò una di tali aziende e dimostrerò come queste prassi possano aiutare non solo nelle prestazioni lavorative, ma anche a rendere l'organizzazione un luogo soddisfacente, nel quale sia desiderabile lavorare. Dimostrerò anche come le compagnie che ignorano le realtà emotive dei propri dipendenti lo facciano a proprio rischio, mentre le organizzazioni dotate di intelligenza emotiva siano quelle meglio equipaggiate per sopravvivere — e per farlo nel modo migliore — negli anni futuri che si profilano sempre più burrascosi.

Sebbene il mio scopo sia quello di dare un aiuto, questo non è un libro di auto-aiuto. Forse ci sono troppi libri che fanno promesse esagerate sul «come fare» a migliorare l'intelligenza emotiva. Per quanto senza dubbio animati da buone intenzioni, essi di solito non fanno che perpetuare gli equivoci su ciò che è realmente necessario al fine di perfezionare queste potenzialità umane essenziali. Invece di rapide e semplicistiche soluzioni, il lettore in questo saggio troverà valide linee guida con le quali mettersi realisticamente al lavoro per migliorare la propria competenza emotiva. Queste linee guida rappresentano una rassegna equilibrata — compiuta sulla base di dati raccolti presso organizzazioni sparse in tutto il mondo — della nuova filosofia, dei nuovi risultati ottenuti dalla ricerca e delle «prassi aziendali ottimali».

Viviamo in un'epoca in cui le prospettive future di ciascuno dipendono sempre più dalla capacità di gestire in modo ottimale se stessi e le proprie relazioni. La mia speranza è di offrire una guida pratica per affrontare le sfide fondamentali che il nuovo secolo ci presenta, sia sul piano personale che su quello aziendale.

2
Competenze per eccellere

Era il principio degli anni Settanta e in tutto il mondo infuriava la protesta degli studenti contro la guerra del Vietnam; in un paese straniero, la funzionaria di una US Information Agency aveva ricevuto informazioni inquietanti — un gruppo di studenti minacciava di bruciare la sua biblioteca. La donna, però, aveva alcuni amici nel gruppo di attivisti che avevano avanzato la minaccia. A un primo sguardo, il suo modo di reagire potrebbe sembrare ingenuo o sconsiderato — o magari anche entrambe le cose: decise di invitare gli studenti a servirsi dei locali della biblioteca per alcune delle loro riunioni.

E poi ci portò anche gli americani che vivevano in quel paese, affinché ascoltassero le loro ragioni; così, invece di uno scontro, innescò i meccanismi del dialogo.

Nel farlo, la donna aveva messo a frutto la propria relazione personale con i leader degli studenti, in particolare con quelli che conosceva bene al punto da potersene fidare — e che a loro volta si fidavano di lei. Questa tattica finì per aprire i canali della comprensione reciproca e rafforzò l'amicizia della donna con i leader degli studenti. La sua biblioteca non fu mai toccata.

La donna aveva dimostrato di possedere le capacità di un negoziatore o di un pacificatore superbo, in grado di comprendere una situazione carica di tensione e in rapida evoluzione, e di reagire in modo da portare le parti a unirsi invece che a scontrarsi. La sua biblioteca sfuggì ai danni che si abbatterono invece su altre basi americane all'estero, nelle quali lavoravano persone meno dotate di queste abilità umane.

La bibliotecaria di cui abbiamo parlato faceva parte di un gruppo di giovani diplomatici che il Dipartimento di Stato identificò come eccellenti e che furono intervistati approfonditamente da un gruppo di ricercatori diretto dal professor David McClelland di Harvard.[1]

A quell'epoca, McClelland era per me il principale punto di riferimento per la tesi di dottorato e mi attirò nel suo programma di ricerca. I risultati dei suoi studi lo portarono a pubblicare un articolo che avrebbe innescato una rivoluzione nel nostro modo di considerare le radici dell'eccellenza.

Nella sua esplorazione — finalizzata a individuare gli ingredienti di prestazioni lavorative e professionali eccellenti — McClelland si era imbarcato in un'impresa che aveva avuto le sue prime basi scientifiche al principio del XX secolo, nell'opera di Frederick Taylor. Gli esperti di ottimizzazione produttiva di corrente taylorista ebbero una grandissima influenza sul mondo della produzione, analizzando i movimenti meccanicamente più efficienti eseguibili dai lavoratori. Il lavoro dell'uomo veniva misurato col metro della macchina.

Il taylorismo fu seguito a ruota da un altro standard di valutazione: i test sul quoziente intellettivo (il QI). Secondo i suoi fautori, la misura corretta dell'eccellenza doveva tener conto delle capacità della mente umana.

In seguito, con l'ascesa del pensiero freudiano, un altro esercito di esperti asserì che fra gli ingredienti necessari per l'eccellenza, oltre al QI, c'era la personalità. Negli anni Sessanta, i test e le tipologie per valutare la personalità dell'individuo — ad esempio il fatto che una persona fosse estroversa o introversa, «emotiva» o «razionale» — erano ormai entrati a far parte della misurazione standard delle potenzialità lavorative e professionali.

Ma c'era un problema. In realtà, molti test sulla personalità erano stati messi a punto per ragioni completamente diverse — ad esempio per diagnosticare disturbi psicologici — e pertanto avevano uno scarso potere predittivo relativamente alla qualità delle prestazioni sul lavoro. Quanto ai test per la misura del QI, anch'essi non erano infallibili; spesso, sul lavoro, individui con un elevato QI davano prestazioni scarse, mentre altri, con un QI medio, riuscivano benissimo.

L'articolo pubblicato da McClelland nel 1973, «Testing for Competence Rather than Intelligence», spostò i termini del dibattito. L'autore sosteneva che i parametri tradizionali — come la disposizione agli studi, le votazioni scolastiche e gli attestati universitari — non fossero in grado di prevedere né la qualità delle prestazioni di un individuo sul lavoro né il suo successo nella vita.[2] Invece, McClelland ipotizzava che gli individui di successo si distinguessero da quelli capaci solo di conservarsi il posto di lavoro grazie a una serie di competenze specifiche come l'empatia, l'autodisciplina e l'iniziativa. Per scoprire le competenze che, in un particolare lavoro, contribuiscono alla prestazione eccezionale, McClelland suggeriva di cominciare a osservare gli individui eccellenti per determinare quali fossero le loro competenze.

L'articolo di McClelland inaugurò un approccio del tutto nuovo alla misura dell'eccellenza — un approccio che valuta la competenza delle persone relativamente al loro specifico lavoro. Secondo questa corrente, una «competenza» è un aspetto personale o un insieme di abitudini che conduce a prestazioni lavorative e professionali più efficaci o comunque superiori — in altre parole, si tratta di un'abilità che aggiunge un evidente valore economico all'impegno che l'individuo mette nel proprio lavoro.

Nell'ultimo quarto di secolo, questa intuizione ha stimolato numerose ricerche, condotte su centinaia di migliaia di persone che lavorano — dagli impiegati ai massimi dirigenti — sia nel contesto di organizzazioni vaste come il governo degli Stati Uniti e la AT&T, sia in quello di realtà molto più limitate, come le ditte individuali di piccoli imprenditori. Quest'idea ha catalizzato un approccio all'addestramento e alla valutazione dell'eccellenza basato su una profonda comprensione delle qualità umane che consentono all'individuo di emergere. In tutti i casi, è stato dimostrato che l'intelligenza emotiva — un nucleo comune di abilità sociali e personali — è l'ingrediente chiave per il successo.

Il programmatore fuori sintonia

Due programmatori di computer mi stanno spiegando come affrontano il proprio lavoro, ossia la messa a punto di programmi che soddisfino le pressanti esigenze professionali dei loro clienti. Uno dei due racconta: «Mi disse che aveva bisogno di tutti i dati in un formato semplice che stesse su un'unica pagina». Così si mise al lavoro e consegnò al cliente esattamente quel che voleva.

Il secondo programmatore, però, sembra avere dei problemi ad arrivare al punto. A differenza del collega, egli non menziona assolutamente le esigenze del cliente. Invece, s'imbarca in una tiritera di dettagli tecnici: «Il compiler HP3000/30s BASIC era troppo lento e così sono andato direttamente in una routine in linguaggio macchina». In altre parole, quest'uomo si concentra sulle macchine — non sulle persone.

Il primo programmatore è stato giudicato un tipo eccezionale nel suo lavoro, in grado di scrivere programmi cosiddetti «user-friendly», ossia tali da mettere l'utente a proprio agio; in questo stesso compito, il secondo programmatore è a dir tanto mediocre, completamente desintonizzato rispetto ai suoi clienti. Il primo programmatore mostra di possedere le doti dell'intelligenza emotiva, l'altro esemplifica la loro assenza. Entrambi furono intervistati usando un metodo sviluppato da McClelland per rilevare le competenze che distinguono gli individui eccellenti nel contesto di realtà professionali diverse.[3]

L'intuizione originale di McClelland affondava le proprie radici nel lavoro di ricerca che egli aveva svolto per società e organizzazioni quali il Dipartimento di Stato degli USA, che gli aveva chiesto di valutare quali fossero le capacità dei funzionari più brillanti del Foreign Service — i giovani diplomatici che rappresentano gli Stati Uniti all'estero. Come gli addetti alle vendite o i responsabili dell'ufficio clienti di una grande società, il vero e proprio lavoro di questi funzionari consiste nel «vendere» l'America, ossia nel diffondere, in paesi stranieri, atteggiamenti mentali positivi verso gli Stati Uniti.

La selezione dei candidati per ricoprire questi incarichi diplomatici era di una difficoltà formidabile, e poteva essere superata solo da chi avesse ricevuto l'istruzione migliore. Il test di selezione serviva a valutare le capacità che a quel tempo i massimi funzionari del Dipartimento ritenevano indispensabili per un diplomatico: principalmente, solide basi in discipline accademiche come la storia e la cultura americana, proprietà e fluidità di linguaggio, e conoscenze tecniche specialistiche — ad esempio nel campo dell'economia. Il problema era che l'esame per verificare la preparazione degli aspiranti diplomatici non faceva che riflettere il loro profitto negli studi accademici.

I punteggi da loro conseguiti nel test di selezione non avevano nulla a che fare con la competenza che questi giovani diplomatici dimostravano poi nelle situazioni pratiche che si trovavano ad affrontare a Francoforte, Buenos Aires o Singapore.[4] Anzi, le valutazioni delle prestazioni sul lavoro dei giovani diplomatici rivelarono una correlazione *negativa* con i punteggi conseguiti nei test di selezione; la semplice padronanza di materie accademiche, insomma, era irrilevante (peggio ancora, nociva) ai fini delle competenze che contano davvero in quella particolarissima forma di vendita che è la diplomazia.

McClelland scoprì che ciò che importava realmente era un tipo di competenza completamente diverso. Quando intervistò gli individui autori di prestazioni eccellenti — quelli che il Dipartimento di Stato aveva giudicato i giovani diplomatici più brillanti ed efficienti — e li confrontò con i colleghi mediocri, McClelland si rese conto che le differenze più significative emergevano in un insieme di abilità umane fondamentali che il QI non prende nemmeno in considerazione.

Fra i test radicalmente diversi ai quali McClelland si rivolse ce n'era uno, da poco messo a punto da un collega di Harvard, che consisteva in un'intelligente valutazione della capacità di leggere le emozioni. I soggetti sottoposti a questo test assistono alla videoregistrazione di alcune persone che parlano di situazioni caratterizzate da un forte impatto emotivo, come vivere un divorzio o avere un litigio sul lavoro.[5] Un filtro elettronico altera l'audio, così che allo spettatore non arrivano le parole, ma solo i toni e le sfumature che trasmettono le emozioni provate in quel momento da chi parla.

McClelland scoprì che le persone in grado di eccellere ottenevano punteggi molto più alti di quelle mediocri in questo test sul riconoscimento accurato delle emozioni. Questo si traduceva nella capacità di leggere messaggi emotivi in persone di estrazione completamente diversa dalla propria, perfino quando non era possibile comprendere il loro linguaggio — una competenza fondamentale per mettere a frutto la diversità nel mondo del lavoro odierno.

Uno dopo l'altro, descrivendo i momenti critici verificatisi sul proprio lavoro, i funzionari del Dipartimento di Stato raccontarono di situazioni delicate simili a quella in cui si era trovata la bibliotecaria. Tuttavia, le storie riferite dai diplomatici socialmente meno avveduti narravano più spesso di eventi che avevano finito per esploder loro fra le mani, proprio a causa dell'incapacità di costoro di comprendere le persone con cui avevano a che fare o di trattare con esse.

Gli ambiti dell'eccellenza: il QI e i suoi limiti

Due delle persone più intelligenti che io abbia mai conosciuto (quanto meno nell'accezione accademica del termine «intelligente») fecero carriera in modo completamente diverso. Una di esse era un mio amico del primo anno al college, un ragazzo che aveva conseguito punteggi pieni al test di ammissione — due 800 nella sezione linguistica e in quella matematica del SAT e un 5 in ognuno dei tre test per la valutazione del livello culturale. Tuttavia gli studi non riuscivano a motivarlo e spesso non si presentava alle lezioni e consegnava i suoi lavori in ritardo. Abbandonò gli studi per un po', e si laureò dopo dieci anni. Oggi racconta di essere soddisfatto del suo lavoro di consulente informatico.

L'altra persona era un bambino prodigio in matematica, che entrò a soli dieci anni nella scuola superiore che frequentavo anch'io, si diplomò a dodici anni e ottenne il dottorato in matematica teorica presso l'Università di Oxford quando era appena diciottenne. Ai tempi della scuola superiore era leggermente piccolo di statura per la sua età — il che, visto che era molto più giovane di tutti noi, lo collocava una trentina di centimetri più in basso rispetto alla maggior parte degli studenti. D'altra parte, quanto a intelligenza, valeva il doppio di chiunque altro, e per questo motivo molti provavano del risentimento nei suoi confronti. Spesso era oggetto di derisione e veniva tormentato dai bulli. Ma nonostante la piccola statura, non indietreggiava. Minuto e battagliero come un gallo da combattimento, teneva testa ai giganti della scuola. Aveva una sicurezza di sé pari al suo intelletto, il che in parte spiega perché, come ho saputo di recente, oggi egli sia a capo di uno dei più prestigiosi dipartimenti di matematica del mondo.

Se si considera l'importanza che gli attribuiscono le scuole e i test di ammissione, il QI, di per se stesso, rende conto di una parte sorprendentemente limitata delle reali prestazioni di un individuo sul lavoro e nella vita. Quando fra i punteggi del QI e il successo nella carriera esiste effettivamente una correlazione, è stato stimato che il QI rende conto al massimo del 25 per cento della differenza di prestazione.[6] Un'attenta analisi, però, indica che una stima più accurata forse non supera il 10 e potrebbe addirittura attestarsi al 4 per cento.[7]

Ciò significa che nei casi migliori il QI, considerato da solo, lascia senza spiegazione il 75 per cento del successo professionale, mentre nel caso peggiore non rende conto del 96 per cento di esso: in altre parole, questo test non ha valore predittivo per individuare chi avrà successo e chi fallirà. Ad esempio, uno studio condotto sui laureati di Harvard nel campo della legge, della medicina, dell'insegnamento e delle discipline aziendali scoprì una correlazione nulla, o addirittura negativa, fra i punteggi conseguiti agli esami di ammissione — un surrogato del QI — e il successo nella carriera.[8]

Paradossalmente, fra chi è abbastanza intelligente da sapersi muovere nei campi di attività più impegnativi sul piano cognitivo, il QI si rivela assai poco potente come fattore predittivo del successo; ma non solo: quanto più alte sono le barriere di intelligenza per entrare in un certo settore, tanto più importante diventa, ai fini del successo, il valore dell'intelligenza emotiva. In campi come l'ingegneria, la legge o la medicina — o nei master di amministrazione aziendale ad alto livello — dove la selezione professionale si concentra quasi esclusivamente su abilità intellettuali, l'intelligenza emotiva conta molto di più del QI nel determinare chi emergerà come leader.

«Quello che si impara a scuola distingue coloro che daranno prestazioni superiori solo in pochissimi dei cinque-seicento lavori per i quali abbiamo studiato le competenze necessarie», mi spiega Lyle

Spencer Jr, cofondatore e direttore della ricerca e della tecnologia della Hay/McBer, la società di consulenza avviata da McClelland.[9] «Si tratta solo di una competenza-soglia; ti serve per accedere nel campo, ma non ti fa automaticamente eccellere. Per dare prestazioni di ordine superiore, contano di più le abilità legate all'intelligenza emotiva.»

Questa paradossale importanza dell'intelligenza emotiva in discipline cognitivamente impegnative è in primo luogo una conseguenza della difficoltà di accesso a quei particolari settori di attività. In campo tecnico e professionale, solitamente il QI-soglia per accedere è compreso fra 110 e 120.[10] Poiché chiunque sia riuscito a entrare nel settore appartiene al 10 per cento più intelligente della popolazione generale, il risultato di dover superare una barriera iniziale tanto alta è che, ad accesso avvenuto, il QI offre un vantaggio competitivo relativamente limitato.

Nella nostra carriera non dobbiamo certo competere con persone che mancano dell'intelligenza necessaria per entrare nel nostro campo di attività e rimanerci; piuttosto, ci confrontiamo con il gruppo — molto più ristretto — di coloro che sono riusciti a vincere le difficoltà della scuola, gli esami di ammissione e tutti gli altri ostacoli di natura cognitiva che occorre superare per entrare nel nostro campo di attività.

Tuttavia, poiché di solito le abilità legate all'intelligenza emotiva non hanno un ruolo di primo piano come il QI ai fini della selezione per accedere a questi settori, coloro che riescono a superare la barriera d'accesso presentano, in questo ambito più «soft», una gamma di variazione molto più ampia di quella riscontrabile per il QI. La cospicua differenza fra coloro che si trovano all'estremo superiore e a quello inferiore del continuum dell'intelligenza emotiva, fornisce ai primi un fondamentale vantaggio competitivo. Pertanto, ai fini del successo, le abilità «soft» contano di più proprio in questi campi «hard».

Il secondo ambito: l'expertise

Ecco il problema: siete un funzionario addetto alla cultura in un'ambasciata USA in Nord Africa, e ricevete un cablo da Washington che vi dice di proiettare un film su un politico statunitense detestato in quel paese.

Se lo farete, la popolazione locale giudicherà offensivo il vostro atto. Ma se non lo farete, ai quartieri generali, in patria, la prenderanno malissimo.

Che fate?

Non si tratta di una situazione ipotetica, ma del dilemma affrontato da uno dei funzionari del Foreign Service studiati da McClelland. Il diplomatico spiegò: «Sapevo che se avessi programmato quel film, il giorno dopo questo posto sarebbe stato bruciato da un mezzo migliaio di studenti inferociti. Ma Washington pensava che fosse un ottimo film. Quello che dovevo fare era trovare il modo di proiettarlo — così che l'Ambasciata potesse riferire a quelli di Washington che si era fatto come volevano loro — senza però offendere la gente del paese».

Quale fu la sua soluzione? Proiettò il film in un giorno di festività religiosa, quando sapeva benissimo che nessuno dei locali sarebbe andato a vederlo.

Questo brillante exploit di buon senso esemplifica l'intelligenza pratica, una combinazione di perizia tecnica ed esperienza.[11] La nostra competenza nella vita quotidiana, oltre che dal QI, è determinata dalle capacità pratiche e dalle abilità tecniche di cui siamo padroni. Indipendentemente dal nostro potenziale intellettuale, è l'expertise — la totalità di informazioni specialistiche e abilità pratiche di cui disponiamo — a darci la competenza per svolgere un determinato lavoro.

I medici più competenti, ad esempio, sono quelli che possiedono un vasto serbatoio di esperienze di prima mano, continuano a espandere le proprie conoscenze di base tenendosi aggiornati sulle nuove scoperte, e sanno come attingere a questo patrimonio per formulare diagnosi e curare i malati. Nel prevedere la qualità dell'aiuto che essi sapranno dare ai propri pazienti, questo continuo impulso a mantenersi aggiornati conta molto di più dei punteggi con i quali furono ammessi all'Università.

In larga misura, l'expertise consiste in una combinazione fra il buon senso e le conoscenze e le capacità specialistiche che andiamo raccogliendo nel fare qualsiasi lavoro. L'expertise è frutto dell'apprendimento in trincea. È la consapevolezza dei trucchi del mestiere — quell'autentica conoscenza sul come fare un lavoro che deriva solo dall'esperienza.

Queste abilità pratiche sono state estesamente studiate dallo psicologo di Yale Robert Sternberg, un'autentica autorità in materia di intelligenza e successo.[12] Grazie a test eseguiti sui manager delle cinquecento aziende statunitensi con il massimo fatturato annuo,

Sternberg scoprì che l'intelligenza pratica sembra render conto del successo sul lavoro almeno nella stessa misura del QI.[13]

Tuttavia, è raro che l'intelligenza pratica rappresenti il principale fattore determinante la superiorità di una prestazione professionale. «Nelle centinaia di studi rigorosi nel corso dei quali abbiamo confrontato, in società sparse in tutto il mondo, individui autori di prestazioni eccellenti con altri solo mediocri, abbiamo constatato come non fosse mai l'expertise a fare la differenza», mi racconta Ruth Jacobs, consulente senior alla Hay/McBer di Boston.

«L'expertise è una competenza di base. Ne hai bisogno per ottenere un determinato lavoro e per portarlo a termine, ma la qualità della tua prestazione è determinata dal modo in cui lo fai — ossia dalle altre competenze che aggiungi all'expertise», spiega Jacobs. «Sei in grado di tradurre il tuo expertise in qualcosa che si distingua e sia vendibile? Se non ne sei capace, il solo fatto di possederlo farà comunque poca differenza.»

Chi è incaricato della supervisione del lavoro svolto da tecnici e professionisti, ad esempio, deve possedere un certo grado di expertise nel settore specifico; sarebbe pressoché impossibile fare un lavoro del genere senza una comprensione ragionevole di ciò che le persone da controllare stanno facendo. D'altra parte, quell'expertise è solo un requisito-soglia: anche in campi eminentemente tecnici, i supervisori eccellenti non si distinguono per le loro abilità tecniche, ma per la capacità di trattare con le persone.[14]

Pertanto, proprio come il QI, anche l'esperienza e l'expertise, almeno in una certa misura, sono importanti; tuttavia, quando si tratta di prestazioni eccellenti, scopriamo che c'è qualcosa di più — molto di più.

Il terzo ambito: l'intelligenza emotiva

Sternberg racconta l'aneddoto significativo di due studenti, Penn e Matt. Penn era brillante e creativo, esempio di quanto di meglio Yale avesse da offrire.[15] Il suo problema era che lui stesso sapeva di essere eccezionale e quindi, come disse un suo professore, si comportava in modo «insopportabilmente arrogante». A dispetto delle sue capacità, Penn era irritante, soprattutto per chi doveva lavorare con lui.

Ciò nonostante, almeno sulla carta, era un tipo straordinario. Quando si laureò, ebbe molte offerte: tutte le più importanti organizzazioni operanti nel suo settore lo convocarono a sostenere un colloquio di assunzione; almeno fintanto che ci si limitava all'esame del suo curriculum, Penn era universalmente il migliore. Ma la sua arroganza emergeva fin troppo chiaramente, ed egli finì per ritrovarsi con una sola offerta di lavoro, da parte di una società di secondo piano.

Matt, un altro studente di Yale nello stesso campo di Penn, non era altrettanto brillante dal punto di vista accademico, ma era abilissimo nelle relazioni interpersonali: chiunque lavorasse con lui lo trovava simpatico. Matt si ritrovò con sette offerte di lavoro su otto colloqui sostenuti. In seguito, continuò ad avere successo nel suo campo, mentre Penn perse il suo primo lavoro dopo due anni.

Penn non aveva ciò che Matt possedeva in abbondanza: intelligenza emotiva.

Le capacità che fanno capo all'intelligenza emotiva funzionano in sinergia con quelle cognitive; chi è capace di prestazioni eccellenti dispone di entrambe. Quanto più il lavoro è complesso, tanto più conta l'intelligenza emotiva, se non altro perché una carenza in queste abilità può ostacolare l'uso dell'expertise tecnico e delle doti intellettuali — per quanto pronunciati essi siano. Prendiamo, a esempio, il caso di un alto dirigente che era stato appena assunto per amministrare un'azienda familiare da 65 milioni di dollari: era il primo presidente che non appartenesse alla famiglia dei proprietari.[16]

Un ricercatore, servendosi di un metodo di intervista per valutare la capacità del dirigente di gestire la complessità cognitiva, constatò che era altissima, un «livello 6»: in altre parole, si trattava di un individuo abbastanza intelligente da diventare direttore generale di una impresa globale o da essere messo a capo di uno Stato.[17] Durante l'intervista, però, la conversazione cadde sui motivi per i quali aveva dovuto lasciare il suo precedente lavoro: era stato licenziato perché non aveva saputo affrontare i suoi subordinati né li aveva ritenuti responsabili delle loro scarse prestazioni.

«Per lui era qualcosa che aveva ancora il potere di farlo precipitare in una reazione emotiva», mi spiegò il ricercatore. «Diventò tutto rosso e cominciò a gesticolare: era chiaramente agitato. Venne fuori che proprio quella mattina il suo nuovo capo — il padrone della società per cui lavorava — lo aveva criticato per lo stesso motivo, e continuò a raccontarmi quanto trovasse difficile confrontarsi con i dipendenti che rendevano poco, soprattutto quando erano nell'azienda da molto tempo.» E, come osservò il ricercatore: «Quando era così sconvolto, la sua capacità di trattare la complessità cognitiva — in altre parole, di ragionare — precipitava».

In breve, quando sfuggono al controllo, le emozioni possono rendere stupidi individui intelligenti. Come mi disse Doug Lennick, vicepresidente esecutivo dell'American Express Financial Advisors: «Le attitudini di cui hai bisogno per avere successo cominciano dall'intelletto, ma ti occorre anche competenza emotiva, per tirar fuori tutto il potenziale dei tuoi talenti. La ragione per la quale non otteniamo il pieno potenziale delle persone, va ricercata nell'incompetenza emotiva».

Il grande spartiacque

Era il Super Bowl Sunday, quel giorno inviolabile in cui la maggior parte degli uomini americani si piazza davanti al televisore a guardare il più importante incontro di football dell'anno. La partenza del volo New York - Detroit era stata ritardata di due ore e fra i passeggeri — quasi tutti uomini d'affari — la tensione era palpabile. Quando finalmente arrivarono a Detroit, un misterioso problema tecnico con la scaletta fece fermare l'aereo a circa trenta metri dal cancello. Sull'aeroplano i passeggeri, isterici per il ritardo, saltarono comunque in piedi.

Una delle assistenti di volo andò al microfono. Come poteva fare per ottenere che tutti obbedissero al regolamento restando seduti finché l'aereo non avesse portato a termine l'avvicinamento al cancello?

La donna evitò di annunciare con tono rigido: «Il regolamento federale prevede che tutti i passeggeri riprendano posto a sedere prima che l'aereo cominci la manovra di avvicinamento al cancello».

Invece, cantilenando come se stesse ammonendo scherzosamente un bambino adorabile appena colto a fare una birichinata tutto sommato perdonabile, se ne uscì con un: «Vi siete alzaaaaati?!»

Al che, tutti scoppiarono a ridere e si rimisero a sedere finché l'aereo non ebbe terminato la manovra. Date le circostanze, i passeggeri scesero dall'aereo con un sorprendente buon umore.

Nelle competenze, il vero grande spartiacque si trova fra mente e cuore o, più tecnicamente, fra cognizione ed emozione. Alcune competenze — a esempio il ragionamento analitico o l'expertise tecnico — sono esclusivamente cognitive. Altre combinano pensiero e sentimento: sono quelle che io chiamo «competenze emotive».[18]

Oltre agli elementi cognitivi di volta in volta in gioco, quali che essi siano, tutte le competenze emotive comportano un certo grado di abilità nell'ambito del sentimento. Questo è in netto contrasto con le competenze puramente cognitive nelle quali — previa opportuna programmazione — un computer può dare prestazioni di livello pressappoco analogo a quello di un essere umano. Una voce digitale avrebbe potuto benissimo annunciare: «Il regolamento federale prevede che tutti i passeggeri riprendano posto a sedere prima che l'aereo cominci la manovra di avvicinamento al cancello».

Ma il tono impersonale di una voce computerizzata non avrebbe mai potuto avere lo splendido effetto ottenuto dall'assistente di volo con il suo spirito. Probabilmente, i passeggeri avrebbero obbedito — brontolando — anche all'annuncio impersonale. Ma non avrebbero mai sperimentato nulla di simile al cambiamento d'umore innescato dalla hostess. La donna riuscì a far vibrare la giusta corda emotiva — qualcosa che la sola competenza cognitiva — dell'uomo o, se è per questo, del computer —non è in grado di fare (quanto meno non ancora[19]).

Prendiamo la competenza nella comunicazione. Mentre sto scrivendo queste righe, a esempio, posso chiedere al software caricato sul mio PC di controllare il testo per verificarne l'accuratezza grammaticale. Ma non posso certo chiedergli di controllare l'efficacia emotiva, la passione e la capacità di coinvolgere del testo che sto scrivendo — né l'impatto che esso avrà sui lettori. Un altro elemento essenziale nella comunicazione efficace che fa capo a capacità della sfera emotiva è l'abilità di valutare le reazioni del pubblico e di adeguare la presentazione del messaggio in modo da ottenere un impatto emotivo significativo.

Le tesi più potenti e persuasive, oltre che alla mente, parlano al cuore. Questo preciso coordinamento di pensiero e sentimento è reso possibile da una struttura cerebrale che equivale a una sorta di autostrada, un fascio di neuroni che collega il lobo prefrontale — il centro cerebrale deputato all'attività decisionale — a un'area sita in profondità nel cervello, contenente i centri cerebrali dell'emozione.[20]

I danni che interessano questo fondamentale collegamento rendono emotivamente incompetente chi li subisce, anche se le abilità esclusivamente intellettuali possono rimanere integre. In altre parole, queste persone potranno dare ancora ottime prestazioni nei test per la valutazione del QI e in altre misure dell'abilità cognitiva. Ma sul lavoro — e in generale nella vita — non avranno le competenze emotive che rendono tanto efficaci persone come l'hostess che abbiamo appena visto in azione.

Perciò, lo spartiacque fra le competenze puramente cognitive e quelle dipendenti anche dall'intelligenza emotiva riflette una divisione parallela esistente nel cervello umano.

Competenza emotiva

Una competenza emotiva è una capacità appresa, basata sull'intelligenza emotiva, che risulta in una prestazione professionale eccellente.[21] Prendiamo, a titolo di esempio, la finezza dimostrata dall'assistente di volo di cui abbiamo parlato prima. Quella donna ebbe un'influenza superba sui passeggeri, e questa è un'importante competenza emotiva — la capacità di ottenere che gli altri reagiscano nel modo desiderato. Il cuore stesso di questa competenza è costituito da due abilità: l'empatia — la lettura dei sentimenti altrui — e le abilità sociali, che consentono di orientare ad arte quei sentimenti.

L'intelligenza emotiva determina la nostra *potenzialità* di apprendere le capacità pratiche basate sui suoi cinque elementi: consapevolezza e padronanza di sé, motivazione, empatia e abilità nelle relazioni interpersonali. La nostra *competenza* emotiva dimostra quanto, di quella potenzialità, siamo riusciti a tradurre in reali capacità pronte per essere messe in atto sul lavoro. Ad esempio, l'abilità nel fornire assistenza ai clienti è una competenza emotiva basata sull'empatia. Analogamente, la fidatezza si fonda sulla padronanza di sé, ossia sulla capacità di controllar bene i propri impulsi. Tanto l'abilità nell'assistenza ai clienti, quanto la fidatezza sono competenze che possono far emergere le persone nel lavoro.

Il semplice fatto di essere dotati di intelligenza emotiva non garantisce che una persona acquisirà le competenze che davvero contano sul lavoro — significa solo che si hanno le massime potenzialità per apprenderle. Un individuo, ad esempio, potrebbe essere altamente empatico, e tuttavia non aver acquisito tutte quelle capacità pratiche che si fondano sull'empatia e che permettono di offrire un servizio di assistenza ai clienti superiore, di essere un allenatore o un mentore d'alta classe, né di dare coesione a un team composto da persone molto diverse.

Le competenze emotive possono essere classificate in gruppi, ciascuno dei quali fondato su una particolare capacità dell'intelligenza emotiva.[22] Le capacità fondamentali dell'intelligenza emotiva sono di vitale importanza affinché gli individui riescano ad apprendere le competenze professionali necessarie per avere successo sul lavoro. Se un individuo è carente nelle abilità sociali, ad esempio, non riuscirà a persuadere o a ispirare gli altri, né ad assumersi la leadership di un team o a catalizzare il cambiamento. Chi ha una scarsa consapevolezza di sé tende a dimenticare le proprie debolezze, e allo stesso tempo non avrà la fiducia in se stesso che deriva dalla sicurezza sui propri punti di forza.

La Tabella 1 mostra le relazioni fra le cinque dimensioni dell'intelligenza emotiva e le venticinque competenze emotive che a esse attingono. Nessuno di noi è perfetto su questa scala; inevitabilmente, abbiamo un profilo con punti di forza e limitazioni. Tuttavia, come vedremo, gli ingredienti della prestazione ecellente richiedono che si sia dotati solo in un certo numero di queste competenze e che questi talenti siano distribuiti nelle cinque aree dell'intelligenza emotiva. In altre parole, le vie che conducono all'eccellenza sono molteplici.

Queste capacità dell'intelligenza emotiva sono:

- *Indipendenti*, in quanto ognuna di esse dà un contributo esclusivo alla prestazione professionale.
- *Interdipendenti*, in quanto ciascuna di tali competenze, in una certa misura, attinge da alcune altre, stabilendo numerose interazioni forti.
- *Gerarchiche*, nel senso che le capacità dell'intelligenza emotiva si fondano le une sulle altre. La consapevolezza di sé, ad esempio, è fondamentale per la padronanza di sé e per l'empatia; la padronanza e la consapevolezza di sé, a loro volta, contribuiscono alla motivazione; tutte queste quattro competenze sono poi messe a frutto nelle capacità sociali.
- *Necessarie, ma non sufficienti*; il possesso delle abilità relative all'intelligenza emotiva non garantisce automaticamente lo sviluppo delle competenze associate, come la capacità di collaborazione e la leadership. Anche fattori quali il clima che si respira in un'organizzazione, o l'interesse che l'individuo ha per il suo lavoro, sono importanti al fine di determinare se la competenza si manifesterà o meno.
- *Generiche*; questo elenco generale è in una certa misura applicabile a tutti i campi lavorativi e professionali; ciò nondimeno, occupazioni diverse richiedono competenze pure diverse.

L'elenco ci offre un modo per fare l'inventario dei nostri talenti e per individuare le competenze che dobbiamo potenziare. Le Parti Seconda e Terza del libro forniscono maggiori dettagli e approfondimenti su ciascuna delle competenze, spiegando come si manifestino quando sono pienamente sviluppate e quando lasciano a desiderare. Può darsi che alcuni lettori vogliano passare direttamente alle competenze più attinenti ai propri interessi; sebbene i capitoli che le descrivono abbiano in una certa misura una sequenza gerarchica (come le competenze), non è necessario leggerli in un ordine prefissato.

TABELLA 1
La struttura della competenza emotiva

	COMPETENZA PERSONALE Determina il modo in cui controlliamo noi stessi
Consapevolezza di sé	Comporta la conoscenza dei propri stati interiori — preferenze, risorse e intuizioni *(Vedi Capitolo Quattro)* • Consapevolezza emotiva: riconoscimento delle proprie emozioni e dei loro effetti • Autovalutazione accurata: conoscenza dei propri punti di forza e dei propri limiti • Fiducia in se stessi: sicurezza nel proprio valore e nelle proprie capacità
Padronanza di sé	Comporta la capacità di dominare i propri stati interiori, i propri impulsi e le proprie risorse *(Vedi Capitolo Cinque)* • Autocontrollo: dominio delle emozioni e degli impulsi distruttivi • Fidatezza: mantenimento di standard di onestà e integrità • Coscienziosità: assunzione delle responsabilità per quanto attiene alla propria prestazione • Adattabilità: flessibilità nel gestire il cambiamento • Innovazione: capacità di sentirsi a proprio agio e di avere un atteggiamento aperto di fronte a idee, approcci e informazioni nuovi
Motivazione	Comporta tendenze emotive che guidano o facilitano il raggiungimento di obiettivi *(Vedi Capitolo Sei)* • Spinta alla realizzazione: impulso a migliorare o a soddisfare uno standard di eccellenza • Impegno: adeguamento agli obiettivi del gruppo o dell'organizzazione • Iniziativa: prontezza nel cogliere le occasioni • Ottimismo: costanza nel perseguire gli obiettivi nonostante ostacoli e insuccessi

COMPETENZA SOCIALE Determina il modo in cui gestiamo le relazioni con gli altri	
Empatia	Comporta la consapevolezza dei sentimenti, delle esigenze e degli interessi altrui (*Vedi Capitolo Sette*) • Comprensione degli altri: percezione dei sentimenti e delle prospettive altrui; interesse attivo per le preoccupazioni degli altri • Assistenza: anticipazione, riconoscimento e soddisfazione delle esigenze del cliente • Promozione dello sviluppo altrui: percezione delle esigenze di sviluppo degli altri e capacità di mettere in risalto e potenziare le loro abilità • Sfruttamento della diversità: saper coltivare le opportunità offerte da persone di diverso tipo • Consapevolezza politica: saper leggere e interpretare le correnti emotive e i rapporti di potere in un gruppo
Abilità sociali	Comportano abilità nell'indurre risposte desiderabili negli altri (*Vedi Capitoli Otto e Nove*) • Influenza: impiego di tattiche di persuasione efficienti • Comunicazione: invio di messaggi chiari e convincenti • Leadership: capacità di ispirare e guidare gruppi e persone • Catalisi del cambiamento: capacità di iniziare o dirigere il cambiamento • Gestione del conflitto: capacità di negoziare e risolvere situazioni di disaccordo • Costruzione di legami: capacità di favorire e alimentare relazioni utili • Collaborazione e cooperazione: capacità di lavorare con altri verso obiettivi comuni • Lavoro in team: capacità di creare una sinergia di gruppo nel perseguire obiettivi comuni

Che cosa occorre per essere il migliore?

Le stesse competenze possono far eccellere gli individui in contesti di lavoro diversi. Alla Blue Cross, ad esempio, i migliori fra gli addetti all'assistenza clienti della divisione assicurazioni sanitarie mostrano un elevato autocontrollo, coscienziosità ed empatia. Per i direttori di grandi magazzini le competenze-chiave comprenderanno la stessa triade — autocontrollo, coscienziosità ed empatia — insieme a una quarta competenza, quella nell'assistenza.[23]

Le competenze necessarie per il successo, poi, possono cambiare quando si sale nella gerarchia: nella maggior parte delle grandi organizzazioni i dirigenti ad alto livello dovranno possedere una maggiore consapevolezza politica dei dirigenti medi.[24] Esistono poi alcune competenze specifiche di certe posizioni.[25] Per le infermiere, ad esempio, si tratta del senso dell'umorismo; per i banchieri, del rispetto della riservatezza nei confronti del cliente; per i presidi di scuola, del saper escogitare dei sistemi per avere un feedback dagli insegnanti e dai genitori. All'Internal Revenue Service (IRS), ad esempio — il Dipartimento del governo USA che si occupa della riscossione delle imposte — i funzionari migliori non sono forti solo nella contabilità, ma anche nelle abilità sociali. Fra gli ufficiali di polizia, saper ridurre al minimo l'impiego della forza è comprensibilmente un'abilità preziosa.

Le competenze-chiave sono legate alle singole realtà aziendali. Ogni azienda e ogni settore ha la propria ecologia emotiva, e di conseguenza le caratteristiche di maggior valore adattativo per i lavoratori cambieranno da caso a caso.

Al di là di queste specifiche, studi sponsorizzati da quasi 300 aziende dimostrano che in un'ampia gamma di posizioni professionali e lavorative la ricetta per l'eccellenza dà un peso di gran lunga maggiore alle competenze emotive che a quelle cognitive.[26] Il fatto che fra gli individui di spicco le competenze più importanti siano quelle che scaturiscono dall'intelligenza emotiva non è una sorpresa, ad esempio, nel caso dei venditori. Ma anche fra gli scienziati e fra i professionisti in campi tecnici, il pensiero analitico si classifica in terza posizione, alle spalle della capacità di influenzare gli altri e dell'impulso a realizzare i propri obiettivi. Da solo, un intelletto brillante non spinge uno scienziato ai vertici, a meno che egli non possieda anche le capacità di influenzare e persuadere gli altri, e la disciplina interiore necessaria per raggiungere obiettivi difficili. Un genio prigro o scarsamente incline alla comunicazione avrà forse tutte le soluzioni pronte nella sua testa — ma questo servirà a ben poco se nessuno lo saprà o ci presterà mai attenzione!

Prendiamo a titolo di esempio i tecnici per eccellenza, i cosiddetti «corporate consulting engineer». Le aziende che lavorano nel campo delle alte tecnologie si avvalgono di questi brillanti risolutori di problemi per salvare progetti che rischiano di andare fuori strada e li ritengono a tal punto preziosi da indicarli nelle relazioni annuali di bilancio insieme ai funzionari della società. Che cosa rende tanto speciali questi maghi della tecnologia nel settore della ricerca e dello sviluppo aziendale? «Ciò che fa la differenza non sono tanto le capacità del loro cervello — in queste aziende quasi tutti sono altrettanto intelligenti — quanto le loro competenze emotive», spiega Susan Ennis, oggi alla BankBoston e in precedenza alla DEC. «La differenza sta nella loro abilità di ascoltare, di persuadere e di collaborare, come pure nella loro capacità di motivare le persone e di farle lavorare bene insieme.»

Di certo molti sono arrivati ai vertici nonostante avessero delle carenze nell'intelligenza emotiva; per lungo tempo questa è stata una realtà nella vita delle organizzazioni. Ma nel momento in cui il lavoro diventa più complesso e collaborativo, le compagnie i cui dipendenti lavorano meglio insieme godono di un vantaggio che le rende competitive.

Nel nuovo mondo del lavoro, con tutta la sua enfasi sulla flessibilità, sui team e su un forte orientamento verso il cliente, questo insieme essenziale di competenze emotive sta diventando sempre più importante per eccellere in ogni tipo di mansione, in ogni parte del mondo.[27]

3
Valutazione precisa delle competenze «soft»

- Alla Lucent Technologies, i dipendenti che provvedono ai rifornimenti di materie prime per la produzione hanno bisogno di qualcosa di più del semplice know-how tecnico — occorre loro l'abilità di ascoltare e comprendere i desideri dei clienti, devono essere flessibili, saper lavorare in team. Inoltre, devono avere la capacità di infondere energia negli altri manifestando entusiasmo, impegno e una fiduciosa convinzione nelle capacità dei propri colleghi.
- Al Medical Center della Nebraska University, l'expertise tecnico e le capacità analitiche sono preziosi, ma altrettanto può dirsi anche di competenze emotive come la capacità di stabilire e gestire relazioni interpersonali, la disponibilità all'innovazione, l'inclinazione alla leadership e l'abilità di costruire reti e rapporti di collaborazione.
- Alla Amoco, il gigante della petrolchimica, le prestazioni superiori in settori quali la progettazione o la gestione della tecnologia dell'informazione necessitano ancora una volta dell'expertise e del pensiero analitico. Ma nella lista delle competenze necessarie compaiono anche la fiducia in se stessi, la flessibilità, la spinta a realizzare i propri obiettivi, l'orientamento all'assistenza verso i clienti, il lavoro in team e la cooperazione, il saper esercitare la propria influenza e la capacità di sviluppare le potenzialità altrui.[1]

Questi profili di competenza, ricavati da centinaia di ore di interviste e valutazioni sul lavoro, condensano la realtà di migliaia di persone che lavorano. Mentre studiavo centinaia di tali profili, mi venne in mente una domanda che nessuno aveva pensato di porsi prima: rapportata all'intelletto e alle abilità tecniche, esattamente, qual è l'importanza della competenza emotiva ai fini dell'eccellenza?

La distribuzione dell'eccellenza

Fui così fortunato da avere accesso ai modelli delle competenze relativi a 181 diverse posizioni stilati da 121 compagnie e organizzazio-

Valutazione precisa delle competenze «soft»

ni in tutto il mondo, che complessivamente arruolavano una forza lavoro di milioni di persone. I modelli sintetizzavano quello che — secondo l'opinione concorde dei dirigenti di ciascuna organizzazione — era il particolare profilo di eccellenza per una data posizione di lavoro.[2]

La mia analisi era elementare: confrontai quali, fra le competenze elencate come essenziali per un dato lavoro, ruolo o settore di attività, potessero essere classificate come abilità puramente cognitive o tecniche, e quali fossero invece riportabili a competenze emotive. Nel caso dei project manager operanti nel campo della tecnologia dell'informazione alla Amoco, a esempio, su quindici competenze elencate, quattro erano squisitamente cognitive o tecniche, mentre le altre rientravano nella categoria delle competenze emotive. Un semplice calcolo matematico diede questo risultato: il 73 per cento delle abilità identificate da quella società come elementi fondamentali ai fini di prestazioni superiori in quel particolare tipo di lavoro era di natura emotiva.

Quando applicai questo metodo ai 181 modelli di competenze che avevo raccolto, scoprii che il *67 per cento* — vale a dire due su tre — delle capacità ritenute essenziali per una prestazione efficace era di natura emotiva. Rispetto al QI e all'expertise, la competenza emotiva contava *due volte tanto*. E questo valeva per tutte le categorie di lavoro e in tutti i tipi di organizzazione.

Per assicurarmi che i miei risultati non fossero dovuti a un caso fortuito, mi rivolsi alla Hay/McBer, e le commissionai uno studio indipendente. [Vedi l'Appendice 2 per ulteriori dettagli su questa e altre ricerche di conferma.] La Hay/McBer rianalizzò i dati grezzi ottenuti da 40 diverse società al fine di determinare, per ciascuna competenza, in quale misura gli individui autori di prestazioni eccellenti si scostassero dalla media — un modo leggermente diverso di rispondere alla mia domanda.

L'analisi della Hay/McBer si basava in assoluto sui migliori dati disponibili, ottenuti nel corso di interviste approfondite, di test e di valutazioni estese effettuati su centinaia di persone. Ancora una volta, il contributo delle competenze emotive all'eccellenza era *due volte* più importante di quello dell'intelletto puro e dell'expertise.

Un vantaggio per la leadership

La competenza emotiva è fondamentale ai fini della leadership, ossia in un ruolo che consiste essenzialmente nell'ottenere che gli altri svolgano il proprio lavoro più efficacemente. Nei leader, l'inettitudine a livello dei rapporti interpersonali abbassa il livello della prestazione del gruppo: fa perdere tempo, genera astio, erode la motivazione e l'impegno facendo montare l'ostilità e l'apatia. Ai fini dell'azienda, i punti di forza o le debolezze di un leader nella sfera della competenza emotiva possono essere misurati in termini di guadagno o perdita dei talenti dei suoi subordinati.

Un business research manager di una compagnia di livello internazionale operante nel campo dell'alta tecnologia, è responsabile, in tutto il mondo, di 200 ricercatori. Fra i compiti impegnativi che essi devono affrontare c'è quello di incontrarsi con i tecnici che hanno sviluppato idee per nuovi prodotti e decidere la fattibilità di una loro immissione sul mercato; di stimolare i manager responsabili di prodotti la cui quota di mercato stia calando; di guidare i ricercatori in difficoltà e bisognosi di un orientamento.

«In queste riunioni le emozioni vanno a mille», mi racconta il dirigente. «Devi essere ragionevole, allentare ogni tipo di tensione e mantenerti calmo. Se uno vuole mettere sul mercato il prodotto che sta sviluppando, o se ha dei problemi, può diventare estremamente suscettibile. Ma tu devi mantenere la tua prospettiva e presentarti in modo tale da ispirare fiducia ed essere rispettato.»

«La maggior parte dei nostri ricercatori ha il master in amministrazione aziendale; quindi hanno appreso gli strumenti analitici», osserva. «Ma quando la gente va da loro con le sue paure e i suoi problemi, devono essere in grado di esaminare la situazione con calma e di considerarla da una prospettiva globale. I nostri ricercatori hanno gli strumenti tecnici, certo, ma devono anche essere capaci di riconoscere l'idea creativa o di offrire una via pratica e percorribile per trasformarla in un prodotto utile.»

Per gestire una situazione ad alto potenziale emotivo è necessario possedere la capacità di individuare e risolvere problemi: occorre sapere instaurare rapidamente un clima e un rapporto di fiducia, essere in grado di ascoltare molto bene, saper persuadere e riuscire a vendere una raccomandazione. Come dice lui: «Bisogna essere consapevoli di se stessi, saper vedere le cose in prospettiva e avere presenza, in modo da potersi proporre come la persona su cui tutta la gente seduta attorno a quel tavolo dovrà fare affidamento».

Robert Worden, che ricopre la carica di Business Research Director alla Eastman Kodak, è d'accordo: «Non basta essere in grado di effettuare un'analisi combinata né andare in sollucchero al computer per una splendida regressione, se poi sei troppo modesto per presentare quei risultati a un gruppo di alti dirigenti. La capacità di stabilire rapporti, di parlare e di essere ascoltato, di sentirti a tuo agio con te stesso — ecco, è questo tipo di abilità che comporta la fondamentale differenza».

Vediamo quali sono, secondo Worden, gli altri ingredienti dell'eccellenza alla Kodak: «Intanto, il modo in cui riesci a presentare le tue ragioni. Poi, la motivazione — ci sei solo dalle 8 alle 5 e devi essere continuamente stimolato, oppure rendi molto e sei disposto a qualche sacrificio personale? Sei uno con cui è difficile lavorare oppure tutti ti considerano un leader di natura? E poi c'è la diplomazia — Hai una buona percezione delle questioni delicate, sia a livello personale che dell'organizzazione? Sei capace di adattarti e assumerti i rischi legati alle scelte creative? Sei aggressivo e spegni la fiducia che la gente ha in se stessa — oppure sai ispirare e guidare gli altri? Infine, c'è la capacità di anticipare problemi ed esigenze: sei un tipo orientato all'azione, che va fino in fondo per esercitare il proprio impatto sull'azienda?».

Molti alti dirigenti della Kodak hanno fatto carriera passando attraverso le ricerche di mercato, compreso il presidente, che ci ha passato sette anni. Ma questo tipo di ricerca dà una percezione del mercato che rappresenta solo un punto di partenza. «Metà delle capacità di cui hai bisogno sono di natura tecnica», afferma Worden. «Ma l'altra metà è compresa nel dominio più *soft* dell'intelligenza emotiva. Ed è straordinario come sia proprio quest'ultima a distinguere i tipi eccellenti.»

La regola empirica

L'osservazione di Worden si basa sui dati. Nello studio di risultati su centinaia di società, ho avuto la netta percezione che l'intelligenza emotiva diventi tanto più importante quanto più alto è il livello che un dato individuo occupa nell'organizzazione.

La mia percezione venne confermata dallo studio sistematico su un'organizzazione vastissima, il governo degli Stati Uniti, con più di due milioni di dipendenti. Si tratta di una delle poche organizzazioni al mondo che disponga di una valutazione dettagliata delle competenze necessarie per una prestazione efficiente praticamente in ogni tipo di lavoro.[3] Con Robert Buchele, un economista dello Smith College, scoprimmo che, effettivamente, quanto più alto era il livello delle mansioni, tanto meno importanti diventavano le capacità tecniche e le abilità cognitive mentre acquisivano maggior rilievo le competenze facenti capo all'intelligenza emotiva. Tuttavia, quello del governo avrebbe potuto essere un caso particolare. Perciò commissionai ancora una volta alla Hay/McBer di rianalizzare il database di cui disponeva, stavolta al fine di verificare l'importanza della competenza emotiva per i dirigenti di alto livello. La ricerca condotta dalla Hay/McBer su centinaia di alti dirigenti impiegati presso quindici società internazionali — compresa l'IBM, la PepsiCo e la Volvo — produsse risultati sbalorditivi.

Confrontando i leader mediocri con quelli eccellenti, a distinguerli si trovava una sola abilità di natura cognitiva: il riconoscimento di modelli, il pensare avendo presente il «quadro generale» — un'abilità che li mette in condizione di individuare tendenze significative in un mare confuso di informazioni e di pensare strategicamente guardando al futuro.[4]

A parte quell'unica eccezione, la superiorità intellettuale o tecnica non aveva alcun ruolo nel determinare il successo nella leadership; a livello degli alti dirigenti, infatti, chiunque deve possedere in una certa misura delle abilità cognitive, ma il fatto di eccellere in esse non cambia il destino di un leader.

Invece, la differenza fra i leader mediocri e quelli eccellenti era in grandissima parte determinata dalle competenze emotive. Gli individui migliori dimostravano abilità significativamente più spiccate in una gamma di competenze emotive comprendenti la capacità di influenzare gli altri e di guidare un team, la consapevolezza politica, la fiducia in se stessi e la spinta a realizzare i propri obiettivi. In media, circa il *90 per cento* del loro successo nella leadership dipendeva dall'intelligenza emotiva.

In breve, per una prestazione superiore in tutte le posizioni e in ogni campo, la competenza emotiva ha un'importanza doppia rispetto alle abilità puramente cognitive.

Per il successo ai massimi livelli, in posizioni che comportano la leadership, la competenza emotiva costituisce pressoché tutto il margine di vantaggio.

Il valore dell'incantesimo

Patrick McCarthy sta rimettendo in scena per l'ennesima volta il suo incantesimo di venditore, stavolta con Donald Peterson, presidente in pensione della Ford Motor Company. Peterson è alla ricerca di un particolare capo sportivo nella taglia 43 lungo, che è difficile da trovare. Così decide di chiamare McCarthy, un commesso del reparto di abbigliamento per uomo presso il più importante dei negozi

Valutazione precisa delle competenze «soft»

Nordstrom di Seattle; McCarthy cerca in magazzino, ma non trova la giacca. Peterson allora continua a chiedere in giro, chiamando altri negozi di abbigliamento per uomo, ma solo per scoprire che nessuno ha in magazzino la giacca che lui cerca.

Qualche giorno dopo, però, McCarthy richiama Peterson: ha pregato in modo particolare il suo fornitore, e così la giacca della taglia desiderata è in arrivo.

In una catena di negozi famosa per il suo modo di trattare con i clienti, McCarthy è il numero uno dei venditori, una leggenda che ha regnato per più di 15 anni.[5] McCarthy coltiva il suo portafoglio personale di circa 6.000 clienti spingendosi ben oltre la semplice offerta di un servizio cortese quando essi sono nel negozio: in particolare, si prende regolarmente il disturbo di chiamarne alcuni di persona quando arriva della merce che ritiene possa interessarli. Addirittura, telefona ai familiari di certi clienti suggerendo loro dei regali quando è in arrivo un compleanno o un anniversario.

Poiché le competenze emotive costituiscono, come abbiamo visto, due terzi o forse più degli ingredienti necessari per prestazioni così straordinarie, questi dati indicano che per un'organizzazione, coltivare queste capacità nei propri impiegati o assumere persone che già le possiedano comporta un enorme aumento del profitto. Enorme, sì, ma quanto? Il livello annuale delle vendite di McCarthy, pari a più di un milione di dollari, va confrontato a una media che, nel settore, si attesta intorno agli 80.000 dollari.

La stima migliore del valore economico apportato da questi individui eccezionali è quella effettuata nel corso di una fondamentale analisi eseguita su migliaia di persone, la cui posizione spaziava dal semplice impiegato addetto alle spedizioni ai partner dei grandi studi legali.[6] Lo studio, condotto da John Hunter della Michigan State University, Frank Schmidt e Michael Judiesch, entrambi della Iowa University — tutti esperti in questo campo — ha confrontato il valore, in termini economici, di individui capaci di prestazioni al massimo livello, come Patrick McCarthy — quelli appartenenti all'un per cento superiore della distribuzione — con i loro colleghi mediocri o deludenti.

I ricercatori scoprirono che quel valore aumenta con la complessità del lavoro:

- Nel caso dei lavori più semplici — come quello degli operatori su macchine o degli impiegati — gli individui appartenenti all'un per cento superiore della distribuzione avevano un rendimento di tre volte maggiore — ossia valevano tre volte di più — rispetto a quelli dell'un per cento inferiore.

- Nel caso di lavori di media complessità — come quello dei commessi o dei meccanici — un individuo capace di prestazioni eccellenti era dodici volte più produttivo dei colleghi meno capaci — in altre parole, un'unica persona appartenente all'un per cento superiore della distribuzione ne valeva dodici appartenenti all'un per cento inferiore.

- Per i lavori più complessi, come quello degli agenti d'assicurazione, degli account manager, degli avvocati e dei medici, il confronto venne effettuato in modo diverso, ossia fra gli individui capaci di prestazioni eccellenti e quelli nella media (e non quelli appartenenti all'un per cento inferiore della distribuzione); anche così un individuo appartenente all'un per cento superiore apportava un valore aggiunto del 127 per cento.[7]

La competenza rende soprattutto ai vertici

Il direttore generale della sussidiaria di una holding sudamericana fu promosso in un'altra posizione, lasciando così sei alti dirigenti a competere per il suo posto. I sei entrarono a tal punto in competizione che la loro unità di gruppo dirigente ne risultò compromessa. La società si rivolse a un consulente, affinché valutasse i punti di forza e le debolezze dei sei candidati, e la aiutasse a prendere la decisione.

Dei sei, due avevano un QI al di sotto degli altri; erano fuori gara fin dal principio, insieme a un terzo che era del tutto nuovo nel campo, e quindi non aveva esperienza. Quanto agli altri tre candidati, uno aveva più esperienza di tutti ed era anche il più intelligente; stando agli standard tradizionali, la scelta sarebbe probabilmente caduta su di lui. Aveva però un lato negativo: era risaputo che mancava delle qualità personali e sociali che fanno capo all'intelligenza emotiva.

Il secondo manager sembrava anch'egli un candidato forte — con un'ottima esperienza, ben dotato nelle competenze dell'intelligenza emotiva, e con un'intelligenza generale molto brillante. Anche il terzo manager, infine, era un buon contendente, leggermente indietro agli altri due per QI ed esperienza, ma nettamente superiore a loro per intelligenza emotiva.

Su chi cadde la scelta?

Sul terzo manager. La ragione fondamentale della decisione fu che uno dei compiti principali del nuovo direttore generale sarebbe stato quello di guidare il gruppo dirigente per farlo tornare funzionale, un lavoro che avrebbe richiesto un alto grado di efficacia nelle relazioni interpersonali. Il consulente spiega: «La grandissima intelligenza emotiva del nuovo direttore generale rese più facile accettare la sua promozione agli altri cinque manager, che erano stati in competizione per quel posto». Sotto la guida del nuovo direttore generale, egli aggiunge, la società «è diventata la più redditizia del paese nel suo settore, battendo i propri record di profitto».

Nella misura in cui la competenza emotiva stimola la realizzazione di questi straordinari obiettivi, è comprensibile ehe essa renda al massimo quando si manifesta ai gradini più alti. A causa della loro influenza finanziaria, le prestazioni degli alti dirigenti hanno ripercussioni economiche molto maggiori di quelle degli impiegati che lavorano per loro. Nei casi estremi, un direttore generale brillante può moltiplicare di milioni i guadagni di una grande società, mentre un pasticcione può farla naufragare.

A livelli di complessità inferiore, esiste più o meno un rapporto diretto fra l'abilità cognitiva di una persona e la sua prestazione: se saranno più intelligenti, un impiegato o un operatore su macchine eseguiranno il loro lavoro molto meglio di individui meno brillanti. Tuttavia, come abbiamo visto nel Secondo Capitolo, all'aumentare della complessità del lavoro — pensiamo ad esempio ai manager e ai dirigenti, agli ingegneri e agli scienziati — il QI e l'expertise non aiutano a prevedere chi darà le prestazioni migliori: a questo livello, quei parametri rappresentano solo delle barriere d'accesso.

In posizioni che richiedono prestazioni altamente complesse, l'analisi di Hunter suggerisce che l'immensa differenza di valore economico fra gli individui eccellenti e quelli deludenti faccia dell'intelligenza emotiva un fattore non solo semplicemente additivo, ma moltiplicativo, nei confronti dell'abilità cognitiva: presumibilmente, l'ingrediente segreto nella prestazione eccellente.

Quanto vale esattamente l'individuo eccellente?

Alla RCA, un piccolo gruppo di account manager riuscì ad aumentare ogni anno il numero dei clienti, incrementando il volume delle vendite di decine di milioni di dollari. In che modo? Non perché avessero un expertise tecnico superiore agli altri account manager, ma perché erano più abili a livello interpersonale.

Il caso è uno delle migliaia raccolti da un pupillo di McClelland, Lyle Spencer Jr, direttore della ricerca e della tecnologia presso la Hay/McBer di Boston.[8] Quale fu la ragione dello straordinario successo di quel gruppo di account manager?

«Gli individui mediocri che occupavano quella posizione si contentavano di passare una quantità di tempo minima con i propri clienti — quel tanto che bastava per assicurarsi che fossero soddisfatti», mi spiegò Spencer. «Ma questi manager straordinari passavano moltissimo tempo con i loro clienti, li corteggiavano, andavano fuori a bere con loro e gli parlavano di nuove tecnologie e di possibilità che avrebbero potuto migliorare i loro prodotti — e non solo si conservavano i clienti importanti, ma aumentavano il volume delle vendite. Ciò che contava era la capacità di costruire relazioni interpersonali, di percepire i punti sensibili e gli entusiasmi del cliente sapendo come servirsene, e combinando al meglio le esigenze e i desideri dei clienti con i propri prodotti.»

Uno dei campi di lavoro in cui la significativa differenza comportata dall'intelligenza emotiva è più sorprendente è quello della programmazione dei computer, dove la produzione degli individui appartenenti al dieci per cento dei migliori supera quella dei mediocri del 320 per cento. E se consideriamo solo quei rari individui compresi nell'un per cento dei migliori programmatori, constatiamo che la loro produzione supera la media di uno sbalorditivo 1272 per cento.[9]

«Non sono solo le abilità di computo che distinguono gli individui eccezionali, ma anche le loro capacità di lavorare in team», afferma Spencer. «I migliori in assoluto sono quelli disposti a fermarsi fino a tardi la sera per aiutare i propri colleghi a finire un progetto o a condividere con gli altri — invece di tenerle per sé — le scorciatoie che hanno scoperto. Queste sono persone che non competono: collaborano.»

Il profitto derivante da massimi livelli di competenza può essere spettacolare. In uno studio sui venditori di 44 aziende statunitensi comprese fra le 500 con il maggior fatturato annuo, fra cui la AT&T, l'IBM e la PepsiCo, Spencer chiese ai responsabili delle vendite di valutare di quanto si distaccassero dalla media i loro migliori venditori in assoluto. Egli scoprì che ogni venditore appartenente al 10 per cento dei migliori totalizzava vendite per 6,7 milioni di dollari, rispetto alla norma di 3 milioni di dollari — in altre parole, costoro vendevano più del doppio della media. Poiché a quel tempo il tipico salario dei venditori era intorno ai 42.000 dollari, significava che il valore aggiunto di questi individui eccezionali era di 3,7 milioni di dollari, ossia circa 88 volte il loro salario![10]

Il punto critico

Le competenze si presentano a gruppi. Per dare una prestazione superiore l'individuo deve dominare tutto un insieme di competenze, non solo una o due. McClelland ha scoperto che gli individui eccezionali non hanno talento solo, tanto per fare un esempio, nell'iniziativa o nella capacità di persuasione: costoro hanno punti di forza ad ampio spettro, dimostrando di possedere delle competenze in ciascuna delle cinque aree dell'intelligenza emotiva: consapevolezza e padronanza di sé, motivazione, empatia e abilità sociali.

Solo quando raggiungono una massa critica su tutto lo spettro, questi individui emergono come straordinari — un po' come accade quando si catalizza una reazione chimica. Il termine di McClelland per indicare questo concetto è «tipping point» — punto critico.

«Una volta che hai raggiunto il punto critico, le tue probabilità di dare una prestazione straordinaria salgono alle stelle», mi spiegava Mary Fontaine della Hay/McBer. «Il punto critico può dipendere dalla misura in cui manifesti spesso e bene le tue competenze-chiave, come pure dal loro livello di sofisticazione».

Alla PepsiCo, ad esempio, gli alti dirigenti che avevano raggiunto il punto critico — che erano «forti» in almeno sei competenze appartenenti a tutto lo spettro — avevano una probabilità di gran lunga maggiore di dare prestazioni che si sarebbero collocate nel terzo superiore della distribuzione; questo si rifletteva nei premi di produzione che venivano loro riconosciuti per le prestazioni delle divisioni che dirigevano. Dei leader di divisione forti in sei o sette competenze, l'87 per cento si collocava nel terzo superiore.[11]

Le competenze consentivano di prevedere il successo non solo nelle filiali statunitensi della società, ma in quelle sparse in tutto il mondo. I dirigenti che raggiungevano il punto critico erano nel terzo superiore nell'82 o nell'86 per cento dei casi, rispettivamente in Europa e in Asia.

D'altro canto, la debolezza in queste competenze costituiva spesso una pecca fatale. In Europa, in Asia e in America, ad esempio, coloro che mancavano di punti di forza nelle competenze fondamentali erano autori di prestazioni straordinarie solo nel 13, nell'11 e nel 20 per cento dei casi, rispettivamente.

Le competenze emotive che più spesso portavano a questo livello di successo erano:

- Iniziativa, spinta a realizzare i propri obiettivi e adattabilità.
- Influenza, capacità di leadership e consapevolezza politica.
- Empatia, fiducia in se stessi e capacità di valorizzare gli altri.

I dirigenti con queste qualità superavano i propri obiettivi del 15-20 per cento; quelli che non le possedevano davano prestazioni inferiori in misura pari quasi al 20 per cento.

Il punto critico non conta solo ai vertici, ma a ogni livello di un'organizzazione. Una delle dimostrazioni più impressionanti di ciò emerse in una compagnia nazionale di assicurazioni. Gli agenti molto carenti in particolari competenze emotive come la fiducia in se stessi, l'iniziativa e l'empatia vendevano polizze con un premio medio di 54.000 dollari. Ma gli individui ben dotati in almeno cinque delle competenze-chiave avevano, al confronto, un successo straordinario: in media, infatti, vendevano polizze da 114.000 dollari.

Un eccessivo turnover danneggia il profitto

Proprio come le competenze emotive comportano un chiaro valore aggiunto, è vero anche che una carenza in quelle stesse competenze implica costi ingenti legati al turnover dei dipendenti. Spencer ritiene che per una società il costo reale derivante dalla sostituzione di un dipendente equivalga a un intero anno di paga. Questi costi non sono legati esclusivamente alla necessità di cercare e addestrare dei sostituti, ma anche all'esigenza di soddisfare e conservare i clienti, e dalla riduzione di efficienza cui andrà incontro chiunque lavorasse con la persona dimissionaria.

Quando le organizzazioni perdono molti dipendenti, anche nella fascia di basso livello retributivo, i costi reali da sostenere possono essere ingenti. Nei settori del commercio al dettaglio e delle assicurazioni, ad esempio, si stima un tasso di turnover superiore al 50 per cento l'anno, che per la maggior parte interessa i nuovi assunti.[12] Quando il dipendente che si dimette è un alto dirigente, quel costo può essere enorme. Per una società che debba rimpiazzare un alto dirigente, assumendo qualcuno dall'esterno, la spesa può ammontare a centinaia di migliaia, anche milioni di dollari.

Quando, presso un'azienda produttrice di bevande di largo consumo a livello mondiale, ci si servì di metodi standard — che ignoravano la competenza emotiva — per assumere i presidenti di divisione, nell'arco dei primi due anni dall'ingaggio il 50 per cento di essi si dimise (la maggior parte perché stava rendendo poco), il che comportò per la società dei costi di ricerca vicini a 4 milioni di dollari. Ma quando l'azienda cominciò a valutare anche competenze come l'iniziativa, la fiducia in se stessi, l'inclinazione alla leadership e simili, il numero dei dirigenti che rimanevano al proprio posto aumentò di molto e nei primi due anni solo il 6 per cento dei nuovi presidenti di divisione abbandonò l'incarico.[13]

Valutazione precisa delle competenze «soft»

Consideriamo tre casi, tutti riguardanti personale addetto alle vendite, ma in settori molto diversi.[14] All'Oréal, la grande casa produttrice di cosmetici, i rappresentanti selezionati per le loro abilità nel campo delle competenze emotive andarono incontro, nel corso del primo anno, a un turnover del 63 per cento inferiore rispetto a quelli selezionati trascurando il profilo di quelle competenze. In una società di computer, fra i rappresentanti di nuova assunzione, coloro che erano stati scelti per la competenza emotiva avevano una probabilità di finire il training superiore del 90 per cento rispetto ai colleghi scelti su altre basi. Infine, presso un'esposizione di mobili, i venditori che avevano talento nelle competenze emotive fondamentali presentavano un tasso di abbandono nel corso del primo anno di lavoro pari alla metà di quello riscontrato fra coloro che erano stati assunti sulla base di altri standard.

Il caso del dirigente «fallito»

Dopo avermi sentito parlare di intelligenza emotiva a una conferenza, il direttore generale di una società — una delle dieci più grandi del settore — mi raccontò in confidenza perché, invece di coltivarsi un dirigente che era stato alle sue dirette dipendenze per molti anni, in modo che un giorno potesse prendere il suo posto, lo avesse licenziato: «Era una persona di straordinario talento, intellettualmente brillante, una mente molto potente. Con i computer era davvero fantastico, conosceva i numeri come le sue tasche. È per questo che era diventato dirigente.

«Ma non era un leader altrettanto brillante, e nemmeno particolarmente piacevole. Spesso era così duro da risultare brutale. Nelle situazioni di gruppo, era socialmente goffo; non aveva alcuna delicatezza sociale — anzi a dire il vero non aveva nemmeno una vita sociale. A 45 anni, non aveva nessuno vicino a sé, nemmeno un amico. Lavorava in continuazione. Era monodimensionale: ecco perché alla fine lo licenziai.

«Tuttavia,» aggiunse il direttore generale «se avesse saputo fare solo il cinque per cento di quello di cui stava parlando lei prima, sarebbe ancora qui.»

Questa storia concorda perfettamente con le conclusioni a cui è pervenuto uno studio importantissimo su alti dirigenti la cui carriera si era rivelata un fallimento.[15] Ecco i due caratteri più comunemente menzionati nelle persone che avevano mancato i propri obiettivi:

- *Rigidità.* Questi individui erano incapaci di adattare il proprio stile ai cambiamenti nella cultura dell'organizzazione, oppure erano incapaci di assorbire o di reagire al feedback riguardante aspetti del loro comportamento da modificare o migliorare. Non erano capaci di ascoltare o di apprendere.
- *Scarse relazioni interpersonali.* I fattori più spesso menzionati comprendevano un atteggiamento eccessivamente aspro e critico, insensibile o troppo esigente o tale da allontanare coloro con cui lavoravano.

Questi aspetti del comportamento si dimostrarono handicap fatali anche per individui brillanti con un solido expertise tecnico. Un dirigente, ad esempio, descrisse con queste parole un collega la cui carriera aveva subito una battuta d'arresto: «È un grande pensatore strategico e ha elevati standard etici, ma critica troppo aspramente le persone. È intelligentissimo, ma si guadagna la propria superiorità sminuendo e umiliando gli altri. Molti hanno cercato di aiutarlo a lavorare su questo suo difetto, ma sembra che sia senza speranza».[16]

L'opposto della rigidità è l'adattabilità. «L'agilità nell'esercizio della leadership, ossia la capacità di lavorare con stili diversi e con persone appartenenti a tutti i livelli dell'organizzazione — dai rappresentanti impegnati in prima linea con i clienti agli alti dirigenti — richiede empatia e autocontrollo emotivo. Nella leadership — e nell'apprendimento — occorre agilità», mi spiega Patrick O'Brien, ex vicepresidente delle vendite per il Nord America della Johnson Wax. «Abbiamo scoperto che l'assenza di questo tipo di agilità è un formidabile ostacolo per le persone che cerchiamo di valorizzare.»

Fra i manager di successo e coloro la cui carrierà si rivelò un fallimento emersero profonde differenze relativamente alle principali dimensioni della competenza emotiva.[17]

- *Autocontrollo.* Gli individui che fallivano non sapevano gestire e controllare le pressioni, erano di umore instabile ed erano soggetti ad accessi di collera. Gli individui di successo, invece, restavano composti anche sotto stress, mantenendosi calmi, fiduciosi — e leali — anche nel bel mezzo delle crisi.
- *Coscienziosità.* Coloro che avevano in qualche modo mancato i propri obiettivi di carriera reagivano al fallimento e alle critiche mettendosi sulla difensiva: negando, cercando di coprirsi o scaricando la colpa su qualcun altro. Il gruppo degli individui di successo, invece, si assumeva le proprie responsabilità ammettendo

errori e fallimenti, prendendo le dovute misure per risolvere eventuali problemi e andando avanti senza rimuginare troppo sugli scivoloni.
- *Fidatezza*. I dirigenti che avevano fallito erano in genere tipi troppo ambiziosi — troppo lesti ad andare avanti a spese degli altri. Invece, gli individui di successo erano caratterizzati da un'elevata integrità — una grande considerazione per le necessità dei subordinati e dei colleghi, insieme alla consapevolezza delle esigenze del compito in corso — e per loro tutto questo aveva più importanza del fare a qualsiasi costo impressione sul capo.
- *Abilità sociali*. Gli individui che fallivano mancavano di empatia e sensibilità, e pertanto erano spesso rudi, arroganti o inclini a intimidire i subordinati. In qualche occasione, alcuni di questi individui erano affabili, al punto da sembrare addirittura interessati agli altri, ma il loro charme era puramente manipolativo. Gli individui di successo, d'altro canto, erano più empatici e sensibili, e pertanto mostravano tatto e considerazione nel trattare con chiunque, superiori e subordinati.
- *Capacità di stabilire legami e di trarre vantaggio dalla diversità*. I modi insensibili e manipolativi del gruppo dei dirigenti che avevano fallito stavano a testimoniare che essi non riuscivano a costruire una rete vasta e robusta di relazioni cooperative e mutuamente benefiche. I dirigenti di successo invece apprezzavano maggiormente la diversità ed erano in grado di andare d'accordo con persone di tutti i tipi.

Talenti d'oggigiorno: la concezione globale

Claudio Fernández-Aráoz, incaricato della ricerca di alti dirigenti in tutta l'America Latina per l'ufficio di Buenos Aires della Egon Zehnder International, ha confrontato 227 dirigenti di grande successo con 23 che invece erano falliti nel proprio lavoro.[18] Egli scoprì che i manager che fallivano avevano quasi sempre un grande expertise e solitamente erano anche molto intelligenti. La loro fatale debolezza era immancabilmente nel campo dell'intelligenza emotiva: troppa arroganza, un eccessivo affidamento sul potere del cervello, l'incapacità di adattarsi alle modificazioni economiche a volte sconcertanti che avevano luogo nella regione e il disprezzo per la collaborazione o il lavoro in team.

Analisi parallele condotte in Germania e in Giappone su manager di successo o manager che avevano fallito, hanno rivelato la stessa situazione: la principale carenza di questi ultimi era nelle competenze dell'intelligenza emotiva e il loro fallimento aveva luogo a dispetto dell'expertise e delle abilità cognitive. In Germania tre quarti dei manager «falliti» presentavano fondamentali carenze nell'intelligenza emotiva, mentre in Giappone ciò valeva per poco più della metà di essi.[19]

In America Latina una carenza di intelligenza emotiva sembra implicare un fallimento quasi certo. In Germania e in Giappone, invece, non è ancora così. Come mi disse Fernández-Aráoz: «Negli ultimi anni in America Latina abbiamo assistito a un enorme cambiamento: l'iperinflazione, le agitazioni politiche, il passaggio da economie controllate a economie libere. Le cose cambiano radicalmente, a volte quasi ogni giorno. L'esperienza, qui, non è cruciale come la capacità di adattarsi. Occorre essere in stretto contatto con tutte le persone con cui si lavora, con i clienti, con i fornitori — chiunque — solo per tenersi al corrente di quel che sta succedendo. Ci sono nuove forme di organizzazione, nuove fusioni e coalizioni, nuove tecnologie, nuove regole. Abbiamo scoperto che in un ambiente tanto instabile una carenza di intelligenza emotiva comporta il sicuro fallimento. E questo è il futuro di tutti noi».

Oppure, come ha sintetizzato Kevin Murray, direttore delle Comunicazioni alla British Air, «le organizzazioni che stanno attraversando i maggiori cambiamenti sono quelle che hanno più bisogno di intelligenza emotiva.»

Il principio di Peter

Un giovane ingegnere con uno splendido curriculum accademico andò a lavorare presso un'azienda di progettazione ambientale ma fu licenziato dopo un periodo relativamente breve. La ragione? «Era molto brillante nel lavoro» mi racconta il suo superiore, «ma non sapeva seguire le istruzioni. Il suo supervisore gli diceva come fare un progetto, e lui lo faceva di testa sua. Quando il supervisore gli faceva notare che il suo progetto non era conforme alle specifiche, quello si metteva sulla difensiva. Non riusciva ad accettare un feedback — reagiva come se si fosse trattato di critiche personali.

«Quando gli altri ingegneri gli chiedevano aiuto, lui voltava loro le spalle, affermando di essere troppo impegnato nella sua parte del progetto. Creava una tale animosità intorno a sé che quando era lui ad aver bisogno di aiuto, nessuno era disposto a darglielo.»

Un alto QI e un elevato expertise tecnico possono avere un effetto paradossale sulle persone apparentemente promettenti che poi falliscono. In uno studio su dirigenti che un tempo avevano avuto successo e poi fallirono, la maggior parte degli individui era tecnicamente brillante.[20] Le capacità tecniche avevano spesso rappresentato la ragione della loro promozione ai livelli più alti.

Ma una volta raggiunte quelle posizioni più prestigiose, il loro talento tecnico poteva diventare un difetto fatale. L'arroganza aveva portato alcuni di loro a offendere i colleghi assumendo un atteggiamento di superiorità, oppure li aveva spinti a gestire fin nei minimi dettagli i subordinati — anche quelli che erano dotati di un ottimo expertise tecnico.

Questa non è altro che la dimostrazione del principio di Peter, secondo il quale le persone vengono promosse fino ad arrivare a un livello in cui sono incompetenti. Un individuo promosso per la sua abilità tecnica o il suo expertise («È grande con i numeri») arriva infine a un livello dove molti, o la maggior parte, dei suoi compiti hanno a che fare con la gestione delle risorse umane, e non con le capacità tecniche. Tutto questo in pratica significa che il mondo del lavoro è disseminato di pessimi dirigenti.

Il principio di Peter aiuta moltissimo a spiegare come mai, ovunque nelle organizzazioni, tante persone rudi, villane e comunque inette sul piano delle relazioni interpersonali, occupino molte posizioni di potere. Il classico errore sta nel dare per scontato che se uno è in possesso di un particolare expertise, ciò significa necessariamente che ha attitudine per la leadership. «Io lo chiamo "effetto Michael Jordan"», mi spiega Paul Robinson, direttore del Sandia National Laboratories. «Lo vedo in continuazione nei laboratori scientifici: un alto dirigente si dimette e tu immediatamente vai a cercare lo scienziato migliore per promuoverlo al suo posto.

«Ma è come se i Chicago Bulls perdessero un allenatore e lo sostituissero con Michael Jordan. Ovviamente Jordan è uno splendido giocatore, ma per lui esserlo è una cosa talmente naturale che come allenatore potrebbe non essere molto brillante, perché probabilmente non si è mai soffermato a pensare come fa a fare ciò che fa. E allora, come se la caveranno i Bulls se Michael Jordan siederà in panchina, invece di scendere sul terreno di gioco? Lo stesso vale anche per noi; gli scienziati eccezionali ci servono nei laboratori, non negli uffici.»

Per aggirare il problema, «abbiamo istituito due indirizzi di carriera, nella consapevolezza che alcune persone sanno essere dei tecnici eccellenti e amano il proprio lavoro, ma detestano la carriera manageriale e sarebbero dei manager terribili», mi ha detto Ira Stepanian, direttore generale della BankBoston, oggi in pensione. «Senza abilità interpersonali, costoro non accederanno mai ai massimi livelli manageriali. In questo modo, gli risparmiamo il fallimento prospettato dal principio di Peter, mantenendoli su un percorso di carriera tecnica.»

Quel principio, ovviamente, si applica a occupazioni di ogni genere. Prendiamo, ad esempio, Patrick McCarthy, lo straordinario venditore della Nordstrom. Ben presto, nella sua carriera, McCarthy venne promosso manager di dipartimento, un incarico che tuttavia lasciò dopo un anno e mezzo per tornare alle vendite dirette.[21] Come dice lui stesso: «La vendita diretta era ciò che sapevo fare meglio e in cui mi sentivo più a mio agio».

Il fanatico di computer

«Gli specialisti nel campo dell'informatica sono famosi per il loro elevato livello di capacità tecniche, ma anche per il fatto di non saper andare d'accordo altrettanto bene con la gente», mi racconta un dirigente della Hitachi Data Systems. «Tendono a essere carenti in certe abilità, come l'empatia e le capacità sociali. Nel nostro campo, le persone che lavorano nelle divisioni di informatica sono famose per andare poco d'accordo con chi lavora in altri settori della stessa azienda.»

Ero solito pensare che tali asserzioni riflettessero un'errata percezione culturale, lo stereotipo negativo del «fanatico del computer». Alla base di questo mio assunto c'era la convinzione che l'intelligenza emotiva e il QI fossero essenzialmente indipendenti.

Un amico del corpo docente del MIT, però, sostiene che all'estremo superiore della scala del QI spesso si osserva una mancanza di capacità sociali.

Stephen Rose, fisico teorico per formazione e oggi a capo di un progetto per studiare come mai la carriera di alcuni scienziati vada a picco, si riferisce al fenomeno con il termine di «imperizia esperta».[22] «Molto spesso, quanto più sono intelligenti, tanto meno si dimostrano competenti sul piano emotivo e nel trattare con gli altri. È come se il QI fosse un muscolo che cresce e si rafforza a spese di quelli della competenza personale e sociale.»

La padronanza in questi campi di attività richiede lunghe ore di lavoro solitario, spesso già a partire dall'infanzia o dal principio dell'adolescenza, quando, di solito, l'individuo apprende le fondamentali abilità sociali dall'interazione con i propri amici. Anche l'autoselezione è importante. Le persone che si sentono attratte da professioni che comportano uno sforzo cognitivo di livello molto elevato — come l'informatica o l'ingegneria — a volte sono attirate da esse «in parte anche perché così non devono avere a che fare con le proprie emozioni», sottolinea Robert E. Kelley, uno psicologo della Carnergie-Mellon University. «Ecco perché i secchioni e i tipi un po' fanatici sono attratti in campi come l'ingegneria dove — fintanto che se la cavano sul piano cognitivo — possono isolarsi e tirare avanti nonostante le scarse doti sociali.»

Questo naturalmente non vuol dire che tutti gli scienziati con un elevato QI siano socialmente incompetenti. Significa invece che le abilità che fanno capo all'intelligenza emotiva avranno un grande peso nel determinare il successo in tali carriere, dove probabilmente il pool di coloro che hanno le potenzialità per essere dei manager eccezionali — persone che abbiano al tempo stesso grandi capacità scientifiche ed elevate doti sociali — è relativamente piccolo.

Nel contesto di uno studio alquanto insolito, cominciato negli anni Cinquanta alla California University di Berkeley, 80 studenti che si stavano preparando al conseguimento del PhD in scienze furono sottoposti a un'estesa serie di test per la misurazione del QI e la valutazione della personalità, come pure a colloqui approfonditi con psicologi che li valutarono relativamente all'equilibrio emotivo, la maturità, l'integrità e l'efficacia nelle relazioni interpersonali.[23]

Quarant'anni dopo, quando quegli stessi individui avevano da poco varcato la soglia dei settant'anni, i ricercatori li rintracciarono. Nel follow-up — eseguito nel 1994 sulla base di curriculum vitae, valutazioni di esperti che lavoravano nel loro stesso campo e fonti come *American Men and Women of Science* — si procedette a stimare il successo ottenuto da ognuno di loro nella sua carriera. Emerse che le abilità nel campo dell'intelligenza emotiva erano circa *quattro volte* più importanti del QI nel determinare successo e prestigio professionali perfino per questi scienziati.

Come mi disse un ingegnere che aveva lavorato alla Exxon, «quel che faceva la differenza non era la tua media scolastica, là erano stati tutti bravi a scuola. La differenza stava in qualità personali come la perseveranza, la capacità di trovare chi ti facesse da guida, l'essere disposti a lavorare di più e a mettercela tutta». Oppure, come dice Ernest O. Lawrence — il premio Nobel fondatore dei laboratori che a Berkeley portano il suo nome — «nel lavoro scientifico, l'eccellenza non ha a che fare con la competenza tecnica, ma col carattere».[24]

Cercasi aiuto: tecnici capaci di intuizione e di passione

La comprensione di questi temi ha stimolato le scuole di specializzazione a muoversi per assicurarsi che i giovani ingegneri e scienziati entrino nel mondo del lavoro contando su maggiori capacità emotive. Phil Weilerstein, direttore della National Collegiate Inventors and Innovators Alliance, mi disse: «Le capacità di cui avranno bisogno gli ingegneri del futuro sono diverse da quelle in cui sono stati addestrati — starsene in un ufficio della General Dynamics a progettare le pale di un'elica. Devono essere abbastanza disinvolti da cambiare lavoro ogni tre, quattro o cinque anni. Devono sapere come sviluppare e realizzare idee in quanto parte di un team, e poi devono anche saperle vendere; ma non basta: devono essere in grado di assorbire critiche e osservazioni sul loro lavoro e occorre che sappiano adattarsi. In passato la formazione degli ingegneri ignorava tutta questa gamma di capacità. In futuro non potrà più permettersi di farlo».

Come mi disse John Seeley Browen, direttore della Ricerca e Sviluppo della Xerox Corporation per la Silicon Valley, «la gente assume un'aria scettica quando dico che noi non cerchiamo di assumere le persone più intelligenti — in tutti gli anni che ho passato qui, non ho mai guardato il curriculum universitario di nessuno. Le due competenze che cerchiamo di più sono la capacità di avere valide intuizioni e il desiderio appassionato di lasciare il segno. Vogliamo gente capace di osare e al tempo stesso che abbia i piedi per terra».

Ma che significa essere intuitivi, appassionati, audaci ma con i piedi per terra — insomma, dimostrare intelligenza emotiva? Quali *sono* le capacità umane che contano di più per l'efficienza sul lavoro?

La nostra prossima tappa nell'esplorazione di ciò che significa lavorare con l'intelligenza emotiva consisterà proprio nel dare una risposta precisa a queste domande.

PARTE SECONDA
Padronanza di sé

4

La guida interiore

Un mio caro amico, un medico, ricevette un giorno una proposta d'affari: se avesse lasciato la libera professione e fosse diventato direttore sanitario di una nascente struttura — una via di mezzo fra la clinica e il residence in comproprietà — investendoci 100.000 dollari di capitali suoi, nell'arco di tre anni la sua quota sarebbe salita a 4 milioni di dollari. Quanto meno, questo era ciò che assicuravano le proiezioni.

Al mio amico piaceva l'idea di un luogo dove la gente potesse curarsi la salute durante le vacanze; unendo a queste considerazioni il richiamo esercitato dalla possibilità di un guadagno fantastico, non poté resistere: vendette lo studio, investì nel residence e ne divenne il direttore sanitario. Tuttavia, durante quel primo anno di avvio dell'impresa, scoprì che non c'era ancora nessun programma medico da dirigere, e finì per passare le sue giornate facendo essenzialmente il venditore, ossia cercando di interessare la gente ad acquistare appartamenti in comproprietà nel residence.

Un giorno, mentre stava andando al lavoro in auto, si ritrovò, non senza stupore, a tempestare di pugni il cruscotto gridando: «Non posso farlo! Non posso farlo!». Accostando sul lato della strada, il mio amico si fermò un momento per riprendere il controllo dei suoi sentimenti tumultuosi, si calmò e si recò al lavoro.

Un anno dopo l'operazione fallì, e con essa il mio amico.

Oggi, egli ammette di aver avuto fin dal principio la sensazione viscerale che nella proposta iniziale ci fosse qualcosa di sbagliato, che le proiezioni finanziarie fossero troppo rosee, che tutto il programma fosse in realtà una forma di promozione immobiliare e non avesse molto a che fare con la medicina preventiva. Ma in quel periodo desiderava un cambiamento. E poi gli incentivi finanziari sembravano talmente promettenti che gli fecero seppellire tutte le sue apprensioni — cosa della quale si sarebbe pentito amaramente in seguito.

Molto spesso la vita ci mette di fronte a decisioni oscure — nulla di simile, per intenderci, alle chiare e nette matrici del tipo «se ... allora» che ci mostrano ai corsi di analisi del rischio e decision-making. Se lo si giudica in base all'aiuto che offre per compiere le scelte reali che affrontiamo quotidianamente sul lavoro — per esempio chi promuovere, con quale società fondere la propria, quale strategia seguire, se accettare o meno una transazione — quel tipo di approccio è decisamente sopravvalutato.

Quando si tratta di prendere decisioni come queste, le sensazioni viscerali — quella nostra percezione profonda di ciò che è giusto e di ciò che non lo è — ci danno informazioni decisive che non dobbiamo ignorare, altrimenti, a distanza di un mese o di un anno potremmo rimpiangere le nostre scelte.

Al di là dei pro e dei contro

Almeno sulla carta, l'affare a cui il mio amico aveva accettato di partecipare sembrava buono. Di gran lunga più importanti delle proiezioni finanziarie, però, sarebbero stati aspetti intangibili come la fidatezza e la competenza delle persone alle quali si stava unendo. Questi aspetti di una decisione non sono facilmente quantificabili — e tuttavia disponiamo di una quantità immensa di «dati» rilevanti sotto forma di impressioni e presentimenti. Come nel caso del mio amico, se li ignoriamo lo facciamo a nostro rischio e pericolo.

Su 60 imprenditori di grande successo, legati a società con un volume di entrate compreso fra 2 e 400 milioni di dollari, solo uno affermò di prendere le decisioni riguardanti l'azienda servendosi esclusivamente dei classici metodi basati sugli alberi delle decisioni — e perfino lui aggiunse che comunque prendeva la decisione finale su base intuitiva.[1] Tutti gli altri o usavano i propri sentimenti per confermare o confutare un'analisi razionale, oppure in una prima fase si lasciavano guidare dalle emozioni, cercando poi dati o basi razionali che confermassero il loro presentimento viscerale.

Un imprenditore mi disse: «La prima fase consiste in una comprensione passo per passo, un calcolo consapevole e deliberato, molto analitico... ma allo stesso tempo anche la parte emotiva di me sta facendo il suo lavoro. Io credo che ci sia bisogno di entrambe le cose».

Un altro imprenditore sottolineava quanto fosse sbagliato cercare di prendere decisioni in modo esclusivamente razionale: «Quando lo fai e sei completamente oggettivo... tutto ciò di cui disponi sono solo fredde statistiche. Ma nei processi interiori, è quasi come se uno avesse uno strumento che misura tutti questi dati... Un ago che misura le sensazioni. A volte il cervello ti dice: "Questo porterà a dover fare a meno di molte persone" — o qualcosa del genere. Il sesto senso invece dice: "Sì, però mi sembra una cosa buona". E io ho imparato a fidarmi di lui».

L'origine della sensazione viscerale

La capacità di leggere queste tendenze soggettive affonda le sue radici primordiali nell'evoluzione; le aree del cervello implicate nella genesi delle sensazioni viscerali sono di gran lunga più antiche dei sottili strati neocorticali — i centri del pensiero razionale — che rivestono la superficie del cervello. Impressioni e presentimenti nascono molto più in profondità. Essi sono funzione dei centri emotivi del cervello che circondano il tronco cerebrale (struttura encefalica situata rostralmente al midollo spinale), e in particolare di un nucleo a forma di mandorla, denominato amigdala, con i suoi circuiti. Questa rete di connessioni, a volte chiamata «amigdala estesa», proietta ai centri esecutivi del cervello situati nei lobi prefrontali.[2]

Il cervello immagazzina i diversi aspetti di un'esperienza classificandoli in aree diverse: l'origine di un ricordo è codificata in una zona; la vista, i suoni e gli odori in altre aree, e così via. Le emozioni evocate da un'esperienza sono immagazzinate nell'amigdala. Ogni esperienza nei confronti della quale abbiamo una reazione emotiva — non importa quanto impercettibile essa sia — sembra essere codificata nell'amigdala.[3]

Essendo il ricettacolo di tutto ciò che proviamo nei confronti di quel che andiamo sperimentando, l'amigdala ci segnala costantemente queste informazioni. Ogni qualvolta abbiamo una preferenza — indipendentemente dal fatto che si tratti di ordinare un risotto piuttosto che il piatto del giorno a base di alghe, o dell'impulso a disfarci rapidamente del nostro pacchetto di azioni — si tratta di un messaggio proveniente dall'amigdala. E attraverso i circuiti collegati all'amigdala, in particolare le vie nervose dirette ai visceri, possiamo avere una reazione somatica — letteralmente una «sensazione viscerale» — nei confronti delle scelte che andiamo affrontando.

Questa capacità, insieme ad altre legate all'intelligenza emotiva, può trarre forza dall'accumularsi delle esperienze. Un imprenditore di successo che aveva partecipato allo studio della Southern California University lo descrisse così: «È una sensazione *cinestetica*, che hanno alcune persone... Credo che rispetto ai più anziani, fra i giovani ci siano meno persone capaci di forti intuizioni — e questo perché le esperienze della vita vanno sommandosi... È come se le tue viscere ti dicessero qualcosa, e nel tuo corpo avesse luogo una reazione chimica innescata dalla mente, che ti stringe i muscoli dello stomaco; e così le viscere ti dicono, "questa non sembra una cosa buona"».

Il termine classico per indicare questo rafforzamento della sensibilità che ci guida è «saggezza». E, come vedremo, chi ignora o tiene in scarsa considerazione i messaggi inviatici da questo ricettacolo di saggezza lo fa a proprio rischio.

L'avvocato che non sapeva decidere

Antonio Damasio, un neurologo dell'Università dello Iowa, aveva un paziente, un brillante avvocato, al quale alcuni anni prima era stato diagnosticato un piccolo tumore al lobo prefrontale. L'intervento chirurgico al quale era stato sottoposto era riuscito, tranne per il fatto che il chirurgo aveva accidentalmente tagliato i circuiti che collegavano i lobi prefrontali del paziente con l'amigdala. I risultati furono sconcertanti — e drammatici. Da un lato, l'avvocato non patì alcun deficit cognitivo rilevabile. Dall'altro, cominciò a diventare incapace sul lavoro, perse il posto e non fu in grado di conservarne un altro. Finì disoccupato, la moglie lo lasciò e lui perse la casa.

L'avvocato si rivolse a Damasio per chiedere aiuto. Esaminando i risultati dei suoi test neuropsicologici — tutti normali — inizialmente Damasio rimase sconcertato. Poi, un giorno, pose al paziente l'innocente domanda: «Quando fissiamo il prossimo appuntamento?»; in quell'occasione Damasio constatò come l'avvocato fosse in grado di snocciolargli tutti i concepibili pro e contro razionali di ogni possibile orario delle due settimane successive — senza però avere la benché minima idea di quale scegliere.

Fu allora che Damasio comprese il problema: l'avvocato non aveva *sentimenti* sui propri pensieri, e quindi non nutriva preferenze. Damasio concluse che la nostra mente non è progettata come un computer, in modo da darci una lista ordinata degli argomenti razionali pro e contro una certa decisione, compilata tenendo conto di tutte le occasioni precedenti in cui abbiamo affrontato una situazione simile. La nostra mente fa invece qualcosa di molto più elegante: pesa il risultato *emotivo* finale derivante da quelle precedenti esperienze, fornendoci una risposta sotto forma di presentimento o, se volete, di sensazione viscerale.

Questa sensazione di essere nel giusto o in errore, percepita nel profondo del proprio corpo, fa parte di un costante flusso di sentimenti che continua ininterrotto per tutto il giorno. Proprio come esiste un flusso di pensiero, parallelamente esiste anche un flusso di sentimenti. L'idea che esista il «pensiero puro», una razionalità libera da sentimento, è pura invenzione, un'illusione che si fonda sul fatto che ignoriamo gli impercettibili stati d'animo che ci seguono per tutta la giornata. Noi nutriamo sentimenti su tutto ciò che facciamo, pensiamo, immaginiamo e ricordiamo. Il pensiero e i sentimenti sono inestricabilmente intrecciati fra loro.

Di solito questi fugaci sentimenti sono troppo impercettibili perché li si possa notare, e tuttavia sono importanti. Non che la sensazione viscerale sia più importante dei fatti — ciò nondimeno andrebbe valutata insieme ad essi. Entrare in sintonia con i sentimenti ci offre informazioni decisive per orientarci nella vita. Questo senso di essere nel giusto o in errore ci segnala se ciò che stiamo facendo corrisponde o meno alle nostre preferenze, ai nostri valori guida e al buonsenso.[4]

Il potere dell'intuizione: i primi 30 secondi

I credit manager devono percepire quando un affare potrebbe andar male anche se i numeri sembrano perfetti; gli alti dirigenti devono poter decidere se un nuovo prodotto vale il tempo e il denaro necessari per il suo sviluppo; le persone incaricate della selezione devono poter fare fondate ipotesi su chi, in una rosa di candidati che aspirano allo stesso lavoro, avrà le caratteristiche migliori per inserirsi in un gruppo. Tutte queste scelte richiedono la capacità di applicare al processo decisorio le nostre percezioni intuitive su ciò che è giusto e ciò che è sbagliato.

In effetti, dei 3000 alti dirigenti che parteciparono a uno studio sui processi decisionali, gli individui ai vertici, provenienti da contesti molto diversi, erano i più abili a utilizzare l'intuito per prendere le proprie decisioni.[5] Come disse un imprenditore di grande successo, «una decisione intuitiva non è altro che un'analisi logica condotta dal subconscio... in qualche modo, il cervello esegue questi calcoli e se ne viene fuori con quella che potremmo definire una conclusione ponderata — in altre parole, sembra più giusto procedere in questo modo piuttosto che in quell'altro».[6]

Probabilmente, nella vita lavorativa, l'intuito ha il ruolo più importante quando si ha a che fare con le persone. Bjorn Johansson — a capo di un'azienda di Zurigo specializzata nella ricerca a livello mondiale di altissimi dirigenti per le multinazionali — mi disse: «È un lavoro di intuito dalla A alla Z. Dapprima devi valutare la particolare costituzione di un'organizzazione, farti un'idea del direttore generale, delle sue qualità personali e delle sue aspettative, del tono che egli dà all'organizzazione e della risultante cultura aziendale. Devi capire come lavora il gruppo dirigente: che genere di rapporti ci sono fra i suoi membri. Ogni azienda ha quello che si potrebbe definire un suo "odore", una qualità distintiva che è possibile percepire».

Una volta capito quell'«odore», Johansson passa a valutare, tenendone conto, i possibili candidati. Il giudizio fondamentale è intuitivo: «Mi bastano 30 secondi di colloquio con una persona per sapere se le sue caratteristiche sono quelle che ci vogliono per il mio cliente. Naturalmente devo anche analizzare la sua carriera, le sue prestazioni passate, le sue referenze e altre cose del genere. Tuttavia, se non supera quella prima barriera — quella del mio giudizio intuitivo, voglio dire — non mi preoccupo. Ma se cervello, cuore e viscere mi dicono tutti che si tratta del tipo giusto, allora quella è la persona che io raccomando».

Queste testimonianze concordano con i dati raccolti nel corso di alcuni studi condotti ad Harvard: nei primi 30 secondi di un incontro si coglie intuitivamente gran parte dell'impressione che si avrà del proprio interlocutore dopo 15 minuti di colloquio o, se è per questo, anche dopo sei mesi. Per esempio, quando si mostrano a degli individui frammenti di videoregistrazioni della durata di 30 secondi, nei quali sono ripresi alcuni insegnanti che tengono una lezione, gli spettatori sono in grado di valutare l'esperienza dell'insegnante con un'accuratezza di circa l'80 per cento.[7]

Questa perspicacia, istantanea e intuitiva, rappresenta probabilmente ciò che rimane di un primordiale sistema di segnalazione del pericolo, che sopravvive ancora oggi in sentimenti come l'apprensione. Gavin deBecker, specialista in servizi di sicurezza per le celebrità, definisce l'apprensione un «dono della paura».[8] Questo radar per il rilevamento del pericolo ci mette in guardia suscitando in noi la sensazione primordiale che ci sia qualcosa che «non va».

L'intuizione e le sensazioni viscerali indicano la capacità di percepire i messaggi provenienti dal nostro archivio interiore di memorie emotive, il nostro ricettacolo di saggezza e giudizio. Questa abilità è il nocciolo della consapevolezza di sé — una capacità fondamentale per tre competenze emotive:

Consapevolezza emotiva: il riconoscimento di come le emozioni influenzino tanto le prestazioni quanto la capacità di usare i propri valori per prendere delle decisioni.

Accurata valutazione di sé: la sincera percezione dei propri limiti e dei propri punti di forza, insieme alla chiara visione degli aspetti in cui occorre migliorare e alla capacità di apprendere dall'esperienza.

Fiducia in se stessi. Il coraggio che viene dalla sicurezza nelle proprie capacità, nei propri valori e nei propri obiettivi.

La percezione interiore

CONSAPEVOLEZZA EMOTIVA
Riconoscimento delle proprie emozioni e dei loro effetti

Le persone con questa competenza:

- Sanno quali emozioni stanno provando e perché
- Si rendono conto del legame fra i propri sentimenti e ciò che pensano, fanno e dicono
- Riconoscono il modo in cui i sentimenti influiscono sulla loro prestazione
- Hanno una consapevolezza dei propri valori e dei propri obiettivi, dalla quale si lasciano guidare

L'uomo è candidato a diventare socio di una grande banca d'investimento di Wall Street. È in difficoltà.

«È arrivato nella sua posizione conquistando tutto e tutti sul suo cammino», mi spiega lo psichiatra che la società gli ha fatto consultare per aiutarlo. «Ma lui adotta questa spietatezza da guerriero anche quando è proprio fuori luogo. Si irrita troppo facilmente, senza avere la minima percezione del fatto che la sua collera gli fa trattare gli altri in modo villano. Nessuno vuole lavorare con lui o per lui. Non ha alcuna consapevolezza del modo in cui le sue emozioni lo stanno danneggiando.»

Quella consapevolezza — del modo in cui le nostre emozioni influenzano ciò che facciamo — è la competenza emotiva fondamentale. Se ci manca quell'abilità, siamo soggetti a essere sviati da emozioni completamente fuori controllo, proprio come il banchiere di cui abbiamo appena parlato. Questa consapevolezza ci fa da guida nel regolamento fine di prestazioni lavorative di ogni genere, nel gestire i nostri burrascosi sentimenti, nel mantenerci motivati, nel sintonizzarci alla perfezione con i sentimenti di chi sta intorno a noi, e nel fare nostra tutta una gamma di abilità sociali, comprese quelle essenziali per la leadership e il lavoro in team.

Forse non deve sorprendere che psicologi e psicoterapeuti dimostrino questa abilità. «È una capacità di concentrazione che consiste nella conoscenza di indici interiori e segnali impercettibili che dicono che cosa si sta provando e nel saperli usare per guidare il proprio comportamento» spiega Richard Boyatzis, che ha studiato la consapevolezza di sé negli psicologi.

La stessa abilità entra in gioco in qualsiasi altro lavoro, e in modo particolare in quelli che comportano di trattare con gli altri su qualsiasi tipo di questione delicata. Alla American Express Financial Advisors, ad esempio, la consapevolezza delle proprie emozioni è una competenza fondamentale per la prestazione eccellente.[9] L'interazione fra consulente e cliente è una relazione delicata, che non ha a che fare solo con fredde questioni di denaro, ma anche, quando si arriva a parlare di polizze vita, con materie delicate come la morte.

Quando la società studiò quelle interazioni, le trovò intrise di sentimenti di angoscia, disagio e sfiducia, tutti ignorati nella frenesia di concludere la vendita. L'American Express si rese conto che avrebbe dovuto aiutare i propri consulenti a sintonizzarsi su questo mare di sentimenti e a dominarlo efficacemente in modo da servire meglio i propri clienti.

Come vedremo nell'Undicesimo Capitolo, quando furono addestrati in modo da essere più consapevoli di se stessi sul piano emotivo e da avere maggiore empatia nei confronti dei clienti, i consulenti finanziari dell'American Express riuscirono a stabilire con essi rapporti di fiducia a lungo termine, che si tradussero nell'aumento delle vendite per cliente.

La consapevolezza emotiva nasce dalla capacità di sintonizzarsi sul flusso dei sentimenti costantemente presente in ciascuno di noi e dal riconoscimento di come queste emozioni diano forma a ciò che percepiamo, pensiamo e facciamo. Da quella consapevolezza ne scaturisce poi un'altra: i nostri sentimenti influenzano le persone con cui abbiamo a che fare. Nel caso dei consulenti finanziari ciò equivale a sapere che il proprio stato emotivo può ripercuotersi sulle trattative, nel bene come nel male (questo argomento sarà trattato più dettagliatamente nel Capitolo Settimo).

Una persona che eccelle in questa competenza è consapevole, in ogni momento, delle proprie emozioni — spesso nella forma di una percezione fisica. Costui è in grado di articolare quei sentimenti, come pure di mostrare proprietà nell'esprimerli.

L'American Express Financial Advisors ha riconosciuto che ai consulenti occorre non solo una consapevolezza dei propri sentimenti, ma anche la capacità di percepire se le preoccupazioni relative alla propria vita professionale, alla salute e alla famiglia sono equilibrate, e l'abilità di allineare il lavoro ai valori e agli obiettivi importanti a livello personale: tutte capacità che, come vedremo, si fondano sulla consapevoleza di sé.

Il flusso dei sentimenti

Esiste un flusso di sentimenti di fondo che scorre perfettamente parallelo a quello dei nostri pensieri. Noi siamo sempre di un umore o dell'altro, sebbene di solito non ci sintonizziamo sugli stati d'animo che salgono e scendono come un flusso di marea durante la nostra routine quotidiana: si tratta dell'umore fosco o allegro di quando ci svegliamo e anticipiamo la giornata, della leggera irritazione scatenata da un frustrante viaggio per recarsi al lavoro, delle centinaia — o anche migliaia — di grandi e piccole emozioni che vanno e vengono con gli alti e i bassi della giornata.

Nella fretta e sotto la pressione delle nostre giornate lavorative la mente si perde nel flusso di pensiero — i progetti per il giorno dopo, l'immersione in quel che si sta facendo, la preoccupazione per le cose non fatte. Per sintonizzarsi sul mormorio sotterraneo dell'umore, occorre una pausa mentale: un momento di tregua che raramente ci concediamo. I nostri sentimenti sono costantemente con noi, ma troppo raramente noi siamo con loro. Invece, di solito, acquisiamo la consapevolezza delle emozioni solo quando esse montano e traboccano. Se solo facessimo attenzione, potremmo percepirle quando sono più leggere, molto prima che assumano una tal forza.

Il ritmo della vita moderna ci lascia troppo poco tempo per assimilare, riflettere e reagire. Il nostro corpo è adattato a un ritmo più lento. Avremmo bisogno di tempo per riflettere, ma non lo abbiamo, o comunque non ce lo concediamo. Le emozioni hanno obiettivi e ritmi propri, ma le nostre vite precipitose non lasciano loro alcuno spazio — niente ora d'aria — e così esse vengono confinate sottoterra. Tutta questa pressione mentale lascia fuori, escludendola, una voce interiore più tranquilla, una guida interiore di cui potremmo servirci per navigare nel mare della vita.

Le persone incapaci di conoscere i propri sentimenti sono tremendamente svantaggiate. In un certo senso, costoro saranno analfabeti dell'emozione, ignari di un intero regno della realtà, essenziale per avere successo nella vita nel suo complesso — in particolare sul lavoro.

Per alcuni la «sordità» emotiva consiste nell'ignorare i messaggi che il corpo sta cercando di inviare loro — nella forma di mal di testa cronici, mal di schiena e attacchi d'ansia — avvertendoli che qualcosa non va. All'altro estremo troviamo i soggetti definiti «alessitimici», il termine psichiatrico per indicare individui con una consapevolezza confusa dei propri sentimenti. Per loro, il mondo esterno è più chiaro e dettagliato del loro stesso universo interiore.

Queste persone non sanno distinguere le diverse emozioni — indipendentemente dal fatto che esse siano piacevoli o spiacevoli — e hanno una gamma emotiva limitata, soprattutto per quanto riguarda stati d'animo positivi come la felicità e la gioia. Per costoro, le sfumature dell'intelligenza emotiva sono elusive, il che li rende incapaci di sfruttare le sensazioni viscerali per orientare il proprio pensiero e le proprie azioni.

Tuttavia, la consapevolezza di sé può essere coltivata. Edward McCracken, ex direttore generale della Silicon Graphics, facendo eco al parere già riportato di un imprenditore, il quale dava grande valore alla capacità di includere la dimensione intuitiva nel processo decisorio, afferma: «Molto spesso, nel nostro settore, non abbiamo il tempo di pensare. Occorre che facciamo il nostro lavoro, ma allora dobbiamo affidarci all'intuizione senza che la mente si metta in mezzo». Volete sapere qual è il metodo di McCracken per dare spazio alle proprie sensazioni intuitive? Sono dieci anni che pratica la meditazione.[10]

Tale approccio è coerente con un modo invalso da tempo per entrare in contatto con questa voce, profonda e tranquilla, del sentimento: si tratta di passare del tempo «senza far nulla». Non fare nulla di produttivo significa non solo non lavorare, ma anche non riempire il proprio tempo con attività che lo sprechino, come, ad esempio, guardare la TV o, peggio ancora, fare qualcos'altro con la TV accesa. Invece, significa mettere da parte, per quel momento, tutte le altre attività finalizzate e fare qualcosa che apra la nostra mente a una sensibilità più profonda e silenziosa.

Vivere secondo la propria guida interiore

Richard Abdoo ha preso una decisione: indipendentemente da quanto sia impegnato sul lavoro, riserva otto ore alla settimana alla riflessione solitaria.[11] Come direttore generale della Wisconsin

Energy, un'impresa di pubblici servizi da 2 miliardi di dollari di fatturato annuo, il mantenimento del suo fermo proposito richiede un certo sforzo. Devoto cattolico, spesso Abdoo si serve di quelle ore per fare lunghe passeggiate. A volte il tempo dedicato alla contemplazione può prendere altre forme — ad esempio quando lavora nel laboratorio di casa, oppure fa un giro in sella alla sua Harley Davidson. «Devi costringerti a passare un po' di tempo fuori dal trambusto del lavoro per riprendere contatto con la realtà», spiega Abdoo. «Se non ti concedi abbastanza tempo per farlo, perdi il controllo della situazione e vai a cacciarti in difficoltà di ogni genere.»

Sì, ma che genere di difficoltà? Tanto per cominciare ci si allontana lentamente dai propri valori-guida. I valori personali non sono fumose astrazioni, ma un credo interiore che probabilmente non esprimiamo mai a noi stessi in forma verbale, ma piuttosto come *sentimenti*. I nostri valori si traducono in ciò che per noi ha potere o risonanza emotiva, negativa o positiva che sia.

La consapevolezza di sé serve come barometro interiore, che valuta con precisione se, in ultima analisi, ciò che stiamo facendo (o che stiamo per fare) ne valga davvero la pena. I sentimenti forniscono la lettura essenziale. Se esiste una discrepanza fra azione e valore, il risultato sarà una sensazione di disagio sotto forma di senso di colpa o di vergogna, di dubbi profondi o tormentosi ripensamenti, di scrupoli o rimorsi, e simili. Questo disagio agisce come una resistenza emotiva, stimolando pensieri che possono ostacolare o sabotare i nostri sforzi.

D'altra parte, le scelte fatte in armonia con questa guida interiore sono energizzanti. Non solo esse sembrano «giuste», ma massimizzano l'attenzione e l'energia disponibili per perseguirle. In uno studio sui «knowledge workers» — in questo caso ingegneri, programmatori di computer e revisori dei conti — gli individui eccellenti avevano compiuto scelte di carriera che avevano consentito loro di lavorare conservando intatto o aumentando il proprio senso di significato, di sentirsi realizzati e convinti di poter dare un contributo.[12]

Mentre gli individui mediocri si accontentavano di intraprendere qualsiasi progetto venisse loro assegnato, i soggetti capaci di prestazioni superiori pensavano a quello su cui sarebbe stato più corroborante lavorare, con quali persone avrebbero trovato più stimolante farlo e quale idea personale sarebbe stato bello proporre come progetto. Costoro sapevano intuitivamente in che cosa riuscissero meglio, che cosa piacesse loro fare e che cosa no. La loro prestazione era eccellente perché erano in grado di operare scelte che li mantenevano concentrati e pieni di energia.

Le persone che seguono la propria percezione interiore di ciò che realmente vale la pena fare, minimizzano le fonti di disturbo emotivo. Sfortunatamente, sono troppi coloro che pensano di non poter dar voce, sul lavoro, ai propri valori profondi, perché considerano in qualche modo inammissibile esprimerli in quel particolare contesto.

Questo silenzio sui valori distorce la percezione collettiva dei fattori motivanti, dando l'impressione che il denaro, da solo, incomba molto più pesantemente di quanto in realtà non faccia. In uno studio condotto dalla Southern California University su 60 imprenditori di grande successo, risultò che l'ostentazione della ricchezza era rara. I fattori che motivavano questi individui più del denaro — concludeva il rapporto — erano l'eccitazione e il senso di sfida che si prova nell'avviare un'azienda, la libertà di dover rispondere solo a se stessi, la possibilità di esprimere la propria creatività e l'opportunità di aiutare altri facendo al tempo stesso qualcosa per sé.

Tranne forse nel caso delle persone economicamente più disperate, la gente non lavora solo per denaro. Ciò che davvero alimenta l'entusiasmo dell'individuo per il lavoro, è un più ampio senso di scopo o passione personali. Se ne hanno l'opportunità, le persone gravitano intorno a ciò che dà loro significato e che le assorbe al massimo per quanto riguarda impegno, talento, energia e capacità. E questo può voler dire cambiare lavoro per trovare qualcosa che corrisponda meglio a ciò che davvero conta per noi.

Gestire la propria carriera

La motivazione ad affermarsi e a lasciare il proprio segno nel mondo è più pressante quando abbiamo fra i venti e i cinquanta anni. Però, intorno ai quarantacinque-cinquant'anni, la gente rivaluta i propri obiettivi, perché spesso arriva a rendersi conto che la vita ha una durata limitata. Insieme a questo riconoscimento del proprio essere mortali, arriva una riconsiderazione di ciò che realmente conta nella vita.

«Raggiunta la mezza età, ci sono molti, moltissimi, alti dirigenti e avvocati — gente che porta a casa stipendi a sette cifre — che vorrebbero invece impegnarsi nel sociale o aprire un ristorante», spiega Stephen Rosen, che offre consulenze ai professionisti desiderosi di trovare un modo più appagante di guadagnarsi da vivere — o che non hanno altra scelta, avendo perduto il lavoro.

Un altro consulente che ha valutato gli alti dirigenti di aziende come la General Electric, la DEC e la Mobil Oil, mi racconta che molti, raggiunta la mezza età, «sono assolutamente entusiasti di progetti che accarezzano da tempo, come far parte del consiglio di amministrazione di una scuola, oppure impegnarsi in una piccola azienda che gestiscono come attività extra. Ma il loro vero lavoro li annoia».

Un imprenditore di grande successo, che ha lanciato diverse aziende, si ritrovò a gestirne una che detestava: «Siamo arrivati al punto che questa società mi controlla. Mi sento confuso... Non mi piace quello che sto facendo. Sono molto più felice quando riparo il motore della barca o che so io — ma non quando mi dedico a questa roba».[13]

Come dice il proverbio, «Se non hai una meta, ogni strada è buona». Meno consapevoli siamo di ciò che davvero ci appassiona, tanto maggiore è il rischio di perderci. Questa deriva può addirittura ripercuotersi negativamente sulla nostra salute: chi ritiene che il lavoro — invece di far leva sui suoi talenti migliori — non sfrutti appieno le sue capacità, o chi lo trova noioso e ripetitivo, corre un rischio di cardiopatie più elevato rispetto a chi sente di potervi esprimere le proprie migliori capacità.[14]

La consapevolezza di sé offre una guida sicura che consente di armonizzare le decisioni riguardanti la carriera ai propri valori più profondi. «Per arrivare dove sono, alcune donne con incarichi di alta dirigenza hanno soffocato la propria consapevolezza di sé», mi racconta Kathy Kram, che insegna management alla Boston University. «Queste sono persone capaci di alte prestazioni, che arrivano ai vertici del management, ma che al tempo stesso sono afflitte da deprivazione delle relazioni interpersonali: i loro rapporti sono strumentali, sempre diretti a un obiettivo — una situazione in genere più tipica negli uomini. Per queste donne, il prezzo della carriera sta nell'inaridimento della vita privata.»

Questo problema non è assolutamente limitato alle donne. «Molti dirigenti, soprattutto uomini, non hanno mai neppure pensato che fosse importante educare se stessi a conoscere il proprio paesaggio interiore», mi racconta Michael Banks, della **KRW International**, che si occupa del training di alti dirigenti nella sua sede di New York. «Non vedono mai il legame fra il modo in cui si comportano sotto stress e la loro abilità di rimanere leali, pieni di talento e capaci di rispettare gli obiettivi finali prefissati. Probabilmente, quando si avvicinano ai cinquant'anni, hanno l'impressione di essersi persi qualcosa. Questa percezione può essere innescata da un matrimonio che sta andando in pezzi, oppure dalla scoperta di aver commesso degli errori a causa del proprio tormento interiore.» D'altra parte, potenzialmente, queste sono crisi feconde: «Nella facciata di costoro cominciano ad aprirsi delle crepe: cominciano a provare emozioni alle quali non si erano mai abbandonati prima, e osservano con nuovi occhi quel particolare aspetto della propria vita».

L'attenzione è la nostra risorsa più preziosa

Il socio di un avviato studio legale, incaricato anche della sua gestione, era un uomo facoltoso e raffinato. Ormai sulla cinquantina, si sentiva tormentato da qualcosa.

«Aveva sempre creduto che una volta arrivato a cinquant'anni nella sua vita ci sarebbe stata più libertà e flessibilità», mi raccontò Shoshana Zuboff, psicologa e docente presso la Harvard Business School. «E invece si ritrovava schiavo delle ore da fatturare, schiavo delle esigenze dei soci e delle pretese dei clienti. Il suo successo era la sua prigione.»

L'uomo si rese conto di questa realtà grazie a Odissea, un programma di riflessione su di sé unico nel suo genere.[15] Sviluppato da Zuboff, originariamente il programma era riservato agli alunni della Harvard Business School, ma sull'onda del successo è stato poi reso disponibile ad altri uomini d'affari e professionisti di mezza età. L'entusiasmo di chi frequenta Odissea deriva in larga misura dalla possibilità, offerta dal programma, di esaminare attentamente la propria vita, usando i propri sentimenti più profondi per rispondere a domande senza tempo come «Chi sono io?», «Dove sto andando?», «Che cosa voglio?».

I partecipanti, spiega Zuboff, «tendono a essere individui di grande successo, che hanno raggiunto gli obiettivi che si erano posti fra i venti e i quarant'anni. Ora però stanno guardando avanti, ai prossimi due o tre decenni di vita produttiva, e si chiedono: "E adesso?"».

Le risposte tradizionali a questa domanda, dichiara Zuboff, «ci incoraggiano a guardare la nostra vita lavorativa dall'esterno — come fare di se stessi una merce più allettante, come trovare il modo per vendersi meglio — e a pensare in termini di variabili esterne; ad esempio, relativamente a un lavoro, "qual è il salario, la posizione offerta, o la sua sede?" E ancora: "come me la cavo rispetto ai miei colleghi?". Qui, invece, seguiamo l'approccio opposto: consideriamo la nostra percezione del sé in evoluzione e riflettiamo su quel che ci appaga, adottando una prospettiva che vada dall'interno all'esterno».

Per molti di coloro che partecipano a Odissea, la carriera è diventata una specie di treno, che li spinge avanti senza dar loro il tempo o lo spazio per verificare se davvero desiderano procedere su quel binario. Odissea dà alla gente la possibilità di guardarsi dentro e di riflettere sul proprio viaggio. La prima settimana del programma aiuta le persone a prestare attenzione al proprio mondo interiore, a riflettere su come si sentono relativamente a ciò che stanno facendo o che vorrebbero fare. Seguono tre settimane di pausa, per consentire un'ulteriore elaborazione e riflessione su questi temi, e poi un'altra settimana nel corso della quale i partecipanti tornano a Odissea con i propri coniugi allo scopo di mettere a punto un piano per il futuro.

«La gente deve smetterla di pensare ai propri sentimenti come a qualcosa di irrilevante e fonte di confusione, e deve invece rendersi conto che essi sono in realtà modelli di reazione altamente differenziati e sfumati, una fonte di informazioni conoscibile», spiega Zuboff. «Uno può scoprire che cosa fare solo rendendosi conto di ciò che davvero gli sembra giusto. La nostra principale risorsa è l'attenzione. Le sensazioni sono l'interpretazione che il corpo ci offre relativamente a una situazione e insieme a tutto quanto desideriamo sapere su di essa. Il grande cambiamento di prospettiva, per gli uomini d'affari, arriva quando capiscono che ciò che ritenevano "soft" in realtà è "hard", e quel che giudicavano "hard" molto spesso è del tutto arbitrario. In tale accezione, le sensazioni sono guide per esplorare grandi temi, ad esempio "dove sto andando?"».

Nel caso dell'avvocato scontento, come racconta Zuboff, la settimana di riflessione servì a fargli comprendere che, sebbene i suoi soci attingessero ancora dallo studio legale gran parte della propria identità, lui invece non ne aveva più bisogno come prima, e in realtà stava vivendo per soddisfare le aspettative degli altri. Ciò che davvero gli piaceva era un'attività che aveva avviato insieme al figlio, come commerciante di bestiame. Originariamente interpretata come un hobby, quell'attività si era rivelata interessante, piena di stimoli e fonte di divertimento.

E così, forte di quella consapevolezza, decise che nell'arco di due o tre anni avrebbe ridotto le ore di lavoro per lo studio legale del 50 per cento, e avrebbe dedicato l'altra metà del proprio tempo al commercio di bestiame. Il risultato? A distanza di due anni, aveva rispettato alla lettera il suo programma, e aveva anche avviato altre due aziende. Non solo: sei mesi di compravendita di bovini gli avevano reso di più di due anni di lavoro presso lo studio legale.

Fatto ancora più importante, Zuboff afferma che ora quest'uomo «è felice. Era il tipo che odiava doversi alzare la mattina per andare al lavoro. Ora è entusiasta, pieno di energie — un uomo nuovo».

Il sé sotto esame

AUTOVALUTAZIONE ACCURATA
Conoscere le proprie risorse interiori, le proprie abilità e i propri limiti

Le persone con questa competenza sono:

- Consapevoli dei propri punti di forza e delle proprie debolezze
- Riflessive, capaci di apprendere dall'esperienza
- Aperte a un feedback sincero, a nuove prospettive, a un continuo apprendimento e allo sviluppo di se stesse
- Sanno dimostrare senso dell'umorismo e mettere se stesse in prospettiva

Il risveglio di Mort Meyerson cominciò quando accettò la proposta di diventare direttore generale della Perot Systems, una società di servizi informatici. Nei primi sei mesi del nuovo incarico cominciò a rendersi conto che — rispetto al mondo aziendale conosciuto anni prima, quando era stato direttore generale della EDS, il gigante dei servizi informatici — ora tutto era diverso, cambiato: non solo la tecnologia, il mercato e i clienti, ma anche le persone che lavoravano per lui e le loro motivazioni.

E si rese conto che anche lui doveva cambiare. Come scrisse in un articolo sorprendentemente rivelatore e introspettivo, «tutto quello che pensavo di sapere sulla leadership era sbagliato. Il mio primo impegno, come leader, fu di comprendere nuovamente me stesso.»[16]

Meyerson attraversò quello che lui stesso descrive come un periodo di «intenso autoesame», nel corso del quale venne alle prese con problemi che andavano dritto al cuore di quello stile di leadership di cui un tempo era andato fiero. All'epoca in cui dirigeva la EDS era stato una persona di grandissimo successo ma — come arrivò lui stesso a capire — anche estremamente spietata. Di certo, sotto la sua gestione la EDS vide salire i propri profitti senza eccezioni a ogni trimestre, e molti dipendenti si arricchirono; ma guardandosi indietro, Meyerson si avvide anche che nel momento stesso in cui li arricchiva, aveva creato attorno a loro un'immensa miseria personale. Alla EDS settimane lavorative di 80 ore erano la norma; i dipendenti venivano trasferiti da un luogo all'altro senza riflettere un solo istante allo scompiglio che questo avrebbe potuto causare nella loro vita familiare; né erano tollerate discussioni. Il termine usato dai dipendenti per riferirsi a quei trasferimenti era «marcia forzata»; il tono culturale, come disse Meyerson, era «giovane, maschio e militaresco».

Mentre era alla EDS, Meyerson guidò un team di cinquanta persone impegnato nella progettazione del sistema federale per l'elaborazione dei reclami Medicare; in quell'occasione, i dipendenti lavorarono 18 ore al giorno per rispettare la scadenza della fine di dicembre. Un giorno, nonostante un'abbondantissima nevicata, tutti riuscirono a presentarsi al lavoro ugualmente, tranne uno, Max Hopper. Meyerson, furioso, lo chiamò al telefono e gli fece una scenata. Il risultato fu che alla prima occasione Hopper lasciò la EDS, e con la sua invenzione del sistema computerizzato SABRE rivoluzionò il settore delle prenotazioni aeree.

Ricordando come aveva allontanato Hopper, un dipendente brillante e di talento, Meyerson ammise di essere sempre stato troppo veloce a dar giudizi severi e troppo lento a comprendere gli eventi considerandoli dalla prospettiva degli altri. In seguito, avendo riflettuto sui costi in termini umani comportati dal suo vecchio stile di gestione, Meyerson si rese conto che una parte di quelli che aveva considerato punti di forza adesso erano da ritenersi delle debolezze. Ai tempi della EDS, ad esempio, le sue comunicazioni con i dipendenti si attenevano al vecchio modello gerarchico: «Facevo la mia comparsa sul palcoscenico ogni sei mesi e tenevo un discorso effervescente». I suoi memo circolavano solo fra una decina di massimi dirigenti; quanto a lui, non aveva alcun contatto diretto col resto del personale.

Resosi conto che oggi, all'interno di un'azienda, un leader deve essere recettivo ai messaggi onesti e diretti, da qualsiasi parte e da chiunque provengano, Meyerson cambiò comportamento. Aprì una casella postale elettronica, sulla quale ricevette migliaia di messaggi al mese, che lesse sempre tutti. Si spinse al punto di inviare via e-mail le sue congratulazioni a un gruppo che aveva concluso una vendita difficile; e lo fece solo a un'ora, o pressappoco, dalla loro vittoria.

«Prima di poter guidare gli altri, prima di poter aiutare gli altri, devi scoprire te stesso», afferma Joe Jaworski, in precedenza impegnato con il gruppo di pianificazione della Royal Dutch/Shell.[17] «Se vuoi un'esplosione di creatività, se vuoi il tipo di prestazione che conduce a risultati davvero eccezionali, allora devi essere disposto a imbarcarti in un viaggio che porti all'allineamento dei tuoi valori e delle tue aspirazioni individuali con i valori e le aspirazioni dell'azienda.»

Punti deboli

Harry era un alto dirigente in una società che aveva cominciato una grande campagna per appiattire la gerarchia e conferire ai dipendenti l'autorità di prendere decisioni importanti. Egli conosceva a menadito tutta la retorica sulla «condivisione del potere» e la delega dell'autorità: quello che proprio non gli riusciva di fare era di metterla in pratica quando si presentava il minimo accenno di crisi.

Se tutto filava liscio, Harry sapeva delegare abbastanza bene le responsabilità ai membri del suo staff, che era formato da individui estremamente competenti. Ma non appena all'orizzonte si profilava la minima traccia di un'emergenza, riprendeva le redini della situazione, snobbando tutti i consigli o gli sforzi altrui. Questo modo di fare non solo minava l'iniziativa della società di ridistribuire il potere, ma comprometteva anche la fiducia in se stessi dei membri dello staff di Harry. Come se non bastasse, il suo incessante decantare le virtù della condivisione del potere, mentre in realtà lo tratteneva saldamente nelle proprie mani, non faceva che corrodere la sua stessa credibilità.

«Purtroppo, Harry non riusciva a vedere la contraddizione, nemmeno quando un subordinato ebbe il fegato di indicargliela», spiega Robert E. Kaplan, che lavorava per il Center for Creative Leadership.[18] Il primo passo per migliorare le proprie prestazioni consiste nell'identificare la necessità di un miglioramento. D'altra parte, come nel caso di Harry, può essere difficilissimo arrivare a questa conoscenza di sé.

Essere ciechi ai propri problemi può mettere a rischio una carriera. Un confronto fra dirigenti che avevano fallito i propri obiettivi e dirigenti che ebbero successo, per esempio, dimostrò che in *entrambi* i gruppi gli individui presentavano dei punti deboli; la differenza fondamentale stava nell'incapacità dei primi di apprendere dai propri errori e dai propri difetti.[19] Gli individui che avevano fallito erano di gran lunga meno disposti a riconoscere i propri punti deboli, e spesso snobbavano chi cercava di indicarglieli. Questa resistenza implicava che essi non potessero far nulla per cambiare.[20]

Fra diverse centinaia di manager provenienti da dodici diverse organizzazioni, la capacità di autovalutarsi in modo accurato era un segno distintivo della prestazione superiore, e mancava negli individui mediocri. In altre parole, non è che le capacità di chi eccelle siano senza limiti; la differenza sta nel fatto che costoro sono *consapevoli* di quei limiti, e pertanto sanno dove devono migliorare o quando lavorare con qualcuno che abbia le capacità di cui loro sono carenti.

Punti di forza — e debolezze

Un dirigente era stato promosso ai vertici di una grande società manifatturiera e a causa della riorganizzazione e dei ridimensionamenti di organico effettuati nelle divisioni che aveva diretto in precedenza, aveva la reputazione di vero artista nel riportare i bilanci in attivo con la tecnica del «calcio-nel-sedere». «Non sorrideva mai: sul suo volto era permanentemente stampata un'espressione corrucciata», mi raccontò Kathryn Williams, formatrice di dirigenti per la KRW International. «Era sempre impaziente, lesto a montare in collera. Quando qualcuno gli portava cattive notizie, se la prendeva con il messaggero, e perciò la gente smise di informarlo. Non si rendeva assolutamente conto di spaventare le persone. Fintanto che era stato uno specialista nel guidare l'inversione di rotta dei bilanci a suon di tagli nell'organico, il suo comportamento intimidatorio e scortese aveva funzionato, ma ora lo stava danneggiando.»

E così Williams fu chiamata a offrire la sua consulenza al dirigente. Lo videoregistrò mentre era in attività, e poi gli fece vedere il nastro, mostrandogli l'effetto che la sua abituale espressione, tanto ostile, aveva sulla gente. Fu una rivelazione: «Quando si rese conto dell'impressione che faceva, aveva le lacrime agli occhi», ricorda Williams.

Per il dirigente un tempo scortese, quello fu l'inizio di un cambiamento positivo. Ma non accade sempre così: troppo spesso chi arriva ai vertici delle organizzazioni può interpretare il bisogno di cambiare come un segno di fallimento o di debolezza. La stessa competizione che li ha portati dove sono può impedir loro di ammettere i propri difetti, anche solo per il timore dell'effetto che ciò avrebbe sui loro concorrenti nella politica dell'organizzazione.

Tutti noi abbiamo questa tendenza alla negazione, una strategia emotivamente rassicurante che ci protegge dal disagio associato al riconoscimento della dura verità. Questa strategia difensiva può esprimersi in diverse forme: minimizzando i fatti, filtrando informazioni fondamentali, razionalizzando ed escogitando «buone scuse» — qualunque cosa pur di spogliare i fatti della loro verità emotiva.

Come se non bastasse, le persone intorno a noi tendono a colludere con la nostra negazione. In un'azienda, uno dei tipi di informazione più difficili da ottenere è proprio un feedback onesto e costruttivo su ciò che stiamo facendo — soprattutto sui nostri errori. I colleghi, i subordinati e i superiori fanno prima a lamentarsi fra loro alle spalle di qualcuno, che non ad avere un colloquio aperto e onesto con quella persona comunicandole ciò che in lei non funziona. C'è una sorta di patto faustiano in questo tacito accordo ad agire come se tutto andasse bene quando in realtà non è così: acquistiamo l'illusione dell'armonia e dell'efficacia al prezzo della verità — quella stessa verità che potrebbe aprire la strada a un autentico miglioramento.

Ogni qualvolta un individuo continua a gestire male una data situazione, questo è segno sicuro di una debolezza. Ai livelli più bassi di un'organizzazione, è più facile liquidare questi atteggiamenti come «fisime». Ma quando essi fanno la loro comparsa ai vertici, hanno conseguenze e visibilità amplificate; in tal caso, gli effetti avversi pesano non solo sull'individuo interessato, ma anche sul gruppo nel suo complesso.

Ecco un elenco di alcuni dei più comuni — e costosi — punti deboli emersi in uno studio su 42 alti dirigenti, altrimenti di successo, effettuato da Robert E. Kaplan.[21] Gli individui studiati coprivano cariche che spaziavano dal capo dipartimento al direttore generale; problemi simili possono comunque insorgere in qualsiasi posizione:

- *Ambizione cieca*: l'individuo che ne soffre deve a tutti i costi averla vinta o sembrare dalla parte della ragione; costui compete invece di cooperare; sottolinea in modo esagerato il proprio valore e i propri contributi; è vanaglorioso e arrogante; vede le persone in bianco e nero — amiche o nemiche.
- *Obiettivi poco realistici*: l'individuo con questo punto debole stabilisce per il gruppo o per l'organizzazione di cui fa parte obiettivi esageratamente ambiziosi e irraggiungibili; stima in modo poco realistico ciò che occorre affinché il lavoro sia fatto.
- *Lotta implacabile*: questo individuo lavora senza tregua e in modo compulsivo e a spese di tutto il resto; tende a svuotarsi e a essere vulnerabile all'esaurimento.
- *Pressione sugli altri*: costui esercita una pressione esagerata sugli altri, portandoli allo sfinimento; invece di delegare, li gestisce nei minimi dettagli prendendo il sopravvento; villano o spietato, è insensibile al costo che tutto questo comporta emotivamente per gli altri.
- *Sete di potere*: questo individuo mira al potere per soddisfare interessi propri invece che per realizzare gli scopi dell'organizzazione; dà spazio ai propri obiettivi senza tener conto delle prospettive altrui; sfrutta gli altri.
- *Insaziabile bisogno di riconoscimento*: si tratta di un individuo successo-dipendente; costui si prende il merito degli sforzi degli altri,

scaricando su di essi la colpa dei propri errori; sacrifica la completezza del lavoro alla ricerca della vittoria successiva.
- *Preoccupazione per le apparenze*: costui deve apparire positivo a tutti i costi, è eccessivamente interessato alla propria immagine pubblica; brama manifestazioni esteriori di prestigio.
- *Bisogno di apparire perfetto*: costui rifiuta le critiche o comunque reagisce ad esse con rabbia, anche quando sono realistiche; incolpa gli altri dei propri fallimenti; non sa ammettere errori o debolezze personali.

Tutti questi punti deboli possono tradursi in una *motivazione* a mancare di consapevolezza di sé; infatti, conoscendo se stesso, l'individuo dovrebbe ammettere fallimenti che invece non riesce a riconoscere. Questo bisogno di negare rende la persona resistente a qualsiasi tipo di feedback — e può far diventare un vero incubo il dover lavorare con lei o per lei.

Tutte le competenze importanti sul posto di lavoro sono *abitudini apprese*: se siamo carenti nell'una o nell'altra, possiamo imparare a far meglio. La persona arrogante o impaziente *può* imparare ad ascoltare e a prendere in considerazione le opinioni altrui; il tipo lavoro-dipendente *può* imparare a rallentare il ritmo e trovare più equilibrio nella propria vita. Tuttavia questi miglioramenti non avranno mai luogo se non si compie il primo passo, acquisendo la consapevolezza di come certe abitudini ci danneggino e avvelenino le nostre relazioni interpersonali. Se non ci si rende conto del costo, per noi e per gli altri, di questi atteggiamenti sbagliati, non si vede motivo alcuno per giustificare dei cambiamenti. Come mi disse il responsabile dello sviluppo degli alti dirigenti presso una delle 500 aziende americane con il massimo fatturato annuo, «il problema più grande, qui, sta nella mancanza di consapevolezza di sé».

Sui 184 manager di medio livello partecipanti a un programma sulla leadership organizzato dal Center for Creative Leadership, ad esempio, furono constatate significative discrepanze nel modo in cui essi valutavano la propria abilità ad ascoltare e ad adattarsi e il modo in cui quelle stesse capacità erano valutate dai loro colleghi. In generale, di fronte a tali discrepanze, la reale prestazione sul lavoro di un individuo viene prevista in modo più accurato dai colleghi che non dallo stesso interessato.[22] Nella maggior parte dei casi le asimmetrie si compensavano, nel senso che, rispetto ai colleghi, i manager si autovalutavano con più indulgenza su certe competenze, e con più severità su altre.

Tuttavia, alcuni manager avevano una visione di se stessi uniformemente rosea: se si giudicavano significativamente migliori in abilità come la riflessione e la flessibilità, si ritenevano anche persone fidate e credibili. Portata all'estremo, questa è la visione di se stesso del narcisista, che non ammette di avere difetti ed esagera le proprie capacità, evitando nel contempo il feedback, perché non vuol sentire parlare delle proprie carenze.

Strade per migliorare

Un professore di college racconta di aver fatto un passo, piccolo ma pieno di inventiva, per cercare di diventare un comunicatore più efficace.[23] Un giorno uno dei suoi studenti fu abbastanza coraggioso da fargli notare un tic verbale che distraeva e confondeva gli ascoltatori: il professore aveva l'abitudine di farcire le sue frasi con un intercalare di «cioè» — proprio come accade a certa gente che inserisce senza alcun motivo «sai?», nelle frasi più disparate.

Quando cominciò intenzionalmente a monitorare le proprie lezioni, il professore rimase sciocccato: i suoi «cioè» saltavano fuori a ogni piè sospinto, senza che lui volesse, o addirittura senza che se ne rendesse conto. Era sempre stato del tutto ignaro di questa fastidiosa abitudine. Ma ora, essendo ben determinato a perderla, fece un passo coraggioso: chiese ai suoi studenti di alzare la mano ogni qualvolta lo sentissero pronunciare il famigerato «cioè». Come racconta lui stesso, «con trecento mani che mi rendevano pienamente consapevole di questa abitudine, mi ci volle un attimo a cambiare».

Gli individui capaci di prestazioni superiori cercano attivamente il feedback: *vogliono* sapere come sono percepiti dagli altri, e si rendono conto che si tratta di informazioni preziose. Questo può in parte spiegare perché le persone consapevoli di sé siano anche quelle capaci delle migliori prestazioni.[24] Presumibilmente la loro consapevolezza le aiuta in quello che è un processo di continuo miglioramento.

In se stessa, la consapevolezza di sé è un prezioso strumento di cambiamento, soprattutto se l'esigenza di cambiare è in linea con i propri obiettivi, con la propria missione o i propri valori fondamentali — compresa la convinzione che il miglioramento sia, in se stesso, una cosa positiva.

In uno studio condotto su diverse centinaia di «knowledge workers» — informatici, revisori di conti, e simili — che lavoravano presso società come la AT&T e la 3M, la conoscenza dei propri punti di forza e delle proprie debolezze, e la capacità di accostarsi al lavoro sulla base di quella conoscenza, erano competenze riscontrate praticamente in tutti gli individui in grado di dare prestazioni eccellenti. Robert Kelley, della Carnegie-Mellon University, autore dello studio, afferma: «Gli individui migliori conoscono bene se stessi».[25]

Le radici del coraggio

FIDUCIA IN SE STESSI
Una forte percezione del proprio valore e delle proprie capacità

Le persone con questa competenza:

- Si mostrano sicure di sé; hanno «presenza»
- Sanno dar voce a opinioni impopolari e rischiano in prima persona per difendere ciò che è giusto
- Sono ferme, capaci di prendere decisioni sensate nonostante incertezze e pressioni

Sebbene non lo ammetterebbe mai, il suo comportamento sul lavoro fu un esempio di coraggio.

Chiamato alla guida di una linea aerea locale sull'orlo del fallimento in un piccolo paese dell'America Latina, trovò l'azienda in pessime acque. Il crollo dei profitti era da attribuirsi a un'eredità di nepotismo e favoritismi: il principale agente della linea aerea era un intimo amico del nuovo proprietario. Sebbene, a conti fatti, l'attività di costui fosse alquanto letargica, i termini del suo contratto erano di gran lunga più favorevoli di quelli di qualsiasi altro agente. Una delle principali voci di spesa era imputabile ai contratti troppo generosi stipulati con i piloti, aderenti a uno dei sindacati politicamente più potenti del paese. I loro stipendi erano decisamente al di sopra dello standard di mercato.

Cosa peggiore di tutte, due aerei della compagnia diretti verso delle località di vacanza erano precipitati e la pessima pubblicità derivante dall'evento aveva ridotto, nell'arco di pochi giorni, la quota di mercato della compagnia dal 50 al 20 per cento.

Ci fu chi mise in guardia il nuovo dirigente di non sfidare il sindacato: chi lo faceva a volte si ritrovava con la famiglia minacciata o con la propria vita in pericolo. Ma lui attaccò risolutamente l'avversario. Disse ai piloti che se non avessero rinegoziato i contratti, la compagnia avrebbe fatto bancarotta, trovandosi costretta a chiudere i battenti. I piloti ascoltarono e aumentarono il numero di ore di lavoro senza pretendere incrementi di stipendio.

Poi il nuovo direttore andò dal proprietario della compagnia e gli spiegò nei dettagli, senza mezzi termini, che il suo amico, il responsabile dell'agenzia di vendita dei biglietti, era un incompetente e non produceva le entrate che avrebbe dovuto. «Se ne liberi, altrimenti mi dimetterò», disse. Anche il proprietario stette a sentire e alla fine cancellò il contratto del suo protetto.

Un amico che conosceva il coraggioso dirigente mi disse: «Era disposto a combattere anche quando in gioco c'era il suo lavoro o la sua sicurezza personale».

Questa fiducia in se stessi è una condizione sine qua non ai fini della prestazione eccellente: senza di essa, l'individuo manca della convinzione essenziale per raccogliere sfide difficili. La fiducia nelle nostre capacità ci dà la sicurezza necessaria per buttarci a capofitto in un'impresa o per assumere con naturalezza la leadership di un gruppo.

Se non si ha fiducia in se stessi, ogni insuccesso rappresenta una conferma della propria sensazione di incompetenza. L'assenza di fiducia in se stessi può manifestarsi nella sensazione di essere inermi, impotenti e paralizzati dai dubbi. D'altro canto, un'estrema fiducia in se stessi può dar l'impressione di arroganza, soprattutto se la persona che ne è dotata manca di capacità sociali. La fiducia in se stessi non va confusa con l'impulsività: per avere un impatto positivo, dev'essere ben allineata alla realtà. Per questa ragione, una mancanza di autoconsapevolezza ostacola una realistica fiducia in se stessi.

Quest'ultima può manifestarsi nella capacità di presentarsi in modo molto convincente, proiettando la propria «presenza». Le persone con queste caratteristiche possono dare la sensazione di essere molto carismatiche e ispirare fiducia in chi le circonda. Ed effettivamente, fra i supervisori, i manager di medio livello e gli alti dirigenti, gli individui capaci di prestazioni eccellenti si distinguono da quelli solo mediocri perché dotati di una maggior fiducia in se stessi.[26]

Di solito, queste persone si giudicano efficaci, capaci di raccogliere sfide come pure di imparare e padroneggiare nuovi lavori o nuove capacità. Esse sentono di essere dei catalizzatori — individui capaci di promuovere e animare— e ritengono che, rispetto a quelle degli altri, le proprie abilità siano superiori o comunque all'altezza. Da questa posizione di forza interiore, costoro riescono meglio di altri a giustificare le proprie decisioni o azioni, e a resistere senza farsi turbare dall'opposizione. Nel caso dei revisori dei conti, per esempio, un tratto caratteristico degli individui eccezionali è la capacità di non lasciarsi intimidire e di non essere facilmente vulnerabili alle pressioni.

La fiducia in se stessi dà la forza di prendere decisioni difficili o di seguire una condotta in cui si crede a dispetto di tutta l'opposizione, il dissenso e perfino la disapprovazione esplicitamente manifestata dall'autorità. Gli individui dotati di fiducia in se stessi sono in grado di decidere con fermezza, senza assumere atteggiamenti arroganti o posizioni sulla difensiva e senza tentennare una volta presa la decisione. Come disse Lee Iacocca, che prese in mano la Chrysler facendo di essa un'industria automobilistica di portata mondiale: «se dovessi riassumere in una sola parola le qualità necessarie per un buon manager, direi che dipende tutto dalla capacità di decidere con fermezza... alla fine, devi mettere insieme le informazioni di cui disponi, fare un programma e agire».[27]

Avere talento e crederci

«Quando avevo circa nove o dieci anni, decisi che volevo guadagnare un po' di soldi durante l'estate falciando i prati dei vicini. Mi trovai un tosaerba, riuscii a convincere i miei genitori a pagarmi la benzina e feci perfino stampare dei volantini per farmi pubblicità. Ma quando arrivò il momento di andare di porta in porta a sollecitare i clienti, mi mancò la fiducia anche solo per avvicinarmi a una casa.»

Questo aneddoto è stato raccontato da un manager il quale spiegava come mai fosse tornato a iscriversi a un programma universitario di scienze aziendali dopo aver lavorato qualche anno come dirigente, essendo determinato ad aumentare la propria fiducia in se stesso.[28] Anche da adulto, spiegava, «per me una delle cose più difficili è stabilire un contatto con qualcuno — per telefono o di persona — finalizzato a discutere opportunità nelle quali sono personalmente interessato: non ho fiducia in me stesso».

Questa storia ha un lieto fine: nel corso di diversi mesi, durante i quali si sforzò sistematicamente di essere più sicuro di sé, quest'uomo effettivamente riuscì a cambiare, acquisendo maggior fiducia. Alcune persone, questo è vero, sembrano dotate di una spontanea sicurezza in se stesse; tuttavia, anche i timidi, con la pratica, possono diventare più audaci.[29]

Strettamente correlata alla fiducia in se stessi c'è quella che gli psicologi chiamano «self-efficacy» — la percezione della propria efficacia — ossia il nutrire un giudizio positivo sulla propria capacità di prestazione. La «self-efficacy» non corrisponde esattamente alle nostre reali capacità, ma ha piuttosto a che vedere con la nostra *convinzione* di ciò che, con quelle capacità, siamo in grado di fare. Per garantire la nostra prestazione ottimale non bastano le sole capacità: per usarle al meglio occorre anche *credere* in esse.

Albert Bandura, lo psicologo della Stanford University che ha condotto il lavoro originale sulla «self-efficacy», sottolinea che la differenza fra chi dubita di se stesso e chi crede nelle proprie capacità è nettissima quando si tratta di affrontare compiti difficili.[30] Chi crede nelle proprie capacità di prestazione affronta l'impresa con gioia; chi ne dubita non ci prova neppure, indipendentemente da quanto bene potrebbe riuscire in realtà. La fiducia in se stesso aumenta le aspirazioni dell'individuo, che sono invece mortificate dai dubbi.

Su 112 contabili al primo impiego, furono quelli che si percepivano più capaci che, a distanza di dieci mesi, vennero giudicati autori di ottime prestazioni dai loro supervisori. Ai fini di prevedere la qualità della prestazione professionale, il livello di «self-efficacy» di costoro era un fattore predittivo più potente del loro reale livello di abilità o del training ricevuto prima di essere assunti.[31]

Esiste uno stretto legame fra conoscenza di sé e fiducia in se stessi. Ciascuno di noi ha una mappa interiore delle proprie inclinazioni, abilità e carenze. Per esempio, un giovane, che si riteneva abile nelle pubbliche relazioni a livello interpersonale, in grado di affrontare un colloquio di lavoro o una telefonata a un cliente con stile, nella vita personale si sentiva timido, indipendentemente dal fatto che si trovasse a un ricevimento o a un appuntamento con una donna.[32] La percezione che abbiamo delle nostre capacità è dunque specifica del contesto. L'idea che ci siamo fatti delle nostre capacità di riuscir bene nel lavoro non coincide necessariamente con quella sulle nostre potenzialità in altre attività della vita.

Chi crede nelle proprie capacità si esprime meglio sul lavoro anche perché quella convinzione lo motiva a lavorare di più e più intensamente e a insistere nonostante le difficoltà. Di solito le persone evitano situazioni o campi nei quali temono di poter incappare in un insuccesso: quand'anche abbiano le capacità necessarie per fare un dato lavoro, se non sono convinte di poterne gestire le difficoltà, cominceranno ad agire in modi decisamente controproducenti.

Una delle caratteristiche più comuni delle persone che lavorano e non hanno fiducia in se stesse è quella di nutrire un paralizzante timore di sembrare inetti. Un'altra è quella di rinunciare troppo facilmente alle proprie opinioni e ai propri giudizi — e perfino alle buone idee — non appena vengono messi in discussione. Altre caratteristiche comprendono l'indecisione cronica, soprattutto quando si è sotto pressione; il rifuggire il rischio, anche quando è minimo; e il non riuscire a sostenere le proprie buone idee.

In uno studio durato decenni sui manager della AT&T, il fatto che al principio della carriera una persona mostrasse fiducia in se stessa faceva prevedere, per gli anni a venire, successo e promozioni ai massimi livelli.[33] Anche in un altro studio, durato sessant'anni, condotto su più di mille individui di entrambi i sessi con QI elevato, seguiti dall'infanzia fino all'età della pensione, quelli che da giovani avevano mostrato più fiducia in se stessi ebbero poi il maggior successo nel corso della carriera.[34]

Il coraggio di parlare

Era stata l'ipertensione non controllata — dovuta all'aver trascurato di prendere i farmaci prescrittigli — a portare il paziente, un uomo anziano, a un grave ictus. Ora si trovava nell'unità di cura intensiva di un ospedale specializzato nella cura di lesioni cerebrali, e i giorni immediatamente successivi sarebbero stati determinanti ai fini della prognosi. I trattamenti frenetici a cui era sottoposto si concentravano sulla valutazione dell'entità del danno cerebrale e sul tentativo di controllare altre eventuali emorragie.

Capitò che una cara amica del paziente, un'infermiera professionale che lavorava in quello stesso ospedale, fosse andata a fargli visita e avesse visto la sua cartella clinica, constatando come fra tutte le medicine che stava assumendo, non ce ne fosse nessuna per il contrllo della pressione. Preoccupata, si rivolse al neurologo che stava studiando i risultati della scansione cerebrale del suo amico, e gli chiese: «Sta prendendo i suoi antipertensivi?».

Irritato per l'interruzione, il neurologo la rimbeccò seccamente: «Sa, noi li curiamo soltanto dal collo in su», e uscì impettito dalla stanza.

A questo punto, decisamente allarmata dal fatto che un farmaco fondamentale per la ripresa del suo amico sembrasse dimenticato, l'infermiera andò nell'ufficio del primario. Aspettò che finisse una telefonata, si scusò per l'interruzione e spiegò ciò che la preoccupava. Immediatamente arrivò l'ordine di riprendere la somministrazione degli antipertensivi.

«Sapevo che andando dal primario stavo uscendo dai canali ortodossi», mi spiegò l'infermiera. «Ma ho visto dei pazienti morire dopo un ictus, perché non si era provveduto a controllarne adeguatamente la pressione: era una faccenda troppo importante per lasciarmi intralciare dal protocollo.»

Questo atteggiamento — il pensare che regole e procedure standard possano essere aggirate, e il coraggio di farlo — è caratteristico di chi ha fiducia in se stesso. Infatti, in uno studio condotto su 209 infermiere di un grande ospedale universitario, quelle che avevano una forte percezione delle proprie capacità avevano maggiori probabilità di parlare e dissentire apertamente di fronte a situazioni che ritenevano ingiuste o rischiose dal punto di vista sanitario.[35] Le infermiere assistite da una grande fiducia in se stesse affrontavano direttamente i medici, e se non riuscivano a risolvere la situazione così, si rivolgevano ai superiori.

Considerando lo status delle infermiere nella gerarchia ospedaliera, una presa di posizione o una protesta di questo tipo è un autentico atto di coraggio. Le infermiere piene di fiducia in se stesse erano convinte che, se avessero manifestato il proprio dissenso, le loro opinioni avrebbero avuto un peso nel risolvere il problema per il meglio; ma quelle che non erano altrettanto fiduciose procedevano diversamente: invece di protestare o di fare degli sforzi per raddrizzare ciò che ritenevano sbagliato, minacciavano di dimettersi.

Quello delle infermiere può essere un caso particolare, perché di regola esse sono figure professionali molto richieste. In occupazioni per le quali il mercato è più difficile — ad esempio nel caso di insegnanti, assistenti sociali o manager di medio livello — probabilmente per assistere allo stesso coraggioso e aperto dissenso è necessario un livello di fiducia in se stessi particolarmente alto. Ma indipendentemente dal tipo di lavoro o di organizzazione, sono comunque le persone che nutrono la maggior fiducia in se stesse ad essere più disposte a rischiare — e lo fanno parlando e indicando problemi o ingiustizie di fronte ai quali gli altri si limitano a brontolare o a dare le dimissioni.

5

Padronanza di sé

«Bandire la paura.»
—W. Edwards Deming

È il peggior incubo di chiunque debba parlare in pubblico. Il mio amico, uno psicologo, si era recato in aereo dalla East Cost alle Hawaii per tenere una relazione a un congresso di ufficiali di polizia. Aerei in ritardo e coincidenze saltate gli avevano fatto perdere una notte di sonno, lasciandolo al tempo stesso esausto e in preda al jet-lag — e il suo discorso era proprio in apertura, al mattino. Fin dal principio, l'idea di tenere quel discorso lo aveva messo in apprensione, dal momento che avrebbe assunto una posizione controversa. Ora, lo sfinimento stava rapidamente trasformando quell'apprensione in vero e proprio panico.

Il mio amico ruppe il ghiaccio raccontando una barzelletta — ma si bloccò proprio prima della battuta finale. Se l'era dimenticata. Si congelò, la mente come una lavagna bianca. Non solo non ricordava la battuta finale della barzelletta — aveva dimenticato anche il resto del discorso. Improvvisamente, per lui, i suoi appunti non avevano più alcun senso e la sua attenzione era concentrata su quel mare di volti con gli occhi fissi su di lui. Dovette scusarsi, congedarsi e lasciare il podio.

Solo dopo un riposo di diverse ore riuscì a ricomporsi e a tenere la sua relazione — barzelletta compresa — riscuotendo un grande successo. Raccontandomi in seguito di quel suo iniziale attacco di panico, mi disse: «Non riuscivo a pensare ad altro che a quelle facce che mi fissavano — ma non ero assolutamente in grado di ricordare che cosa dovessi dire».

La scoperta che più colpisce, fra quelle emerse dallo studio del cervello delle persone sotto stress — come quello di tenere un discorso di fronte a un pubblico critico — dimostra che i centri emotivi del cervello possono operare in modi che mettono a rischio il funzionamento di quelli esecutivi, ossia dei lobi prefrontali, situati — come lascia intuire il loro nome — subito dietro la fronte.

L'area prefrontale è la sede della «memoria di lavoro», la capacità di prestare attenzione e tenere a mente qualsiasi informazione sia rilevante in un particolare momento. La memoria di lavoro è vitale ai fini della comprensione, dell'interpretazione, della pianificazione, dell'attività decisionale, del ragionamento e dell'apprendimento.

Quando la mente è tranquilla, la memoria di lavoro funziona in modo ottimale. Ma nel momento in cui c'è un'emergenza, il cervello viene commutato in una modalità autoprotettiva che sequestra risorse alla memoria di lavoro, e le dirotta ad altri siti al fine di mantenere i sensi in uno stato di iperallerta — un atteggiamento mentale, questo, specificamente mirato alla sopravvivenza.

Nella fase di emergenza, il cervello ricorre a routine e a reazioni semplici e molto familiari, mettendo da parte il pensiero complesso, l'intuizione creativa e la pianificazione a lungo termine. Il centro dell'attenzione, ora, è l'urgenza del presente — o, se volete, la crisi del giorno. Nel caso del mio amico, questa modalità finalizzata all'emergenza paralizzò la sua capacità di ricordare quanto aveva da dire, inducendolo a concentrarsi sulla «minaccia» presente — tutte quelle facce assorte, là nel pubblico, che aspettavano di sentirlo parlare.

Sebbene questo circuito per fronteggiare le emergenze si sia evoluto milioni di anni fa, oggi noi sperimentiamo la sua attivazione sotto forma di emozioni che ci turbano: preoccupazioni, ondate d'ansia, panico, frustrazione, irritazione, collera e rabbia.

L'amigdala e il «sequestro emotivo» da tre milioni di dollari

Quando Mike Tyson si infuriò e strappò con un morso un pezzo dell'orecchio di Evander Holyfield, durante l'incontro per il titolo dei pesi massimi 1997, questo exploit gli costò 3 milioni di dollari — ossia la massima penalità confiscabile dalla sua borsa di 30 milioni di dollari — oltre a un anno di sospensione dalla boxe.

In un certo senso, Tyson fu vittima del suo sistema d'allarme cerebrale. Situato negli antichi centri emotivi del cervello, il circuito d'allarme è imperniato su una serie di strutture che circondano il tronco cerebrale, note come sistema «limbico». La struttura che gioca il ruolo-chiave nelle emergenze emotive — quella che ci fa «saltar in aria» — è l'amigdala.

L'area prefrontale, il centro esecutivo, è collegata all'amigdala attraverso quella che equivale a un'autostrada neurale. Questi collegamenti nervosi fra amigdala e lobi prefrontali funzionano come un sistema d'allarme, un dispositivo che ha avuto un immenso valore ai fini della sopravvivenza nel corso dell'evoluzione umana.

L'amigdala è l'archivio della memoria emotiva del cervello, il ricettacolo di tutti i nostri momenti di trionfo e di sconfitta, di speranza e di paura, di indignazione e frustrazione. Nel suo ruolo di sentinella, essa si serve di queste memorie registrate per vagliare tutta l'informazione in entrata — tutto ciò che vediamo e sentiamo istante per istante — così da valutare minacce e opportunità in essa contenute confrontando ciò che accade ora con le registrazioni delle nostre esperienze passate.[1]

La testata di Holyfield indusse in Tyson un'ondata di ricordi carichi di rabbia — di quando il suo avversario aveva fatto la stessa cosa, otto mesi prima, in un incontro che Tyson aveva pure perso, episodio per il quale aveva energicamente protestato. Il risultato, per Tyson, fu un classico sequestro emotivo da parte dell'amigdala, una reazione subitanea dalle conseguenze disastrose.

Nell'evoluzione, molto probabilmente, l'amigdala usava i ricordi registrati per rispondere istantaneamente a domande essenziali ai fini della sopravvivenza, come: «Sono io la sua preda, o è lui la mia?». Per rispondere a queste domande era necessario che sensi acuti assicurassero la percezione della situazione così da poter reagire in modo pronto e istantaneo. Fermarsi a riflettere approfonditamente o a rimuginare sulle circostanze, non sarebbe stato di alcun aiuto.

La reazione di crisi del cervello — un potenziamento dell'acuità sensoriale, il blocco del pensiero complesso, e l'adozione di reazioni automatiche di tipo riflesso — segue ancora quell'antica strategia, sebbene essa oggi possa rivelarsi drammaticamente inadeguata nella moderna vita lavorativa.

Quando le emozioni traboccano

Non posso fare a meno di ascoltare la conversazione della donna che sta telefonando proprio di fianco a me, all'aeroporto O'Hare: sta strillando. È chiaro che si trova nel bel mezzo di un divorzio complicato e che il suo ex le sta creando delle difficoltà. «Sta facendo il bastardo con la casa!», grida al telefono. «L'avvocato mi ha chiamato mentre ero a una riunione per dirmi che dovevamo tornare in tribunale adesso. E nel pomeriggio ho la mia relazione... queste stronzate non potevano capitare in un momento peggiore!» Sbatte giù il ricevitore, raccoglie i suoi bagagli e se ne va.

È sempre il «peggior momento possibile» per i contrasti e le pressioni che ci fanno ammattire — o per lo meno così ci sembra. Quando gli stress si accumulano, il loro effetto è più che additivo — essi sembrano *moltiplicare* il senso di tensione, così che mentre ci avviciniamo al punto di rottura, ogni peso ulteriore pare ancor più insopportabile, la classica ultima goccia. È così perfino per piccoli contrasti che in condizioni normali non ci turberebbero: improvvisamente diventano schiaccianti. Come disse Charles Bukowski, il poeta, «non sono le grandi cose che ci spediscono al manicomio, non è la perdita di un amore, ma il laccio della scarpa che si rompe quando abbiamo fretta».

Per il nostro organismo, non esiste alcuna distinzione fra casa e lavoro; gli stress si accumulano gli uni sugli altri, indipendentemente da quale sia la loro fonte. La ragione per la quale, se siamo già agitati, un piccolo battibecco può spingerci oltre i limiti è di natura biochimica. Quando l'amigdala innesca il panico nel cervello, induce una cascata che comincia con la liberazione di un ormone noto come CRF (*Corticotropin Releasing Factor*, fattore liberante la corticotropina) e si conclude con un'inondazione di ormoni dello stress — principalmente cortisolo.[2]

Gli ormoni che secerniamo in condizione di stress bastano per un unico episodio di combattimento o fuga — ma una volta secreti, rimangono nell'organismo per ore, e ogni successivo incidente tale da turbarci non fa che aumentare il loro livello. L'accumulo che ne deriva rende l'amigdala un meccanismo innescante estremamente sensibile, pronto a sequestrarci trascinandoci nella collera o nel panico alla minima provocazione.

Fra i loro effetti, gli ormoni dello stress hanno anche un impatto sul flusso ematico. Mentre la frequenza cardiaca aumenta, il sangue viene dirottato dai centri cognitivi superiori ad altri più essenziali per la mobilitazione dell'organismo in condizioni di emergenza. I livelli di glucosio ematico disponibile come combustibile salgono, le funzioni fisiologiche meno rilevanti vengono rallentate e la frequenza cardiaca aumenta per preparare l'organismo a confrontarsi con il pericolo o a fuggire. L'impatto complessivo del cortisolo sulla funzione cerebrale è quello di far entrare in azione la strategia di sopravvivenza primitiva: potenziare i sensi, smorzare l'intelletto e ricorrere alle azioni più familiari a lungo ripetute — anche se si tratta metterci a urlare o di congelarsi nel panico.

Il cortisolo sequestra risorse energetiche alla memoria di lavoro — all'intelletto — per dirottarle ai sensi. Quando i livelli di cortisolo sono alti, le persone compiono più errori, sono più distratte e non riescono più a ricordare bene nemmeno le cose che hanno letto di recente.[3] Pensieri irrilevanti si insinuano con invadenza, e l'elaborazione dell'informazione diventa più difficile.

Se lo stress è prolungato, l'esito probabile è l'esaurimento — o anche peggio. Quando i ratti di laboratorio vengono sottoposti a tensione costante, il cortisolo e gli altri ormoni dello stress raggiungono livelli tossici, avvelenando e uccidendo i neuroni. Se lo stress si protrae per un periodo significativo della loro vita, l'effetto sul cervello è impressionante: si assiste a un'erosione e a un'atrofizzazione dell'ippocampo, un centro-chiave della memoria.[4] Qualcosa di simile succede anche nelle persone.[5] Non solo lo stress acuto può renderci momentaneamente inetti: quando è prolungato può avere, sull'intelletto, un effetto durevole e ottundente.

Naturalmente lo stress è un dato di fatto; spesso è impossibile evitare le situazioni e le persone che ci sopraffanno. Prendiamo per esempio l'esplosione di messaggi. Uno studio compiuto sui dipendenti di importanti aziende ha rilevato che ognuno di essi inviava e riceveva, in media, 178 messaggi al giorno; ogni ora, queste persone erano interrotte da almeno tre messaggi, ognuno dei quali con la sua pretesa di urgenza (solitamente non veritiera).[6]

La posta elettronica, invece di ridurre l'overdose di informazione, non ha fatto che andare ad aggiungersi alla mole totale degli altri messaggi provenienti da telefono, segreterie telefoniche, fax, corrispondenza e simili. L'essere inondato da messaggi intermittenti commuta l'individuo su una modalità reattiva, come se stesse continuamente spegnendo piccoli incendi. Il maggiore impatto si ha sulla concentrazione: ogni messaggio funge da distrazione, rendendo sempre più difficile tornare a concentrarsi sul compito interrotto. L'effetto cumulativo del diluvio di messaggi è una distrazione cronica.

In un campo come l'ingegneria, uno studio sulla produttività quotidiana ha evidenziato come le frequenti distrazioni fossero proprio una delle principali cause delle prestazioni insoddisfacenti. Un ingegnere molto brillante, tuttavia, aveva escogitato una strategia che gli permetteva di restare concentrato: mentre lavorava alla tastiera del computer, si metteva le cuffie.[7] Tutti pensavano che stesse ascoltando della musica, ma lui, in realtà, non ascoltava proprio nulla — le cuffie erano solo un espediente per impedire al telefono e ai colleghi di interrompere la sua concentrazione! Probabilmente, e in una certa misura, queste strategie funzionano; d'altra parte, occorre anche avere le risorse interiori per gestire i sentimenti innescati dentro di noi dallo stress.

I neuroni con potere di veto

Solitamente i lobi prefrontali tengono sotto controllo i grossolani impulsi dell'amigdala, sovrapponendo ad essi il loro giudizio, la loro comprensione delle regole della vita, e la loro percezione della reazione più razionale e appropriata.[8] Questi circuiti, con il proprio «potere di veto», rassicurano l'amigdala impazzita del fatto che in realtà non siamo in pericolo, e che è possibile ricorrere con successo a una modalità di reazione meno disperata.

Lo schema fondamentale del cervello è costruito intorno a una semplice opposizione: alcuni neuroni innescano un'azione, altri la inibiscono. Dall'orchestrazione finemente sincronizzata di queste tendenze contrapposte deriva l'esecuzione fluida dell'atto, non importa se si tratta di un discorso persuasivo o dell'incisione precisa praticata da un chirurgo esperto. Quando le persone sono troppo impulsive, il problema sembra risiedere, più che nel funzionamento dell'amigdala, in quello dei circuiti prefrontali inibitori dell'impulso: in tal caso, gli individui non sono troppo solleciti ad agire e sono incapaci di fermarsi una volta entrati in azione.[9]

Poiché l'amigdala è il sistema d'allarme del cervello, ha il potere di prevaricare il lobo prefrontale nell'arco di una frazione di secondo per far fronte all'emergenza. I lobi prefrontali, d'altro canto, non possono prendere il sopravvento sull'amigdala in modo altrettanto rapido e diretto. Invece, essi dispongono di neuroni «inibitori» in grado di bloccare le direttive che quella freneticamente invia loro — proprio come quando immettiamo in un sistema di sicurezza domestico il codice segreto per disinnescare un falso allarme.

Richard Davidson, direttore del Laboratory for Affective Neuroscience presso la Wisconsin University, ha condotto una serie di studi fondamentali avvalendosi di tecniche per l'ottenimento di immagini del cervello, nell'ambito dei quali ha sottoposto a test due gruppi di persone: uno che era stato riconosciuto come capace di reagire con elasticità agli alti e bassi della vita, l'altro composto da individui che, nelle medesime circostanze, erano facilmente turbati. Davidson registrò la loro funzione cerebrale mentre eseguivano compiti stressanti come scrivere dell'esperienza più sconvolgente dalla loro vita, o risolvere difficili problemi matematici sotto la pressione del tempo.

Le persone elastiche si riprendevano in modo eccezionalmente rapido dallo stress, e nell'arco di qualche secondo l'area prefrontale cominciava a calmare l'amigdala — e loro stessi. Gli individui più vulnerabili, invece, andavano incontro a un'escalation dell'attività dell'amigdala — e del proprio disagio — ancora per diversi minuti dopo la cessazione dell'attività stressante.

«Le persone elastiche cominciavano a inibire il disagio quando l'evento stressante era ancora in corso», afferma Davidson. «Si tratta di individui ottimisti, orientati all'azione. Se nella loro vita qualcosa va storto, immediatamente cominciano a pensare al sistema per raddrizzarlo.»

Questo circuito inibitorio fra il lobo prefrontale e l'amigdala è alla base di molte competenze facenti capo alla padronanza di sé — in particolare l'autocontrollo sotto stress e l'abilità di adattarsi al cambiamento: entrambe abilità che consentono di calmarsi di fronte agli eventi esistenziali della vita lavorativa: crisi, incertezze e obiettivi difficili e mutevoli. La capacità dei lobi prefrontali di inibire il messaggio proveniente dall'amigdala preserva la chiarezza mentale e mantiene le nostre azioni su una rotta costante.[10]

Per passare dal laboratorio alla realtà, consideriamo i costi che un'azienda si trova a sostenere quando un dirigente — il principale responsabile delle decisioni e della gestione delle risorse umane — non è versato in questa fondamentale abilità emotiva. Uno studio condotto sui direttori di una grande catena di negozi americana ha scoperto che quelli più tesi, assillati o sopraffatti dalle pressioni sul lavoro davano le prestazioni peggiori valutate in base a quattro diversi parametri: profitto netto, vendite per unità di superficie, vendite per dipendente o vendite per dollaro investito nell'inventario. D'altro canto, quelli che — pur sottoposti alle stesse pressioni — erano più padroni di sé, facevano registrare i migliori risultati nelle vendite per magazzino.[11]

I bambini del test delle caramelle sono diventati uomini e vanno al lavoro

Sei amici, tutti iscritti al college, stavano bevendo e giocando a carte a notte fonda, quando scoppiò una lite. Il contrasto fra Mack e Ted divenne più intenso e rabbioso, finché Mack non si fece prendere dalla furia e si mise a sbraitare e urlare — mentre a quel punto Ted assunse un atteggiamento molto freddo e riservato. Ma la collera di Mack era ormai fuori controllo; si alzò in piedi e sfidò Ted a fare a pugni. Quello reagì alla provocazione con grande calma, dicendo che avrebbe considerato la possibilità di battersi con Mack solo se prima avessero finito la partita.

Sebbene ribollisse di rabbia, Mack accettò. Nei diversi minuti necessari per finire il gioco, tutti gli altri seguirono il comportamento di Ted e finirono la mano come se non fosse accaduto nulla d'importante. Questo diede a Mack il tempo per calmarsi e raccogliere i propri pensieri. Alla fine della partita, Ted gli disse con calma: «Adesso, se vuoi discuterne ancora, vengo fuori». Ma l'altro, che ormai aveva avuto abbastanza tempo per calmarsi e riflettere, si scusò per la scenata, e non ci fu alcuna rissa.

Vent'anni dopo, i due si rividero alla riunione degli ex alunni. Ted si era costruito una carriera di successo nel settore immobiliare; Mack, invece, era disoccupato e combatteva contro la droga e l'alcol.[12]

Lo scontro fra Mack e Ted è una significativa testimonianza dei vantaggi insiti nella capacità di dire «no» agli impulsi. Qui, il circuito fondamentale è un gruppo di neuroni inibitori dei lobi prefrontali che — nei momenti di rabbia e di tentazione — possono porre il veto ai messaggi impulsivi provenienti dai centri dell'emozione, principalmente l'amigdala. In Ted, apparentemente, quel circuito funzionava bene; in Mack, troppo spesso faceva cilecca.

La storia di Mack e Ted ha delle chiare analogie con quella di due gruppi di bambini, sui quali scrissi in *Intelligenza emotiva*, che avevano partecipato a un esperimento della Stanford University, noto come il «test delle caramelle». In breve, quando avevano quattro anni e frequentavano la scuola materna alla Stanford, questi bambini vennero portati in una stanza uno per uno; lo sperimentatore metteva una caramella di fronte a loro sul tavolo e diceva: «Se vuoi, puoi prendere subito questa caramella, ma se non la mangerai finché io non sarò tornato da una commissione, potrai averne due».

Circa quattordici anni dopo, quando si stavano diplomando alla scuola superiore, i giovani che da bambini avevano mangiato subito la caramella furono confrontati con quelli che avevano aspettato e se ne erano guadagnate due.[13] Gli impulsivi, confrontati con quelli che avevano saputo aspettare, avevano maggiori probabilità di soccombere allo stress, di irritarsi e di rimanere coinvolti nelle risse; erano inoltre meno abili nel resistere alle tentazioni che li distraevano dal perseguimento dei loro obiettivi.

Per i ricercatori, però, la cosa più sorprendente fu un effetto del tutto inaspettato: rispetto agli altri, i giovani che da bambini avevano saputo aspettare avevano in media punteggi SAT — il SAT è il test d'ammissione al college — di ben 210 unità più alti (su un valore massimo di 1.600).[14]

La mia migliore ipotesi sul perché l'impulsività debba diminuire la capacità di apprendimento torna a puntare sul legame fra amigdala e lobi prefrontali. In quanto sorgente di impulsi emotivi, l'amigdala è fonte di distrazione. I lobi prefrontali sono sede della memoria di lavoro — ossia della capacità di prestare attenzione a ciò che abbiamo in mente in un preciso istante.

Nella misura in cui siamo preoccupati da pensieri ispirati dall'emozione, nella nostra memoria di lavoro resta molto meno spazio per l'attenzione. Per uno scolaro, questo significa meno attenzione per l'insegnante, per il libro di scuola, per i compiti a casa. Se questa tendenza si protrae negli anni, il risultato è quella carenza nell'apprendimento rivelata poi da punteggi SAT più bassi. Lo stesso vale per una persona che lavori — il costo dell'impulsività e della distrazione è una compromissione della capacità di apprendere o di adattarsi.

Quando i bambini che avevano partecipato al test diventarono adulti ed entrarono nel mondo del lavoro, le differenze si fecero ancora più accentuate.[15] Ormai vicini alla trentina, quelli che da piccoli avevano resistito alla tentazione della caramella erano ancora intellettualmente i più capaci, i più attenti, quelli in grado di concentrarsi meglio su ciò che stavano facendo. Erano più abili nello sviluppare relazioni intime e autentiche, più fidati e responsabili, e dimostravano un maggiore autocontrollo nell'affrontare la frustrazione.

Invece, rispetto ai loro coetanei capaci di trattenersi fin da bambini, gli individui che a quattro anni avevano afferrato subito la caramella, ora, alla soglia dei trenta, erano meno abili dal punto di vista cognitivo e straordinariamente meno competenti sul piano emotivo. Molto spesso si trattava di tipi solitari; meno fidati, si distraevano più facilmente e nel perseguire i propri obiettivi erano incapaci di rimandare la gratificazione. Quando si trovavano sotto stress, erano poco tolleranti e mancavano di autocontrollo. Rispondevano alle pressioni mostrando scarsa flessibilità, e continuando a ripetere la stessa reazione inutile.

La storia dei bambini che avevano partecipato al test delle caramelle ci dà una lezione di più vasta portata sul prezzo da pagare per il fatto di avere emozioni fuori controllo. Quando siamo sotto l'onda dell'impulso, dell'agitazione e dell'emotività, la nostra abilità di pensare — di lavorare — ne soffre.

Il cuore sotto controllo

La padronanza emotiva comprende non solo la capacità di smorzare il disagio o di soffocare l'impulso; significa anche saper evocare intenzionalmente un'emozione, magari spiacevole. Mi hanno raccontato che alcuni esattori, prima di chiamare le persone rimaste indietro con i pagamenti, si «caricano» stimolando in se stessi uno stato di irascibilità e stizza. I medici che devono dare cattive notizie ai pazienti o alle loro famiglie fanno la stessa cosa, calandosi in uno stato d'animo appropriatamente cupo e malinconico, proprio come fanno gli impresari di pompe funebri quando trattano con i familiari in lutto. Nel settore del commercio al dettaglio e dei servizi, l'esortazione ad essere amichevoli con i clienti è virtualmente universale.

Una scuola di pensiero sostiene che, quando per conservarsi il posto chi lavora deve manifestare una data emozione, si vede imporre un faticoso «lavoro emozionale».[16] Quando le emozioni che una persona deve esprimere sono determinate dalle istruzioni di un superiore, il risultato è un'estraniazione dai propri sentimenti. Commesse, hostess e personale alberghiero appartengono ad alcune delle categorie di lavoratori soggette a questo tentativo di controllo del cuore, che Arlie Hochschild, sociologo dell'Università della California di Berkeley, definisce «commercializzazione dei sentimenti umani», equivalente a una forma di tirannia emotiva.

Un esame più attento rivela come questa prospettiva sia solo parziale. Un fattore critico nel determinare se il lavoro emozionale sia o meno gravoso è la misura in cui la persona coinvolta si identifica nel proprio ruolo.[17] Per un'infermiera che si consideri interessata agli altri e compassionevole, impiegare qualche istante a consolare un paziente che soffre non rappresenta un peso ma è proprio ciò che rende più significativo il suo lavoro.

L'idea di un autocontrollo emotivo non significa negare o reprimere i veri sentimenti. Gli «stati d'animo negativi», a esempio, hanno la loro utilità; la collera, la tristezza e la paura possono diventare fonti di creatività, energia e coerenza. La collera può essere un'intensa fonte di motivazione, soprattutto quando scaturisce dall'esigenza di raddrizzare un torto o un'ingiustizia. La tristezza condivisa può generare legami interpersonali. Quanto all'impulso generato dall'ansia, sempre che non sia sopraffacente, può stimolare lo spirito creativo.

L'autocontrollo emotivo non va inteso come un controllo *eccessivo*, non significa soffocare tutto il sentimento e la spontaneità. In realtà, un controllo esagerato di questo tipo comporta un prezzo sia in termini fisici che mentali. Coloro che soffocano i propri sentimenti, soprattutto quelli fortemente negativi, vanno incontro a un rialzo della frequenza cardiaca che segnala un aumento della tensione. Quando questa soppressione dell'emotività è cronica, può compromettere il pensiero, ostacolare le prestazioni intellettuali e interferire con il tranquillo sviluppo delle interazioni sociali.[18]

Invece, la competenza emotiva implica la possibilità di scegliere *come* esprimere i nostri sentimenti. Questa finezza emotiva diventa particolarmente importante in un'economia globale, dal momento che le regole fondamentali per l'espressione delle emozioni variano grandemente da una cultura all'altra. Ad esempio, gli alti dirigenti appartenenti alle culture emotivamente più riservate, come quelle nordeuropee, sono spesso considerati «freddi» e distaccati dai loro partner latinoamericani.

Negli Stati Uniti, l'inespressività emotiva spesso comunica un messaggio negativo, un senso di distanza o di indifferenza. Uno studio su circa duemila supervisori e dirigenti di vario livello impiegati nelle aziende americane ha dimostrato un forte legame fra mancanza di spontaneità e prestazione scadente.[19] I manager più capaci erano più spontanei dei loro colleghi mediocri; tuttavia, come gruppo, gli alti dirigenti erano più controllati nell'esprimere i propri sentimenti personali dei colleghi di livello inferiore; apparentemente gli alti dirigenti davano maggior importanza al possibile impatto di una troppo libera espressione di sentimenti «non appropriati» alla situazione.

Quell'approccio misurato riscontrato ai vertici testimonia come, quando si tratta di emozioni, l'ambiente di lavoro sia un caso speciale, quasi una «cultura» a parte rispetto al resto della vita. Nella zona intima delle amicizie e della famiglia, possiamo tirar fuori tutti i pesi che abbiamo sul cuore e rimuginarci sopra — anzi, dobbiamo farlo. Al lavoro, prevale più spesso un diverso insieme di regole fondamentali.

La padronanza di sé — la capacità di dominare gli impulsi e i sentimenti negativi — dipende dal funzionamento dei centri emotivi e dalla loro cooperazione con quelli esecutivi delle aree prefrontali. Queste due fondamentali capacità — il controllo dell'impulso e del turbamento — sono al centro di cinque competenze emotive.

- *Autocontrollo*: capacità di gestire emozioni e impulsi negativi in modo efficace.
- *Fidatezza*: onestà e integrità.
- *Coscienziosità*: lealtà e responsabilità nell'adempiere ai propri obblighi.
- *Adattabilità*: flessibilità nel gestire il cambiamento e nel rispondere agli stimoli.
- *Innovazione*: apertura a idee, approcci e informazioni nuovi.

Mantenere la calma

AUTOCONTROLLO
Tenere sotto controllo emozioni e impulsi negativi

Le persone con questa competenza:

- Dominano i propri sentimenti impulsivi e le proprie emozioni angosciose
- Restano composte, positive e imperturbabili anche nei momenti difficili
- Pensano in modo chiaro e mantengono la concentrazione anche sotto pressione

«Bill Gates è fuori dai gangheri. Gli occhi sembrano schizzargli dalle orbite e ha gli occhiali troppo grandi di traverso. Il volto avvampa e mentre parla schizza saliva... È alla Microsoft, in una piccola sala riunioni affollata, con venti suoi giovani dipendenti raccolti attorno a un tavolo oblungo. La maggior parte di essi guarda al suo presidente — sempre che lo guardi — con evidente paura.

«Il tanfo acre di un sudore impregnato di terrore riempie la stanza.»

Così comincia il racconto di una dimostrazione della grande arte di controllare le emozioni.[20] Mentre Gates continua la sua collerica scenata, i disgraziati programmatori annaspano e balbettano, cercando di persuaderlo — o almeno di placarlo. Tutto inutile. Nessuno sembra in grado di farsi capire. Nessuno, tranne una piccola donna cino-americana, con una voce molto dolce, che sembra l'unica persona nella stanza a non essere turbata dalla sua esplosione di collera. Lo guarda dritto negli occhi, mentre tutti evitano di farlo.

Due volte lo interrompe, rivolgendoglisi con i suoi modi garbati. La prima volta le parole della donna sembrano calmarlo un poco, poi la sua collera si riaccende. La seconda volta, la donna parla e lui ascolta in silenzio, con attenzione, fissando il tavolo. Poi, la collera improvvisamente svanita, le dice: «D'accordo, questo mi sembra buono. Andate avanti». E con questo mette fine alla riunione.

Ciò che la donna disse a Gates non era poi molto diverso da quello che avevano proposto anche gli altri. Ma probabilmente la sua imperturbabilità le aveva consentito di dirlo meglio, di pensare con lucidità invece di essere travolta dall'ansia. Di sicuro i suoi modi facevano parte del messaggio, segnalando che la scenata del capo non la intimidiva; che era in grado di assorbirla e di rimanere imperturbabile; e che comunque non c'era motivo per essere così agitati.

Questa competenza è, in un certo senso, in larga misura invisibile — l'autocontrollo si manifesta prevalentemente nell'*assenza* di fuochi d'artificio emotivi più evidenti. I segni della sua presenza sono la capacità di rimanere imperturbabili sotto stress o di gestire l'interazione con una persona ostile senza dare sferzate di rimando. Un altro esempio concreto è la capacità di gestire il proprio tempo: attenersi a un programma quotidiano che metta le questioni importanti al primo posto richiede autocontrollo, se non altro per resistere al richiamo di questioni apparentemente urgenti ma in realtà banali, o anche alla tentazione di piaceri o distrazioni che ci farebbero perdere tempo.

Probabilmente, l'estremo atto di responsabilità personale, sul lavoro, consiste nel controllare i nostri stati mentali. Gli stati d'animo esercitano una potente attrazione sul pensiero, la memoria e la percezione. Quando siamo in collera, ricordiamo più facilmente incidenti che confermano la nostra ira, i nostri pensieri si focalizzano sull'oggetto della collera e l'irritazione deforma a tal punto la nostra visione della realtà che, tanto per fare un esempio, un commento altrimenti benigno potrebbe ora colpirci per la sua ostilità. Resistere a questo aspetto dispotico degli stati d'animo è essenziale per la nostra capacità di essere produttivi sul lavoro.

Quando il lavoro è un inferno

Molti anni fa, mi capitò di avere un superiore che era stato appena promosso e che mi colpì per la sua grandissima ambizione. Per fare buona impressione nella sua nuova posizione adottò la strategia di assumere nuovi scrittori — «la sua gente» — e assicurarsi che il loro lavoro avesse la massima visibilità nella rivista. Passava moltissimo tempo con i nuovi assunti, mentre ignorava studiatamente noi della vecchia guardia.

Forse il mio capo era sotto pressione a causa del *suo* capo — non ho mai saputo che motivazioni avesse. Ma un giorno, con mia sorpresa, mi chiese di andare a bere una tazza di caffè con lui al bar interno dell'azienda. Là, dopo qualche battuta di una superficiale banalità, mi informò bruscamente che il mio lavoro era al di sotto degli standard. Restò nel vago circa il modo esatto in cui non soddisfacevo gli standard — con il suo predecessore il mio lavoro era stato nominato per concorrere a importanti premi. Ma le conseguenze erano chiare: se non fossi migliorato mi avrebbe licenziato.

Inutile dirsi che questo mi causò un'ansia tremenda e implacabile. Indebitato fin sopra alla testa, con i figli che si accingevano a entrare al college, avevo un disperato bisogno di quel lavoro. La cosa peggiore, poi, era che la scrittura, di per se stessa, esige un alto livello di concentrazione, e quelle preoccupazioni continuavano a insinuarsi distraendomi con vivide fantasie in cui vedevo la mia carriera e le mie finanze naufragare nella catastrofe.

Quel che risparmiò la mia salute mentale fu una tecnica di rilassamento che avevo imparato anni prima, un semplice esercizio di meditazione che avevo praticato in modo saltuario nel corso degli anni. Ma se in precedenza me n'ero servito solo svogliatamente, ora ne divenni fanatico, dedicandomici per mezz'ora o anche un'ora intera ogni mattina prima di cominciare la mia giornata di lavoro.

Funzionò; mi mantenni saldo ed equilibrato, facendo del mio meglio per produrre articoli ben fatti, come richiesto. E poi arrivò il sollievo: il mio insopportabile capo ottenne una promozione che lo dirottò su un altro dipartimento.

Le persone più abili a controllare l'angoscia spesso dispongono di una tecnica per gestire lo stress alla quale fanno ricorso quando occorre, indipendentemente dal fatto che si tratti di un lungo bagno, un allenamento sportivo o una seduta di yoga — proprio come feci io con la meditazione. Il fatto di avere nel nostro repertorio un metodo di questo tipo, non significa che di tanto in tanto non possiamo sentirci sconvolti o angosciati. Ma la pratica quotidiana, regolare, di un metodo di rilassamento sembra «resettare» la soglia di innesco dell'amigdala, rendendola meno suscettibile alle provocazioni.[21] Questo «resettaggio» neurale ci dà la capacità di riprenderci più rapidamente dai sequestri emotivi operati dall'amigdala, e in primo luogo ci rende meno vulnerabili a essi. Il risultato è che siamo meno spesso suscettibili all'angoscia, e i nostri accessi sono comunque più brevi.

Un senso di impotenza

Il sentimento di impotenza associato alle pressioni derivanti dal lavoro è di per se stesso pericoloso. Fra i proprietari e i dipendenti di piccole aziende, quelli con una più forte convinzione di poter controllare ciò che accade loro nella vita hanno meno probabilità di irritarsi, deprimersi o agitarsi una volta messi di fronte ai conflitti e alle tensioni del lavoro. Ma coloro che sentono di avere scarso controllo sono più soggetti ad angosciarsi o addirittura ad abbandonare il lavoro.[22]

In uno studio su 7400 uomini e donne impegnati in attività di servizio civile a Londra, i soggetti che ritenevano di dover rispettare scadenze imposte da altri e di avere poca voce in capitolo sul modo in cui svolgere i propri compiti, o con chi svolgerli, correvano un rischio di sviluppare i sintomi di una coronaropatia che era del 50 per cento superiore rispetto a quello di chi percepiva il proprio lavoro in modo più flessibile.[23]

La percezione di uno scarso controllo sulle esigenze e le pressioni del lavoro comporta un rischio di cardiopatia paragonabile a quello implicato dall'ipertensione.[24]

Questo spiega come mai, di tutte le relazioni che abbiamo sul lavoro, quella con il nostro superiore, o il nostro supervisore, abbia il massimo impatto sull'equilibrio emotivo e la salute fisica. Quando, presso un'unità di ricerca britannica, alcuni volontari furono esposti a un virus del raffreddore e poi seguiti per cinque giorni per vedere se si ammalavano, emerse che i più suscettibili erano quelli coinvolti in tensioni sociali.[25] Una singola, dura, giornata di lavoro non rappresentava un problema, ma il fatto di avere costanti conflitti con un superiore si rivelò una situazione sufficientemente stressante da abbassare l'elasticità del sistema immunitario.

Nei legami anatomici recentemente scoperti fra il cervello e il resto dell'organismo, legami che stabiliscono una connessione fra i nostri stati mentali e la salute fisica, i centri emotivi hanno un ruolo critico, e presentano una ricca rete di connessioni, soprattutto con il sistema immunitario e con l'apparato cardiovascolare. Questi legami biologici spiegano come mai i sentimenti angosciosi — la tristezza, la frustrazione, la collera, la tensione e l'ansia intensa — raddoppino il rischio che una persona cardiopatica incorra, nelle ore successive, in una pericolosa diminuzione del flusso ematico al cuore; tale diminuzione può, a volte, scatenare un attacco cardiaco.[26]

Per le madri che lavorano, a esempio, non sarà una sorpresa apprendere che — quando le normali pressioni lavorative si combinano alla tensione mentale di «essere in servizio permanente» per problemi familiari inattesi, come la malattia di un bambino — ciò impone loro di sostenere un peso fisiologico straordinario. Tanto le madri *single* che quelle sposate, impegnate in attività di medio livello sulle quali hanno scarso controllo, hanno sostanzialmente livelli di cortisolo (l'ormone dello stress) più elevati delle loro colleghe che non hanno bambini ad aspettarle a casa.[27]

A basse concentrazioni, il cortisolo può aiutare l'organismo a combattere un virus o a risanare tessuti danneggiati, ma quando ne viene secreto troppo, esso attenua l'efficienza del sistema immunitario.[28] Come disse un ricercatore presso il National Institute of Mental Health, «se te ne stai lì a rimirare un crollo del mercato azionario, il tuo livello di cortisolo salirà a causa dello stress psicologico. Poi, se qualcuno ti tossisce in faccia, sarai più suscettibile a prenderti l'influenza».[29]

Utilità dell'autoconsapevolezza

A un professore di college con problemi cardiaci venne dato uno strumento portatile per monitorare la frequenza cardiaca; infatti, quando i battiti superavano i 150 al minuto, il suo muscolo cardiaco riceveva troppo poco ossigeno. Un giorno il professore andò a una delle solite, apparentemente interminabili, riunioni dipartimentali, che personalmente riteneva una perdita di tempo.

Tuttavia, osservando il monitor si accorse che — mentre pensava di essere cinicamente distaccato dalla discussione — il suo cuore stava in realtà battendo a un livello pericoloso. Fino ad allora, non si era reso conto di come il quotidiano azzuffarsi tipico della politica dipartimentale lo sconvolgesse emotivamente.[30] L'autoconsapevolezza è una capacità fondamentale per la gestione dello stress, e in quanto tale è utile. Se non facciamo una grande attenzione, possiamo — proprio come quel professore — essere sorprendentemente ignari di quanto sia stressante la nostra routine di lavoro.

Il semplice fatto di portare al livello della consapevolezza sentimenti che covano sotto la cenere può avere effetti salutari. Quando sessantatré dirigenti appena licenziati parteciparono a uno studio presso la Southern Methodist University, molti di essi erano comprensibilmente irritati e ostili. A metà dei partecipanti fu chiesto di tenere un diario per cinque giorni, passando venti minuti a scrivere i loro sentimenti e le loro riflessioni più profonde su quello che stavano attraversando. I dirigenti che avevano tenuto il diario trovarono un nuovo impiego prima di quelli che non l'avevano fatto.[31]

Quanto più accuratamente riusciamo a monitorare i nostri problemi emotivi, tanto prima riusciremo a riprenderci. Consideriamo un esperimento, nel quale i soggetti partecipanti guardavano un documentario esplicito contro la guida in stato di ebbrezza, nel quale erano mostrati sanguinosi incidenti stradali.[32] Durante la mezz'ora che seguiva alla proiezione del film, gli spettatori riferivano di sentirsi angosciati e depressi, e di tornare ripetutamente col pensiero alle scene inquietanti a cui avevano assistito. A riprendersi per primi erano quelli che avevano la maggior chiarezza sui propri sentimenti. La chiarezza emotiva, sembra, ci mette in condizione di controllare gli stati d'animo negativi.

Il fatto di essere imperturbabili, tuttavia, non significa necessariamente che abbiamo risolto il problema. Anche quando le persone sembrano impassibili, se in realtà stanno ribollendo dentro, devono anche saper controllare i sentimenti che si agitano in loro. Alcune culture, in particolare quelle asiatiche, incoraggiano questo modo di mascherare i propri sentimenti negativi. Sebbene ciò assicuri alle relazioni uno stato di tranquillità, a livello individuale può comportare un prezzo. Uno psicologo che insegna le competenze dell'intelligenza emotiva alle assistenti di volo in Asia mi disse: «Qui il problema è quello di implodere. Queste persone non esplodono — tengono tutto dentro e soffrono.»

L'implosione emotiva ha diversi lati negativi: spesso le persone con questo atteggiamento non riescono a prendere misure per migliorare la propria situazione. Sebbene non mostrino i segni esteriori di un sequestro emotivo, in ogni modo ne patiscono una ricaduta interna: mal di testa, nervosismo, eccessi nel fumo e nel bere, sonnolenza e un'autocritica implacabile. Chi implode corre gli stessi rischi, per la salute, di chi esplode e deve quindi imparare a controllare meglio le proprie reazioni all'angoscia.

L'autocontrollo in azione

Classica scena sulle strade di Manhattan: un uomo parcheggia la sua Lexus in rimozione forzata su una strada congestionata, entra di corsa in un negozio, acquista qualcosa e poi si riprecipita fuori, per scoprire che un agente non solo gli ha fatto la multa ma ha già chiamato un carro attrezzi, al quale proprio in quel momento stanno agganciando la sua auto.

«Dannazione!» l'uomo esplode in un accesso di collera, scaraventando un fiume di insulti all'indirizzo dell'agente e concludendo poi: «Lei è il più schifoso bastardo che abbia mai incontrato!» E così dicendo colpisce con un pugno il cofano del carro attrezzi.

L'agente, visibilmente turbato, in qualche modo riesce a restare calmo e dice: «È la legge. Se ritiene che sia sbagliato, può appellarsi». E così dicendo, si volta e se ne va.

L'autocontrollo è essenziale per chi deve far rispettare la legge.

Quando si affronta qualcuno nel pieno di un attacco dell'amigdala — come l'automobilista villano del nostro esempio — le probabilità che l'incontro sfoci nella violenza aumenteranno rapidamente se anche l'agente coinvolto cade in preda a un analogo attacco. Michael Wilson, infatti, un ufficiale che insegna all'Accademia di Polizia della città di New York, afferma che queste situazioni impongono a molti agenti una vera lotta per controllare la propria reazione viscerale alla mancanza di rispetto — un atteggiamento che essi considerano non solo un'inutile minaccia, ma anche un avvertimento del fatto che, nell'interazione, il potere sta passando di mano in un modo che potrebbe mettere a rischio la loro vita.[33] Come dice Wilson: «All'inizio, quando qualcuno ti offende pesantemente, il tuo corpo vuole reagire. Nella tua testa però c'è questa voce che ti dice: "Non ne vale la pena. Nel momento stesso in cui metto le mani addosso a questo tizio, ho perso la partita"».

L'addestramento dei poliziotti (almeno negli Stati Uniti, un paese che purtroppo ha uno dei più alti livelli di violenza nel mondo) richiede un'attenta titolazione dell'uso della forza, in modo da renderlo proporzionato alla circostanza. Le minacce, l'intimidazione fisica e l'estrazione di un'arma da fuoco, sono tutte ultime risorse, dal momento che ciascuno di questi atti scatenerà probabilmente nell'altro un attacco dell'amigdala.

Studi sulle competenze utili all'interno delle organizzazioni incaricate di far rispettare la legge hanno messo in luce come gli ufficiali migliori facciano il minor uso possibile della forza, si rivolgano alle persone pericolose in modo calmo e con fare professionale, e siano bravi a smorzare i toni. Uno studio sugli agenti addetti al traffico di New York ha dimostrato che coloro che riuscivano a reagire con calma anche quando interagivano con automobilisti fuori di sé dalla rabbia, erano coinvolti in un minor numero di incidenti sfociati poi nella violenza.[34]

Il principio di conservare la calma a dispetto della provocazione si applica a chiunque si trovi ad affrontare regolarmente, per motivi di lavoro, persone pericolose o agitate. Fra gli psicoterapeuti, ad esempio, gli individui capaci di prestazioni superiori rispondono con calma a un attacco personale da parte di un paziente.[35] Allo stesso modo si comportano le assistenti di volo con i passeggeri di cattivo umore.[36] E fra i dirigenti di vario livello, i migliori sanno equilibrare con l'autocontrollo gli impulsi, l'ambizione e la sicurezza in se stessi, imbrigliando le esigenze personali al servizio degli obiettivi dell'organizzazione.[37]

Elasticità — Prosperare sotto stress

Confrontiamo ora due alti dirigenti impiegati presso una società telefonica americana all'interno della quale lo stress è lievitato mentre l'intero settore andava incontro a laceranti cambiamenti. Uno di essi è tormentato dalla tensione: «La mia vita è una competizione spietata. Cerco sempre di tenere il passo, di rispettare le scadenze che mi vengono imposte, ma la maggior parte di esse non è nemmeno importante. Solo routine. E quindi, anche se sono nervoso e teso, per gran parte del tempo mi annoio anche».

L'altro dirigente afferma: «Non mi annoio quasi mai. Anche quando devo fare qualcosa che al principio non mi sembra molto interessante, di solito, una volta che mi ci metto, trovo comunque che vale la pena dedicarcisi, nel senso che mi insegna qualcosa. Io cerco sempre di fare una differenza, di costruirmi una vita di lavoro produttiva, per me stesso».

Il primo dirigente venne riconosciuto scarsamente dotato in una qualità denominata «resistenza», ossia l'abilità di restare impegnati, di sentire di avere il controllo e di essere stimolati piuttosto che minacciati dallo stress; una qualità che il secondo dirigente possedeva in abbondanza. Lo studio scoprì che gli individui resistenti allo stress — quelli che consideravano il proprio lavoro duro, sì, ma anche eccitante; e che interpretavano il cambiamento come un'opportunità di crescita e non come un nemico — ne sopportavano molto meglio il peso fisico, e si ammalavano di meno.[38]

Un paradosso della vita lavorativa è che la stessa realtà può essere percepita da una persona come una devastante minaccia, e da un'altra come uno stimolo corroborante. Con le giuste risorse emotive, quelle che sembravano minacce possono essere interpretate come stimoli, e affrontate con energia, addirittura con entusiasmo. Esiste una fondamentale differenza nella funzione cerebrale fra lo stress «buono» — lo stimolo in grado di mobilitarci e di motivarci — e quello «cattivo» — le minacce che ci sopraffanno, ci paralizzano o ci demoralizzano.

Le sostanze chimiche cerebrali che innescano l'entusiasmo per un'impresa sono diverse da quelle con cui reagiamo allo stress e alla minaccia. Esse sono attive quando la nostra energia è alta, lo sforzo è massimo, ma l'umore è positivo. La biochimica di questi stati produttivi ruota attorno all'attivazione del sistema nervoso simpatico e delle ghiandole surrenali, che secernono sostanze chimiche note come catecolamine.

Le catecolamine, adrenalina e noradrenalina, ci spingono all'azione — ma in un modo più produttivo, non con la frenetica urgenza del cortisolo. Una volta che il cervello si commuta sulla modalità d'emergenza, comincia a produrre cortisolo e aumenta enormemente anche i livelli delle catecolamine. Ma le nostre prestazioni ottimali coincidono con un livello di risveglio cerebrale inferiore, ossia quando è innescato solo il sistema delle catecolamine. (E si badi bene che per attivare il cortisolo non è necessario veder minacciato il proprio posto di lavoro o essere oggetto di un commento sprezzante da parte di un superiore; la noia, l'impazienza, la frustrazione e perfino la stanchezza possono produrre lo stesso risultato.)

In un certo senso, quindi, ci sono due tipi di «stress», quello buono e quello cattivo, e due distinti sistemi biologici all'opera. Esiste poi un punto di equilibrio, quando il sistema nervoso simpatico è attivato (ma non in modo eccessivo), il nostro stato d'animo è positivo e la capacità di pensare e di reagire è ottimale. La nostra prestazione ottimale coincide con questo equilibrio.

Il potere dell'integrità

FIDATEZZA E COSCIENZIOSITÀ
Mostrare integrità ed essere responsabili di se stessi

Le persone con questa competenza:

Per la fidatezza
- Agiscono eticamente e sono irreprensibili
- Costruiscono attorno a sé un clima di fiducia attraverso la propria affidabilità e autenticità
- Ammettono i propri errori e si oppongono alla mancanza di etica negli altri
- Assumono rigide posizioni di principio, anche se impopolari

Per la coscienziosità
- Rispettano gli impegni e mantengono le promesse
- Si ritengono responsabili del raggiungimento dei propri obiettivi
- Sono organizzate e attente nel proprio lavoro

L'inventore di un nuovo prodotto promettente, un materasso ad aria a due camere che aveva il vantaggio competitivo di preservare il calore corporeo, racconta di aver avuto un colloquio con un industriale che si era offerto di fabbricarlo e di venderlo riconoscendogli delle royalties. L'industriale, nel corso della conversazione, rivelò all'altro, con un certo orgoglio, di non aver mai pagato le tasse.[39]

«E come fa?» chiese incredulo l'inventore.

«Tengo due serie di libri contabili», spiegò compiaciuto l'industriale.

«Su quale dei due intende registrare le vendite dei miei materassi per calcolare le royalties da corrispondermi?» chiese l'inventore.

A quella domanda non ci fu risposta. Fine della transazione.

La credibilità scaturisce dall'integrità. Gli individui capaci di prestazioni eccellenti sanno che sul lavoro la fidatezza si traduce nel fare in modo che le persone conoscano i loro valori, principi, intenzioni e sentimenti, e nell'agire in modo costantemente coerente con essi. Queste persone sono sincere sui propri errori e sanno affrontare quelli degli altri.

Le persone che spiccano per integrità sono sincere, anche attraverso il riconoscimento dei propri sentimenti — «Quella faccenda mi stava facendo diventare un po' nervoso» — il che contribuisce alla loro aura di autenticità. Invece, coloro che non ammettono mai un errore o un'imperfezione o che «gonfiano» se stessi, la loro azienda o un prodotto, minano la propria credibilità.

L'integrità — ossia l'agire in modo aperto, onesto e coerente — distingue le persone capaci di prestazioni eccellenti in ogni tipo di lavoro. Prendiamo, ad esempio, chi lavora nel campo delle vendite, un ruolo dipendente dalla forza delle relazioni interpersonali. In un lavoro di quel tipo, chi nasconda informazioni fondamentali, non onori promesse o non rispetti gli impegni presi indebolisce la relazione di fiducia tanto vitale per conservare il rapporto d'affari.

«Nei direttori delle vendite che hanno lavorato per me e hanno fallito, la cosa che più difettava era la fidatezza», mi disse un vicepresidente senior di una divisione della Automatic Data Processors. «Nelle vendite, è tutta una questione di compromessi: io ti darò questo se tu mi farai una concessione su quest'altro. È una situazione ambigua, in cui devi fidarti della parola dell'altro. In un campo come la finanza, che è più scienza che arte, la situazione è molto più chiara. Ma quella delle vendite è un'area grigia, e quindi essere fidati è ancora più importante.»

Douglas Lennick, vicepresidente esecutivo della American Express Financial Advisors, è d'accordo. «Alcuni si fanno l'idea sbagliata che uno possa avere successo negli affari imbrogliando la gente, oppure spingendola a comprare qualcosa di cui non ha bisogno. Questo può funzionare a breve termine, ma sulla lunga distanza ti rovinerà. Si ha un successo di gran lunga maggiore restando coerenti con i propri valori.»

Quando gli affari sono affari

La incontrai su un aeroplano, fu la mia vicina di posto per qualche ora su un volo diretto a ovest. Chiacchierammo per un po' quando lei scoprì che stavo scrivendo un libro sulle emozioni nel mondo del lavoro. Fu allora che venne fuori la sua storia: «Facciamo test di sicurezza per le industrie chimiche, valutando i loro materiali e il modo in cui vengono manipolati, per quantificare i rischi, ad esempio quello di autocombustione. Verifichiamo che le loro procedure per la manipolazione di queste sostanze soddisfino gli standard di sicurezza federali. Ma al mio capo non importa nulla che il rapporto sia accurato; vuole solo che sia redatto in tempo. Il suo motto è: Fa' il lavoro più in fretta possibile, e prendi i soldi».

«Recentemente scoprii che i calcoli di uno di questi lavori erano sbagliati. Così li rifeci tutti da cima a fondo. Ma il capo mi fece passare un brutto momento, perché ci impiegai più tempo e lui voleva il rapporto prima possibile. Io devo fare quello che mi dice questo tizio, anche se so che è un incompetente. Così adesso mi porto sempre da rifare i calcoli a casa, nel tempo libero. Nessuno ne può più delle sue pressioni».

Perché sopporta tutto questo?

Mi raccontò di un divorzio difficile, del fatto che doveva prendersi cura dei suoi due figli da sola, e di quanti sforzi facesse. «Me ne andrei se potessi, ma ho bisogno di quell'impiego. In questo momento i posti di lavoro scarseggiano...»

Dopo un lungo silenzio riflessivo, continuò. «Lui firma tutto il lavoro, anche quello eseguito da noi. Al principio mi dava fastidio che si prendesse tutto il merito — ma ora sono sollevata — non voglio il mio nome su quei rapporti. Non mi sembra giusto. Finora non ci sono stati incidenti — incendi o esplosioni, intendo — ma una volta o l'altra potrebbe capitare.»

Non avrebbe dovuto parlare, denunciare quello che succedeva?

«Ho pensato di raccontare qualcosa a qualcuno, ma non posso dire una parola, perché al momento dell'assunzione mi fecero firmare un accordo di segretezza. Dovrei lasciare l'azienda, e poi essere in

Padronanza di sé

grado di dimostrare quello che dico in tribunale — sarebbe un incubo.»

Quando il nostro aereo rullò sulla pista d'atterraggio, lei sembrò al tempo stesso sollevata e nervosa per quello che mi aveva rivelato — a tal punto da non volermi rivelare il suo nome o quello dell'azienda. Tuttavia, prese il mio, e anche il mio numero di telefono, dicendo di avere dell'altro da raccontarmi. Mi avrebbe richiamato, promise.

Non lo ha mai fatto.

La Ethics Officer Association commissionò un'indagine su 1300 lavoratori, impiegati a tutti i livelli in aziende americane, e scoprì una realtà sorprendente: circa la metà degli intervistati ammise di essere coinvolta in prassi aziendali contrarie all'etica.[40]

In massima parte le violazioni della fiducia o dei codici morali erano di entità relativamente minore — come il darsi per malati quando volevano starsene a casa, o il portarsi via della cancelleria sottraendola all'azienda. Ma il nove per cento dei dipendenti ammise di mentire o ingannare i clienti, il sei per cento aveva falsificato delle cifre in rapporti o documenti, il cinque per cento aveva mentito ai superiori su questioni importanti o aveva omesso di fornire informazioni fondamentali. Il quattro per cento degli intervistati ammise di essersi arrogato il merito per il lavoro o le idee di qualcun altro. Alcune violazioni erano estremamente gravi: il tre per cento dei dipendenti era coinvolto in infrazioni delle leggi sul copyright o sul software, mentre il due per cento aveva contraffatto la firma di qualcuno su un documento. L'un per cento aveva inserito informazioni false compilando moduli del governo, a esempio quelli per la dichiarazione dei redditi.

D'altro canto, uno studio sui migliori revisori dei conti impiegati presso una delle più grandi aziende americane mise in evidenza come una delle loro caratteristiche distintive fosse una competenza definita «coraggio»: essi erano disposti a tener testa ai clienti e alle pressioni interne esercitate dalle proprie aziende, a perdere un cliente importante e a insistere affinché gli altri facessero ciò che era giusto. Per assicurarsi che le regole fossero effettivamente seguite, gli individui migliori avevano il coraggio di parlare anche contro forti resistenze — un atteggiamento che richiede un'immensa integrità e fiducia in se stessi. (Questo risultato fu percepito dall'azienda al tempo stesso come positivo e negativo: il lato buono era che i suoi migliori revisori avevano questo tipo di coraggio; quello cattivo, che la maggior parte dei dipendenti ne era priva.)

Controllo degli impulsi

- Il responsabile della contabilità di un'azienda venne licenziato perché molestava sessualmente le donne che lavoravano per lui. Era inoltre profondamente aggressivo nel trattare con le persone in genere.
- In un'altra azienda, un alto dirigente era per natura un tipo estroverso, loquace, amichevole e spontaneo, ma mancava di autocontrollo e riservatezza. Fu licenziato per aver rivelato dei segreti aziendali.
- Il direttore di una piccola industria fu accusato di comportamento illecito nel gestire i fondi dell'azienda. Aveva scelto un responsabile finanziario (suo complice) che condivideva con lui sia la mancanza di coscienza, sia la scarsa apprensione sulle potenziali conseguenze avverse del loro operato.

Le analisi di queste carriere naufragate provengono dagli archivi di una società di consulenza che ha valutato questi individui nell'ambito di test svolti su 4265 persone — da semplici operai a dirigenti a capo di intere aziende.[41] Ciò che li accomunava era la mancanza di controllo degli impulsi, con una capacità scarsa o addirittura assente di rimandare la gratificazione. Quando sono dotate di autocontrollo, le persone riescono a riflettere sulle potenziali conseguenze di ciò che stanno per fare e si assumono la responsabilità delle proprie parole e delle proprie azioni.

L'azienda di consulenza che effettuò lo studio sull'autocontrollo nell'ambito di diverse professioni e posizioni aziendali, afferma che, in generale, «nel selezionare gli individui da assumere — a qualsiasi livello — è saggio escludere i candidati con scarse o scarsissime doti» di autocontrollo, dal momento che «la probabilità che essi creino problemi di qualche tipo è estremamente alta». (Si fa comunque notare che è possibile insegnare a costoro come ottenere un maggior dominio sui propri impulsi: uno scarso controllo non deve rappresentare una sentenza di carriera senza futuro.)

Anche fra i giocatori di football, il cui stesso ruolo sembra richiedere un certo livello di aggressività spontanea, il controllo è una qualità che ripaga. In uno studio su più di 700 giocatori di vario livello, quelli più dotati di autocontrollo erano classificati dai loro allenatori come più motivati, dotati di maggiori capacità di gioco, migliori come leader e più facili da allenare.[42] D'altro canto, quelli con uno scarso controllo degli impulsi dimostravano di avere poco rispetto per i compagni di squadra e gli allenatori e non erano disposti ad ascoltare o a prendere istruzioni. Erano privi di scrupoli nei confronti di accordi e contratti; con gli avversari usavano un turpiloquio offensivo e si abbandonavano a manifestazioni esibizioniste oltre la linea di fondo campo. Si scoprì, a esempio, che di due giocatori di football, entrambi con un bassissimo livello di controllo degli impulsi, uno faceva uso di droghe e l'altro era un attaccabrighe che picchiò e mise a tappeto un compagno di squadra durante un allenamento.

Il tipo coscienzioso: una virtù tranquilla

Invece, i segni quotidiani della coscienziosità — la puntualità, l'attenzione nello svolgere il proprio lavoro, l'autodisciplina e lo scrupolo nell'applicarsi alle proprie responsabilità — sono le caratteristiche fondamentali dei membri ideali delle organizzazioni, di quelle persone, insomma, grazie alle quali le cose vanno esattamente come dovrebbero. Essi seguono le regole, aiutano gli altri, si preoccupano di quelli con cui lavorano. Questo è il lavoratore coscienzioso che aiuta a orientare i nuovi arrivati e aggiorna i colleghi tornati al lavoro dopo un'assenza; è il tipo che arriva al lavoro puntuale e non abusa mai dei permessi di malattia; ancora, è quello che rispetta sempre le scadenze.

La coscienziosità è una delle principali radici del successo, in tutti i campi. Negli studi sulle prestazioni lavorative, questa competenza fa prevedere una straordinaria efficacia praticamente in tutte le mansioni, da quelle che richiedono manodopera semi-specializzata, al settore delle vendite e al management.[43] Essere coscienziosi è particolarmente importante per dare prestazioni eccezionali nelle posizioni di più basso livello nella gerarchia di un'organizzazione: basti pensare all'impiegato che si occupa delle spedizioni e che non perde mai un pacchetto, alla segretaria capace di prendere i messaggi in modo impeccabile o all'autista del camion delle consegne che arriva sempre puntuale.

Fra i venditori di una grande azienda americana produttrice di elettrodomestici, per esempio, gli individui più coscienziosi erano anche quelli che realizzavano il maggior volume di vendite.[44] Nel mercato del lavoro odierno in continuo ricambio, la coscienziosità riesce anche ad arginare la minaccia della perdita del posto; non a caso, infatti, i dipendenti con questa caratteristica sono fra i più apprezzati. Per determinare quali venditori confermare nel posto di lavoro, il livello di coscienziosità contava quasi quanto il volume delle vendite.[45]

Intorno alle persone altamente coscienziose c'è una sorta di aura, che le fa sembrare anche migliori di quanto in realtà non siano: la reputazione di affidabilità di questi individui influenza la valutazione del loro lavoro da parte dei supervisori, che emettono giudizi migliori di quanto farebbe prevedere una misura obiettiva della loro prestazione.

Tuttavia, in assenza di empatia o di abilità sociali, la coscienziosità può essere anche fonte di problemi. Poiché le persone coscienziose pretendono molto da se stesse, può capitare che giudichino gli altri in base ai propri standard e che quindi siano troppo critiche quando essi non mostrano il loro stesso comportamento esemplare. In alcune fabbriche britanniche e statunitensi, ad esempio, gli operai più coscienziosi tendevano a criticare i loro colleghi anche per errori minimi che ai destinatari delle critiche sembravano banali — il che metteva a dura prova le loro relazioni.[46]

Infine, quando la coscienziosità prende la forma di una implacabile conformità alle aspettative, può smorzare la creatività. In attività creative come l'arte o la pubblicità, è molto importante essere aperti a idee libere e alla spontaneità. Per avere successo in questo tipo di attività, però, occorre un equilibrio; se non è in grado di seguire fino in fondo un'intuizione — se non è abbastanza coscienzioso — l'individuo creativo diventa un mero sognatore, senza nulla in mano per dimostrare la propria immaginazione.

Lo shock della novità

INNOVAZIONE E ADATTABILITÀ
Essere aperti a idee e approcci nuovi, e flessibili nel rispondere al cambiamento

Le persone con questa competenza:

Per l'innovazione
- Vanno alla ricerca di nuove idee attingendo a un'ampia varietà di fonti
- Valutano soluzioni originali
- Generano idee nuove
- Assumono prospettive inedite e corrono nuovi rischi nel proprio modo di pensare

Per l'adattabilità
- Gestiscono senza difficoltà molteplici richieste, priorità in evoluzione e rapidi cambiamenti

- Adattano le proprie risposte e le proprie tattiche alla fluidità delle circostanze
- Interpretano gli eventi in modo flessibile

Fu un segnale impercettibile. Verso la metà degli anni Settanta ci fu un cambiamento nel modo in cui i dirigenti dell'Intel venivano trattati dai loro colleghi giapponesi. Mentre prima era stato loro dimostrato molto rispetto, ora tornavano a casa con la vaga sensazione di essere considerati con un insolito atteggiamento di scherno. Qualcosa era cambiato.

Quel rapporto dalla prima linea doveva dimostrarsi un annuncio dell'imminente supremazia giapponese nel mercato dei chip per computer, che a quel tempo rappresentavano il prodotto principale dell'Intel. La storia è raccontata da Andrew S. Grove, direttore generale dell'Intel, come esempio di quanto possa essere difficile per i dirigenti adattarsi ai cambiamenti del mercato.[47]

Grove confessa che dopo quei primi rapporti ci vollero diversi anni perché i vertici dell'azienda si rendessero conto che le compagnie giapponesi avevano usato i propri punti di forza nella microelettronica di precisione per battere l'Intel al suo stesso gioco, ossia nella produzione e nella vendita di chip per computer.

Questi momenti — nei quali il cambiamento delle circostanze trasforma una strategia vincente in disastro — sono cruciali nella storia di ogni azienda. Tali frangenti equivalgono a quella che Grove chiama una «valle della morte»: se un'azienda non è abbastanza pronta a ripensare la propria strategia mentre ha ancora i numeri — e la forza — per cambiare e adattarsi sarà condannata a indebolirsi o a chiudere.

Nell'affrontare queste situazioni in cui o la va o la spacca, le abilità emotive messe in campo dagli alti dirigenti comportano una differenza essenziale. È indispensabile la capacità di essere flessibili — di assorbire informazioni nuove e anche sgradevoli evitando di desintonizzarsi automaticamente e reagendo con prontezza.

Troppo spesso, invece, prende il sopravvento l'inerzia, e i vertici non riescono a leggere i segnali dell'imminente cambiamento di grande portata — o temono di agire in base a quei segnali, nonostante le regole del gioco stiano cambiando.

Ad esempio, durante tutti gli anni Ottanta, all'Intel l'assunto dominante era quello di essere un'«azienda che produceva memorie», che vendeva chip, sebbene già allora la sua quota di quel particolare mercato si fosse ridotta a circa il tre per cento. Si faceva a malapena caso al fatto che intanto un settore secondario — il ramo dei microprocessori, gli oggi ubiquitari «Intel Inside» —aveva cominciato a sbocciare in quella che sarebbe poi diventata la nuova anima dell'azienda.

Il settore dell'alta tecnologia, forse fra tutti quello soggetto ai cambiamenti più veloci, è disseminato dei relitti di aziende i cui vertici non sono stati in grado di adattarsi ai cambiamenti del mercato. Un ingegnere che aveva lavorato ai Wang Laboratories ai tempi d'oro degli anni Ottanta — quando l'azienda arrivò a un volume di vendite di tre miliardi di dollari — e che vi rimase fino a vederla fallire, mi dice: «Ho visto a che cosa porta il successo: alimenta l'arroganza. Uno smette di stare a sentire i clienti e i dipendenti. Ci si compiace della propria azienda, e alla fine si viene scavalcati dalla concorrenza».

La vera costante è il cambiamento

Grove sostiene convinto che la capacità di un'azienda di sopravvivere a una tale incombente valle della morte dipende da una sola cosa: «dalla reazione emotiva ai vertici». Quando il loro stesso status, il loro stesso benessere — e quello della loro azienda — affronta una grande minaccia; quando gli assunti sulla propria missione e il proprio lavoro — quelli ai quali sono più affezionati — sono in pericolo, quali emozioni prendono il sopravvento nei dirigenti?

All'Intel, l'adattabilità fu essenziale per affrontare due eventi critici fondamentali: la perdita del mercato dei chip e, più recentemente, il disastro verificatosi quando un difetto nel processore Pentium — allora nuovo — fece perdere fiducia nel prodotto a milioni di possessori di computer. Sebbene l'intero dramma aziendale avesse impiegato all'incirca solo un mese a svilupparsi dal principio alla fine, quel breve periodo riassunse un classico adattamento dei vertici alla sfida rappresentata da nuove realtà: un'iniziale negazione seguita da fatti inevitabili e da un'ondata di angoscia — il tutto risoltosi quando do Grove e i suoi più alti dirigenti affrontarono la realtà optando infine per una concessione lacerante e costosa: la promessa di sostituire il processore Pentium a tutti coloro che ne avessero fatto richiesta, nonostante ciò comportasse per la compagnia un costo di 475 milioni di dollari.

Il quasi mezzo miliardo di dollari che le sostituzioni delle parti difettose costarono all'Intel fu il prezzo necessario per affermare il nome dell'azienda. La campagna capillare «Intel Inside» era intesa a far percepire agli acquirenti che il microprocessore nel computer *è* il computer. Questo assicurò all'Intel una lealtà, da parte del cliente, che andava ben oltre la marca di computer che essi compravano.

Per una qualsiasi organizzazione, reinventarsi significa mettere in discussione assunti fondamentali, prospettive, strategie e identità. Tuttavia, le persone sono attaccate emotivamente a tutti questi elementi della loro vita lavorativa, il che rende ancora più difficile il cambiamento.[48] Consideriamo il disastro in cui incorse la Schwinn Bicycle Company, che da metà degli anni Cinquanta fino a tutti gli anni Settanta era stata il numero uno, in America, nella produzione di biciclette.[49] Azienda a proprietà familiare, la Schwinn non riuscì a percepire le tendenze, emerse negli anni Ottanta, del motocross e delle mountain bike e fu lenta a entrare in competizione con i concorrenti esteri sul mercato in espansione delle costose biciclette ultraleggere per adulti. I vertici dell'azienda, ignorando i mutamenti di gusto degli sportivi, furono decisamente troppo lenti nel ripensare le proprie strategie di marketing. Un sales manager liquidò le nuove biciclette ultraleggere con una battuta carica di sarcasmo: «Ci devono montare sopra o portarle a braccia?»

Fra i creditori che infine condussero la Schwinn alla bancarotta nel 1992 c'erano i suoi fornitori d'oltremare— compresa la Giant Bicycles di Taiwan, che proprio l'azienda americana, con le sue ordinazioni, aveva involontariamente aiutato a diventare un titano del settore.

In aziende grandi e piccole, un tale cambiamento nelle realtà di mercato, naturalmente, è una parte inevitabile della competizione. Il dirigente di una società che elabora dati per i concessionari di automobili mi racconta: «Uno dei nostri principali competitori aveva un giro di affari di 400 milioni di dollari l'anno solo per la fornitura di moduli ai concessionari. Poi noi introducemmo un sistema per far loro usare computer e stampanti laser, facendo così a meno di quei moduli. Siamo arrivati a 60 milioni di dollari l'anno — tutti affari sottratti a quel nostro concorrente. Proprio questo mese, alla fine, si sono svegliati e hanno introdotto un sistema computerizzato in competizione con il nostro — ma ci hanno impiegato quattro anni, e gli è costato un'enorme fetta di mercato».

Sopravvivere al cambiamento: i requisiti emotivi

Era un tipo brillante, su questo non c'erano dubbi. Era un *Certified Public Accountant* con due master — uno in economia e uno in amministrazione aziendale — e un corso avanzato in finanza, il tutto presso un'università dell'Ivy League. Per molti anni era stato un tipo di spicco come addetto ai crediti e responsabile della gestione rischi per un'importante banca internazionale.

E ora lo licenziavano.

La ragione? Non sapeva adeguarsi al suo nuovo lavoro. Il successo gli aveva guadagnato un posto in un team istituito dalla banca per reperire compagnie promettenti nelle quali investire. Compito del gruppo era quello di recuperare il valore dei titoli di stato in paesi dove essi avevano subito una svalutazione fino all'80 per cento. In quegli stessi paesi, i titoli potevano ancora essere investiti al loro pieno valore nominale. Ma invece di aiutare il proprio gruppo a pensare alle situazioni *positive* che potevano fare di una compagnia un buon acquisto, questo ex responsabile della gestione rischi si limitava a insistere nel suo vecchio approccio caratterizzato dalla negazione.

«Si intestardiva ad analizzare i punti deboli, alla ricerca dei possibili svantaggi, soffocando gli affari, invece di crearne», mi disse il responsabile della selezione dal quale egli si recò dopo aver perso il lavoro. «Alla fine il suo capo ne ebbe abbastanza e lo licenziò. Proprio non riusciva ad adattarsi al nuovo obiettivo.»

Di questi tempi, nel mondo del lavoro, la vera costante è il cambiamento. «Una volta eravamo molto rigidi nel nostro modo di operare: si faceva tutto attenendosi alle regole: A, B, C, D — non c'era altro modo», mi racconta un venditore di spazi pubblicitari su un'importante rivista. «Ora, però, decidiamo da soli; non c'è una formula prefissata che stabilisca il modo in cui lavorare. Siamo incoraggiati a correre dei rischi, a lavorare in team. L'atmosfera è cambiata. Ma sembra che alcune persone non sappiano che pesci prendere. Si trovano in difficoltà con questo nuovo modo di fare le cose.»

Le persone che mancano della capacità di adattarsi sono dominate dalla paura, dall'ansia e da un profondo sconforto personale di fronte al cambiamento. Ad esempio, nelle organizzazioni, molti manager hanno delle difficoltà ad adattarsi alla tendenza di distribuire l'autorità e la responsabilità e di prendere decisioni. Come mi disse un alto dirigente della Siemens AG, la holding tedesca: «La gente ha ancora vecchie abitudini per quanto riguarda l'autorità. Il nuovo modello dà agli individui il potere di decidere da soli, delegando le responsabilità verso il basso della gerarchia, avvicinandosi al cliente. Ma quando gli affari vanno male — ad esempio quando per un mese il profitto va giù — alcuni manager sprofondano nel panico e tornano al loro vecchio metodo di gestione esercitando un controllo più stretto. Nel momento in cui lo fanno, indeboliscono il nuovo modello».

Se c'è una competenza necessaria di questi tempi, quella è proprio l'adattabilità.[50] Chi è maggiormente dotato di tale competenza è in grado di controllare la paura del nuovo, ama il cambiamento e trova stimolante l'innovazione. Questi individui sono aperti a recepire nuove informazioni e — come il gruppo dirigente dell'Intel — sanno rinunciare ai vecchi assunti, adattando il proprio modo di operare alle situazioni nuove. Essi si trovano a proprio agio con quel genere di ansia tanto spesso associata al nuovo o all'ignoto, e sono disposti a rischiare tentando di fare le cose in modi non ancora sperimentati.

Essere capaci di adattamento richiede flessibilità nel percepire molteplici prospettive sugli eventi. Questa flessibilità dipende, a sua volta, da un talento emotivo: l'abilità di sentirsi a proprio agio nelle situazioni ambigue e di restare calmi di fronte a svolte impreviste. Un'altra competenza che fa da puntello alla capacità di adattamento è la fiducia in se stessi — soprattutto quella sicurezza che consente di adeguare rapidamente le proprie risposte fino al punto di lasciar perdere tutto, senza scrupoli o riserve, nel momento in cui la realtà cambia.

L'apertura al cambiamento e al nuovo che caratterizza l'adattabilità lega questa competenza a un'altra, sempre più apprezzata in questi tempi turbolenti: l'innovazione.

Gli innovatori

La Levi Strauss, la grande azienda produttrice di abbigliamento, si trovò ad affrontare un grosso problema quando si scoprì che in Bangladesh le sue subappaltatrici usavano manodopera infantile. Gli attivisti delle organizzazioni internazionali a difesa dei diritti umani stavano facendo pressione sulla Levi Strauss affinché smettesse di consentire ai propri subappaltatori di impiegare lavoratori minorenni. Ma gli investigatori della compagnia scoprirono che probabilmente, se avessero perso il lavoro, alcuni bambini, a causa della povertà, sarebbero stati spinti alla prostituzione. Avrebbero dunque dovuto licenziarli, per assumere una posizione di principio contro il lavoro infantile? Oppure sarebbe stato meglio tenerli, per proteggerli da un destino ben peggiore?

Ecco la soluzione creativa: nessuna delle due cose. La Levi Strauss decise di continuare a pagare ai bambini il loro stipendio purché essi andassero a scuola a tempo pieno per poi riassumerli una volta che avessero compiuti i 14 anni — in quel paese, l'età in cui si diventa maggiorenni.[51]

Questa risposta innovativa costituisce un esempio di pensiero creativo per le multinazionali che cercano di essere socialmente responsabili. Arrivare a una soluzione così originale richiede idee che a un primo sguardo possono sembrare troppo radicali o rischiose — e ciò nondimeno avere il coraggio di metterle in atto fino in fondo.

Nell'ambiente di lavoro, il fondamento emotivo dell'innovatore sta nel trarre piacere dall'originalità. Nel luogo di lavoro la creatività ruota intorno all'applicazione di nuove idee per ottenere dei risultati. Chi ha questa capacità identifica rapidamente i problemi chiave e sa semplificare nodi di complessità apparentemente micidiale. Fatto più importante, costoro riescono a trovare connessioni e modelli originali che altri trascurano.

Chi non è incline all'innovazione, invece, di solito si lascia sfuggire il quadro generale e resta invischiato nell'analisi dei dettagli, affrontando così i problemi complessi in modo lento e noioso. Il timore del rischio lo fa esitare di fronte alle idee nuove. Quando poi cerca di trovare delle soluzioni, spesso non riesce a rendersi conto del fatto che ciò che ha funzionato in passato non rappresenta sempre e necessariamente la risposta buona per il futuro.

Le carenze in questa competenza possono spingersi anche oltre la semplice mancanza di immaginazione. Le persone che si sentono a disagio nell'affrontare il rischio diventano critiche e tendono ad assumere un atteggiamento di negazione. Sempre cauti e sulla difensiva, costoro deridono o insidiano le idee innovative.

La mente creativa è, per la sua stessa natura, un poco indisciplinata. Esiste una naturale tensione fra l'autocontrollo ordinato e l'impulso innovativo. Non è che le persone creative debbano essere per forza emotivamente fuori controllo; piuttosto, chi ha un vivo istinto creativo è aperto a una gamma più ampia di impulsi e di azioni rispetto agli spiriti meno avventurosi. Ed è proprio questo che, dopo tutto, crea nuove possibilità.

Nelle grandi organizzazioni la capacità di autocontrollarsi — nel senso di seguire le regole — fa prevedere prestazioni eccellenti, soprattutto dove un burocratico senso del dovere è ricompensato. Ma nelle società imprenditoriali, e nelle attività creative come la pubblicità, essere *eccessivamente* controllati è un fattore che lascia prevedere il fallimento.

Un investitore tedesco deplora, nel suo paese, la mancanza di sostegno nei confronti di quel pensiero innovativo e di quella disponibilità ad assumersi rischi che sono il cuore stesso della speculazione imprenditoriale. Sento manifestare la stessa preoccupazione in Giappone. L'investitore tedesco mi racconta: «Molti paesi, come il mio, si stanno preoccupando di come incoraggiare le capacità imprenditoriali che creano nuovi posti di lavoro». La capacità di correre dei rischi e l'impulso a perseguire idee innovative sono il carburante che alimenta lo spirito imprenditoriale.

Vecchi e nuovi modelli di innovazione

L'atto dell'innovazione è al tempo stesso cognitivo ed emotivo. Avere un'intuizione creativa è un atto cognitivo; ma comprendere il suo valore, alimentarla e seguirla fino alla sua attuazione richiede competenze emotive come la fiducia in se stessi, l'iniziativa, la costanza e la capacità di persuasione. In tutto il processo, poi, la creatività richiede una varietà di competenze legate all'autocontrollo, che aiutino a superare i vincoli interiori posti dalle stesse emozioni. Come osserva lo psicologo di Yale Robert Sternberg, questi vincoli comprendono fluttuazioni in emozioni che vanno dalla depressione all'esaltazione, dall'apatia all'entusiasmo, e dalla distrazione alla concentrazione.[52]

Nel diciannovesimo secolo, il matematico Jules-Henri Poincaré propose un modello dell'atto creativo articolato in quattro stadi fondamentali, che nelle sue linee generali vale ancora oggi. Il primo stadio è quello della *preparazione* — l'immersione nel problema e la raccolta di un'ampia gamma di dati e informazioni. Molto spesso, nella ricerca creativa, questo primo stadio porta a una frustrante impasse — molte possibilità ma nessuna intuizione.

Nella fase successiva, quella dell'*incubazione*, l'informazione e le possibilità fermentano in un angolo della mente. Lasciamo che essa giochi: sogniamo a occhi aperti, facciamo libere associazioni, indugiamo nel brainstorming e raccogliamo le idee non appena esse affiorano. Poi, con un po' di fortuna, passiamo a una terza fase, quella dell'*illuminazione* — il momento dell'Eureka! — quando finalmente arriva l'intuizione che ci porta davvero avanti. Questo è un momento eccitante, un culmine. Ma l'illuminazione non basta: il mondo del lavoro è costellato di idee promettenti mai realizzate. La fase finale è quella dell'*esecuzione*, la traduzione dell'idea in azione. Ciò richiede un atteggiamento perseverante e risoluto a dispetto di tutte le obiezioni, gli insuccessi, i tentativi e i fallimenti che solitamente insorgono di fronte a qualsiasi innovazione.

«C'è un'enorme differenza fra chi effettivamente inventa qualcosa e lo traduce in realtà e chi si limita a sognarci sopra», sottolinea Phil Weilerstein, direttore della National Collegiate Inventors and Innovators Alliance. Coloro che riescono a seguire fino in fondo le proprie idee e a metterle in pratica, mi dice, «tendono ad avere un elevato livello di intelligenza emotiva: è gente che capisce come, per far accadere qualcosa di nuovo, debbano confluire moltissimi elementi — la maggior parte dei quali umani. Occorre comunicare con la gente e persuaderla, risolvere problemi insieme e collaborare.»

Ray Kurzweil, l'inventore del software per il riconoscimento vocale, è d'accordo. «Il coraggio è essenziale se vuoi far decollare un progetto creativo», mi disse. «Ma non ci vuole solo coraggio, serve anche l'abilità di un venditore.»

Oggi il vero modello dell'invenzione, anche nella scienza, si **sta** spostando da una dimensione individualista a una dimensione collettiva. «In campi come le complesse tecnologie moderne e il mondo aziendale ci troviamo chiaramente in un'era nella quale le idee del singolo raramente portano a progressi significativi», ho sentito dire da Alex Broer, vicerettore della Cambridge University ed ex direttore della ricerca IBM, in occasione di un briefing sull'intelligenza emotiva tenuto per la British Telecom.

«Le idee dell'individuo devono adattarsi a una matrice d'innovazione che si diffonde attraverso un gruppo di ricercatori in tutto il mondo» aggiunge Broer. «Devi *parlare* con tutti. Perciò, per sapere come e da chi ottenere idee rilevanti, oggi occorre molta più intelligenza emotiva di prima» — non parliamo poi di quella necessaria per istituire le coalizioni e le collaborazioni che porteranno quelle idee alla fruizione.

Avvocati difensori e profezie di sventura

Le nuove idee sono fragili, fin troppo facilmente uccise dalle critiche. Si dice che sir Isaac Newton fosse così sensibile agli attacchi che si trattenne dal pubblicare un lavoro sull'ottica per quindici anni — ossia fino alla morte del suo critico più accanito. I manager che lavorano con gruppi creativi possono aiutare ad alimentare i germogli delle nuove possibilità proteggendoli dalle critiche troppo precoci che tendono a farli appassire.

«Noi abbiamo una regola, e cioè che ogni qualvolta qualcuno propone un'idea creativa, le persone che la commentano per prime debbano fare la parte di «avvocati difensori», ossia difenderla e sostenerla», mi raccontò Paul Robinson, direttore del Sandia National Laboratory. «Solo in un secondo tempo possiamo ascoltare le inevitabili critiche che altrimenti rischierebbero di uccidere l'idea ancora in boccio.»

Marvin Minsky, pioniere dell'intelligenza artificiale al MIT, osserva che il problema di trarre vantaggio dalla creatività non si risolve solo con la creazione di idee, ma anche con la scelta di quelle su cui scommettere. Mi raccontò che verso la fine degli anni Settanta la Xerox aveva messo a punto sei prototipi della stampante laser, i primi nel loro genere, e ne prestò uno al suo gruppo del MIT per provarla. Come ricorda Minsky, «noi del MIT dicemmo: "È fantastica" ma qualche vicepresidente della Xerox ignorò la nostra opinione e decise di non approfondire la tecnologia. E così la prima a immettere le laser sul mercato fu la Canon — mentre la Xerox perse l'occasione d'oro di partire in prima fila nella corsa a un mercato da un miliardo di dollari.»

Raggelante come la voce del dubbio è la sua stretta parente — la voce dell'indifferenza. Gli ingegneri hanno un termine per indicarla: NIH — «not invented here», ossia «non inventato qui»: in altre parole: se non è un'idea nostra, non ci interessa. Teresa Amabile, una psicologa della Harvard Business School, elenca quattro «killer della creatività», ciascuno dei quali limita la memoria di lavoro — lo spazio mentale nel quale ha luogo il brainstorming e fiorisce la creatività — e stronca la capacità di correre dei rischi.[53]

- *Sorveglianza*: un atteggiamento incombente e di costante controllo che soffoca l'essenziale percezione di libertà necessaria al pensiero creativo.
- *Valutazione*: un atteggiamento critico che compaia troppo precocemente o sia troppo intenso. Naturalmente le idee creative dovrebbero essere criticate — non sono tutte ugualmente buone, e quelle promettenti possono essere perfezionate e rifinite grazie a critiche costruttive. Ma la valutazione diventa controproducente quando porta a preoccuparsi incessantemente del giudizio altrui.
- *Controllo eccessivo*: la microgestione di ogni singolo passo. Come la sorveglianza, questo atteggiamento alimenta un senso di costrizione oppressivo che scoraggia ogni forma di originalità.
- *Scadenze implacabili:* un programma troppo intenso che genera una sensazione di panico. Sebbene alcune pressioni possano essere motivanti — e le scadenze e gli obiettivi aiutino a concentrare l'attenzione — possono anche uccidere la fertile «libertà» in cui fioriscono le idee nuove.

Creatività collettiva

Per adattarsi prontamente alle mutevoli realtà del mercato occorre una creatività collettiva, la sensazione — percepita a ogni livello della compagnia, di essere a proprio agio in condizioni di incertezza. Consideriamo la SOL, un'impresa di pulizie industriale di grande successo operante in Finlandia. Quando, nel 1992, venne trasferita a una conglomerata più grande a proprietà familiare, aveva 2000 dipendenti, 1500 clienti ed entrate annuali di 35 milioni di dollari. Solo quattro anni dopo aveva raddoppiato i clienti portandoli a 3000, quasi raddoppiato il numero dei dipendenti e raggiunto entrate di 60 milioni.[54]

I dipendenti della SOL godono di una straordinaria libertà nel proprio lavoro. Si tratta di un ambiente dove sono stati aboliti titoli, uffici individuali, come pure gli extra o le segretarie riservati agli alti dirigenti. Né ci sono orari di lavoro stabiliti — e questa è forse la frattura più radicale in Finlandia, dove quasi tutte le aziende aderiscono a una rigida giornata lavorativa dalle 8 alle 16. La SOL ha liberato i suoi dipendenti consentendo loro di essere creativi riguardo a quale lavoro fare e a come farlo.

Questa autonomia ha consentito alla SOL di brillare per la prontezza dell'innovazione in un settore all'antica e di basso livello. In alcuni ospedali, ad esempio, gli impiegati della SOL videro uno spazio per offrire altri servizi, e così hanno assunto alcuni compiti di assistenza notturna ai malati, ad esempio li aiutano ad andare in bagno, o avvertono i medici delle emergenze. In diverse catene di negozi di drogheria, i dipendenti della SOL riforniscono gli scaffali durante i turni di notte.

La creatività tende anche a essere potenziata in organizzazioni che, come la SOL, indulgono meno alle formalità, hanno ruoli meno definiti e più flessibili, danno autonomia ai dipendenti, hanno un flusso di informazione aperto e operano in squadre miste multidisciplinari.[55]

Proprio come la creatività individuale, anche nelle organizzazioni l'innovazione fiorisce attraverso diversi stadi. I due più essenziali sono l'*inizio* — in primo luogo l'emergere dell'idea — e l'*implementazione*, ossia la sua realizzazione pratica.

In un'organizzazione, coloro che generano le idee e coloro che difendono l'innovazione sono solitamente persone diverse, appartenenti a gruppi diversi. Uno studio condotto su migliaia di persone impiegate nei dipartimenti di ricerca e sviluppo delle industrie meccaniche ha dimostrato come gli individui che producevano le idee avessero tendenzialmente punti di forza in un ambito di expertise ristretto e trovassero piacevole immergersi nel pensiero astratto.[56] Si trattava inoltre di persone che preferivano lavorare individualmente.

Invece, coloro che sapevano difendere efficacemente le innovazioni risultanti erano particolarmente bravi nell'arte della persuasione e nella consapevolezza politica: bravi a vendere idee e a trovare sostegno e alleanze. Sebbene non sia necessario affermare che l'expertise tecnico è vitale per generare idee innovative, quando si tratta poi di mettere quelle idee in pratica, la differenza sta tutta nel sapersi orientare nella rete di influenze di cui l'azienda è permeata. Un'organizzazione che abbia a cuore l'innovazione deve dunque sostenere entrambi questi insiemi di competenze nei suoi personaggi-chiave.

6

Motivazione

Joe Kramer sa aggiustare qualsiasi cosa. Saldatore che lavora all'assemblaggio di vagoni ferroviari in uno stabilimento a sud di Chicago, Joe è la persona a cui tutti si rivolgono quando si rompe una macchina qualsiasi.

Joe adora la sfida — scoprire che cosa faccia funzionare una macchina. Cominciò da bambino, aggiustando il tostapane della mamma, e da allora ha continuato a cercare nuovi stimoli nella meccanica. Quando decise di istallare un antincendio a casa sua, non riuscì a trovarne uno con uno spruzzo abbastanza fine da produrre un arcobaleno. Così si progettò il suo, trovando il modo di costruirlo col tornio che tiene nel seminterrato.

Joe sa come funziona ogni singolo aspetto dello stabilimento in cui lavora, e quindi può sostituire uno qualunque dei circa 200 operai che vi sono impiegati. Vicino alla sessantina, fa questo lavoro da quasi 40 anni. E ciò nondimeno ama ancora ciò che fa.

«Se ne avessi altri cinque come lui», assicura il direttore, «avrei l'officina più efficiente nel settore della costruzione di carrozze ferroviarie.»

Joe viene portato come esempio di quelle persone che trovano il proprio lavoro stimolante e sono capaci delle migliori prestazioni. La chiave di quello stimolo non sta tanto nel compito in se stesso — spesso il lavoro di Joe è routine — quanto piuttosto nello speciale stato della mente che egli si crea mentre lavora: uno stato chiamato «flusso», che spinge le persone a svolgere il proprio lavoro al meglio — non importa quale esso sia.

Il flusso sboccia quando le nostre capacità sono impegnate appieno — ad esempio da un progetto di lavoro che ci coinvolge in modo nuovo e stimolante. La sfida ci assorbe a tal punto che ci perdiamo nel nostro lavoro, sprofondando in una concentrazione così totale da sentirci «fuori del tempo». Quando siamo in stato di flusso — un piacere di per se stesso — sembriamo gestire ogni cosa senza sforzo, adattandoci prontamente alle mutevoli esigenze della situazione.[1]

Il flusso è il fattore motivante per eccellenza. Le attività che amiamo ci attirano perché, mentre ci dedichiamo a esse, entriamo in questo stato particolare. Naturalmente, persone diverse traggono questo tipo di piacere da cose pure diverse: un meccanico potrebbe amare la sfida rappresentata da una saldatura difficile, proprio come un chirurgo si lascerà assorbire con soddisfazione da un'operazione complessa, o un arredatore si delizierà nel gioco creativo di motivi e colori. Quando lavoriamo in uno stato di flusso, la motivazione è intrinseca — il lavoro è un piacere di per se stesso.

Il flusso offre una radicale alternativa alle idee ampiamente diffuse sui fattori che motivano chi lavora. Questo non significa affermare che gli incentivi non contino; essi rappresentano, naturalmente, degli stimoli alla prestazione o comunque un modo per monitorare il livello del nostro rendimento. Revisioni, promozioni, diritti di opzione e bonus hanno naturalmente un certo valore — così come ce l'ha la retribuzione-base. Ma i fattori motivanti più potenti sono quelli intrinseci, non quelli estrinseci.

Ecco un esempio: alcune persone tennero un diario nel quale descrissero come si sentivano mentre eseguivano una serie di compiti nell'arco della giornata. Emerse chiaramente che si sentivano meglio quando facevano il lavoro che prediligevano piuttosto che quello a cui si dedicavano solo perché ne avrebbero ricavato una ricompensa. Quando facevano qualcosa per il semplice piacere di farla, il loro stato d'animo era ottimista, al tempo stesso felice e interessato. Quando facevano qualcosa solo per la paga erano invece annoiati, privi di interesse, anche leggermente irritati (e infelici se i compiti erano di natura stressante e faticosa). Ci si sente meglio a fare quello per cui si ha una vera passione, anche se altre attività sono più remunerative.

Quando tutto è finito e il lavoro è stato portato a termine, quali sono le fonti ultime di soddisfazione? Questa domanda fu posta a un gruppo di più di settecento uomini di età compresa fra i sessanta e i settant'anni, la maggior parte dei quali, professionisti o alti dirigenti, si stava avvicinando alla fine di una carriera di successo.[2] La cosa più gratificante era la sfida creativa e lo stimolo rappresentato dal lavoro in se stesso, insieme alla possibilità di continuare a imparare. Le altre tre fonti di gratificazione erano l'orgoglio nel portare a termine le cose, le amicizie sul lavoro, l'opportunità di aiutare gli altri o di insegnare loro qualcosa. Molto indietro, nella lista delle gratificazioni, veniva lo status, e ancora più indietro, la ricompensa economica.

Quando si tratta di ottenere prestazioni ottimali in assoluto, i tradizionali incentivi esterni sono inutili: per raggiungere il massimo, la gente deve amare quello che fa e e deve trarre piacere dal farlo.

Motivazione ed *emozione* hanno in comune la stessa radice latina, *movere*, «muovere». Le emozioni sono, letteralmente, ciò che ci spinge a perseguire i nostri obiettivi; esse alimentano le motivazioni, le quali a loro volta guidano la percezione e danno forma alle azioni. Opere grandi, dunque, prendono le mosse da grandi emozioni.

Amare ciò che ripaga

Spesso, quando si trovano in stato di flusso, le persone fanno sembrare facile ciò che in realtà è difficile, un'apparenza esteriore che rispecchia ciò che sta accadendo nel loro cervello. Il flusso rappresenta un paradosso neurale: possiamo essere assorbiti in qualcosa di straordinariamente impegnativo, e tuttavia il nostro cervello opera a un livello di attività, o di dispendio energetico, minimi. La ragione sembra essere questa: quando siamo annoiati o apatici, oppure agitati dall'ansia, l'attività del cervello è diffusa; esso si trova in uno stato caratterizzato da un elevato livello di attività scarsamente o per nulla concentrata, con i neuroni che scaricano in modo diffuso e irrilevante ai fini del compito in corso. Nello stato di flusso, invece, il cervello appare di gran lunga più efficiente e preciso nelle sue modalità di scarica. Il risultato è un complessivo abbassamento dello stato di risveglio corticale — anche se la persona è probabilmente impegnata in compiti estremamente difficili.[3]

Nella vita, il lavoro è la principale arena che dà all'individuo la possibilità di entrare in stato di flusso. In uno studio condotto da Mihalyi Csikszentmihalyi, lo psicologo dell'Università di Chicago che ha svolto un lavoro pionieristico sul flusso, 107 persone — le cui mansioni spaziavano da quelle dei dirigenti e degli ingegneri a quelle degli operai alla catena di montaggio — accettarono di portare un cicalino che periodicamente ricordasse loro di annotare che cosa stessero facendo e come si sentissero. I risultati furono sorprendenti.[4] Essi riferirono, in media, di trovarsi in uno stato di flusso per la metà del tempo che passavano sul lavoro — e per meno del 20 per cento nel loro tempo libero. Lo stato emotivo più comunemente riportato durante il tempo libero era l'apatia!

D'altra parte, la quantità di tempo in cui la gente si trovava in stato di flusso al lavoro era soggetta a un'ampia variazione. Gli individui con mansioni complesse e stimolanti, che godevano di maggior flessibilità nel modo in cui affrontare ciascun compito, avevano più probabilità di entrare in uno stato di flusso. I dirigenti e gli ingegneri passavano più tempo in stato di flusso di coloro che svolgevano compiti di routine. Un maggior controllo significa una maggiore opportunità di massimizzare il flusso. Il controllo può assumere molte forme: perfino il rimandare di fare qualcosa fino all'ultimo minuto può essere un modo per alzare la sfida, creando un periodo di «attività frenetica» sotto pressione che aggiunge adrenalina a un compito altrimenti troppo semplice.

Per chi è capace di prestazioni eccellenti esiste una calibrazione particolarmente precisa fra flusso e compito. In questi individui lo stato di flusso si instaura nello svolgimento del lavoro più essenziale ai fini dei loro obiettivi e della loro produttività, e non in diversioni o elementi non rilevanti, per quanto affascinanti possano essere.[5] Per costoro, sul lavoro, l'eccellenza e il piacere sono la stessa cosa.

Presenza psicologica

Una donna, project manager presso un'azienda che si occupa di ingegneria edile, osserva un disegnatore che lotta su quello che dovrebbe essere un aspetto semplice di un progetto. La scadenza incombe e sono tutti tremendamente sotto pressione. Mentre si avvicina al collega, la donna sente di aver stretto i pugni e che i suoi pensieri sono fissi su sentimenti di irritazione per la scadenza difficile e per la frustrazione dovuta al fatto che il disegnatore non sta più al passo.

Rilassandosi un poco, gli chiede: «Che succede — c'è qualcosa che non va?» La risposta di lui è una litania di frustrazioni — sul fatto di non avere abbastanza informazioni per finire il disegno e sulla mole di lavoro che gli si chiede di svolgere in così poco tempo.

Comprensiva, la project manager pone al disegnatore domande più dettagliate su che cosa lo faccia sentire con l'acqua alla gola. Il suo modo di parlare è vivace, animato, lo sguardo diretto. Gli fa capire che anche lei si sente schiacciata dalla pressione.

Le domande della project manager fanno capire al disegnatore che in effetti ha più informazioni di quante pensasse, e che può finire il suo lavoro. L'uomo è rincuorato, ansioso di rimettersi all'opera. La project manager fa perfino una battuta sul fatto che a tutti mancano dei dati su quel progetto — soprattutto al vicepresidente che ha preso un impegno così pazzesco. Ridono entrambi e si rimettono al lavoro.

Che cosa ha fatto di tanto indovinato questa donna? È stata *presente*.

Quello scambio, sebbene non fosse stato nulla di straordinario, è un buon esempio della capacità di essere *emotivamente* presenti sul posto di lavoro. Quando le persone sono presenti in questo senso, sono attente, completamente coinvolte nel lavoro — e quindi la loro prestazione è ottimale. Gli altri le percepiscono accessibili e interessate. Esse danno un importante contributo di idee creative, energie e intuizioni.

L'opposto, ossia un'assenza psicologica, è qualcosa di fin troppo familiare: lo vediamo nelle persone che vivono la propria routine lavorativa in modo meccanico, evidentemente annoiate o comunque desintonizzate. In un certo senso, è come se non si presentassero affatto sul posto di lavoro. Nello stesso studio di progettazione edile, un'addetta alla reception che detesta il suo lavoro dice: «stare lì davanti seduta e sorridere e battere alla tastiera ed essere carina — beh, sono tutte stronzate, è soltanto un ruolo e io non ci trovo proprio nessuna soddisfazione. Queste otto o nove ore sono buttate via».

Per essere presenti occorre «non essere incapacitati dall'ansia, e avere un atteggiamento di apertura, non di chiusura, nei confronti degli altri», afferma William A. Kahn, lo psicologo della Boston University School of Management che cita a modello la project manager.[6] Questa presenza ha in comune con il flusso un attributo-chiave: una totale attenzione per il compito in corso, una completa immersione in esso. Come per lo stato di flusso, i nemici della presenza sono l'apatia e l'ansia, due afflizioni simili.

La presenza nasce dall'autoconsapevolezza. Nell'analisi di Kahn, la project manager era ben sintonizzata sui propri sentimenti: i pugni stretti furono per lei un indizio della collera che provava per via della situazione. L'empatia le fece recepire il senso di frustrazione del disegnatore senza interpretarlo come un atteggiamento critico nei propri confronti.

L'abilità di questa donna di sentirsi a proprio agio con questi sentimenti angosciosi le consentiva di affrontarli in modo efficace invece di evitarli. Piuttosto di liquidare la frustrazione del disegnatore o di criticare precipitosamente la sua prestazione, lo fece sfogare. E riuscì a dar risalto a informazioni che trasformarono la frustrazione in entusiasmo, concludendo lo scambio con una battuta che metteva la colpa proprio dove entrambi pensavano che fosse — in una sorta di incontro di judo emotivo che ebbe l'effetto di rafforzare il loro legame.

Quando siamo pienamente presenti, riusciamo a sintonizzarci meglio sugli altri e sulle esigenze della situazione, e ci adattiamo facilmente alle necessità — in altre parole, siamo in uno stato di flusso. Sappiamo essere seri, divertenti, riflettere su di noi stessi, facendo ricorso a qualsiasi capacità o abilità occorra in quel momento.

Sempre meglio

Una professoressa di college mi spiega perché ama il suo lavoro: «Mi piace il fatto che nella posizione in cui sono, imparo sempre cose nuove. È una stimolazione continua. Devo sempre stare attenta perché le cose cambiano in continuazione. Devi tenerti aggiornata.»[7]

Il nostro limite di apprendimento si trova esattamente nel punto in cui le nostre massime capacità sono impegnate nel modo più completo — e questo coincide precisamente con la zona del flusso. Il flusso è il propellente naturale del miglioramento di sé, e per due ragioni: intanto, gli individui imparano meglio quando sono pienamente coinvolti in ciò che stanno facendo; e poi, quanto più ci si esercita a fare qualcosa, tanto più bravi si diventa. Il risultato è una continua motivazione a dominare imprese sempre più difficili — un continuo godere dello stato di flusso.

Quando invece, in un lavoro, il flusso manca, anche il successo può portare con sé uno strano malessere: ciò che una volta era eccitante può diventare noioso. Quando si arriva a padroneggiare un'attività, il rischio di cadere nella stasi aumenta bruscamente. Questo probabilmente spiega come mai la mezza età è un momento notoriamente maturo per i cambiamenti di carriera.

«A metà della vita e della carriera, si diventa inquieti, e quell'inquietudine può avere immense ripercussioni sul lavoro», afferma uno psicologo che offre le sue consulenze ad alti dirigenti. «Ti metti a rispondere alle inserzioni dei cacciatori di teste anche se in realtà non vuoi un nuovo lavoro. Cominci a dedicare il tuo tempo e la tua attenzione a una piccola azienda avviata come seconda attività. Oppure diventi irritabile e di cattivo umore, o cominci a collezionare qualcosa — ad esempio macchine sportive — o ad avere relazioni sentimentali.»

Una delle cause principali di questa noia è che le persone non si sentono più stimolate nelle proprie abilità; il loro lavoro, tanto familiare e facile, ha finito per diventar monotono. Lo psicologo aggiunge: «Una risposta sana potrebbe essere quella di intraprendere un nuovo, stimolante progetto con la propria compagnia, perché si ha bisogno di trovare un modo per mantenersi interessati al proprio lavoro».

Lo stress positivo: la sfida che ci tiene impegnati

Ricordate la tempestosa scenata di Bill Gates, controllata tanto bene dalla sua imperturbabile dipendente? Secondo alcuni, l'uso — al momento opportuno — di tali esplosioni controllate può risultare motivante, può essere un modo per alzare la temperatura di un gruppo. Gates è famoso per il suo stile offensivo ed esplosivo; alla Microsoft essere il bersaglio dei suoi attacchi equivale a una sorta di decorazione al merito.

Un amico mi racconta: «Il mio capo sapeva chi poteva reggere le sue scenate: con me non strillò mai. Lo fàceva nelle riunioni, quando tutti avevano l'aria fiacca. Improvvisamente assaliva qualcuno e tutti immediatamente si svegliavano».

Il flusso ha luogo in quella zona di mezzo, collocata fra la noia e l'ansia paralizzante. Un clima *moderatamente* ansioso, un senso di urgenza, serve a mobilitarci. Se il senso d'urgenza è troppo scarso, diventiamo apatici: se è eccessivo, ci sentiamo sopraffatti. Il messaggio «*Questo è importante*» può essere convincente.

L'*eustress*, o stress «positivo», si riferisce al tipo di pressione che mobilita all'azione. La neurochimica di questa condizione è interessante. Quando siamo positivamente impegnati in un'impresa, il nostro cervello è immerso in un bagno di catecolamine e altre sostanze chimiche la cui secrezione è innescata dal sistema adrenergico. Queste sostanze stimolano il cervello a restare attento e interessato — addirittura affascinato — dotandolo dell'energia necessaria per sostenere uno sforzo prolungato. La motivazione intensa è, letteralmente, «un'ondata di adrenalina».

Uno studio tedesco ha dimostrato abbastanza chiaramente questa relazione fra motivazione e chimica cerebrale dell'*eustress*.[8] Alcuni volontari si videro assegnare un difficile compito mentale, centoventi problemi di aritmetica da risolvere in un arco di tempo sempre più breve, fino a che ne sbagliavano uno su quattro. Ogni qualvolta si sentivano fiduciosi della correttezza delle loro risposte, esse venivano controllate; se erano giuste, i volontari ricevevano una ricompensa in denaro, se erano sbagliate venivano penalizzati della stessa somma.

I volontari che più degli altri speravano nel successo — un'espressione del bisogno di realizzarsi — erano i più efficienti nel mantenersi nella zona di mobilitazione, caratterizzata prevalentemente dalla produzione di catecolamine, senza sconfinare in quella di emergenza, dove prende il sopravvento il cortisolo. Ma i soggetti che erano motivati dalla paura di non riuscire annegavano nel cortisolo.

Questo effetto si dimostrò autorinforzante. Durante lo svolgimento dei problemi di matematica, gli individui con i livelli di cortisolo più bassi riuscivano meglio degli altri a pensare e a prestare attenzione. La loro frequenza cardiaca dimostrava che non erano più ansiosi durante l'esecuzione del compito rispetto a quanto lo fossero prima — rimanevano attenti, calmi e produttivi. L'effetto sulla loro prestazione fu impressionante: rispetto agli altri, vinsero più del doppio.

Affiliazione: gli altri come fattore motivante

Eugenia Barton, che insegna da dodici anni in una scuola superiore, è ancora entusiasta dei suoi studenti: «Credo che mi piacciano di più ogni anno che passa. Quando riesco a conoscerli e li seguo in due o tre corsi, mi avvicino molto a loro».

In una valutazione su un ampio gruppo di insegnanti, la Barton si è classificata fra quelli più comprensivi e animati dall'interesse più sincero.[9] Il piacere che ella trae dai suoi legami con loro testimonia attraverso quante vie diverse sia possibile entrare nel flusso.

C'è un detto in India: «Quando un tagliaborse incontra un santo, tutto quel che vede sono le sue tasche». Le nostre motivazioni influenzano il modo in cui vediamo il mondo; tutta l'attenzione è selettiva, e noi automaticamente cerchiamo quello che più ci interessa. Chi sia motivato dal bisogno di ottenere risultati, ad esempio, individua i modi per fare meglio, per essere intraprendente, per introdurre innovazioni o trovare un vantaggio competitivo. Persone come la Barton — che è motivata dal piacere insito nei rapporti personali con i suoi studenti — cercheranno l'opportunità di stringere dei legami.

Il bisogno di realizzazione e di successo è una delle competenze più spesso riscontrate negli individui capaci di prestazioni eccellenti. Il bisogno di *affiliazione*, al contrario, compare meno spesso, tranne nel caso delle professioni assistenziali — ossia fra infermieri, medici e insegnanti. Ma l'interesse per l'affiliazione — l'autentico apprezzamento e il godimento delle altre persone — è un elemento-chiave del successo non solo nelle infermiere e negli insegnanti eccellenti, ma anche nei manager impegnati nelle relazioni con i clienti.[10]

L'affiliazione in quanto fattore motivante è un fine in se stessa — un obiettivo, se volete — e non un mezzo per arrivare a qualcos'altro. Questo suona molto positivo, ma quando il bisogno di affiliazione è eccessivo, o è il principale fattore motivante, può andare a scapito delle prestazioni manageriali. Molti dirigenti e supervisori di successo, infatti, hanno un'esigenza di affiliazione relativamente bassa — e pertanto sono più liberi di rifiutare richieste o di porre dei limiti nonostante le obiezioni.[11]

Una spinta eccessiva all'affiliazione diventa una distrazione, se non proprio un impedimento.[12] «L'affiliazione — l'amore per le persone — è positiva quando serve a rafforzare le relazioni durante lo svolgimento di un compito», mi spiegò Richard Boyatzis, che compì uno studio sull'affiliazione nei manager. «Ma se sul lavoro ti fai prendere troppo la mano dai rapporti personali, puoi perdere di vista il tuo compito di manager.»

Il ruolo più importante dell'affiliazione come fattore motivante sta probabilmente nel determinare la scelta della carriera. Le persone che sentono un grande bisogno di affiliazione gravitano verso professioni «a contatto con la gente», come l'insegnamento e l'assistenza ai malati. In tal modo, l'affiliazione ha il ruolo di una competenza-soglia, e può spingere le persone su percorsi di carriera nei quali la priorità assoluta sia rappresentata dalla capacità di relazione e non da quella di dirigere o delegare.

La neurologia della motivazione

Motivazioni diverse comportano presumibilmente diverse combinazioni di sostanze chimiche cerebrali, anche se non sappiamo bene di quali.[13] *Sappiamo* che l'amigdala è sede di circuiti cerebrali che rafforzano la motivazione. L'apprendimento emotivo che predispone un individuo a trarre piacere da un insieme di attività piuttosto che da un altro — e tutto il repertorio della memoria, dei sentimenti e delle abitudini associati con quelle attività — è immagazzinato nelle banche della memoria emotiva dell'amigdala e dei circuiti associati.

Per gli scienziati che si dedicano ai computer e stanno cercando di costruire congegni simili a robot in grado di vedere e sentire come esseri umani, la frustrazione sta proprio nel fatto che alle macchine manca la guida dell'emozione.[14] Non disponendo di una banca della memoria emotiva che riesca a riconoscere in modo istantaneo ciò che davvero conta — che possa cioè riconoscere quali dati risveglino dei *sentimenti* — i computer non hanno tracce da seguire. Essi danno ugual valore a tutto ciò che vedono e sentono, e quindi non riescono a cogliere che cosa, in ogni istante, sia più saliente. I computer mancano di quella forza-guida che, per noi, sono le emozioni e le motivazioni.

Le motivazioni individuano delle opportunità e guidano verso di esse la nostra consapevolezza. L'amigdala è la componente di una «porta neurale» attraverso la quale tutto ciò che ci interessa — tutto ciò che serve a motivarci — entra e viene pesato in base al suo valore come incentivo.[15] L'amigdala ci guida verso ciò che per noi conta di più: è la stanza di compensazione delle nostre priorità nella vita.

Le persone affette da rare malattie o che hanno subito traumi cerebrali che le hanno deprivate dell'amigdala (lasciando integro il resto del cervello) vanno incontro a disturbi della motivazione. Costoro non sono in grado di distinguere fra ciò che per loro conta di più e ciò che invece è irrilevante, fra ciò che li commuove e ciò che li lascia freddi. Ogni atto ha per loro la stessa valenza emotiva, e quindi è neutro. Il risultato di tutto questo è un'apatia paralizzante, o un indiscriminato e incontrollabile indulgere agli appetiti.

Questo circuito motivazionale — il nostro navigatore nel mare della vita — è collegato ai lobi prefrontali, il centro esecutivo del cervello; ciò aggiunge un senso del contesto e dell'appropriatezza alle ondate di appassionato interesse innescate dell'amigdala. L'area prefrontale dispone di numerosi neuroni inibitori che possono porre il veto o smorzare gli impulsi dall'amigdala, introducendo un poco di prudenza nel circuito della motivazione. L'amigdala vuole saltare — i lobi prefrontali, prima, vogliono vedere.

Tre competenze motivazionali caratterizzano gli individui che eccellono sul lavoro:

- *Spinta alla realizzazione*: l'impulso a migliorarsi o a eccellere.
- *Impegno*, la capacità di fare propri gli ideali e gli obiettivi dell'organizzazione o del gruppo.
- *Iniziativa e ottimismo*: competenze affini che mobilitano le persone a cogliere le opportunità e consentono loro di superare con facilità insuccessi e ostacoli.

Far sempre meglio

SPINTA ALLA REALIZZAZIONE
L'impulso a migliorare o a soddisfare uno standard di eccellenza

Le persone con questa competenza:

- Sono orientate al risultato, e hanno un elevato impulso a soddisfare i propri obiettivi e i propri standard
- Stabiliscono obiettivi stimolanti e assumono rischi calcolati
- Si procurano informazioni per ridurre l'incertezza e trovare il modo di fare meglio le cose
- Imparano a migliorare le proprie prestazioni

«Esistono trecento compagnie americane che vendono assicurazioni auto, e noi siamo la sesta», mi disse Peter Lewis, direttore generale della Progressive Insurance, quando visitai la sua sede di Cleveland. «Siamo determinati a triplicare le nostre dimensioni e a diventare i numeri tre entro il 2000.» La Progressive Insurance ce la può fare: solo quindici anni fa era la quarantatreesima. La sua rapida ascesa verso maggiori quote di mercato si è accompagnata all'introduzione di varie innovazioni che hanno dato dei problemi ai suoi concorrenti, in quello che tradizionalmente è sempre stato un settore privo di fantasia e non incline ad assumere rischi.

La Progressive Insurance, ad esempio, si impegna a mandare uno dei suoi rappresentanti sulla scena di un incidente stradale entro due ore dalla notifica. Gli agenti, servendosi di computer portatili per valutare le parti da sostituire e stimare il lavoro necessario per la riparazione, staccano un assegno sul posto. Nessun'altra grande assicurazione offre questo servizio immediato sul luogo dell'incidente.

Ancora più radicale è il servizio «1-800-AUTO PRO», gratuito e operativo 24 ore su 24, che riporta le tariffe delle assicurazioni auto — quelle della Progressive e delle altre tre maggiori compagnie assicurative presenti sul mercato locale — affinché la gente possa guardarsi intorno. Spesso, anche se non sempre, le tariffe della Progressive sono le più basse. Questo confronto facile e aperto non è stato raccolto dal settore (e fu sviluppato dietro suggerimento di un compagno di college di Lewis, il difensore dei consumatori Ralph Nader).

Un altro segno del successo della compagnia: la Progressive è una delle poche società assicurative in assoluto a essere in profitto già sulla base dei premi.

Lewis è molto franco quando parla del proprio impulso a fare sempre meglio, a conquistare una quota di mercato sempre più grande, e di quel che tutto questo significa per chi lavora per lui. «Noi pretendiamo standard elevatissimi, ma le gratifiche possono essere straordinarie: con i bonus da noi si può arrivare a raddoppiare il proprio stipendio. Siamo un'aristocrazia: le nostre paghe sono le migliori, ma pretendiamo il massimo e licenziamo chi non produce.»

Nonostante questa politica «o-rendi-o-te-ne-vai», la Progressive ha un tasso di turnover intorno all'otto per cento, pari alla media del settore. La ragione sta nel fatto che chi gravita intorno alla compagnia condivide l'impegno che Lewis mette nell'inseguire la prestazione di successo. Come lui stesso dice, «uno dei nostri valori fondamentali è di fare sempre meglio. È una sfida enorme, ma queste sono persone a cui piace farlo».

L'affermazione dei valori fondamentali della Progressive può essere letta, in parte, come un credo della realizzazione in quanto competenza: «*Eccellenza*. Noi ci battiamo costantemente per migliorare, così da soddisfare e superare le migliori aspettative dei clienti, degli azionisti e della nostra gente».

Questa spinta alla realizzazione è necessaria per il successo. Alcuni studi, che hanno confrontato alti dirigenti capaci di prestazioni eccellenti con altri solo mediocri, hanno scoperto che i primi presentano i seguenti segni della spinta alla realizzazione: parlano di rischi calcolati e sono disposti a correrne, sollecitano e sostengono innovazioni intraprendenti, stabiliscono obiettivi stimolanti per i propri dipendenti e offrono il proprio appoggio alle idee imprenditoriali altrui.[16] L'esigenza di riuscire — la spinta alla realizzazione — è la competenza più importante nel separare i dirigenti eccellenti da quelli solo mediocri.

Per coloro che si trovano ai massimi livelli del management, l'ossessione di ottenere risultati può esprimersi nel lavoro di un intero dipartimento o di un'intera compagnia — la Progressive International rappresenta il veicolo dell'impulso competitivo di Peter Lewis non meno di quanto lo sia la Microsoft per Bill Gates.[17] Uno studio sui cento americani più ricchi della storia — compresi Gates e John D. Rockefeller — dimostra che essi avevano tutti in comune la motivazione a competere: una passione esclusiva per la propria attività.[18]

Il rischio calcolato

Sembrava una sfida abbastanza innocente — lanciare un anello su un paletto infisso verticalmente nel terreno. Lo scopo era quello di stimare da quanto lontano si potesse lanciare l'anello e far centro — quanto maggiore era la distanza, tanti più punti si facevano. Le persone troppo grandiose nelle loro stime si sarebbero ritrovate a dover fare un lancio eccessivamente lungo, e avrebbero tipicamente mancato il bersaglio. Quelle troppo prudenti, d'altra parte, avrebbero sistemato il paletto esageratamente vicino e avrebbero totalizzato pochi punti per ogni centro.

Questo gioco è una metafora dell'assunzione di rischi calcolati nella vita. Ai tempi veniva usato da David McClelland, allora mio professore ad Harvard, per valutare la capacità di porre a se stessi sfide rischiose ma possibili. Per seguire il loro impulso imprenditoriale le persone devono sentirsi a proprio agio di fronte al rischio, che però devono saper calcolare attentamente. Questa capacità di correre rischi intelligenti è il segno distintivo dell'imprenditore.

McClelland scoprì che gli individui di spicco si imponevano obiettivi più stimolanti degli altri; in genere essi calcolavano la posizione del paletto in modo da assicurarsi una probabilità di successo del 50 per cento.

Questa strategia del rischio, fatta propria dalle persone di grande successo, le rende consapevoli di specifici punti di riferimento per valutare la propria prestazione; può capitare che dicano: «Quando presi in mano la situazione, l'efficienza era del 20 per cento, ora è dell'85». Le loro decisioni sono spesso basate su un'analisi dei costi e dei benefici che le rende libere di correre dei rischi calcolati.

Chi ha una forte spinta alla realizzazione — chi vuole dedicarsi a qualcosa di nuovo — è inquieto in posizioni che soffocano quell'esigenza. «Alla Ford, quando addestravamo gli operai delle catene di montaggio in modo da aumentare il loro desiderio di realizzazione, la maggior parte di loro finiva per licenziarsi e aprire un'attività in proprio», mi racconta Lyle Spencer Jr, a lungo collega di McClelland. «La stessa cosa accadde con un gruppo di ingegneri informatici all'IBM.»

Spesso, quello che agli altri sembra un rischio assurdo appare quasi sicuramente possibile a chi ha spirito imprenditoriale. Quando Leif Lundblad, l'inventore svedese di una cassa automatica, strinse un accordo con la Citibank per consegnar loro il primo lotto delle macchine appena messe a punto, era perfettamente fiducioso di poter onorare i termini dell'ordinazione — la prima che avesse mai avuto. In seguito, però, Lundblad mi raccontò che quando ebbe rispettato la data di consegna «quelli della Citibank mi confidarono di aver pensato che ci fosse solo una probabilità del 10 per cento che io riuscissi a farlo».

La sfida a migliorarsi è un tema costante nei pensieri degli imprenditori e dà luogo a un continuo perfezionamento della loro prestazione. Consideriamo uno studio condotto su 59 imprenditori, per la maggior parte scienziati ricercatori, ciascuno dei quali aveva tratto vantaggio da una tecnologia innovativa per fondare una propria azienda nel campo dell'*high tech*.[19] Cinque anni dopo aver fondato la propria azienda, gli imprenditori che presentavano caratteristiche più spiccate della competenza in questione (quelli, ad esempio, che cercavano di procurarsi un feedback sulla propria prestazione e di stabilire i propri obiettivi) erano quelli che con maggiori probabilità avevano avuto successo — incrementando le vendite di 1 milione di dollari all'anno o più, aumentando il numero dei dipendenti di 50 unità, oppure vendendo nel frattempo un'attività fiorente.

Al contrario, coloro che sentivano meno l'impulso alla realizzazione e al successo mostravano una tendenza a risultati più deludenti. Avevano al massimo quattro dipendenti, avevano venduto l'attività perché in procinto di fallire o, più semplicemente, si erano ritirati.

Una vera passione per il feedback

Quando uno dei principali clienti della Donnelly Corporation, un'azienda che fornisce vetro all'industria automobilistica, cominciò a respingere una gran quantità dei suoi prodotti ritenendoli al di sotto degli standard, tre addetti alla produzione della Donnelly si sobbarcarono più di 600 chilometri per visitare il cliente e capire come mai non fosse soddisfatto della merce.

Scoprirono così qualcosa di sorprendente, e cioè che il cliente offriva incentivi ai propri dipendenti affinché trovassero delle imperfezioni nelle forniture. Infiammati da questa sfida, i lavoratori della Donnelly alzarono i propri standard di controllo di qualità, assicurandosi in tal modo di consegnare solo merce perfetta.[20]

I dipendenti della Donnelly, con la loro intraprendenza, sono la personificazione di quella disponibilità a battersi per migliorare che è al centro della motivazione a riuscire. Ogni qualvolta un gruppo di lavoro si incontra regolarmente per trovare il modo di migliorare la propria prestazione, esso incarna un impulso collettivo alla realizzazione e al successo.

Invece, quando si tratta di fissare i propri obiettivi o i propri standard, gli individui che hanno una scarsa spinta alla realizzazione sono apatici o poco realistici, e si cercano obiettivi troppo facili o campati in aria. Analogamente, i supervisori che mancano di questa abilità creano un clima nel quale gli obiettivi sono confusi e le persone incerte sulle proprie responsabilità, sui limiti della propria autorità, e perfino sui propri obiettivi. Essi non danno ai dipendenti alcun feedback sulle loro prestazioni o su ciò che ci si aspetta da loro.

Chi si sente spinto alla realizzazione cerca un modo per monitorare il proprio successo. Per molti esso equivale al guadagno economico, sebbene affermino spesso che il denaro non è importante tanto per quello che ci si può comprare, quanto come feedback sul livello della prestazione. Come disse un imprenditore californiano, «il denaro non è mai stato molto importante per me ... era solo un modo per tenere i punti»; un altro lo definiva una sorta di «pagella».[21]

Anche gli individui con una modesta spinta alla realizzazione si basano su una misura oggettiva della prestazione, che può essere il raggiungimento di una certa quota di vendite o la soddifazione degli standard qualitativi interni. Costoro possono anche crearsi un sistema di misura personale della propria prestazione, stabilendo da sé alcuni obiettivi — ad esempio dare prestazioni migliori dei colleghi, fare un dato lavoro più velocemente o battere qualche concorrente.

In una piccola attività come un ristorante, il feedback sulla prestazione arriva quotidianamente; chi gestisce portafogli di titoli lo riceve minuto per minuto. Ma per molte persone ottenere un feedback sulla propria prestazione piùe essere di una difficoltà frustrante, per via della natura non quantificabile del loro lavoro.

Queste persone devono sviluppare un forte senso di autocritica, per fornirsi da sole il feedback necessario. Gli individui capaci di prestazioni eccellenti hanno maggiori probabilità di cercare il feedback di cui hanno bisogno proprio nel momento in cui esso può rivelarsi più utile.

La ricerca dell'informazione e dell'efficienza

Nathan Myhrvold, responsabile della tecnologia alla Microsoft, è un lettore prodigioso, un collezionista di conoscenza per se stessa, un segugio a caccia di dati di ogni sorta.[22] E deve esserlo. Alla Microsoft, nella sua veste di generatore di idee e provocatore interno, Myhrvold non sa mai quale frammento casuale di informazione rappresenti il seme della prossima idea da un miliardo di dollari. Egli incarna la persona informazione-dipendente, la cui sete di conoscenza è senza limiti e alimenta un acuto senso di innovazione e di competitività.

Nell'odierno mondo del lavoro, così caotico, il semplice volume dei dati — e il senso di disagio che si prova restando indietro nell'inseguirli — può essere fonte di un'ansia divorante. Un modo per alleviarla è quello di monitorare incessantemente gli eventi, come fa Myhrvold, riducendo così il livello di incertezza.[23] Le persone con un intenso bisogno di realizzazione sono avide nella loro ricerca di idee e informazioni nuove, soprattutto quando queste ultime sono pertinenti, anche in modo solo marginale, ai loro obiettivi. Costoro si tengono regolarmente in contatto con altri per sentire il loro punto di vista, e reclutano nuove persone nella propria rete di informatori, così da ottenere intelligenza fresca e il feedback essenziale.

Chi manca di questa competenza si contenta di qualsiasi informazione capiti a tiro o consulta solo fonti di dati ovvie e prontamente disponibili. Per gli alti dirigenti questa esigenza di conoscere può assumere la forma di un management vissuto «andandosene in giro» per l'azienda a curiosare, di un incoraggiamento a contatti improvvisati o di riunioni informali con persone a tutti i livelli. Una raccolta di informazioni su così vasta scala minimizza le sorprese spiacevoli massimizzando nel contempo la probabilità di individuare e cogliere potenziali occasioni.

Il desiderio di informazione è parallelo al bisogno di rendere le cose sempre più efficienti. Ma quando questa tendenza prende la forma di una supervisione ossessiva, «da manuale», fiscalmente legata alle regole è indice di scarse prestazioni.

Quando dirigenti di alto livello si preoccupano eccessivamente dei dettagli e dell'ordine, questo può segnalare una loro esagerata concentrazione su una scala inferiore a quella che la loro posizione richiederebbe — questo è il «micromanager» che indaga quello che fanno i subordinati, ma presta troppa poca attenzione al quadro d'insieme.

D'altro canto, questo bisogno di gestire l'incertezza può anche alimentare una meticolosa attenzione per i dettagli che contano. Chi è capace di prestazioni superiori è abile nel mettere a punto sistemi per monitorare i progressi o assicurarsi una migliore qualità dei dati. Un manager delle vendite, frustrato dal fatto di dover attendere a lungo i rapporti provenienti dal suo nutrito team di venditori, sviluppò un sistema telefonico automatizzato che alla fine della giornata chiamava ogni persona del gruppo, sollecitandola a notificare le vendite concluse. Questo, per lui, significò entrare in possesso di informazioni vitali non in due settimane, ma in sole otto ore!

Tutti per uno

IMPEGNO
Allineamento con gli obiettivi di un gruppo o di un'organizzazione

Le persone con questa competenza:

- Sono pronte a sacrificarsi per soddisfare un obiettivo di più ampia portata dell'organizzazione
- Trovano un senso di scopo nella missione collettiva
- Usano i valori-cardine del gruppo per prendere decisioni e chiarire scelte
- Cercano attivamente l'opportunità di portare a termine la missione del gruppo

I dipendenti della filiale di Dallas della Herman Miller, l'azienda produttrice di mobili per ufficio, appresero che la sede nazionale delle American Airlines stava per trasferirsi lì vicino; con una certa intraprendenza, scrissero una lettera alla compagnia aerea chiedendole di prendere in considerazione l'idea di arredare il nuovo ufficio con i prodotti della Herman Miller.

L'iniziativa si tradusse in un'ordinazione considerevole. La settimana prima che gli uffici della linea aerea aprissero, i dipendenti della Herman Miller andarono a controllare che la merce consegnata fosse in ordine e scoprirono che gli imballaggi avevano schiacciato il peluche del rivestimento di centinaia di sedie. Così formarono delle squadre che lavorarono giorno e notte e nel weekend per sollevare il peluche con appositi ferri a vapore.[24]

L'essenza stessa dell'impegno sta nel fare dei propri obiettivi e di quelli dell'organizzazione una cosa sola. L'impegno è di natura emotiva: quando entrano decisamente in risonanza con i nostri, sentiamo un forte attaccamento agli obiettivi del nostro gruppo. Chi dà valore e abbraccia la missione dell'organizzazione è disposto non solo a compiere uno sforzo totale in suo nome, ma anche, quando è necessario, a sacrificarsi in prima persona. Questi sono i gruppi che lavorano fino a tarda sera o nel weekend per concludere un progetto alla scadenza — o i dirigenti disposti a lasciare la città con brevissimo preavviso quando si presenta una missione urgente.

L'impegno può esprimersi anche nel prendere e nell'appoggiare decisioni impopolari che vanno a beneficio del gruppo inteso nel senso più ampio, anche nel caso in cui tali decisioni sollevino opposizioni o controversie. Le persone davvero impegnate sono disposte a compiere sacrifici a breve termine nell'interesse del gruppo. In altre parole, gli individui impegnati sono i «patrioti» di una compagnia, i suoi naturali sostenitori.

Fra le competenze che la Johnson Wax cerca di instillare nel suo team di venditori da primo premio, ad esempio, c'è una visione strategica scevra da egoismo: fare quello che è giusto in vista del lungo termine, anche in assenza di gratificazioni immediate. «Affinché l'organizzazione si accorga di quello che stai facendo e ti ricompensi, possono volerci anche tre o quattro anni, ma se sai che a lungo termine la tua scelta è giusta, vai avanti e hai fiducia nel fatto che la direzione ti sosterrà», mi spiega uno dei loro dirigenti.

Elevati livelli di impegno sono più probabili, naturalmente, in compagnie dove le persone si considerano (o effettivamente *sono*) azionisti e non semplici dipendenti. Ma i lavoratori ispirati da un obiettivo comune spesso dimostrano un livello di impegno superiore a quello ottenibile con qualsiasi incentivo finanziario. Come dice Patricia Sueltz, vicepresidente dell'IBM che conduce una campagna di propaganda per fare dell'azienda una presenza fondamentale su Internet, «Vengo chiamata in continuazione dai cacciatori di teste. Mi dicono "Possiamo farla molto ricca". Ma non capiscono. Io, con questa roba, cambierò il mondo. Quello che faccio è davvero importante».[25]

Le compagnie o le organizzazioni che mancano di una missione ben formulata — o le cui «missioni dichiarate» sono poco più che tattiche di pubbliche relazioni — offrono ben poco su cui impegnarsi. Per essere fedeli ai valori-cardine della propria organizzazione, i dipendenti devono poterli percepire chiaramente.

L'autoconsapevolezza è una delle unità costruttive dell'impegno. I dipendenti che conoscono bene i propri valori guida e i propri scopi hanno una percezione chiara — addirittura vivida — della loro effettiva o mancata corrispondenza con quelli dell'organizzazione. Se percepiscono questa corrispondenza, il loro impegno diventa forte e spontaneo.

Ricordo una donna che vendeva spazi pubblicitari sul *New York Times*, e che mi parlò di una conversazione avvenuta dopo il lavoro fra i dipendenti del suo stesso dipartimento. «Ci rendemmo conto che la pubblicità fornisce il carburante per consentire a tutto il resto del *Times* di lavorare, e che noi siamo quindi fondamentali per la sua missione. Stavamo parlando del periodo in cui il giornale pubblicò un editoriale illustrato sulla crisi in Rwanda, innescando un'ondata di servizi, e di come da allora il governo abbia mandato degli aiuti laggiù. Questo ci fece sentire davvero bene riguardo a ciò che facciamo.»

La cittadinanza dell'organizzazione

I tipi impegnati sono i cittadini modello di ogni organizzazione. Queste persone si spingono molto oltre ciò che è loro richiesto. Come i sassi lanciati in uno stagno provocano increspature sull'acqua, i lavoratori impegnati irradiano sentimenti positivi in tutta l'organizzazione.

Quando occorre, i dipendenti che sentono un forte impegno nei confronti della propria azienda sopporteranno condizioni di lavoro altamente stressanti — lunghi orari, scadenze pressanti, e simili — in nome della devozione agli obiettivi collettivi. Un grande impegno consente ai dipendenti di star bene in condizioni di pressione che per altri — che non sentono una particolare lealtà verso l'organizzazione — sono solo stressanti e onerose. Presso un'agenzia federale, ad esempio, gli amministratori che sentivano il massimo impegno verso l'organizzazione soffrivano meno per l'elevato stress tipico di quegli ambienti di lavoro, ed erano i più soddisfatti della propria attività.[26]

Tuttavia, nessuna organizzazione può aspettarsi che i suoi dipendenti le offrano la propria fedeltà emotiva se non sono trattati con giustizia e rispetto. Quanto più i dipendenti si sentono sostenuti dalla propria azienda, tanto maggiori saranno la fiducia, l'attaccamento e la lealtà che riporranno in essa — e tanto meglio si comportertanno come suoi cittadini.[27]

L'impegno nei confronti dell'organizzazione scaturisce da questo legame emotivo. In uno studio condotto su insegnanti, impiegati, agenti assicurativi e ufficiali di polizia, l'entità dello sforzo che essi mettevano nel proprio lavoro, dipendeva da quanto si *sentivano legati emotivamente* alla propria organizzazione — da quanto fossero orgogliosi di lavorare con essa; da quanto fosse importante il lavoro ai fini del loro senso di identità; da quanto, infine, si sentissero «parte della famiglia».[28]

I non impegnati

«Organizzai la cosa in modo che loro prendessero tutto il merito — questo motivò davvero il team, che si comportò benissimo»; così un dirigente racconta come è riuscito a ottenere che il suo gruppo superasse se stesso.

Invece, un consulente si vanta: «Mi sono assicurato di ottenere l'incarico più succulento, di farlo bene e di prendermene il merito. Gli altri erano invidiosi, ma quello è un problema loro».

Il dirigente usava la sua posizione di potere per condividere il merito con gli altri e così facendo alzava il morale e la motivazione del suo team; al consulente, invece, non poteva importare di meno dell'impatto esercitato sui colleghi o sull'organizzazione dalla sua manipolazione mirata esclusivamente al proprio interesse: voleva solo assicurarsi di ottenere tutto il merito.[29]

I dipendenti che ritengono la propria presenza nell'azienda solo temporanea — che si considerano visitatori più che residenti — dimostrano comprensibilmente uno scarso impegno. Ma lo stesso atteggiamento può trovarsi anche fra lavoratori rimasti in un'organizzazione per anni. I dipendenti che provano rancore per essere sottopagati o altrimenti sfruttati da un'azienda sicuramente metteranno uno scarso impegno nel contribuire al raggiungimento dei suoi obiettivi. Lo stesso accade anche nel caso di coloro che si sentono isolati e non coinvolti nelle decisioni che li riguardano.

Queste persone disaffezionate sono le più inclini a usare le risorse dell'organizzazione esclusivamente per il proprio beneficio. Fra loro, gli opportunisti considerano la propria posizione attuale principalmente come una tappa sulla strada che deve portarli da qualche altra parte. Coloro che non si sentono coinvolti non sono nemmeno interessati a far carriera; la loro insoddisfazione, invece, si manifesta come una mancanza di integrità (ad esempio con la contraffazione delle note spese o la sottrazione di materiali di proprietà dell'azienda).

Comprensibilmente, questo atteggiamento di interesse personale sta diventando sempre più comune anche fra dipendenti un tempo impegnati che oggi si confrontano con i tagli del personale e altre strategie dalle quali percepiscono che l'organizzazione per la quale lavorano ha smesso di essere leale nei *loro* confronti. Questo senso di tradimento o di sfiducia erode la fedeltà e incoraggia il cinismo. Una volta perduta, la fiducia — e l'impegno che da essa scaturisce — è difficile da ricostruire.

Tom Peters indica un equilibrio emergente, nelle persone, fra l'esigenza di gestire la propria carriera e quella di impegnarsi per il raggiungimento di obiettivi condivisi sul lavoro.[30] Come dice lui, la natura emergente della lealtà equilibra la fedeltà ai propri obiettivi e alla rete delle proprie relazioni di lavoro. Questo tipo di fedeltà, egli dice, «non è una lealtà cieca alla compagnia. È lealtà verso i tuoi colleghi, verso il tuo team, il tuo progetto, i tuoi clienti e te stesso».

Lo spirito del «si può fare»

INIZIATIVA E OTTIMISMO
Dimostrare previdenza e costanza

Le persone con questa competenza

Per quanto riguarda l'iniziativa:
- Sono pronte a cogliere le opportunità
- Perseguono gli obiettivi anche al di là di quello che si richiede o ci si aspetta da loro
- Aggirano la burocrazia rigida e inefficiente e, quando occorre per finire un lavoro, piegano le regole
- Mobilitano gli altri in modo insolito e intraprendente

Per quanto riguarda l'ottimismo
- Insistono nel perseguire gli obiettivi nonostante ostacoli e insuccessi
- Agiscono spinti dalla speranza di successo e non dalla paura del fallimento
- Attribuiscono gli insuccessi a circostanze controllabili, e non li interpretano come fallimenti personali

Nei campus di diversi college americani comparvero delle bancarelle che vendevano coni alla granita con una differenza — e con un messaggio. Invece del solito ghiaccio tritato colorato e aromatizzato, questi coni erano solo neri: una protesta politica contro le trivellazioni petrolifere in Alaska, in una regione considerata area protetta.[31] I coni di granita neri erano frutto di un'idea di Adam Werbach, che aveva intrapreso la sua prima azione politica quando aveva solo sette anni: allora, aveva fatto circolare una petizione fra i suoi compagni di seconda elementare per revocare il mandato del segretario degli interni James Watt, un antiambientalista. Alla scuola superiore Werbach organizzò una campagna per l'acquisto di un camion per il riciclaggio dei rifiuti scolastici; all'ultimo anno delle superiori, fondò la Sierra Student Coalition, un'organizzazione di giovani ambientalisti che, quando lui aveva ormai finito il college, arrivò a contare 30.000 membri in tutti gli Stati Uniti. Werbach diede nuova immediatezza al messaggio ambientalista rivolto agli abitanti dei centri urbani eleggendo a problema simbolo del gruppo quello dell'avvelenamento da piombo dei bambini. Egli fece inoltre leva sul fascino esercitato da Internet sulla propria generazione organizzando degli attivisti che facessero incursione nei dormitori dei college ed esortassero gli studenti a usare i computer per inviare ai legislatori messaggi e-mail di protesta sui problemi dell'ambiente. A ventiquattro anni, Werbach fu nominato presidente — il più giovane mai eletto — del Sierra Club, il maggiore gruppo ambientalista americano.

Spesso l'iniziativa prende una forma insolitamente intraprendente. Prendiamo il caso di quell'impiegato addetto alle spedizioni che si rese conto che l'azienda per la quale lavorava faceva abbastanza affari con la Federal Express da poter ottenere non solo uno sconto per volume, ma anche un computer dedicato per seguire gli ordini di spedizione. L'impiegato prese l'iniziativa di avvicinare il direttore generale mentre stava uscendo dal lavoro e gli lanciò l'idea — facendo risparmiare 30.000 dollari all'azienda.[32]

Alla PNC Bank di Pittsburgh, un supervisore dei crediti fece due conti sulla quantità di elettricità consumata dalle centinaia di personal computer della banca lasciati accesi dagli impiegati quando andavano a casa. Quelle 16 ore di tempo morto, egli calcolò, costavano alla banca 268.000 dollari ogni anno.

Ma quando andò dagli alti dirigenti con la sua brillante idea, essi lo liquidarono obiettando che accendere e spegnere i computer diminuisce la durata della vita di alcuni componenti. Senza scoraggiarsi, egli fece altre ricerche e scoprì che la maggior parte dei sistemi informatici dell'azienda diventava obsoleta e veniva regolarmente sostituita anni prima che le componenti potessero dimostrare un tale effetto di usura. La banca allora accettò l'idea, assicurandosi un risparmio che avrebbe avuto un impatto sul profitto pari a quello ottenibile con circa 2 milioni di nuove entrate.[33]

Diversi modi di cogliere l'occasione

Chi ha iniziativa agisce prima di esserci costretto dagli eventi. Ciò spesso significa prendere delle misure anticipatorie per evitare i problemi prima che si presentino, o trarre vantaggio dalle opportunità prima che esse siano visibili ad altri. Più si sale nella gerarchia, più quest'anticipazione è a lungo termine; per un supervisore o un dirigente di medio livello essa può significare un orizzonte di tempo nell'ordine di giorni o settimane, ma un leader lungimirante penserà in termini di anni o anche di decenni.[34]

Questa capacità di guardare lontano può implicare che si facciano dei passi quando nessun altro vede il bisogno di muoverli. Ciò richiede un certo coraggio, soprattutto quando gli altri avanzano delle obiezioni. Nelle agenzie federali di ricerca scientifica, gli individui migliori, ad esempio, si scontrano con lo scetticismo del Congresso per ottenere fondi a sostegno di ricerche che potrebbero tradursi in nuove cure per le malattie solo in un lontano futuro.[35]

Trovarsi costantemente a reagire agli eventi invece di prepararsi ad essi, è tipico di chi manca di iniziativa. L'incapacità di anticipare quel che si sta preparando implica la necessità di operare per gran parte del tempo in una modalità di crisi. Queste persone tendono a restare indietro, continuamente costrette a gestire emergenze che non hanno previsto. Tutto questo — come pure il procrastinare o rimandare provvedimenti tempestivi — indica una fondamentale incapacità di pianificare o anticipare ciò che ci aspetta.

Invece, la previdenza ripaga. Gli agenti immobiliari, ad esempio, possono limitarsi ad aspettare che il telefono squilli. Oppure possono vagliare gli annunci economici di case messe in vendita direttamente dai proprietari, ai quali rivolgersi affinché affidino l'operazione alla loro agenzia. Possono selezionare i potenziali clienti per assicurarsi di investire il proprio tempo con persone seriamente intenzionate ad acquistare una casa. Queste iniziative si traducono in un maggior numero di incarichi di vendita e di case vendute, come pure in commissioni più alte.[36]

Saper cogliere le nuove opportunità è di cruciale importanza per avere successo in campi come quello delle consulenze, nei quali senza iniziativa non c'è alcuna forma di guadagno. Alla Deloitte and Touche Consulting, gli individui eccellenti stanno bene in guardia per riconoscere l'occasione offerta da «aggiunte» che possano trasformare un progetto a breve termine in uno di più ampio respiro, come pure quella di trarre vantaggio da opportunità casuali e inattese di sviluppare nuovi affari.[37]

A volte l'iniziativa sembra comportare esclusivamente un duro lavoro. Un venditore dotato di molta iniziativa disse: «Stamattina mi sono alzato alle due per redigere delle offerte — durante il giorno sono in contatto con i negozi e quindi i programmi e le relazioni li preparo di notte».[38] Oppure, prendiamo il racconto di due funzionari di società fiduciarie: uno di essi aveva molta iniziativa, e la dimostrò chiudendo un affare con il suo medico mentre era ricoverato in ospedale per una grave malattia; l'altro, alla fine dell'intervista chiese al ricercatore se non gli servisse qualcosa, dal momento che secondo lui *chiunque* era un potenziale cliente!

Speranza e perseveranza

Il mio vicino di posto sembrava a casa sua nella cabina di prima classe del nostro volo per Houston. Chimico organico con un MBA, sulla trentina, elegante, lavorava come account manager per una delle maggiori aziende chimiche del paese.

Mi fece una rivelazione sorprendente: «Sono cresciuto a Newark, nel New Jersey, a forza di sussidi. I miei genitori avevano divorziato e io vivevo con i nonni in un quartiere dove la maggior parte dei ragazzini che conoscevo più che al college finiva dietro le sbarre. Ci sono tornato il mese scorso, e ho rivisto uno dei miei vecchi amici — gli hanno appena dato tre anni e mezzo per spaccio di droga. Mi ha detto: "Era tutto quello che sapevamo fare". Ed è vero. Non avemmo mai dei modelli che ci indicassero una via d'uscita».

E allora, che cosa determinò la differenza fra questo account manager e il suo vecchio amico trafficante? «Io ebbi fortuna. Dopo la scuola superiore i miei nonni mi mandarono in Texas a vivere con una zia. Mi trovai un lavoro part-time aiutando dei ricercatori. E cominciai a rendermi conto che tutti quei PhD per i quali lavoravo non erano poi molto diversi da me. Pensavo: posso arrivarci anch'io. Così cominciai ad andare alla scuola serale, e alla fine presi il baccalaureato in chimica. Una volta che sai quello che vuoi e pensi che sia fattibile, riesci a immaginare come ottenerlo. Poi è solo la costanza che ti porta all'obiettivo.»

E i suoi vecchi amici? «Quegli altri ragazzi capitolarono da soli. Pensavano di non avere quel che ci vuole per andare al college. Il solo modo che conoscevano per guadagnarsi il rispetto degli altri era di stringere in mano una pistola.»

Chi si sente senza speranza, chi pensa che i suoi sforzi migliori comunque non cambieranno le cose, è caratterizzato dalla mancanza d'iniziativa. Così, proprio come gli amici d'infanzia dell'ingegnere chimico, non si dà da fare. Costoro si vedono vittime o pedine passive nel gioco della vita invece che padroni del proprio destino. L'elasticità dell'ingegnere chimico dipendeva probabilmente più di quanto lui non avesse compreso dalle lezioni di carattere apprese dai nonni e dalla zia. Ma indipendentemente dalle radici dell'elasticità, le persone dotate di iniziativa credono di poter determinare il proprio futuro con le loro azioni. Questi atteggiamenti, a loro volta, determinano il modo in cui riescono a fronteggiare i momenti difficili e le vicissitudini sul lavoro. Ad esempio, fra i dirigenti di medio livello di una grande società, quelli che si consideravano padroni del proprio destino erano di gran lunga meno sconcertati dalle imprese difficili e più positivi di fronte agli stress di quelli che vedevano il proprio destino legato alle circostanze e quindi incontrollabile.[39]

Chi manca di iniziativa ha maggiori probabilità di rinunciare a se stesso e al proprio lavoro. Questo atteggiamento si riscontra nei dipendenti che hanno bisogno di qualcuno che li diriga. Quando arriva il momento di «fare qualcosa in più» — ad esempio fermarsi in ufficio fino a tardi per ultimare in tempo un progetto prioritario, oppure mettere da parte il proprio lavoro per aiutare qualcun altro — queste persone si trincerano spesso su una linea di resistenza del tipo «non è compito mio».

Troppa iniziativa

Sebbene l'iniziativa sia in genere lodevole, dev'essere equilibrata dalla consapevolezza sociale per evitare conseguenze negative non desiderate.

Prendiamo, ad esempio, il vicepresidente del marketing di una grande compagnia produttrice di beni di largo consumo, il quale scoprì che uno dei suoi venditori non riusciva a chiudere una vendita con un importante cliente a livello nazionale.[40] Poiché in passato il vicepresidente aveva fatto molte dimostrazioni presso lo stesso cliente, lo chiamò di sua iniziativa e prese un appuntamento. Poi chiamò il venditore dandogli istruzioni per incontrarsi nell'ufficio del cliente il giorno dopo.

Un risultato dell'iniziativa del vicepresidente fu che la vendita venne conclusa; ma un altro esito — non desiderato, stavolta — fu la profonda umiliazione del venditore.

Sentendo di essere stato messo in condizione di fare la figura dello stupido e dell'incompetente di fronte al proprio cliente, il venditore protestò e i suoi due diretti superiori — i responsabili delle vendite a livello regionale e nazionale — lanciarono un fuoco di fila di messaggi infuriati al vicepresidente, affermando che, aggirandoli e umiliando il venditore, egli era uscito dai propri confini.

Ma l'avvertimento non ebbe alcun effetto: lo stesso comportamento continuò per due anni, durante i quali il vicepresidente agì in modo prepotente con altri venditori. Alla fine, il presidente della compagnia, preoccupato per una contrazione delle vendite, la attribuì all'effetto demoralizzante che il comportamento del vicepresidente aveva sui dipendenti. Il risultato fu che il presidente diede al suo vice una scelta: lasciare la compagnia o retrocedere accettando un incarico a livello regionale.

I dirigenti inclini alla microgestione — ossia a tenere sotto controllo anche quei piccoli dettagli che sarebbe molto più opportuno lasciare ai subordinati — possono *dare l'idea* di essere pieni d'iniziativa; tuttavia, gli sforzi di costoro mancano della fondamentale consapevolezza dell'impatto che le loro azioni hanno sugli altri. L'iniziativa senza empatia — o senza la percezione del quadro generale — può essere distruttiva ed è tipica dei dirigenti che danno prestazioni deludenti.[41]

Costanza e ripresa

Due dirigenti e la stessa storia: entrambi si videro rifiutare una promozione a causa della valutazione negativa di un superiore.[42] Uno di loro reagì all'insuccesso con rabbia e fantasticando di uccidere il suo superiore; si sfogò con chiunque fosse disposto ad ascoltare, e poi si prese una solenne ubriacatura. «Sembrava che la mia vita fosse finita», disse in seguito.

Motivazione

Questo dirigente evitava il suo capo, e quando lo incrociava nell'atrio abbassava la testa. «Anche se mi sentivo in collera e defraudato,» aggiunge «nel profondo avevo paura che avesse avuto ragione, che io valessi poco, che avessi fallito, e non ci fosse nulla che potessi fare per cambiare le cose.»

Anche l'altro dirigente scavalcato era scioccato e in collera. Ma aveva una prospettiva più aperta: «In realtà non posso dire che fui sorpreso. Lui e io avevamo idee talmente diverse... Litigavamo moltissimo».

Questo secondo dirigente andò a casa, parlò della sua sconfitta con la moglie per capire che cosa fosse andato storto, e che cosa potesse farci. Con un poco di introspezione, si rese conto di non avere dato il massimo. Quando ebbe capito questo, la sua collera svanì, e decise di parlare con il superiore. «Ebbi alcuni colloqui con lui, e le cose andarono benissimo. Credo che lui si sentisse a disagio per quello che aveva fatto, mentre io lo ero per non aver lavorato al massimo del mio potenziale. Da allora, le cose sono andate meglio per tutti e due.»

In questo caso, la competenza fondamentale è l'ottimismo, che s'impernia sul modo in cui *interpretiamo* i nostri insuccessi. Un pessimista, esemplificato dal primo dirigente, vede nell'insuccesso una conferma di un proprio fatale difetto che non può essere corretto. Il risultato di un atteggiamento così disfattista è, naturalmente, una mancanza di speranza e una sensazione di impotenza. Se sei destinato al fallimento, perché sforzarti?

Gli ottimisti, invece, interpretano un insuccesso come la conseguenza di un elemento della situazione, su cui essi hanno comunque il potere di intervenire — e non lo attribuiscono a un proprio difetto o a una propria carenza. Come il secondo dirigente, gli ottimisti riescono ad affrontare un insuccesso trovando risposte positive.

Soffermiamoci a considerare come l'ottimismo aiuti le persone a riprendersi dai fallimenti.

Anne Busquet, già a capo della divisione Optima Card della American Express, venne retrocessa nel 1991, quando si scoprì che cinque dei suoi dipendenti avevano nascosto 24 milioni di dollari di crediti inesigibili. Sebbene non fosse personalmente responsabile, la Busquet dovette comunque rispondere dell'accaduto, e così perse la sua posizione di general manager della divisione. Per quanto devastata dall'evento, ella nutriva una fondamentale fiducia nelle proprie capacità, e così si gettò su un'altra impresa offertale a un livello inferiore: il salvataggio dei servizi promozionali, una divisione dell'American Express allora in difficoltà.[43]

Gli ottimisti sono in grado di valutare realisticamente l'insuccesso e di ammettere che, in ogni modo, vi hanno contribuito. La Busquet, ad esempio, riesaminò il proprio stile di direzione perfezionista, a volte eccessivamente critico, e prese anche in considerazione la possibilità che esso avesse spaventato i suoi sottoposti inducendoli a nasconderle le perdite. Si sottopose a un training per alti dirigenti, in modo da ammorbidire il proprio stile, diventando più paziente e imparando ad ascoltare. Nell'arco di due anni, sotto la sua direzione, la fallimentare divisione dei servizi promozionali arrivò a diventare fonte di profitto.

E poi c'è il caso di Arthur Blank, che lavorava alla Handy Dan, una catena di negozi di ferramenta di Los Angeles; la personalità di Blank si scontrava con quella del suo superiore e finì per portarlo, nel 1978, al licenziamento. Il padre di Blank era morto quando lui era ancora un ragazzo e la madre aveva gestito l'azienda da lui fondata, che vendeva prodotti farmaceutici per corrispondenza. Blank, osservando la madre superare le avversità, aveva imparato, quando le cose andavano male, a continuare a lottare invece di gettare la spugna. Perciò, quando un investitore lo avvicinò, egli colse al volo l'opportunità di fondare la Home Depot, la catena di negozi di bricolage caratterizzati da una vastissima scelta di prodotti essenziali e da un servizio ad alto livello che è diventata un colossso della vendita al dettaglio.

Arthur Blank non si arrese; reagì da ottimista, usando l'esperienza che si era fatto negli anni trascorsi alla Handy Dan per inventarsi un'attività con cui tener testa al suo ex datore di lavoro. Egli riteneva di avere l'abilità per volgere le cose al meglio. Per un ottimista un insuccesso non è che una lezione da mandare a mente per il round successivo.

«Gli errori sono tesori», mi disse un dirigente tedesco, «un'opportunità per migliorare.» Ma, aggiunse, «molti dirigenti devono rendersi conto che dovrebbero essere più tolleranti nei confronti degli errori altrui — non punire le persone per i loro errori, ma aiutarle ad apprendere da essi».

Ottimismo e speranza

I classici studi sul modo in cui l'ottimismo aumentò la produttività nelle vendite alla MetLife, una compagnia di assicurazioni, furono effettuati da Martin Seligman, uno psicologo della Pennsylvania University.[44] Seligman scoprì, fra l'altro, che nel loro primo anno di lavoro gli ottimisti vendevano il 29 per cento di polizze in più rispetto ai loro colleghi più pessimisti, e nel secondo anno il 130 per cento in più.

Il valore di una concezione ottimista è stato dimostrato in molte organizzazioni. Alla American Express Financial Advisors, ad esempio, un test pilota sul training all'ottimismo, contribuì a produrre un aumento del 10 per cento delle vendite dopo soli tre mesi — un risultato sufficiente a convincere la compagnia a inserirlo come elemento standard della formazione aziendale.

Altri studi sui dirigenti migliori, ad esempio, dimostrano che essi considerano i propri fallimenti come conseguenze di errori emendabili e fanno dei passi per correggersi, assicurandosi che il problema non riemerga.[45]

Affine all'ottimismo è la speranza: la conoscenza dei passi necessari per raggiungere un obiettivo e l'energia per compierli. La speranza è una forza motivante fondamentale; la sua assenza paralizza. Studi sulle competenze dimostrano che — in professioni che spaziano dall'assistenza sanitaria alla consulenza psicologica e all'insegnamento — gli individui capaci di prestazioni eccellenti esprimono speranza per coloro che cercano di aiutare.[46]

Il grande potenziale della speranza è stato dimostrato nell'ambito di uno studio su assistenti sociali il cui compito è quello di cercare di aiutare persone con gravissime infermità mentali — schizofrenia cronica, grave ritardo — a ritagliarsi una vita per sé in residenze controllate e protette.[47] Il primo anno passato dedicandosi a tali attività è il più duro: le cose vanno male, gli assistiti non migliorano, possono essere ingrati, difficili, anche peggiorare; ci sono assistenti sociali che si esauriscono e abbandonano il campo. Ma quelli più speranzosi — più ottimisti sul potenziale di miglioramento degli assistiti, e anche sulla propria capacità di aiutarli — se la cavano meglio. Dopo un anno di lavoro, chi comincia pieno di speranza sopravvive alle difficoltà con grande soddisfazione, è meno sfinito emotivamente e ha una maggior probabilità di continuare a svolgere il proprio lavoro.

In attività come queste, in cui c'è un elevato livello di stress e le frustrazioni sono comuni, una visione rosea della vita può assicurare risultati migliori. I benefici della speranza si applicano quando le persone intraprendono un qualsiasi compito difficile; aspettative positive possono essere benefiche soprattutto nei lavori più duri, dove un grande ottimismo può rivelarsi una strategia pragmatica.[48]

Una riserva: può darsi che in queste competenze così ottimistiche ci sia qualcosa di troppo americano; esse riflettono un'ideologia di frontiera non trasferibile a molte altre culture. In una ricerca compiuta sui massimi dirigenti di una compagnia produttrice di cibi e bevande a livello mondiale, ad esempio, l'ottimismo si rivelò un fattore predittivo di prestazioni eccellenti in America — ma non in Asia o in Europa.

«In molti paesi asiatici, come il Giappone, Taiwan e l'India, l'atteggiamento del si può fare, viene considerato troppo audace, oppure troppo individualista», mi spiegò Mary Fontaine, managing director presso l'Hay/McBer Research and Innovation Group. «In quelle culture l'ottimismo si manifesta solitamente in chiave minore, con un tipo di atteggiamento: "Questa è un'impresa molto difficile, e io cercherò di riuscirci, anche se potrei non farcela". Non sentirai mai la gente dire: "So che ce la posso fare, so di essere in gamba". In Europa, quello che gli americani considerano ottimismo può semplicemente dare l'impressione di arroganza.»

PARTE TERZA
Abilità sociali

7

Il radar sociale

Il cliente stava attraversando un periodo di crisi e il gruppo dei venditori della Johnson Wax era in preda alla frustrazione: come mai le vendite di un prodotto molto importante erano nettamente inferiori a quelle di altri rivenditori?

Il rappresentante della Johnson Wax responsabile di quel cliente pensava di conoscerne il motivo: l'addetto all'ufficio acquisti della catena di negozi avrebbe desiderato fare ordinazioni più sostanziose, ma non poteva — a causa di una battaglia fra i dirigenti di due reparti diversi, il prodotto era stato infatti esposto in quello sbagliato, e quindi si vendeva male.

Il dirigente del reparto che stava vendendo il prodotto si rifiutava di cederlo all'altro e il responsabile degli acquisti non aveva l'autorità per superare questo punto morto.

Per risolvere il problema, il team dei venditori della Johnson Wax indisse con il cliente quello che fu una sorta di incontro diplomatico bilaterale: una riunione a tre livelli, alla quale parteciparono tutti dirigenti al di sopra del rappresentante e del responsabile degli acquisti. In occasione di quell'incontro, il gruppo della Johnson Wax mise il cliente a conoscenza di dati che dimostravano come, se solo avesse gestito diversamente il prodotto, esso avrebbe potuto fruttargli, ogni anno, 5 milioni di dollari in più. Questo messaggio andò a segno.

«Quando capirono che, a causa delle battaglie fra i reparti, si stavano lasciando sfuggire l'opportunità di ricavare 5 milioni di dollari, decisero che dovevano abbattere quei muri», racconta O'Brien, vicepresidente delle vendite per il Nord America. «I dirigenti di tutti e tre i livelli seguirono il consiglio del responsabile degli acquisti. C'era voluto un anno per arrivare a quella discussione — ma una volta che ebbero compreso di avere la volontà di farlo, il cambiamento fu solo questione di giorni.»

Questa strategia di vendita può servire da esempio per mostrare uno dei segni distintivi dell'empatia: quello di saper vedere una situazione di vendita dal punto di vista *del cliente* per aiutarlo a riuscire nel suo intento. Questa sensibilità richede la capacità di interpretare le correnti politiche e le realtà di un'organizzazione diversa dalla propria.

«L'approccio migliore sta nel comprendere a fondo le esigenze e gli obiettivi del compratore, e lavorare a quel fine», commenta O'Brien. «La chiave sta nel sondare e nell'ascoltare, in modo da capire che cosa sia davvero importante per il successo dell'altro. Nell'ultimo secolo, questo è stato uno dei punti fondamentali per il successo nelle vendite.»

Quando parlai con O'Brien, era eccitato per due trionfi: il suo gruppo era appena stato nominato Venditore dell'Anno dai magazzini Wal-Mart e Target, due delle più grandi catene americane di vendita al dettaglio.

In quel settore, uno dei barometri del cambiamento è stato il cosiddetto «management di categoria», che consiste in questo: nelle drogherie, ad esempio, i dettaglianti tratteranno tutte le merendine o i prodotti per rinfrescare l'aria come una singola categoria, e decideranno quali marche tenere in magazzino su base collettiva e non individuale. Paradossalmente, questo approccio fondato sulle cifre ha reso le relazioni personali fra i venditori e i «manager di categoria» ancora più importanti.

«I nostri migliori venditori sanno stabilire un equilibrio fra la realtà dei fatti e il mondo interpersonale», osserva O'Brien. «La professione del venditore è passata dai tempi in cui si basava sul rapporto personale, al moderno far perno sulle cifre; il campo si è spostato dalle tradizionali capacità sociali del venditore a un modello di manager che lavora sui numeri e non sui contatti. Invece, occorre stabilire un equilibrio fra le due cose. L'aspetto interpersonale è necessario — perché queste sono ancora decisioni interpersonali.»

L'empatia può assumere diverse forme. Una è esemplificata dall'avveduta consapevolezza che i venditori della Johnson Wax avevano per le esigenze del loro cliente. D'altra parte, l'empatia può emergere anche in una società che abbia una percezione realistica e accurata dei propri dipendenti, dei clienti, dei committenti, dei concorrenti, del mercato e di eventuali altre parti interessate — dai sindacati agli azionisti. Riuscire a vedere la realtà dalla loro prospettiva, percepire il loro modo di reagire all'operato dell'azienda, offre interpretazioni utilissime ai fini di un management efficace.

Il direttore di una banca svizzera privata mi dice: «Il mio lavoro è un po' come quello del prete o del medico di famiglia. Non puoi lavorare in una banca privata senza ricorrere alla tua intelligenza emotiva, soprattutto all'empatia. Devi percepire quali sono le speranze e le paure del tuo cliente — anche se lui non è in grado di esprimerle a parole».

L'empatia parte da dentro

Come osservava Freud, «i mortali non sanno mantenere segreti. Se le loro labbra sono silenziose, spettegolano con la punta delle dita; il tradimento si fa strada attraverso ogni poro della pelle». Il nervoso e inquieto agitarsi di un negoziatore smentisce la sua espressione impassibile; lo studiato disinteresse di un cliente che mercanteggia sui prezzi da un concessionario di automobili è contraddetto dall'eccitazione con cui gravita intorno alla convertibile che desidera con tutto se stesso. Saper cogliere queste spie emotive è particolarmente importante in situazioni in cui le persone hanno ragione di nascondere le loro vere emozioni — una cosa comune nell'ambiente degli affari e del lavoro.

L'essenza dell'empatia sta pertanto nel cogliere quello che gli altri provano senza bisogno che lo esprimano verbalmente. In effetti, è raro che gli altri ci dicano esplicitamente che cosa provano; piuttosto, ce lo comunicano con il tono di voce, l'espressione del volto, o in altri modi non verbali. L'abilità di captare queste comunicazioni impercettibili si fonda su competenze più fondamentali, soprattutto sulla consapevolezza di sé e sull'autocontrollo. Come vedremo, se non siamo capaci di percepire i nostri sentimenti o di impedire che essi ci sommergano, non avremo alcuna speranza di entrare in contatto con gli stati d'animo degli altri.

L'empatia è il nostro radar sociale. Un'amica mi racconta di essersi accorta molto presto dell'infelicità di una collega. «Andai dal mio capo e dissi, "C'è qualcosa che non va con Kathleen — non è felice qui". Non mi guardava più negli occhi, aveva smesso di mandarmi i suoi soliti messaggi spiritosi via e-mail. Dopo un po' annunciò che se ne andava a lavorare da un'altra parte.»

Quando mancano di questa sensibilità, le persone sono «fuori». Essere sordi emotivamente si traduce nella goffaggine sociale, che può derivare da un'errata interpretazione dei sentimenti, da una ottusità meccanica e desintonizzata, o dall'indifferenza che può distruggere un rapporto. Una delle possibili forme assunte dalla mancanza di empatia è quella di interagire con gli altri considerandoli come stereotipi invece che come gli individui unici che essi sono.

Come minimo, l'empatia implica la capacità di leggere le emozioni altrui; a un livello superiore, essa comporta la percezione e la reazione alle preoccupazioni o ai sentimenti non verbalizzati dell'altro. Al massimo livello, l'empatia coincide con la comprensione dei problemi e delle preoccupazioni che stanno dietro ai sentimenti dell'interlocutore.

La chiave per conoscere il terreno emotivo altrui è un'intima familiarità con il nostro — come ha dimostrato Robert Levenson della California University di Berkeley.[1] Levenson convocava alcune coppie sposate nel suo laboratorio di fisiologia, affinché avessero due conversazioni: una neutrale del tipo «Com'è andata oggi?», e poi quindici minuti di discussione su qualcosa riguardo alla quale i due non erano d'accordo. Durante questo piccolo scontro, Levenson registrava le reazioni dei due partner con vari mezzi, ad esempio monitorandone la frequenza cardiaca, e videoregistrando le modificazioni delle loro espressioni facciali.

Dopo il microscontro, uno dei due partner usciva. Quello che restava, guardava la videoregistrazione della discussione e intanto raccontava il proprio dialogo interiore: che cosa avesse davvero sentito e pensato — senza averlo espresso verbalmente. Poi quel partner usciva e rientrava l'altro che raccontava il microscontro dalla prospettiva *del primo*.

I partner più empatici fanno qualcosa di assolutamente straordinario sul piano fisiologico: mentre empatizzano, il loro corpo mima quello del partner. Se durante la videoregistrazione la frequenza cardiaca del partner sale, altrettanto fa quella del coniuge che sta empatizzando con il primo; se la frequenza cardiaca si abbassa, lo stesso accade a quella del coniuge empatico.[2]

Questa imitazione comporta un fenomeno biologico denominato «trascinamento», una sorta di tango emotivo.[3]

Una così alta sintonia esige che si mettano da parte per un momento le proprie emozioni in modo da poter ricevere chiaramente i segnali emessi dall'altro. Quando siamo coinvolti dalle nostre emozioni più forti, siamo dirottati su un vettore fisiologico diverso, impermeabile agli indizi più sottili che consentono il rapporto.[4]

Charles Darwin ipotizzò che le due capacità affini, di inviare e leggere segnali, avessero avuto un ruolo enorme nell'evoluzione umana, sia nel creare che nel mantenere l'ordine sociale. Nell'evoluzione, le emozioni negative — la paura e la collera — ebbero senza dubbio un'immenso valore ai fini della sopravvivenza, stimolando l'animale minacciato al combattimento o alla fuga.

In un certo senso, questo residuo dell'evoluzione ci accompagna ancora oggi; quando siamo in preda agli attacchi dell'amigdala, noi reagiamo con maggior forza a chi sia a sua volta di cattivo umore piuttosto che a qualcuno che si trovi in uno stato d'animo positivo. Questa potrebbe essere una buona ricetta per arrivare a un disastro emotivo creando un circuito a feedback caratterizzato da un crescendo di negatività o di rabbia.

Il prerequisito dell'empatia è l'autoconsapevolezza, ossia il riconoscimento delle reazioni viscerali che, nel proprio corpo, segnalano l'emozione — una capacità essenziale per qualsiasi lavoro nel quale conti l'empatia, dall'insegnamento, alle vendite, al management.[5]

Una danza impercettibile

«Qui da noi avevamo una donna che riusciva a svuotare una stanza nel giro di qualche minuto», mi spiega il direttore del marketing di un'azienda californiana che tratta software didattico. «Prima di inserirsi in una conversazione non stava ad ascoltare: si lanciava immediatamente in un monologo — lamentele o attacchi che non avevano nulla a che fare con quello di cui stavano parlando gli altri. Partiva e andava avanti, completamente ignara degli sbadigli. Non sapeva quando fermarsi. Non sapeva cogliere gli indizi.»

La fluidità di ogni interazione sociale dipende in larga misura dal «trascinamento» spontaneo. Quando due persone cominciamo a parlarsi, entrano immediatamente in una danza impercettibile di armonie ritmiche, nella quale sincronizzano movimenti e posizioni, il tono di voce, la velocità con cui parlano e anche la lunghezza delle pause fra la fine del discorso di uno e l'inizio della risposta dell'altro.[6]

Questo reciproco mimetismo prosegue al di fuori della consapevolezza cosciente, e sembra controllato dalle parti più primitive del cervello. Tali meccanismi entrano in gioco con la rapidità del respiro, nell'arco di un cinquantesimo di secondo. Se questo coordinamento automatico viene a mancare, ci sentiamo leggermente a disagio.

Uno dei principali adeguamenti reciproci ha luogo a livello delle espressioni facciali, un fondamentale canale di comunicazione emotiva. Quando vediamo un volto felice (o adirato), esso evoca in noi, per quanto impercettibilmente, l'emozione corrispondente.[7] Nella misura in cui assumiamo il ritmo, la posizione e l'espressione facciale dell'altro, cominciamo ad abitare il suo spazio emotivo: quando il nostro corpo mima quello dell'altro, cominciamo a sperimentare una sintonia emotiva.[8]

Il nostro sistema nervoso è automaticamente predisposto a impegnarsi in quest'empatia emotiva (anche qui, l'amigdala gioca il ruolo-chiave).[9] Ma la nostra abilità di usare questa capacità è in larga misura appresa, e dipende anche dalla motivazione. Gli animali — e gli esseri umani — allevati in uno stato di estremo isolamento sociale non sanno leggere gli indizi emotivi negli altri non perché manchino dei circuiti fondamentali dell'empatia, ma perché, non avendo avuto figure guida nel campo dell'emozione, non hanno mai imparato a prestare attenzione a quei messaggi e quindi non hanno mai esercitato quella capacità.

Le lezioni cominciano durante la prima infanzia, quando nostra madre e nostro padre ci tengono in braccio. Questi primi legami emotivi stabiliscono la base per imparare a cooperare e a farsi accettare in un gioco o in un gruppo. La misura in cui ci impadroniamo di questo curriculum emotivo determina il nostro livello di competenza sociale. Prendiamo, ad esempio, i bambini che nel gioco non sanno cogliere gli indizi essenziali per un'interazione fluida; quando vogliono unirsi a un gruppo, spesso si limitano a intromettersi creando lo scompiglio.

I bambini socialmente più abili, invece, aspettano e stanno un po' a guardare. Prima di tutto si sintonizzano sul gioco, e poi vi si immettono nel momento in cui si presenta un'apertura naturale, senza provocare soluzioni di continuità. Cogliere il ritmo e i tempi sociali delle persone con cui abbiamo a che fare è essenziale.

Poiché individui diversi apprendono in diversa misura le capacità fondamentali della competenza sociale, fra noi esistono differenze corrispondenti anche nelle competenze basate sull'empatia, tanto utili sul lavoro. L'empatia rappresenta la capacità fondamentale alla base di tutte le competenze sociali importanti per il lavoro. Esse includono:

- *Comprendere gli altri*: percepire i sentimenti e le prospettive degli altri e nutrire un attivo interesse per le loro preoccupazioni.
- *Assistenza*: saper anticipare, riconoscere e soddisfare le esigenze del cliente.
- *Valorizzazione degli altri*: percepire le esigenze di crescita degli altri e dar rilievo alle loro abilità.
- *Far leva sulla diversità*: coltivare le opportunità attraverso la diversità delle persone.
- *Consapevolezza politica*: leggere le correnti politiche e sociali all'interno di un'organizzazione.

Ti capisco?

COMPRENDERE GLI ALTRI
Percepire sentimenti e prospettive degli altri e nutrire un attivo interesse per le loro preoccupazioni

Le persone con questa competenza:

- Sono attente agli indizi emozionali e sanno ascoltare gli altri
- Mostrano sensibilità e comprendono le prospettive altrui
- Aiutano gli altri basandosi sulla comprensione delle loro esigenze e dei loro sentimenti

Un assistente presso un grande studio di progettazione, descrive così i sentimenti velenosi emanati da un socio dal carattere instabile: «Gli basta un'occhiata per diventare una porta chiusa; mette su quest'aria da "non seccatemi", e così io so che devo girargli alla larga. Ma se in alcuni di questi frangenti devo trattare con lui, cerco di farla breve: niente scherzi o cose simili — una volta lo feci e lui andò fuori dai gangheri. Così divento monotono, come fossi un deficiente».[10]

La frase chiave qui è «Gli basta un'occhiata per diventare una porta chiusa»; quello era l'indizio che l'assistente raccoglieva e che lo istruiva sul comportamento da tenere con il suo socio scontroso. Sul lavoro raccogliamo costantemente questi indizi emotivi e adeguiamo il nostro comportamento di conseguenza. In assenza di questo radar corriamo il rischio di naufragare sugli scogli delle emozioni negative di chi lavora con noi. L'empatia è essenziale come sistema-guida emotivo che ci pilota facendoci andare avanti nella nostra vita lavorativa.

Al di là della mera sopravvivenza, l'empatia è fondamentale ai fini di prestazioni superiori ovunque il lavoro si concentri sulle persone. Ogni qualvolta è importante un'abile lettura dei sentimenti di una persona — in campi che vanno dalle vendite e dalla consulenza aziendale alla psicoterapia, alla medicina e alla leadership di ogni genere — l'empatia è essenziale per eccellere.

La medicina è un campo che ha appena aperto gli occhi sui benefici dell'empatia — e questo in parte per alcune ragioni economiche convincenti. Intanto, in un'epoca di grande competizione per guadagnarsi la fedeltà dei clienti, i medici più abili nel riconoscere le emozioni dei pazienti riescono a curarli con maggior successo dei loro colleghi meno sensibili.[11] Per poter aiutare meglio i propri pazienti, naturalmente, i medici devono saper percepire le loro ansie e il loro disagio; tuttavia, uno studio ha rivelato quanto raramente essi stiano ad ascoltarli. I pazienti hanno, in media, quattro domande da porre loro, ma durante la visita riescono a farne solo una o due. Una volta che il paziente ha cominciato a parlare, la prima interruzione da parte del medico ha luogo, in media, entro 18 secondi.[12]

I medici che ascoltano poco sono quelli verso i quali viene intentato il maggior numero di cause legali — almeno negli Stati Uniti. Rispetto ai colleghi soggetti a denunce, i medici generici mai citati per imperizia si dimostrano comunicatori di gran lunga superiori. Essi si prendono il tempo per dire ai propri pazienti che cosa debbano aspettarsi da una cura, e poi anche quello per ridere e scherzare, per chiedere la loro opinione, controllare che abbiano capito e incoraggiarli a parlare.[13] Quanto tempo occorre al medico per essere così empatico? Solo tre minuti.

Progettazione empatica

L'empatia è approdata nei dipartimenti di ricerca e sviluppo. I ricercatori osservano l'uso che i clienti fanno — nella propria vita, a casa o sul lavoro — dei prodotti di un'azienda, proprio come un antropologo potrebbe osservare un'altra cultura.[14] Questo scrutare nella realtà del cliente offre una percezione più completa di quella ottenibile con i classici gruppi di studio e le indagini di mercato.

Questa intima esplorazione della vita del cliente, associata a un'apertura al cambiamento da parte dell'azienda, si rivela un cocktail potente ai fini dell'innovazione. Gli osservatori mandati dalla Kimberly-Clark a guardare genitori e bambini usare i pannolini, si resero conto che questi ultimi avevano bisogno di un primo passo verso l'abbigliamento «da grande». Quell'intuizione portò alla creazione del modello Huggies Pull-Ups, che i bambini possono infilarsi da soli — e produsse vendite per 400 milioni di dollari annuali prima che la concorrenza riuscisse a colmare le distanze.

Nei migliori team manager impegnati nello sviluppo di prodotti, la capacità di comprendere a fondo le esigenze dei clienti è spontanea. Saper leggere che cosa voglia il mercato significa empatizzare con i clienti e sviluppare un prodotto che soddisfi le loro esigenze.[15]

Alla Ford Motor Company, la progettazione empatica venne introdotta in occasione dell'ammodernamento della Lincoln Continental. Gli ingegneri, per la prima volta, ebbero intensi contatti con i proprietari dell'automobile che stavano cercando di reinventare.

Il loro compito? Farsi un'idea di che cosa essi amassero di quell'automobile.

«I clienti sentono — percepiscono — le qualità distintive che apprezzano in un prodotto», mi disse Nick Zeniuk, uno dei project manager. «Perciò dovemmo entrare in sintonia con loro. Per far questo dovemmo essere empatici. Dissi ai manager — dimenticatevi di tutti i dati che vi hanno mostrato quelli delle ricerche di mercato. Andate là fuori e parlate con la gente per la quale fabbrichiamo quest'auto. Alcoltate, sentite, percepite. Guardateli negli occhi e fatevi una sensazione viscerale di quello che vogliono.»

Nel momento in cui gli ingegneri dovettero creare le specifiche, quest'esperienza sul campo diede loro una forte percezione del cliente. Zeniuk ricorda: «Tornarono con la videoregistrazione della conversazione con un cliente e dissero: "Qui non si vede, ma in questo momento era molto convinto di quello che stava dicendo". Dapprima dovemmo trovare come percepire tutto questo, e poi il modo di esprimerlo in termini ingegneristici — dovemmo trovare le esatte specifiche tecniche che avrebbero reso l'auto comoda o più sensibile alle esigenze del cliente».

L'arte di ascoltare

«Quando si ha un disperato bisogno di chiudere una vendita non si ascolta più molto bene», mi spiegò il direttore delle vendite di uno studio di intermediazione di Wall Street. «Nelle vendite non c'è nulla di meglio di quando qualcuno fa un'obiezione e tu puoi dire: "Lei ha perfettamente ragione — dovremmo prendere in considerazione il suo suggerimento". Te la cavi molto meglio se riesci ad ascoltare e a comprendere il loro punto di vista.»

Al cuore dell'empatia c'è un orecchio ben sintonizzato. Ascoltare bene è un requisito essenziale per il successo sul posto di lavoro. Una stima del Department of Labor degli Stati Uniti, sul tempo che la gente passa impegnata a comunicare, colloca il tempo dedicato alla lettura e alla scrittura al 22 per cento, quello passato a parlare al 23 per cento e quello dedicato all'ascolto al 55 per cento.[16]

Coloro che non sanno ascoltare, o che comunque non ascoltano, danno l'impressione di essere indifferenti o non interessati, il che a sua volta rende gli altri meno comunicativi. L'ascolto è un'arte. Il primo passo sta nel dare l'impressione di essere disponibili; i manager con un atteggiamento da «porta aperta» — quelli che appaiono avvicinabili, o che fanno di tutto per ascoltare ciò che la gente ha da dir loro — incarnano questa competenza. Le persone con le quali sembra più facile parlare riescono ad ascoltare di più.

Ascoltare bene e in profondità significa andare oltre quel che l'altro dice, facendo domande e riesprimendo con le proprie parole ciò che si è ascoltato per assicurarsi di averlo capito. Questa è una forma di ascolto «attivo». Un modo per dimostrare di aver davvero ascoltato l'altro è quello di reagire di conseguenza, soprattutto se questo significa apportare qualche cambiamento nel proprio modo di operare. Tuttavia, la misura in cui occorra adeguare le nostre azioni a ciò che dicono gli altri è di per se stessa questione di qualche controversia.

Fra coloro che si occupano di vendite, alcuni — assumendo una prospettiva limitata del significato di «empatia» — sostengono che, assumendo la prospettiva del cliente, il venditore farà colare a picco la vendita di tutti quei prodotti o servizi di cui l'altro non ha realmente bisogno e che non vuole davvero.[17] Questo, naturalmente, sottintende una percezione in qualche modo cinica o ingenua del compito del venditore, come se esso implicasse semplicemente chiudere una vendita, e non la costruzione o il miglioramento della relazione con il cliente.

Secondo una visione più illuminata, però, il compito del venditore è quello di saper ascoltare e comprendere bene ciò di cui i clienti o i committenti hanno bisogno, per trovare il modo di soddisfare le loro esigenze. Il concetto secondo il quale l'empatia è essenziale per il successo nelle vendite fu confermato da uno studio effettuato in America su un campione randomizzato di addetti degli uffici acquisti presso dettaglianti di grandi e piccole dimensioni, che dovettero esprimersi sui venditori di confezioni.[18]

Il vecchio stereotipo secondo il quale a chiudere la vendita sarà il venditore particolarmente affabile ed espansivo non reggeva più. Non era abbastanza essere un estroverso con la parlantina facile; il consenso degli acquirenti favoriva i venditori più empatici — quelli che avevano a cuore le loro esigenze e le loro preoccupazioni.[19] Questo era vero soprattutto se l'empatia del venditore si accompagnava alla percezione, da parte del cliente, che egli fosse una persona di cui potersi fidare.

Quando l'empatia difetta di integrità

«Voglio assicurarvi fin dal principio che per noi i bambini sono la cosa più importante — loro vengono per primi. So bene che alcuni di voi sono preoccupati. Ma qualunque cosa dovesse mettere a rischio i bambini, noi la fermeremo.»

Così cominciò la cordiale, rassicurante relazione del presidente di una società specializzata nel recupero dei metalli dalle ceneri generate nei processi industriali. Era andato a parlare ai genitori e agli insegnanti di una scuola media nel piccolo centro dove la sua azienda si stava trasferendo; lo stabilimento avrebbe dovuto sorgere nei pressi della scuola, una volta ricevuta l'approvazione definitiva da parte delle autorità cittadine.

Mentre il presidente si addentrava nella spiegazione di quella che sarebbe stata l'attività dello stabilimento — dei posti di lavoro che esso avrebbe portato e dei benefici per l'economia locale — la sua sincerità e la sua preoccupazione per il benessere dei bambini e della loro comunità conquistarono il pubblico. Sembrava un tipo così comprensivo, così empatico.

Ma poi arrivò il momento del dibattito in sala. Uno dei genitori, che era un chimico, chiese: «Ma non lavorerete ceneri contenenti diossina? E la diossina non è altamente cancerogena? Come proteggerete i nostri bambini?»

A questa domanda, il presidente si innervosì, si mise sulla difensiva, divenne addirittura ostile — soprattutto quando alcuni genitori, ora non più tanto fiduciosi, lo provocarono chiedendogli perché non avesse fatto menzione prima di quell'aspetto così inquietante. L'incontro terminò con la decisione dei genitori di consultare un esperto sulle tossine industriali, e di chiedere alle autorità cittadine di tenere pubbliche udienze sull'argomento prima di autorizzare lo stabilimento.

L'empatia può essere usata come strumento di manipolazione. Ciò si manifesta spesso come una pseudo-empatia, una posa sociale che si disintegra non appena viene smascherata. Un'amica si lamentò con me delle commesse di un negozio di abbigliamento di lusso nel quale le piaceva andare a curiosare. «Mi dicono sempre come sono contente di vedermi, e mi ronzano intorno cercando di chiacchierare. Io vorrei solo essere lasciata in pace finché non devo chieder loro qualcosa.» Poi, un giorno, in un momento di sincerità e di abbassamento della guardia, una delle commesse le confessò che il suo capo le aveva istruite affinché conversassero amichevolmente con le clienti che avevano già acquistato qualcosa in precedenza. Ma questa amicizia forzata non suonava affatto autentica — anzi, in realtà ebbe l'effetto di allontanare la mia amica.

Probabilmente esiste una difesa naturale contro quest'empatia artificiale — la capacità di percepire, come fece la mia amica, quando essa non è sincera. I ricercatori che hanno studiato le persone manipolative hanno scoperto che quelle più motivate da un bisogno machiavellico di manipolare le persone ai propri fini tendono a essere le meno dotate di empatia, mentre quelle che si fidano — quelle che pensano che le persone siano fondamentalmente buone — tendono a essere più sintonizzate sui sentimenti.[20]

Fuga dall'empatia

Sam era sordo alle emozioni. Era capacissimo di rispondere al telefono sentendo all'altro capo del filo una voce soffocata dai singhiozzi che gli chiedeva di parlare con sua moglie Marcy, e di porgerle il ricevitore con un allegro «Marcy! È per te!»

Elaine Hatfield, la psicologa dell'Università delle Hawaii che conosce quest'uomo, osserva: «Sam ignora i messaggi emozionali perché non potrebbe importagliene meno».[21]

Non basta avere la capacità potenziale di essere empatici; bisogna che ci interessi esserlo. In realtà, però, alcune persone che sembrano mancare di empatia possono assumere questo atteggiamento nel contesto di una strategia intenzionale; costoro probabilmente evitano l'empatia per mantenere una linea dura e resistere all'impulso di aiutare gli altri.[22] Purché misurato, nell'ambiente di lavoro questo atteggiamento non è necessariamente negativo.

I manager che esagerano nel concentrarsi sulle relazioni o che vanno incontro alle necessità emozionali degli individui a spese delle esigenze dell'organizzazione danno scarse prestazioni.[23] Nelle situazioni in cui il costo percepito dell'empatia è ritenuto troppo alto — ad esempio in una trattativa sui salari — può darsi che su entrambi i lati della barricata le persone debbano smorzare la propria capacità di essere comprensive. Gli avvocati sono famosi per la loro studiata indifferenza nei confronti degli interessi della controparte durante i processi (sebbene, come vedremo nel Capitolo Ottavo, un blocco così estremo dell'empatia non si riveli una strategia proficua ai fini del negoziato).

Soprattutto quando, in un'organizzazione, arriva il momento di distribuire risorse scarse, può darsi che ci sia una certa saggezza nell'equilibrare l'empatia con altre considerazioni. Se le persone si identificano troppo nelle esigenze di qualcuno è più facile che si spingano all'estremo per aiutarlo, anche nel caso in cui quella decisione metta a rischio il bene collettivo.[24]

Per lo stesso motivo, la testa da sola, senza il cuore, può portare a decisioni disastrose — com'è accaduto nel caso di molte società che operarono selvagge riduzioni dell'organico ritrovandosi poi detestate o private della fiducia anche da parte dei dipendenti rimasti, ormai scoraggiati. Alcuni manager si desintonizzano dai sentimenti delle persone con cui lavorano semplicemente per evitare di doverli prendere in considerazione — una tattica che può farli sembrare imperiosi e distanti.

Una mancanza di empatia può rendere conto di ciò che accadde al chirurgo che si accingeva a operare per un trombo alla gamba una donna di mia conoscenza. Quando le spiegò che uno dei rischi dell'intervento consisteva nel fatto che avrebbe potuto perdere l'arto, la mia amica scoppiò in lacrime.

Ecco come rispose lui: «Se ha intenzione di mettersi a piangere, dovrà trovarsi un altro medico che la curi».

Fu esattamente quel che fece lei.

Angoscia da empatia

Aveva fatto l'infermiera in pediatria per sette anni, ma adesso chiedeva di essere trasferita in un altro reparto dell'ospedale. Perché?

«È solo che non posso sopportare di vedere un altro bambino che muore di cancro. È troppo duro per me.»

Il tormento dell'infermiera offre un tipico esempio di «angoscia da empatia», nella quale una persona viene «contagiata» dal turbamento di un'altra. Invece di aiutare i bambini a venir fuori dal loro dolore e dalla loro sofferenza, quest'infermiera finiva per unirsi a loro.

L'angoscia da empatia è comunissima quando siamo profondamente turbati di fronte al dolore o alla sofferenza di qualcuno che ci sta a cuore. La preoccupazione per un amico in difficoltà — per esempio un collega molto vicino che tema di essere licenziato — evoca in noi gli stessi suoi sentimenti. Questo fenomeno ha luogo ogni qualvolta un individuo altamente empatico è esposto agli stati d'animo negativi altrui e non è ben dotato delle capacità di autocontrollo che gli consentirebbero di sollevarsi dalla propria sofferenza.

I giovani medici si «induriscono» intenzionalmente per meglio gestire l'angoscia da empatia; il loro scherzare sui pazienti moribondi chiamandoli con appellativi irriverenti fa parte della costruzione di questo guscio a prova di emozioni — un modo per venire alle prese con la propria sensibilità. Il pericolo, naturalmente, è che essi finiscano per diventare come il chirurgo insensibile che spinse la mia amica a cercarsi un altro medico. Nelle facoltà di medicina, una nuova generazione di programmi ha oggi cominciato a insegnare agli studenti a gestire la propria angoscia in modo più efficace, senza doversi privare dell'empatia.

Anche chi ha regolarmente a che fare con persone di cattivo umore — ad esempio, nelle aziende, gli addetti al servizio di assistenza ai clienti — corre il rischio di incappare nell'angoscia da empatia. Essa può affliggere le persone impegnate in professioni assistenziali regolarmente in contatto con pazienti che versano in situazioni terribili. L'alternativa è quella di restare aperti ai sentimenti ma di essere abili nell'arte dell'autocontrollo emotivo, in modo da non venire sopraffatti dall'angoscia che ci viene trasmessa da coloro con cui abbiamo a che fare.

La politica dell'empatia

C'è una politica dell'empatia: di solito ci si aspetta che a percepire i sentimenti dell'altro sia chi ha poco potere, mentre chi lo detiene si sente meno obbligato a ricambiare la sensibilità. In altre parole, la studiata mancanza di empatia è un modo con il quale chi ha il potere può tacitamente affermare la propria autorità.

Ai tempi del movimento per i diritti civili, il reverendo Martin

Luther King Jr espresse sorpresa di fronte alla scarsa capacità dei bianchi di intuire i sentimenti dei neri; questi ultimi, egli diceva, dovevano essere molto più sensibili agli stati d'animo dei bianchi, se non altro per poter sopravvivere in una società razzista. Un argomento parallelo sostiene che, nella misura in cui la società le opprime, le donne devono essere più empatiche degli uomini [per un'analisi dei dati sulle differenze di genere nell'empatia, vedi l'Appendice Tre].

Ricerche condotte negli anni Settanta e Ottanta indicano una correlazione negativa fra il ricoprire una posizione di potere e le capacità empatiche.[25] Questo, però, oggi è probabilmente un poco meno vero, dal momento che le organizzazioni hanno fatto proprio uno spirito di gruppo più pronunciato e sono meno rigidamente gerarchiche di un tempo. I requisiti della moderna leadership comprendono la competenza dell'empatia. Lo stile autoritario del passato non funziona più bene come una volta.

Chi liquida l'empatia ritenendola ancora fuori luogo nel mondo del lavoro, oppure pensando che sia un approccio troppo *soft*, lo fa principalmente a causa di due comuni equivoci. Uno è quello di confondere l'essere empatici con l'assumere un atteggiamento da psicologi; l'altro è l'errata convinzione che empatizzare con qualcuno significhi *essere d'accordo* con lui.

Richard Boyatzis mi disse: «Per valutare l'empatia dei dirigenti di una grande azienda produttrice di computer, chiesi loro di parlarmi di una volta in cui avevano aiutato qualcuno alle prese con un problema. Alcuni raccontavano di aver esplorato in profondità lo stato psicologico dell'altro, spiegandoglielo nei termini delle sue radici nell'infanzia, o di certe teorie molto popolari come quella della codipendenza. Ma questa è *analisi psicologica*, non empatia — in realtà qui si *liquida* il problema parlando delle sue presunte cause».

Boyatzis scoprì che questo atteggiamento incline alla psicologia era correlato a una prestazione manageriale mediocre. Gli individui capaci di prestazioni eccellenti ascoltavano e capivano i sentimenti dell'altro, e offrivano consiglio, senza imporre la propria «diagnosi» delle cause alla base del problema. Questo teorizzare psicologico può essere interessante, e anche utile, se si sta bevendo una tazza di caffè fra amici, ma sul lavoro non è appropriato. E sebbene possa essere fatto passare per empatia, non è affatto la stessa cosa.

Analogamente, la comprensione del punto di vista o della prospettiva degli altri — sapere perché si sentano come si sentono — non significa automaticamente approvarli. Soprattutto nelle relazioni di affari, comprendere come si sentono gli interlocutori non porta a conceder loro ciò che vogliono, ma a un negoziato e a una gestione dell'interazione più abili. Di conseguenza, probabilmente è possibile prendere decisioni difficili generando meno risentimento e malanimo.

Ricordo di aver parlato con i leader dei management team della Lockheed Martin, una compagnia aerospaziale che aveva attraversato un periodo di grandi tagli del personale. Molti dei manager del gruppo avevano essi stessi licenziato centinaia di lavoratori — un processo che alcuni di essi descrivevano come la cosa più difficile che avessero mai dovuto fare. Accennai al fatto che alcuni manager temono che l'empatia possa renderli troppo sensibili per prendere le dure decisioni imposte dalle vicissitudini aziendali e chiesi loro se ritenessero che l'empatia fosse importante. «Assolutamente», fu una delle risposte. «Quando devi licenziare migliaia di persone, tutti quelli che rimangono stanno a guardare.» Nonostante il dolore, questi manager avevano dovuto procedere ai licenziamenti ma, mi dissero, se non avessero gestito la cosa con empatia, gli eventi avrebbero demoralizzato o reso ostile chiunque.

Consideriamo il trattamento che due diverse società riservarono ai propri dipendenti in occasione della chiusura dei loro stabilimenti. Alla General Electric i lavoratori seppero della chiusura con due anni di preavviso, e la società fece un grande sforzo per sistemare i dipendenti licenziati aiutandoli a trovare altri posti di lavoro. L'altra azienda annunciò invece la chiusura con una sola settimana di anticipo e non fece alcuno sforzo per aiutare i dipendenti a trovarsi un altro impiego.

I risultati? Quasi un anno dopo, la maggior parte dei lavoratori della General Electric dichiarava che era stato un buon posto dove lavorare, e il 93 per cento apprezzava i servizi che l'azienda aveva offerto loro nel periodo di transizione.[26] Quanto ai dipendenti dell'altra società, solo il 3 per cento riteneva si fosse trattato di un buon posto di lavoro. La General Electric aveva mantenuto un clima di amicizia, mentre l'altra società aveva lasciato un'eredità di acredine.

L'arte della guida

VALORIZZAZIONE DEGLI ALTRI
*Saper percepire le esigenze di crescita degli altri
e dar rilievo alle loro abilità*

Le persone con questa competenza:

- Riconoscono e premiano i punti di forza, i risultati e lo sviluppo degli altri.

- Offrono utili feedback e identificano ciò di cui le persone hanno bisogno per il proprio sviluppo
- Fanno da mentori, offrono una guida tempestiva e assegnano compiti che stimolano e accrescono le abilità di una persona

Sebbene fosse stata una piccola lezione, ebbe un impatto duraturo. Questa donna dalla rapida carriera, editor di alto profilo presso una rivista di portata nazionale, aveva un problema: «Ero incline a decidere velocemente, impegnandomi nei progetti in momenti di entusiasmo, per poi trovarmi a dover soffrire passando attraverso una serie straziante di riscritture con gli autori — riscritture che finivano per uccidere i loro articoli. Per me era emotivamente estenuante: creava troppa animosità e una vera e propria sofferenza.

«Ma poi», proseguì, «il mio capo mi insegnò una frase che mi è stata utilissima.»

Qual era la frase?

«"*Ci penserò*".»

Questo piccolo consiglio esemplifica la competenza della guida, alla base della capacità di valorizzare gli altri. Fra i manager capaci di prestazioni superiori, l'eccellenza in questo ambito è seconda solo alla leadership.[27] Per i sales manager la capacità di valorizzare gli altri è addirittura più importante — la qualità più frequentemente riscontrata negli elementi migliori.[28]

Questa è un'arte che si esprime nel rapporto diretto fra persone; al cuore della capacità di guidare e valorizzare gli altri c'è l'atto del consigliare, che a sua volta s'impernia sull'empatia e sulla capacità di concentrarci sui nostri sentimenti e di condividerli con gli altri.[29]

In uno studio sui supervisori e i dirigenti di vario livello presso dodici grandi organizzazioni, la differenza comportata dal valorizzare gli altri era massima fra i supervisori, a indicazione del fatto che essa è essenziale nel trattare con coloro che lavorano sulla linea del fronte — venditori, operai delle catene di montaggio e simili.[30] Quando la portata del controllo esercitato da un dirigente aumenta, le opportunità dirette di valorizzare gli altri probabilmente diminuiscono, mentre emergono più rilevanti altre competenze, ad esempio la leadership.

Anche così, «il capo di un'organizzazione è essenzialmente un maestro», mi dice Harry Levinson, un pioniere delle consulenze di psicologia aziendale. Egli aggiunge: «Di questi tempi chi lavora ha l'esigenza di sentire che col passare del tempo diventa sempre più competente, altrimenti se ne va».

La presenza di brave guide e formatori aiuta i dipendenti a dare prestazioni migliori, aumenta la lealtà e la soddisfazione sul lavoro, e porta a promozioni, aumenti salariali e a un più basso tasso di turnover.[31]

Sul lavoro, una relazione aperta e di fiducia è fondamentale per esercitare con successo l'attività di guida. Questa fu la chiara conclusione a cui si giunse quando cinquantotto alti dirigenti — tutti come minimo vicepresidenti presso compagnie con un volume di vendite annuale di almeno cinque miliardi di dollari — furono interrogati sulle loro esperienze.[32] Come disse uno di essi: «Con le persone da cui mi aspetto solo che facciano il loro lavoro io sono gentile; ma quelli di cui mi occupo davvero sono gli individui di talento — li spingo a trascendere se stessi».

Questi dirigenti passavano gran parte del tempo dedicato al training dei dipendenti impegnandosi nel tentativo di potenziare le loro prestazioni, soprattutto dando un feedback e offrendo suggerimenti per sviluppare le abilità necessarie. In linea di massima, i loro commenti erano positivi; passavano solo circa il 5 per cento del proprio tempo ad affrontare prestazioni scadenti.

La chiave per avere successo come guida? I migliori formatori mostrano un autentico interesse personale per coloro di cui si occupano, e mostrano empatia e comprensione per i loro dipendenti. La fiducia nel formatore era un fattore essenziale — quando era scarsa, il suo consiglio non era seguito. Questo accadeva anche quando egli era freddo e impersonale, o quando la relazione sembrava troppo a senso unico o troppo interessata solo da una parte. I formatori ritenuti degni di fiducia e che mostravano rispetto ed empatia erano, incontestabilmente, i migliori. Ma quando i dipendenti resistevano al cambiamento o assumevano posizioni difficili, i formatori trovavano talmente poco gratificante l'esperienza che tendevano ad abbandonare la partita.

«In retrospettiva, uno dei miei più grandi errori sul lavoro è stato quello di non cercare una figura-guida quando ho cominciato», mi confida il vicepresidente di una grande holding operante nel campo dei media. «Avevo talmente paura di sembrare inadeguato che non chiedevo consigli su come gestire le cose. Così chiusi molte relazioni potenzialmente formative. Invece, una mia giovane associata si presenta sempre sulla porta del mio ufficio per chiedermi consiglio su come parlare di un problema al nostro presidente, o su come affrontare qualche altra situazione. È davvero intelligente.»

L'immagine standard della figura-guida o del mentore è quella di una mano esperta che aiuta una persona più giovane con la quale ha un rapporto privilegiato. D'altra parte, chi ha la dote di saper aiutare gli altri può farlo con chiunque — anche con dei superiori. La guida diretta dal basso verso l'alto — aiutare un superiore a fare un lavoro migliore — fa parte di quest'arte. Un sottufficiale di prima classe della marina degli Stati Uniti, ad esempio, raccontava di aver dovuto «insegnare ai giovani ufficiali come comandarmi. Gli dico "voi state mandando avanti la nave e io tengo tutte queste attrezzature sotto controllo per voi; avete diritto di sapere come vanno le cose. Chiedetemi. E chiedetemi di aiutarvi quando posso farlo".»[33]

L'arte della critica

Quando arriva il momento di dare un feedback, nessuno è meglio di Shirley DeLibero, capo della New Jersey Transit Authority, che sotto la sua direzione è emersa come la più efficiente società di trasporti americana. DeLibero dimostra ai suoi dipendenti che li apprezza e allo stesso tempo dà loro un flusso costante di feedback positivo e costruttivo sulle loro prestazioni. «Passo moltissimo tempo a lodare i dipendenti — quando fanno un buon lavoro mando loro delle note personali», mi disse DeLibero. «Ma gli faccio sapere anche quando prendono dei granchi. Non fai loro un buon servizio se non valuti onestamente la loro prestazione. Devi fargli sapere in che cosa devono migliorare.»

Come DeLibero, la guida davvero efficace fornisce, insieme a un feedback utile per correggersi, informazioni specifiche, comunicando al tempo stesso un'aspettativa ottimista sulle capacità di migliorare dell'individuo. Invece, il modo peggiore per fornire un feedback è durante un sequestro emotivo dell'amigdala, quando il risultato sarà inevitabilmente uno scontro. Sebbene questo errore possa avere effetti pericolosi, altrettanto vale per un altro sbaglio comunemente commesso, quello di omettere del tutto il feedback.

Uno studio analizzò gli effetti prodotti sulla fiducia in se stessi dall'offerta di un feedback sulla prestazione; alcuni studenti di scienze aziendali, impegnati in una simulazione di risoluzione di problemi creativi, venivano lodati, criticati o non ricevevano alcun feedback. Gli studenti sapevano che i loro sforzi sarebbero stati confrontati con quelli di centinaia di altre persone alle quali era stato sottoposto lo stesso compito. I soggetti che non ricevettero alcun feedback subirono un colpo alla fiducia in se stessi analogo a quello patito dagli individui fatti oggetto di critiche.[34] Il rapporto avverte che «quando le organizzazioni privano i propri dipendenti di informazioni specifiche legate al loro lavoro, possono inconsapevolmente inibire la loro prestazione».

La gente è affamata di feedback; tuttavia, fin troppi manager, supervisori e alti dirigenti sono incapaci di fornirlo o semplicemente non sono inclini a darlo. In alcune culture — soprattutto in Asia e in Scandinavia — esiste una tacita proibizione nei confronti di un'aperta espressione delle critiche — soprattutto di fronte ad altri. Un dirigente presso una società dell'Arabia Saudita mi racconta: «Nella nostra organizzazione lavorano persone di ventisette diverse nazionalità. La maggior parte di esse viene da paesi dove si insegna a non dire cose spiacevoli della gente con cui si lavora. Perciò è difficile ottenere un onesto feedback sulle prestazioni».

D'altro canto, un feedback brutale può essere una copertura per una semplice aggressione competitiva, un attacco mascherato da «desiderio di aiutare». Il dirigente di una banca dei Paesi Bassi mi spiega: «Qui c'è chi dà un feedback solo per segnare punti a proprio vantaggio in un gioco da *macho* per stare sempre avanti agli altri; questa gente non fa alcuna attenzione all'impatto che esso ha sulla persona che lo riceve: è decisamente troppo brusca. Ma questo non è un vero aiuto — fa solo parte di un gioco. Quello che ci vorrebbe è un po' più di empatia».

Il potere di Pigmalione

Erano la disperazione dei loro compagni d'imbarco: marinai continuamente nei pasticci, o che semplicemente non eseguivano i loro compiti. «Marinai problematici scarsamente motivati» era il termine che la marina degli Stati Uniti usava per definirli; l'immancabile acronimo militare era LP, per «low performer» — individuo dallo scarso rendimento.

Ai supervisori degli LP fu richiesto di adottare una serie di tattiche per modificare il comportamento di costoro. In particolare, fu loro consigliato di fare qualcosa di nuovo, ossia di aspettarsi da questi individui il meglio, nonostante il pessimo curriculum.

I supervisori cominciarono così a far sapere agli LP che credevano nella loro capacità di cambiare e riservarono loro un trattamento da vincenti. Dimostrare questa aspettativa positiva si rivelò una strategia efficacissima: gli LP cominciarono a far meglio sotto ogni aspetto: ricevettero meno punizioni, diedero prestazioni lavorative complessivamente più soddisfacenti e migliorarono pure nell'aspetto personale.[35] Era l'effetto Pigmalione in azione: il solo fatto di aspettarsi il meglio da qualcuno aiuta l'avverarsi dell'aspettativa.

Gli allenatori sportivi e i buoni manager sanno da tempo che possono potenziare la prestazione di un individuo stimolandolo in modo adatto e facendogli sentire la propria fiducia.

Un modo per esprimere la propria aspettativa ottimista è quello di lasciare che i dipendenti siano responsabili nello stabilire i propri obiettivi — invece di dettare dall'alto i termini e i modi del loro sviluppo. Questo comunica la convinzione che essi abbiano la capacità di pilotare il proprio destino— un principio fondamentale sostenuto da chi ha iniziativa.

Un'altra tecnica che incoraggia gli individui a migliorare le proprie prestazioni è quella di indicare i problemi senza offrire una soluzione bell'e pronta; ciò implica che essi possano trovare la soluzione da soli. Figure tutoriali di grande spessore usano una strategia di questo tipo con i loro allievi. Innescano una sorta di dialogo socratico, guidando l'altro attraverso una serie di domande. In tal modo, chi impara arriva da sé alle risposte, il che aumenta la sua fiducia nel prendere le decisioni.[36]

A un livello superiore di valorizzazione, la guida assegna all'altro un incarico dal quale attingere il training, l'esperienza o gli stimoli di cui ha bisogno. Lo può fare delegandogli alcune responsabilità, o nominandolo a capo di un progetto che richiederà nuove abilità da parte sua. Far questo richiede sensibilità, per capire se la persona che si sta cercando di valorizzare sia effettivamente pronta: se l'incarico è troppo semplice, imparerà poco; ma se è troppo difficile, potrebbe sperimentare un fallimento. L'abilità sta nel trovare esperienze che potenzino al tempo stesso le capacità e la fiducia dell'individuo.

Il supporto ultimo arriva con il promuovere i dipendenti in posizioni appropriate — un autentico riconoscimento del loro nuovo livello di competenza, e un nuovo banco di prova per un livello di abilità superiore.

Tuttavia, il grande desiderio di aiutare qualcuno a valorizzarsi può diventare eccessivo, ed entrare in conflitto con gli interessi del gruppo o dell'organizzazione. Mettere troppa enfasi nella formazione e nello sviluppo degli individui a scapito di altre esigenze è pericoloso. I supervisori e i dirigenti che dedicano moltissimo tempo ed energia al training e troppo poco al management finiscono, nel migliore dei casi, per fare un lavoro mediocre.[37]

Come posso aiutarla?

ASSISTENZA AI CLIENTI
Anticipare, riconoscere e soddisfare le esigenze del cliente

Le persone con questa competenza:

- Comprendono le esigenze del cliente trovando servizi e prodotti idonei a soddisfarle
- Cercano il modo di aumentare la soddisfazione e la fedeltà del cliente
- Offrono volentieri l'assistenza appropriata
- Capiscono la prospettiva del cliente, e agiscono come consiglieri di fiducia

Entrare da Stéphane & Bernard — una boutique di St Bart, l'isola dei Caraibi francesi — significa sperimentare l'assistenza al cliente elevata al rango di arte. I proprietari, che danno il nome al negozio, accolgono i visitatori servendo loro una combinazione di charme francese, spirito arguto e attenzione senza pari.

Per due ore, in un ozioso pomeriggio di gennaio, io e mia moglie ci crogiolammo in quell'attenzione. Mia moglie e Bernard parlarono della vita e dei vestiti di lei — conversazione peraltro regolarmente interrotta da lui che correva a cercarle qualcosa da provare che le stesse a pennello. E poi Bernard si prese anche venti minuti per annotarmi una mappa dell'isola, dandomi precise delucidazioni sui ristoranti, le spiagge e i posti migliori per le immersioni subacquee.

«Il mio lavoro consiste prima di tutto nel far sentir bene la gente che entra qui, nel mettere chiunque a proprio agio», spiega Bernard indicando il negozio, una boutique dove i vestiti di quindici grandi stilisti sono stipati in soli quaranta metri quadri. La loro minuscola boutique, rispetto alla media delle altre, guadagna cinque volte di più per metro quadro — entrate per la maggior parte concentrate nei quattro mesi invernali della stagione turistica.

La chiave di questo successo sta nella filosofia del servizio al cliente abbracciata da Stéphane e Bernard. «Per aiutarle, devo conoscere le mie clienti: devo sapere come amano vestire, che cosa piace loro fare, di quale parte del loro corpo sono insoddisfatte», mi spiega Stéphane.

Entrambi rifuggono l'approccio alle vendite tipico di chi è pagato a provvigioni, «nel quale il venditore non si preoccupa che un capo stia bene o meno alla cliente. A quella gente interessa solo chiudere la vendita, e quindi ti diranno che qualsiasi cosa hai scelto è perfetta». Stéphane continua: «se non mi piace come un capo sta addosso a una cliente, lo dico e le spiego perché. Non voglio venderle qualcosa che non è adatto a lei. Per le mie clienti io sono un consulente».

E questo è esattamente il ruolo che Stéphane e Bernard hanno assunto per le loro circa trecento clienti abituali. Le conoscono così bene che — quando sono in viaggio per comprare nuovi capi — effettuano molti acquisti pensando a una di loro in particolare. «Noi costruiamo relazioni», dice Bernard. «Abbiamo un file completo su tutte le clienti, prendiamo nota di quello che comprano e di quello che stanno cercando, e nel corso degli anni le aiutiamo a farsi il loro guardaroba.»

Stéphane e Bernard esemplificano il servizio al cliente nella sua forma più alta: ciò implica la capacità di scoprire le sue esigenze reali, spesso non dichiarate, in modo da trovare infine i servizi o i prodotti più adatti a soddisfarle. Significa anche assumere una prospettiva a lungo termine, e quindi a volte comporta la rinuncia a guadagni immediati per proteggere e preservare la relazione.

L'ideale del servizio, nella forma in cui viene realizzato da migliori operatori, trascende completamente il modello consueto. Le vendite o il continuo andirivieni di gente nel negozio cessano di essere l'unico scopo della relazione, e diventano piuttosto una naturale conseguenza dell'aver soddisfatto le esigenze del cliente.

Un servizio superlativo comporta l'assunzione del ruolo di consigliere fidato, come hanno ben capito Stéphane e Bernard. Questo atteggiamento può comportare, a volte, di prendere posizioni contrarie agli interessi immediati della propria organizzazione, ma che sembrino le più corrette nell'interesse del cliente. Col tempo, questo tipo di relazione basata sulla fiducia può solo rafforzarsi.

Infine, quando il servizio è al massimo livello, si diventa avvocati del cliente. Questo atteggiamento può portare dei benefici a lungo termine: ad esempio, se si consiglia al cliente di non esagerare con gli acquisti, ciò può significare, nel breve termine, vendere di meno, ma aumenta la probabilità che il rapporto rimanga vitale. Questa linea di comportamento potrebbe addirittura spingere il venditore a suggerire un prodotto della concorrenza, perdendo così una vendita immediata, ma cementando una relazione a lungo termine col cliente.

Una visione più ampia

In una moderna organizzazione, chiunque ha dei «clienti». Ogni collega che dobbiamo assistere o le cui esigenze siano in qualche modo influenzate dal nostro lavoro è per noi una sorta di cliente — e gli individui capaci di prestazioni eccellenti si fanno in quattro per assistere i propri, soprattutto nei momenti critici. Li aiutano a far bella figura, così da creare per loro — clienti o colleghi che siano — un successo visibile.

Fra gli individui più brillanti impiegati presso la divisione risarcimenti e indennità della Sandoz Pharmaceuticals, ad esempio, una competenza superiore nel servizio di assistenza si manifestava nel lavorare più a lungo a stretto contatto con il capo delle vendite per aiutarlo a determinare gli incentivi; oppure nel dare il proprio numero telefonico di casa al capo di un dipartimento che stava attraversando un periodo di riorganizzazione e pianificazione critico, mettendosi a sua disposizione giorno e notte per dargli una mano.[38] A volte questa forma di eccellenza significava anche lasciare che un'altra persona si prendesse il merito di un lavoro ben fatto.

Per brillare nell'assistenza occorre monitorare la soddisfazione dei propri clienti, senza aspettare di sentirli lamentare ma offrendo loro spontaneamente informazioni che potrebbero tornargli utili senza finalizzare quel gesto a un immediato tornaconto. Questo getta le basi per una relazione di fiducia, in cui il cliente o il collega si sentirà bene e comincerà a vedere l'altro come una fonte — utile e attendibile — di informazioni; in tal modo la relazione sarà elevata al di sopra del normale rapporto fra compratore e venditore.

Questo comportamento, naturalmente, richiede empatia. Consideriamo i risultati di uno studio sui venditori di un'azienda che produce forniture per gli uffici di industrie e agenzie governative. I venditori di maggior successo sapevano combinare la capacità di assumere la prospettiva del cliente con una sicurezza sufficiente a orientarlo verso una scelta che soddisfacesse le esigenze di entrambi.[39]

Quando un venditore assume troppo il controllo può suscitare del risentimento. Gli operatori di successo, invece, sembrano empatizzare fin dall'inizio dell'interazione percependo il punto di vista del compratore e — mentre l'interazione procede — si sintonizzano con grande precisione sui desideri dell'altro, ad esempio notando segni di disagio in reazione a un suggerimento ed esprimendo un'empatica preoccupazione prima di proseguire.

Lo spostamento del centro della relazione verso le esigenze del cliente procede mano nella mano con un tono emotivo amichevole. Probabilmente, questo è più importante che mai nel trattare con clienti scontenti. «Una cliente aveva delle difficoltà a ottenere un rimborso», ricorda il direttore di un grande negozio.[40] «Venne da me sostenendo che il nostro manager fosse stato villano con lei. Io ero sicuro che si fosse trattato solo di un equivoco, ma in ogni modo mi scusai, l'aiutai a ottenere il suo rimborso e la salutai. Ci volle solo qualche minuto a raddrizzare il problema, e la cliente se ne andò sentendosi meglio di quando era entrata.»

L'ultima riga merita di essere ripetuta: «se ne andò sentendosi meglio di quando era entrata». Il modo in cui i clienti *si sentono* nel momento in cui trattano con un'azienda determina il modo in cui si sentono verso di essa. Psicologicamente, l'«azienda», così com'è sperimentata dal cliente, *non è altro* che la somma di queste interazioni. In ogni interazione fra un'azienda e i suoi clienti, la fedeltà di questi ultimi può andare perduta o uscirne rafforzata. Per parafrasare Peter Drucker, un mago nel campo degli affari, lo scopo non è tanto quello di chiudere una vendita, ma piuttosto quello di farsi, e poi di conservarsi, un cliente.

Il taglio dei costi ha un prezzo

Nancy Cohen entrò in un negozio di Pier 1, intenzionata ad acquistare un set di sedie nuove per la cucina. Il negozio aveva le sedie, ma lei ne uscì furiosa e a mani vuote.

«Ero già orientata all'acquisto» spiegò a un mio collega.[41] «Ma non trovai nessuno che mi aiutasse. Le commesse erano troppo impegnate a chiacchierare fra di loro. Alla fine dissi alla donna che venne a darmi retta: "Sono interessata alle sedie in vetrina. Ne avete in magazzino, e ci sono in altri colori?"»

La risposta fu un vago gesto in direzione di un angolo del negozio pieno di cristallerie e un anche più vago, quasi misterioso: «Penso che ci siano di quel colore».

Detto questo, la commessa si allontanò — dalla cliente e da una vendita di ottocento dollari.

Quella commessa era incompetente nell'abilità dell'assistenza, fondamentale per chiunque lavori a livello dell'interfaccia fra una compagnia e la sua clientela.[42] Purtroppo, nei grandi magazzini e nei discount americani questa incompetenza sta aumentando; un'indagine del 1996 condotta dalla Yankelovich Partners ha classificato il servizio ai clienti di questi dettaglianti all'undicesimo posto su venti, dietro a quelli delle compagnie telefoniche, dei ristoranti e degli uffici postali degli Stati Uniti.[43] Un solo commesso scorbutico ai piani di vendita sembra decisamente uno staff troppo ridotto. Un'altra manovra di taglio dei costi fu quella di ridurre la formazione del personale; il settore del commercio al dettaglio americano oggi investe nel training dei venditori meno di qualsiasi altro settore.

Le peggiori manifestazioni della risultante incompetenza includono un atteggiamento mentale del tipo «noi contro loro», nel quale il cliente viene visto come una sorta di nemico o come qualcuno da manipolare. Questo atteggiamento ostacola l'efficienza dei venditori, che non capiscono davvero il cliente. Questo può portare a trattative di vendita mal gestite, in cui il venditore si impone troppo, comportandosi in modo assai lontano da quelle che sarebbero le esigenze del suo interlocutore.

Trarre forza dalla diversità

FAR LEVA SULLA DIVERSITÀ
Coltivare le opportunità derivanti dalla diversità degli individui

Le persone con questa competenza:
- Rispettano le persone di sfondo diverso e sanno mettersi positivamente in relazione con loro
- Comprendono diverse concezioni del mondo e sono sensibili alle differenze fra gruppi
- Vedono la differenza come un'opportunità, creando un ambiente in cui persone diverse possono prosperare
- Sfidano il pregiudizio e l'intolleranza

Racconto spesso la storia del mio incontro con un autista di autobus di New York, un tipo estroverso che, mentre percorreva le strade della città, cercava di avere un modo di fare allegro con i suoi passeggeri. Quando essi scendevano dall'autobus, l'esuberanza di quell'uomo aveva ormai fatto diradare il loro malumore. Una dimostrazione mozzafiato di abilità sociale.

Raccontando l'episodio, di solito descrivevo l'autista come un «uomo nero sulla sessantina». Ma al termine di una conferenza, una donna afroamericana mi si accostò rivolgendomi una domanda provocatoria: «Perché ha specificato che era nero? L'avrebbe detto se si fosse trattato di un ebreo o di un giapponese?»

Fui molto colpito dalla sua domanda. Ripensandoci, mi resi conto che, per me, accennare alla razza dell'autista faceva implicitamente parte della risposta che stavo cercando di dare al libro *The Bell Curve*, il cui autore sosteneva che il QI rappresentasse la chiave per il successo nella vita e che, quanto ad esso, gli afroamericani fossero svantaggiati rispetto ad altri gruppi.⁴⁴ Nella mia analisi sostenevo che il libro fosse basato su dati non validi e che oltretutto il QI fosse solo un elemento in mezzo a moltissimi altri fattori che portano al successo nella vita — là dove l'intelligenza emotiva ha un ruolo più importante. Volevo sottolineare che quell'afroamericano era ben dotato in quel particolare dominio.

Ma la donna ribatté che io non avevo detto esplicitamente nulla di tutto questo, e a lei aveva dato la sensazione che stessi descrivendo un tizio in grado di cavarsela grazie al suo zelo eccessivo di compiacere i bianchi. In ogni caso, la razza dell'uomo era irrilevante, sosteneva lei.

E aveva ragione. Nel contesto in cui io raccontavo la storia, la razza dell'uomo *era* irrilevante. Richiamare l'attenzione sulla razza dell'autista significava evidenziare una differenza che non c'entrava nulla. Da allora in poi eliminai ogni accenno alla razza dell'uomo.

Attirare l'attenzione sull'affiliazione di qualcuno a un gruppo quando quell'identità è effettivamente irrilevante può evocare, nella mente di tutti gli interessati, uno stereotipo su quel particolare gruppo. E questi stereotipi possono avere un potere *emotivo*, con conseguenze negative ai fini della prestazione.

Il potere distruttivo degli stereotipi, soprattutto per coloro che fanno parte dell'avanguardia di un gruppo minoritario all'interno di un'organizzazione, è stato rivelato in un'elegante serie di studi da Claude Steele, psicologo presso l'Università di Stanford. In effetti, Steele dovrebbe saperlo bene: è uno dei pochissimi membri afroamericani del corpo docente — a grandissima maggioranza bianca — di quell'università.

Sebbene gli esperimenti di Steele riguardassero le prestazioni accademiche, avevano implicazioni dirette per l'ambiente di lavoro in genere: gli stereotipi negativi possono paralizzare la prestazione lavorativa. Per avere successo sul lavoro, la gente deve sentirsi accettata, apprezzata e parte integrante dell'organizzazione, ed essere convinta di avere le capacità e le risorse interiori necessarie non solo per riuscire ma anche per prosperare. Quando gli stereotipi negativi minano questi assunti, possono ostacolare la prestazione.

«Minaccia da stereotipo» è il termine coniato da Steele per riferirsi a quella che è una sorta di mina antiuomo — l'aspettativa di una prestazione deludente che, sebbene non verbalizzata, permea di sé un'organizzazione, creando un'atmosfera che influisce negativamente sulle capacità lavorative.⁴⁵ Tali aspettative possono generare un livello d'ansia che compromette seriamente l'attività cognitiva. Come abbiamo visto nel Capitolo Quinto, una volta risvegliata, l'amigdala può ridurre lo spazio disponibile nella memoria di lavoro — e la minaccia da stereotipo è sicuramente in grado di attivare l'amigdala.

Una minaccia nell'aria

Il test messo a punto da Steele era abbastanza semplice e diretto: studenti di college di entrambi i sessi, molto bravi in matematica, ricevettero dei problemi da risolvere tratti dall'esame di ammissione all'università. I partecipanti furono suddivisi in due gruppi. Ai membri del primo fu detto che il test solitamente dimostrava delle differenze di abilità fra uomini e donne. Agli altri non fu detto nulla.

Il rendimento delle donne risultò apprezzabilmente inferiore a quello degli uomini, ma *solo* nel caso fosse stato detto loro che il test era sensibile alle differenze di genere. D'altro canto, le donne alle quali non erano state menzionate questioni di genere diedero prestazioni buone esattamente come quelle degli uomini!

Lo stesso effetto compromettente sulla prestazione si verificava quando i soggetti sottoposti al test erano di razza nera e ricevevano un analogo messaggio minaccioso. Questi risultati ottenuti da Steele dimostrano in modo drammatico quale effetto potente possa avere anche solo il suggerire uno stereotipo. Steele scoprì che l'ingrediente attivo che abbassava i punteggi delle donne era un'ansia debilitante. Sebbene esse avessero la capacità potenziale di dare una buona prestazione, l'ansia innescata dallo stereotipo minaccioso comprometteva il loro rendimento.

Secondo Steele quest'ansia è esacerbata dal contesto interpretativo creato dallo stereotipo. Le normali ansie associate a un compito stimolante sono viste come una conferma della propria incapacità di riuscire, il che le amplifica fino a portarle a un livello in cui, effettivamente, l'individuo dà prestazioni deludenti.

Le persone che più probabilmente risentono degli effetti della minaccia da stereotipo sono quelle che si trovano all'*avanguardia* di un gruppo — tanto per fare un esempio, le prime donne a pilotare dei jet, o il primo membro di un gruppo minoritario a entrare in studi legali o società di intermediazione finanziaria. Nonostante siano in possesso delle capacità e della fiducia in se stessi per entrare in questi nuovi territori, una volta che vi si trovano costoro possono sentire appieno l'effetto della minaccia da stereotipo, e quindi, per la prima volta, sperimentano improvvisamente delle cadute di prestazione causate dall'emozione.

Le donne ai vertici delle organizzazioni ci offrono un esempio in proposito. Da un'indagine emerse che i direttori generali attribuivano il mancato avanzamento delle donne nella leadership aziendale alla loro mancanza di esperienza in campo manageriale e al fatto che esse non fossero state abbastanza a lungo nelle aziende. Le donne dirigenti, però, nominarono come principali cause gli stereotipi e l'esclusione dalle reti informali dell'organizzazione.[46]

Per le donne dirigenti la minaccia da stereotipo sembra entrare in gioco in circostanze specifiche. Una analisi di sessantuno studi sui pregiudizi contro le donne manager nei posti di lavoro rivelò che tali fattori entravano in gioco soprattutto quando esse lavoravano in posizioni tradizionalmente occupate da uomini, o quando venivano valutate da uomini invece che da altre donne.[47]

Come minacciano gli stereotipi

Steele sostiene che la minaccia da stereotipo è probabilmente una delle ragioni per cui le donne sono meno rappresentate degli uomini in campi come la matematica, l'ingegneria e le scienze fisiche. Sebbene alle elementari e alle medie le giovani americane non presentino alcuna differenza nelle capacità matematiche rispetto ai loro coetanei maschi, una volta entrate alla scuola superiore i loro punteggi cominciano a rimanere indietro, e il divario cresce costantemente al college e all'università. Dal momento dell'iscrizione al college, le donne abbandonano la matematica, le scienze e l'ingegneria con una frequenza due volte e mezza superiore a quella degli uomini. In questi campi le donne americane conseguono solo il 22 per cento dei diplomi di college, il 13 per cento dei PhD e occupano il 10 per cento di posti di lavoro (dove, incidentalmente, guadagnano solo tre quarti del salario corrisposto agli uomini in posizioni simili).[48]

Questo fallimento nella prestazione non ha nulla a che fare con l'abilità — mentre ha molto a che fare con stereotipi invalidanti. Steele sostiene che, nei neri e nelle donne, questi esempi di prestazioni deludenti a dispetto degli elevati punteggi conseguiti nei test dimostrano il ruolo potenziale della minaccia emotiva una volta che l'individuo sia entrato in un dominio nel quale esiste uno stereotipo minaccioso. A quel punto, egli sostiene, l'individuo diventa particolarmente propenso a mettere in dubbio talenti e abilità, e assestando pertanto un duro colpo alla percezione delle proprie capacità. La sua ansia diventa una sorta di riflettore, sia per se stesso, sia (almeno nella sua mente) per chi sorveglia quanto sia buona — o scadente — la sua prestazione.

Gli studenti neri, ad esempio, sono influenzati dalle «voci di inferiorità», come quelle messe in giro dal libro *The Bell Curve*. Lo stesso atteggiamento mentale sbagliato affligge le minoranze oppresse in tutto il mondo. Steele sostiene che in seguito a una lunga esposizione, questi stereotipi sociali negativi fanno presa, esercitando così un'azione intimidatoria sugli appartenenti a questi gruppi. Quell'intimidazione acquista potenza sul piano emotivo esercitando effetti distruttivi sul lavoro.

Il successo attraverso gli altri

Di questi tempi, uno dei motti della Harvard Business School è «Trova il successo grazie a chi è diverso da te». In altre parole, nella diversità c'è una forza e questo rende sempre più fondamentale la capacità di trarre vantaggio da essa.

La sempre maggior varietà di persone che lavorano in organizzazioni di ogni genere esige una maggior consapevolezza delle sottili distorsioni che stereotipi e pregiudizi immettono nelle relazioni di lavoro. Fra i dirigenti, ad esempio, gli individui capaci di prestazioni superiori si distinguono da quelli mediocri perché sono in grado di interpretare le persone con precisione, senza le distorsioni di stereotipi con una forte valenza emotiva.[49]

In genere noi abbiamo delle difficoltà a interpretare gli impercettibili segnali non verbali dell'emozione in chi appartiene a gruppi molto diversi dal nostro, indipendentemente dal fatto che la differenza stia nel genere, nella razza, nella nazionalità o nell'etnia.[50] Ogni gruppo ha le proprie norme per l'espressione delle emozioni, e l'empatia diventa tanto più difficile quanto meno abbiamo familiarità con quelle norme. Come abbiamo visto, una carenza di empatia può portare fuori tono qualsiasi interazione, mettendo a disagio entrambi gli interlocutori e creando una distanza emotiva che a sua volta porta a considerare l'altro attraverso le lenti di uno stereotipo di gruppo piuttosto che come un individuo.

L'ingrediente mancante in molti programmi è che essi non riescono a trarre vantaggio dalla diversità usandola per aiutare i partecipanti a imparare a svolgere meglio il proprio lavoro. Va benissimo fare in modo che persone provenienti da sfondi diversi si sentano a proprio agio e bene accolte sul lavoro, ma possiamo spingerci anche oltre, *traendo vantaggio* dalla loro diversità per potenziarne le prestazioni.

Oltre all'assoluto rifiuto dell'intolleranza, la capacità di trarre vantaggio dalla diversità ruota attorno a tre abilità: saper andare d'accordo con persone diverse da noi; apprezzare il modo di operare unico degli altri; cogliere ogni occasione di lavoro potenzialmente offerta da questi approcci unici.

Questi principi indicano la via per arrivare a quelli che — come sostengono David Thomas e Robin Ely in un articolo comparso sulla *Harvard Business Review* — possono essere i potenziali benefici derivanti dal saper trarre vantaggio dalla diversità: maggiori profitti, come pure un aumento dell'apprendimento, della flessibilità e del rapido adattamento dell'organizzazione ai mercati mutevoli.[51]

Per compiere questo passo aggiuntivo occorre mettere in discussione un assunto molto diffuso, e cioè che l'obiettivo della diversificazione consista semplicemente nell'aumentare, in una forza lavoro, il numero dei diversi tipi di persone facendoli mescolare o incanalandoli in modo che si specializzino a trattare con clienti simili a loro. Questo approccio, secondo Thomas ed Ely, dà per scontato che il solo contributo speciale che le persone di un dato gruppo etnico o razziale possano dare a una compagnia sia quello di mettere a disposizione la propria sensibilità per aiutarla a raggiungere più efficacemente i membri del loro stesso gruppo.

Questo può andar bene, ma non consente di ricavare tutti i vantaggi che la diversità può offrire. Come propongono Thomas ed Ely, persone diverse «portano conoscenze e prospettive differenti, importanti e competitivamente rilevanti sul modo in cui effettivamente *svolgere il lavoro* — come progettare processi, raggiungere obiettivi, inquadrare compiti, creare gruppi efficaci, comunicare idee ed esercitare la leadership».[52] E questa conoscenza può migliorare radicalmente un'organizzazione.

Consideriamo, ad esempio, il caso di uno studio legale degli Stati Uniti nordorientali, che si occupava di cause di pubblico interesse. Negli anni Ottanta, lo staff dello studio, composto interamente di avvocati bianchi, si preoccupò del fatto che i suoi principali clienti — donne coinvolte in cause legali sul posto di lavoro — fossero anch'esse tutte bianche. Gli avvocati sentirono l'obbligo di diversificare la base dei propri clienti.

Così lo studio assunse una donna avvocato ispanica, sperando che avrebbe portato con sé la propria clientela ispanica. Ma accadde *qualcosa di più*: la donna portò con sé anche un modo nuovo di pensare all'attività fondamentale dello studio. Una delle conseguenze fu che esso espanse la propria attività al di là delle cause delle donne, estendendola, per esempio, a controversie che stabilivano dei precedenti mettendo in discussione la politica di assumere solo personale di lingua inglese.

Quando lo studio cominciò a ingaggiare altri avvocati non bianchi, afferma uno dei soci maggioritari, «la cosa influenzò il nostro lavoro, ampliando la nostra concezione dei casi rilevanti e inquadrandoli in modi creativi che non sarebbero mai stati possibili con uno staff composto interamente di bianchi. Cambiò davvero la sostanza del nostro lavoro, e in questo senso ne migliorò anche la qualità».[53]

Quando i leader delle organizzazioni apprezzano le intuizioni offerte da persone provenienti da sfondi diversi, ciò può portare a un apprendimento collettivo che aumenta la competitività. Prendiamo, ad esempio, una società di servizi finanziari il cui modello di vendita si esplicava in un rapido fuoco di fila di telefonate finalizzate a prendere nuovi contatti; a un certo punto emerse che i venditori di maggior successo erano alcune donne che usavano un approccio alle vendite più in armonia con il loro stile di genere, avvalendosi cioè di una lenta e sicura costruzione di relazioni.

Oggi quella compagnia adotta un approccio alle vendite più flessibile, incoraggiando e gratificando stili differenti che meglio si adattano a venditori di diverso background. Essa è riuscita ad avvalersi dell'intuizione offerta dal successo delle sue venditrici per mettere in discussione i propri stessi assunti, per apprendere e per cambiare, migliorando così la propria capacità di trarre vantaggio dalla diversità.

Conoscere il territorio

CONSAPEVOLEZZA POLITICA
Leggere le correnti sociali e politiche

Le persone con questa competenza:
- Sanno interpretare accuratamente i fondamentali rapporti di potere
- Individuano reti sociali essenziali
- Comprendono le forze che danno forma ai punti di vista e alle azioni di committenti, clienti o concorrenti
- Sanno interpretare accuratamente le situazioni e le realtà interne ed esterne all'organizzazione

Un abile diplomatico racconta di essere stato assegnato a una nazione africana ricca di petrolio, e di aver ben presto capito che a dirigere la sua politica petrolifera era «il nipote dell'amante dell'assistente del primo ministro». Perciò fece immediatamente in modo di essere invitato a un ricevimento dove incontrarlo, stringere amicizia con lui e alla fine influenzarlo politicamente.[54]

La capacità di leggere le realtà politiche è vitale per costruire dietro le quinte reti e coalizioni, così da esercitare un'influenza indipendentemente dal proprio ruolo professionale. Gli individui mediocri mancano di questo acume sociale, e pertanto tradiscono un livello penosamente basso di abilità politica.

La direttrice della formazione e sviluppo del personale presso una delle cinquecento aziende americane con il massimo fatturato annuo mi avvicinò perché la aiutassi a redigere un programma di training per i dirigenti, affermando candidamente che «molti dei nostri manager potrebbero essere descritti come praticamente inconsapevoli, ignari di ciò che accade loro intorno».

Ogni organizzazione ha il proprio sistema nervoso di connessioni e influenze. Alcune persone sono ignare di questo mondo, che resta fuori dalla portata del loro radar, mentre altri lo controllano perfettamente. L'abilità di leggere le correnti che influenzano chi *davvero* prende le decisioni dipende dalla capacità di empatizzare non solo a livello interpersonale, ma anche di organizzazione.

In un'organizzazione, le persone che mantengono ricche reti personali in genere sanno bene che cosa succede intorno a loro, e questa intelligenza sociale si estende alla comprensione delle realtà più ampie che influenzano l'azienda. Ad esempio, saper leggere le correnti interne all'organizzazione del cliente è una caratteristica dei migliori venditori. Un individuo di successo, abile politicamente, mi fece questo esempio: «Emerse molto rapidamente che un vicepresidente esecutivo, uno relativamente nuovo nel consiglio, era in realtà un astro nascente e il "prediletto" del presidente di una società nostra cliente. Era lui quello che davvero prendeva le decisioni: il presidente gli dava carta bianca. Scoprimmo che coltivare una relazione con lui era nel nostro interesse, fondamentale per raggiungere gli obiettivi di vendita».[55]

Nella maggior parte delle organizzazioni, gli individui che eccellono condividono questa abilità. In genere, fra i dirigenti, questa competenza emotiva distingue gli individui capaci di prestazioni superiori; l'abilità nel leggere obiettivamente le situazioni, senza le lenti deformanti di pregiudizi o assunti personali, consente loro di reagire efficacemente — e quanto più si sale nella scala gerarchica dell'organizzazione, tanto più questa abilità si rivela importante.[56]

Gli alti dirigenti si trovano continuamente nella difficile situazione di dover bilanciare prospettive o interessi apparentemente conflittuali, indipendentemente dal fatto che provengano dalla realtà interna o esterna all'azienda.

Chi è abile in quest'impresa è in grado di prendere un poco le distanze e di mettere da parte il proprio coinvolgimento emotivo rispetto agli eventi, così da considerarli con maggiore obiettività. Ad esempio, di fronte a un conflitto all'interno della loro organizzazione, costoro sanno considerare il problema da molteplici prospettive e descrivere con una certa accuratezza la posizione di ogni persona che vi sia coinvolta. Questo è vero nonostante ciascuno di noi si imbatta in ben pochi eventi — soprattutto nel caso di quelli con una valenza emotiva — sui quali non abbia opinioni o sentimenti. Questa competenza emotiva, allora, si basa al tempo stesso sull'autocontrollo emotivo e sull'empatia, consentendo all'individuo una visione chiara della situazione ed evitando che egli soggiaccia alla propria posizione personale.

Senso politico

Durante il governo di Deng Xiaoping, il vicepresidente di una grande compagnia petrolifera americana si recò in Cina. Mentre era là, tenne una conferenza a un piccolo gruppo di ufficiali cinesi, nel corso della quale fece qualche commento critico sul presidente Clinton.[57]

Il suo pubblico stava ad ascoltare in un silenzio di ghiaccio e quando egli finì di parlare, nessuno aprì bocca. Il giorno dopo, qualcuno si recò negli uffici della compagnia petrolifera a scusarsi, dicendo, con una certa delicatezza, «ci dispiace di non aver potuto sostenere una conversazione in modo più interattivo, ieri. Ma lei capisce che molti degli argomenti toccati dal vostro vicepresidente ci sono estranei.»

Il capo dell'ufficio, che ricevette il messaggio, disse in seguito: «Trovai che fossero stati molto gentili. Quello che non mi dissero in faccia fu "Il vostro vicepresidente può criticare Clinton e pensare che sia tutto a posto. Ma se uno di noi facesse altrettanto con il nostro capo di stato, probabilmente il giorno dopo si ritroverebbe dietro le sbarre"».

Il vicepresidente della compagnia petrolifera si era dimostrato scarsamente sensibile alle regole fondamentali della cultura con cui stava interagendo. Come nel caso delle culture nazionali, ogni organizzazione ha le sue regole implicite che stabiliscono che cosa sia accettabile, e che cosa non lo sia. A questo livello, empatizzare significa entrare in sintonia con il clima e la cultura di un'organizzazione.

L'inevitabile politica all'interno delle organizzazioni crea coalizioni in reciproca competizione e accende lotte di potere. L'essere sensibili a queste linee di frattura politica — a queste alleanze e rivalità — mette l'individuo nelle migliori condizioni per comprendere i problemi di fondo e affrontare ciò che davvero conta per prendere decisioni fondamentali. A un livello di competenza ancora superiore, questa consapevolezza si estende a forze di più ampia portata presenti nella realtà — ad esempio pressioni competitive o governative, opportunità tecnologiche, forze politiche e simili — che determinano le opportunità e i vincoli complessivi a cui è soggetta l'organizzazione.

Un avvertimento: sebbene gli «animali politici» — quelli che vivono in funzione dei giochi politici all'interno dell'organizzazione, alla ricerca del proprio interesse e del proprio avanzamento — studino con entusiasmo l'invisibile rete del potere, la loro debolezza sta nel fatto che sono motivati esclusivamente dal proprio tornaconto. Essi ignorano ogni informazione che non abbia a che fare con i loro programmi personali — e questo può creare dei punti ciechi. Ciò significa anche che costoro si desintonizzano dai sentimenti di chi li circonda, con la sola eccezione di quelli che abbiano qualche pertinenza con le loro ambizioni; tutto ciò fa apparire i cosiddetti animali politici come persone che non si curano degli altri, insensibili ed egocentriche.

Il disprezzo (o il disinteresse) per la politica dell'organizzazione è un altro lato negativo. Quale che ne sia la ragione, chi manca di perspicacia politica molto spesso compie degli errori nel tentativo di mobilitare gli altri alla propria causa, se non altro perché i suoi tentativi di esercitare un'influenza sono male orientati o inefficaci. Non basta più un'accurata comprensione della struttura formale dell'organizzazione; qui ci vuole anche un'acuta percezione della sua struttura informale, e dei suoi centri di potere non ufficiali.

8
Le arti dell'influenza

La fusione della Salomon Brothers e della Smith Barney creò una delle più grandi imprese finanziarie del mondo. Sulla stampa specializzata l'evento venne salutato come il coronamento del successo di Sanford («Sandy») Weill, il direttore generale della Smith Barney che aveva organizzato la fusione (e che, di lì a qualche mese, avrebbe proceduto a orchestrarne un'altra, con la Citicorp).

Nell'arco di qualche settimana dall'annuncio della fusione, in entrambe le aziende si tennero alcuni incontri per spiegare ai dipendenti i dettagli delle modalità con cui le due grandi aziende si sarebbero trasformate in un unico gigante. Come succede di solito nel caso di tali fusioni, centinaia di persone avrebbero perso il proprio lavoro, dal momento che molte funzioni erano presenti in entrambe le compagnie.

Come si fa a comunicare queste notizie, senza rendere più preoccupante una realtà che già lo è abbastanza?

Un capo dipartimento lo fece nel modo peggiore. Tenne un discorso tetro — perfino minaccioso — dicendo essenzialmente: «Non so che cosa farò, ma non aspettatevi che sia gentile con voi. Devo licenziare metà dei dipendenti qua dentro, e non so esattamente come prenderò queste decisioni, così vorrei che ciascuno di voi mi informasse sul suo background e le sue qualifiche in modo che io possa cominciare».

La sua controparte presso l'altra compagnia, se la cavò molto meglio. Il suo messaggio era ottimista: «Noi crediamo che questa nuova compagnia costituirà una piattaforma di lancio decisamente entusiasmante per il nostro lavoro, e abbiamo la fortuna di poter operare con le persone di maggior talento di entrambe le organizzazioni. Prenderemo le nostre decisioni il più velocemente possibile, ma non prima di essere assolutamente sicuri di aver raccolto abbastanza informazioni per poter procedere in modo giusto. Vi aggiorneremo a intervalli di qualche giorno su ciò che stiamo facendo. E decideremo sia sulla base di dati di rendimento obiettivi, sia sulla base di capacità qualitative, come quella di lavorare in team».

I dipendenti del secondo gruppo — mi disse Loehr, un managing director della Salomon Smith Barney — «divennero *più* produttivi, perché erano eccitati dalle potenzialità dell'evento. E sapevano che se anche si fossero ritrovati senza lavoro, la decisione sarebbe comunque stata presa in modo corretto».

Ma nel primo gruppo, osserva, «erano tutti demotivati. Avevano sentito il discorso del capo — "Non sarò trattato in modo giusto", pensavano — e questo aveva innescato un attacco dell'amigdala collettivo. Erano amareggiati, demoralizzati. Dicevano — "Non so nemmeno se *voglio* lavorare per questo cretino, figuriamoci per la compagnia." I cacciatori di teste si misero in contatto con queste persone e si portarono via le migliori — ma non quelle dell'altro gruppo».

Loehr mi disse: «Quando la Lehman non riuscì a integrarsi completamente con la Shearson al momento della loro fusione, ci fu un enorme indebolimento. Ma quando la Smith Barney rilevò la Shearson, riuscì a far funzionare la cosa. La differenza sta tutta nel modo in cui tratti la gente subito dopo la fusione. Ciò stimola il radicare della fiducia fra le due culture. Il genio di Sandy Weill sta nella sua capacità di integrare le aziende velocemente, in modo che esse non muoiano».

L'arte dell'influenza implica la capacità di guidare efficacemente le emozioni *altrui*. Entrambi i capi dipartimento erano, in questo senso, influenti — ma in direzione opposta. Gli individui capaci di prestazioni eccellenti sono bravissimi a inviare segnali emotivi: un'abilità, questa, che fa di loro dei potenti comunicatori, capaci di dominare un pubblico — in poche parole, dei leader.

Le emozioni sono contagiose

Tutte queste abilità traggono vantaggio da un fondamentale dato di fatto: noi influenziamo reciprocamente i nostri stati d'animo. Nel bene e nel male, influenzare lo stato emotivo di un'altra persona è perfettamente naturale: lo facciamo costantemente, lasciandoci reciprocamente «contagiare» dalle emozioni come se fossero una sorta di virus sociale. Questo scambio emotivo costituisce un invisibile equilibrio interpersonale, che fa parte di ogni interazione umana, sebbene spesso sia troppo impercettibile per essere notata.

Anche così la trasmissione dello stato d'animo è straordinariamente efficace. Quando, in uno studio sull'umore condotto su volontari, tre estranei sedevano tranquillamente insieme per un paio di minuti, nell'arco di quel breve periodo la persona emotivamente più espressiva riusciva a trasmettere il proprio umore alle altre due.[1] In ogni seduta, lo stato d'animo col quale l'individuo più espressivo era entrato nella stanza era anche quello con il quale si ritrovavano gli altri due all'uscita — indipendentemente dal fatto che si trattasse di felicità, noia, ansia o collera.

Le emozioni sono contagiose. Come disse C.G. Jung, il grande psicanalista svizzero, «nella psicoterapia, anche se il medico è del tutto distaccato dai contenuti emotivi del paziente, il fatto stesso che questi abbia delle emozioni ha un effetto su di lui. Ed è un grande errore se il medico pensa di potersi sollevare al di sopra di questo. Non può far altro che diventare consapevole del fatto che è influenzato. Se non si rende conto di questo, è troppo distante e quindi non capisce nulla».

Quel che vale a proposito dell'intimo scambio della psicoterapia non è meno vero in un grande magazzino, in una sala del consiglio o in quella sorta di serra delle emozioni che è la vita d'ufficio. Noi ci trasmettiamo gli stati d'animo con tanta facilità perché essi sono segnali potenzialmente vitali per la sopravvivenza. Le emozioni ci informano su che cosa concentrarci, ci dicono quando dobbiamo tenerci pronti all'azione. Esse sono il mezzo per fermare l'attenzione e hanno la funzione di avvertimenti, inviti, allarmi e simili. Si tratta di messaggi potenti, che trasmettono informazioni essenziali senza necessariamente verbalizzarne i dati. Le emozioni sono un metodo di comunicazione efficacissimo.

In un gruppo di esseri umani primitivi, il contagio emotivo — la diffusione della paura da un individuo all'altro — funzionava presumibilmente come un segnale d'allarme per concentrare rapidamente l'attenzione di chiunque su un pericolo imminente, ad esempio una tigre in agguato.

Oggi, lo stesso meccanismo collettivo opera ogni qualvolta si sparge la voce di un'allarmante flessione nelle vendite, di un'imminente ondata di licenziamenti o di una nuova minaccia da parte di un concorrente. Ogni individuo facente parte della catena di comunicazione attiva nel suo vicino uno stato emotivo identico al proprio, trasmettendo così il messaggio di allerta.

Le emozioni sono un sistema di segnalazione che non ha bisogno di parole — il che, secondo i teorici dell'evoluzione, è probabilmente una delle ragioni che spiega come mai esse ebbero un ruolo tanto potente nello sviluppo del cervello umano, molto tempo prima che le parole diventassero per la nostra specie uno strumento simbolico. Questa eredità evolutiva significa che il nostro radar per le emozioni ci sintonizza su coloro che ci stanno intorno, aiutandoci a interagire in modo più fluido ed efficace.

L'equilibrio *emotivo* è la somma totale degli scambi di sentimenti che avvengono fra noi. In modo (più o meno) impercettibile tutti noi possiamo, come risultato del contatto, far sentire il nostro interlocutore un po' meglio (o molto peggio); ogni incontro può essere pesato su una scala che va, emotivamente parlando, dal tossico al corroborante. Sebbene il suo funzionamento sia in larga misura invisibile, questo equilibrio può produrre immensi benefici per un'azienda o per il tono dell'organizzazione.

Il cuore del gruppo

Un gruppo di dirigenti sta discutendo su come distribuire in bonus una quantità di denaro limitata. Ciascuno di essi presenta un candidato del proprio dipartimento, motivando l'entità del premio. È un tipo di discussione che può assumere toni astiosi o finire in armonia — a seconda.

A seconda di che? È emerso che ciò che fa la differenza sono gli *stati d'animo* che si diffondono fra i dirigenti durante la discussione. Gli stati d'animo con i quali gli individui si contagiano mentre lavorano insieme sono un ingrediente essenziale — ma spesso trascurato — per determinare quanto *bene* essi lavorino. Un'impressionante dimostrazione scientifica di come gli stati d'animo che si propagano in un gruppo possano influenzarne la prestazione è stata ottenuta da Sigal Barsade, professore della Yale University School of Management.[2] Alcuni volontari della scuola di scienze aziendali furono convocati affinché facessero la parte dei manager impegnati a decidere l'assegnazione dei bonus. Ogni volontario aveva due obiettivi: ottenere il bonus più sostanzioso possibile per il proprio candidato, e aiutare il comitato, come gruppo, a fare il miglior uso dei fondi nell'interesse della compagnia.

Quel che i volontari non sapevano, era che fra di essi c'era un infiltrato, una persona d'accordo con Barsade e da lui istruita. Attore esperto, costui parlava sempre per primo, sostenendo sempre gli stessi argomenti. Ma lo faceva adottando ogni volta *una* chiave emotiva su quattro possibili, e precisamente: con allegro, effervescente entusiasmo; con una cordialità rilassata e serena; con una depressa indolenza, o con un fare spiacevolmente irritabile e ostile. Il suo vero ruolo era quello di infettare il gruppo con l'uno o l'altro di questi stati emotivi, come qualcuno che diffondesse un virus in mezzo a delle vittime inconsapevoli.

Effettivamente, le emozioni si diffondevano come un virus. Quando l'attore faceva il suo discorso in tono allegro o cordiale, quei sentimenti si propagavano in tutto il gruppo, rendendo le persone più positve via via che l'incontro proseguiva. Quando si mostrava irritabile, la gente si sentiva a sua volta più scontrosa. (La depressione, d'altro canto, si diffondeva poco, forse perché in genere essa si manifesta come un sottile isolamento sociale — indicato, ad esempio, da uno scarso contatto oculare — e quindi è soggetta a scarsa amplificazione.)

I sentimenti positivi si diffondevano più potentemente di quelli negativi e i loro effetti erano estremamente salutari in quanto potenziavano la cooperazione, la lealtà, la collaborazione e la prestazione complessiva del gruppo. Il miglioramento era qualcosa di più di un'aureola di buoni sentimenti: misure obiettive dimostrarono che i gruppi erano più efficienti — in questo caso, capaci di distribuire meglio il denaro dei bonus, assegnandolo in modo equo e con criteri tali che avrebbero arrecato il massimo beneficio alla compagnia.

Nel mondo del lavoro, indipendentemente dal problema contingente, gli elementi emotivi hanno un ruolo essenziale. Per essere competenti occorre saper navigare nelle correnti emotive sotterranee, peraltro sempre presenti, senza consentir loro di trascinarci a fondo.

Guidare le emozioni altrui

È la fine di una lunga, estenuante giornata, calda e umida, a Disney World, e un autobus carico di genitori e bambini si sta accingendo a un viaggio di venti minuti per riportarli in albergo. I bambini sono sovreccitati e nervosi, proprio come i genitori. Tutti si beccano.

È una corsa in autobus all'inferno.

Poi, levandosi al di sopra del mormorio opprimente dei bambini piagnucolanti e dei loro genitori, ecco una debole melodia. L'autista ha cominciato a cantare un motivo, «In fondo al mar», dal cartone *La sirenetta*. Tutti cominciano a calmarsi e ad ascoltare. Poi una bambina si associa, seguita da diversi altri. Alla fine della corsa tutti cantano «Il cerchio della vita», dal *Re Leone*, e una miscellanea di altre canzoni di Disney. Quello che prometteva di essere un viaggio infernale si è trasformato nel piacevole finale allietato dalla musica di una giornata densa di eventi.

Quell'autista sapeva benissimo ciò che stava facendo. In realtà, gli autisti che cantano fanno parte di una strategia intenzionale per mantenere sereni i visitatori. Ricordo ancora (con un certo piacere) l'autista di un autobus di Topolino che, quando visitai Disneyland da bambino negli anni Cinquanta, proruppe nel tema musicale di *Mickey Mouse Club*, un programma televisivo allora molto in voga; rimane il mio più vivo ricordo di quel viaggio di vacanza.

Questa strategia si avvale in modo intelligente del fenomeno del contagio emotivo. Nel bene o nel male, tutti noi facciamo parte, per così dire, della cassetta degli attrezzi emotivi degli altri; stimoliamo continuamente gli stati emozionali altrui, proprio come gli altri fanno con i nostri. Da ciò deriva un potente argomento contro la libera espressione di sentimenti tossici sul lavoro: chi si comporta così avvelena il pozzo. Sull'altro versante, quel che ci fa nutrire sentimenti positivi verso una compagnia si basa, in larga misura, sul modo in cui la gente che la rappresenta ci fa sentire.

Nelle organizzazioni, gli individui più efficaci lo sanno per istinto; costoro impiegano spontaneamente il proprio radar emozionale per percepire la reazione degli altri, e regolano le proprie risposte in modo da spingere l'interazione nella direzione migliore. Come mi disse Tom Pritzker, presidente degli Hyatt Hotel, «il valore della donna che sta alla cassa e sa persuadere il cliente col suo sorriso non può essere quantificato, ma il vantaggio comportato dalla sua presenza è percepibile». (I sorrisi sono il segnale emotivo più contagioso di tutti, avendo il potere quasi irresistibile di far sorridere gli altri. L'atto del sorridere, di per se stesso, evoca sentimenti positivi.[3])

Gli stessi meccanismi cerebrali che stanno alla base dell'empatia e spiegano la sintonia emotiva sono quelli che aprono la strada al contagio delle emozioni. Ma oltre al circuito che irradia dall'amigdala, qui sono implicate anche le aree basali (compreso il tronco cerebrale) che regolano le funzioni automatiche riflesse. Queste aree operano per creare uno stretto circuito di collegamento biologico, ricreando in un individuo lo stato fisiologico dell'altro — e questa sembra proprio essere la via seguita dalle emozioni nel loro passaggio da un individuo all'altro.[4]

Questa via è quella percorsa anche quando qualcuno domina abilmente il suo pubblico. Come osserva Howard Friedman, uno psicologo dell'Università della California di Irvine, «l'essenza stessa di una comunicazione eloquente, appassionata e piena di spirito sembra implicare l'uso di espressioni facciali, toni di voce, gesti e movimenti del corpo per trasmettere emozioni». La ricerca di Friedman dimostra che le persone dotate di questa destrezza emotiva hanno maggior facilità a commuovere e ispirare gli altri e a catturare la loro immaginazione.[5]

In un certo senso, l'esibizione delle emozioni è come un teatro.

Tutti noi abbiamo un retroscena — la zona nascosta dove sperimentiamo le nostre emozioni — e un palcoscenico, l'arena sociale dove presentiamo solo quelle che decidiamo di rivelare. Questa intima scissione fra la nostra vita emotiva pubblica e privata è analoga al concetto del negozio davanti con l'ufficio sul retro. L'esibizione delle emozioni è controllata con maggiore attenzione durante l'interazione con i clienti, e molto meno bene dietro le quinte. Tale discrepanza può essere infelice: come osservò un consulente, «diversi dirigenti che sembrano molto carismatici fuori dall'ufficio, quando vi rientrano si comportano da idioti con i loro dipendenti.» La direttrice di una grande scuola di catechismo si lamentò con me del suo ministro: «È davvero troppo impassibile, completamente inespressivo. È talmente difficile da interpretare che io non so come prendere gran parte di ciò che dice: è difficilissimo lavorare con lui». L'incapacità di gestire ed esprimere in modo appropriato le emozioni può essere un grave handicap.

Le abilità sociali, intese essenzialmente come il saper guidare ad arte le emozioni *di un'altra persona*, sono alla base di diverse competenze. Esse includono:

- *Influenza*: adoperare tattiche di persuasione efficaci
- *Comunicazione*: inviare messaggi chiari e convincenti
- *Gestione del conflitto*: negoziare e risolvere i conflitti
- *Leadership*: ispirare e guidare gli altri
- *Catalizzare il cambiamento*: innescare, promuovere o guidare il cambiamento

Il dono della persuasione

INFLUENZA
Adottare strumenti di persuasione efficaci

Le persone con questa competenza:
- Sono abili nell'arte della persuasione
- Sono capaci di adeguare il proprio approccio in modo da interessare l'ascoltatore
- Usano strategie complesse, come l'influenza indiretta, per costruire intorno a sé consenso e appoggio
- Orchestrano eventi di grande impatto per far centro

Il rappresentante di una compagnia americana a Tokyo stava portando il suo superiore, lì in visita, a una serie di incontri con le loro controparti giapponesi. Mentre erano diretti al primo di quegli incontri, il rappresentante, che parlava benissimo il giapponese, consigliò al suo capo di non chiedergli di tradurre davanti ai loro interlocutori, ma di affidarsi invece all'interprete. Il superiore fu senz'altro d'accordo.[6]

Perché?

«Penseranno che sono solo un portavoce che fa rapporto a New York. Io ho cercato di fare in modo che mi vedessero davvero investito del potere di prendere decisioni sul posto. Volevo essere considerato quello che aveva in mano gran parte della trattativa. Io avevo le risposte, non New York.»

Questa sensibilità all'impatto di una questione apparentemente così banale rivela una notevole sofisticazione nel campo dell'influenza. Al livello più elementare, l'influenza e la persuasione fanno perno sulla capacità di risvegliare emozioni specifiche in altre persone — indipendentemente dal fatto che si tratti di rispetto per il nostro potere, passione per un progetto, entusiasmo per superare un concorrente o risentimento per un atto sleale.

Le persone abili nell'arte dell'influenza sanno percepire o addirittura anticipare la reazione del pubblico al proprio messaggio, e riescono a portare tutti verso l'obiettivo desiderato. Alla Deloitte and Touche Consulting, ad esempio, gli individui capaci di prestazioni eccellenti sanno che un buon argomento può non bastare a convincere il cliente, e hanno la capacità di percepire quali altri elementi serviranno a persuadere chi deve prendere le decisioni-chiave.[7] Qui è fondamentale saper rendersi conto di quando gli argomenti logici vanno a vuoto e di quando appelli di natura più emotiva possano contribuire all'impatto desiderato.

Questa competenza emotiva emerge sempre più spesso come carattere distintivo degli individui eccellenti, soprattutto fra i supervisori e i dirigenti.[8] A ogni livello, tuttavia, è necessaria una comprensione sofisticata dell'influenza. «Nelle posizioni di primo impiego, essere troppo motivati dal potere e preoccuparsi eccessivamente di avere un impatto può farti uno sgambetto, soprattutto se uno cerca di prendere le arie e di assumere i segni del potere», mi spiega Richard Boyatzis. «Se ti avessero appena promosso sales manager e cercassi di fare impressione sugli altri tenendo le distanze o ostentando il tuo status — ad esempio se cominciassi a metterti abiti formali e costosi o chiedessi ai subordinati di smettere di chiamarti per nome — potresti allontanare gli altri.»

Gli stratagemmi usati dagli individui più efficaci vanno dall'orientamento dell'impressione, ad appelli alla ragione e ai fatti, ad argomenti o azioni di grande impatto, fino alla costruzione di coalizioni e appoggi dietro le quinte, all'enfatizzare l'informazione-chiave, e così via. Ad esempio, un manager di spicco fu messo a capo del *controllo di qualità* di una grande fabbrica. La prima cosa che fece fu di cambiare il nome della sua unità in *servizi di qualità*, uno spostamento di accento impercettibile ma importante: «L'immagine che volevo creare era di un'organizzazione che non avesse semplicemente funzioni di polizia, ma che fornisse anche un input tecnico. Così adesso siamo fortissimi nel risalire alle cause delle lamentele dei clienti, e quelli della produzione non si mettono immediatamente sulla difensiva».[9]

Un'azione di grande impatto cattura l'attenzione e risveglia l'emozione; se ben condotte, queste sono fra le strategie di influenza più efficaci. «Di grande impatto» non significa necessariamente mostrare immagini appariscenti durante le dimostrazioni; a volte l'effetto può essere ottenuto con i mezzi più prosaici. Un bravo venditore mandò in visibilio un potenziale cliente passando gran parte della giornata con le maniche rimboccate usando uno dei suoi prodotti per aggiustare un'apparecchiatura — per giunta acquistata da un concorrente!

Quello che gli conquistò la fiducia del cliente fu la dimostrazione del livello di assistenza che ci si poteva aspettare da lui.[10] Come disse lui stesso, «erano sbalorditi».

Prima di tutto, costruire il rapporto

L'empatia è una competenza fondamentale ai fini dell'arte dell'influenza; è impossibile avere un impatto positivo sugli altri se prima non percepiamo come si sentono e non comprendiamo la loro posizione. Le persone incapaci di leggere gli indizi emozionali e inette nelle interazioni sociali lasciano anche molto a desiderare per quanto riguarda l'influenza. Il primo passo per essere influenti è quello di saper costruire un rapporto.

Per un analista che lavorava presso una compagnia petrolifera americana presente sul mercato mondiale, ad esempio, questo significava modificare il modo in cui accostarsi ai rappresentanti di una banca sudamericana.[11] Come disse lui stesso, «ho molti fondi che vanno avanti e indietro, e la banca vi ha un ruolo importante; in Sud America i legami di amicizia significano molto quando fai affari. Io volevo poter chiamare uno dei loro rappresentanti e dirgli "ehi, ho un problema", e che quello fosse disponibile a lavorare con noi per finire il lavoro». La sua tattica: un lungo incontro senza fretta, innaffiato di caffè, con diversi rappresentanti-chiave, nel corso del quale parlarono di sé, delle loro famiglie, della loro vita — e non solo di affari.

Analogamente, il rappresentante di un'industria manifatturiera mi spiega: «Quando vai da un cliente, la prima cosa che fai è di scandagliare il suo ufficio per cogliere qualcosa di cui lui sia entusiasta e appassionato, ed è proprio da lì che cominci la conversazione». Il suo approccio dà per scontato che la costruzione di un rapporto debba necessariamente precedere l'opera di persuasione. Come raccontò un bravissimo venditore, «a volte significa che entro senza la valigetta e dico "Ehi, come butta oggi? Vi va un hotdog dal tizio giù all'angolo? Andiamo a farcelo insieme". E so benissimo che se vado a incontrare l'uomo in jeans e camicia di flanella certo non mi metterò l'abito elegante col panciotto».[12]

Ritroviamo tattiche di persuasione simili nel dirigente che sta cercando di trovare qualcuno disposto ad accettare un lavoro che richiede il trasferimento in un'altra città: sa che la potenziale candidata ama la vela — e così le mostra il porticciolo locale; poi punta sull'amore di suo marito per l'equitazione, e lo presenta a degli amici che vanno a cavallo, in modo che anche lui sarà favorevole al trasferimento.

La persuasione è agevolata dall'identificare un legame o qualcosa in comune; pertanto, prendersi del tempo per stabilire quel legame non è una digressione, ma un passo essenziale verso l'obiettivo. L'annuncio di un cambiamento da parte di un direttore generale distante e in larga misura invisibile, può avere un potere persuasivo meno immediato dello stesso messaggio emesso da qualcuno con cui i dipendenti abbiano un contatto quotidiano. Una strategia per diffondere il cambiamento in un'organizzazione grande ed estesa, allora, è quella di servirsi di reti di leader locali — le persone all'interno di un gruppo di lavoro che tutti conoscono, amano e rispettano.[13]

Ai massimi livelli di efficacia, gli individui più abili nelle arti dell'influenza si affidano a strategie indirette, in modo che la loro mano sia pressoché invisibile. Essi fanno in modo che a discutere i punti cruciali, stabilendo catene di influenza, sia una terza parte; costruiscono dietro le quinte coalizioni efficaci che assicurino il loro appoggio; correggono la presentazione dell'informazione in modo impercettibile, così che tutti arrivino, facilmente e spontaneamente, a dare il consenso desiderato.

La regola empirica è che la costruzione del consenso è essenziale, ma questa massima finisce per essere ignorata in misura sorprendente. In uno studio sulle decisioni strategiche prese da 356 compagnie americane, più della metà di esse non venne mai adottata, fu realizzata soltanto parzialmente o abbandonata fin dal principio.[14]

La ragione di fallimento più comune di questi piani era da ricercarsi in dirigenti autoritari che cercavano di imporre le proprie idee invece di circondarsi di consenso. Nel 58 per cento dei molti casi in cui venne adottato un approccio autoritario il risultato fu un fallimento. Ma se i dirigenti conferivano con i colleghi per ripensare con loro le priorità a lungo termine, il piano strategico risultante veniva adottato nel 96 per cento dei casi. Come dice Paul McNutt, professore di management presso la Ohio State University e autore dello studio, «se coinvolgi gli altri almeno in alcuni passaggi del processo, essi diventeranno i tuoi missionari».

Non riuscire a convincere

La manifestazione di beneficenza era per una buona causa: il miglioramento di una scuola materna per i figli di madri lavoratrici single e prive di mezzi. Un'artista del luogo di una certa rinomanza a livello nazionale aveva invitato circa un centinaio di amici a una mostra dei suoi lavori più recenti, e c'era anche un raffinato buffet offerto da diversi ristoranti. Dopo mangiato, l'ospite riunì tutti nel prato e presentò loro la direttrice dell'organizzazione che gestiva la scuola, la quale esordì con un dettagliato resoconto degli eventi della sua vita che l'avevano portata a fare il suo lavoro attuale. Poi la donna si lanciò, senza perdere un colpo, nel racconto della nascita della scuola. Dopo di che andò avanti addentrandosi in tutta la storia dell'istituto — in quelli che per il pubblico risultarono strazianti dettagli.

Un discorso che avrebbe potuto essere efficace se fosse durato dieci minuti andò avanti per quasi un'ora. E ancora non aveva presentato il gruppo delle madri e delle insegnanti, ciascuna delle quali avrebbe dovuto dire qualche parola.

Il pubblico, che al principio era ben disposto, cominciò a spostarsi lentamente altrove. Nel frattempo era arrivato il crepuscolo, accompagnato da sciami di zanzare.

Alla fine, il marito dell'organizzatrice, un signore anziano un po' scorbutico, si alzò ostentatamente, passò in mezzo al pubblico e si diresse a grandi passi al tavolo dei dolci strillando: «Troppi dettagli! Qui le torte collassano!»

Con ciò, ogni parvenza di attenzione da parte degli astanti venne meno e tutti fecero rotta verso i dessert.

Le persone che, nonostante le migliori intenzioni, non riescono a sintonizzarsi emotivamente con il proprio pubblico sono al livello più basso delle arti dell'influenza: possono avere buone intenzioni, ma mancano dei mezzi per far arrivare il proprio messaggio. In quel particolare momento, la secca critica dell'anziano bisbetico conquistò il cuore del pubblico molto meglio della prolissa direttrice.

Coloro che si affidano troppo agli effetti persuasivi di elaborate proiezioni o eleganti analisi statistiche possono anch'essi lasciarsi sfuggire un'occasione. Il pubblico deve essere emotivamente interessato; gli oratori mediocri raramente si spingono oltre un'arida litania di fatti o dati, per quanto vistosamente presentati, e non prenderanno mai in considerazione la temperatura emotiva del proprio pubblico. Ma se non si compie un'accurata, tempestiva, lettura del modo in cui un ascoltatore accoglie un'idea, quest'ultima corre il rischio di cadere su orecchie sorde, indifferenti o addirittura ostili.

Non importa quanto siamo brillanti dal punto di vista intellettuale: la nostra intelligenza non riuscirà a risplendere se non saremo persuasivi. Questo è vero soprattutto in campi nei quali l'ingresso è subordinato al superamento di grandi ostacoli in termini di abilità cognitive, ad esempio l'ingegneria e la scienza, la medicina e la legge, e in genere le posizioni ai vertici. Come mi spiegò il direttore delle ricerche presso uno dei maggiori studi di intermediazione finanziaria di Wall Street, «per fare il nostro mestiere bisogna essere molto bravi con i numeri. Ma per far andare le cose come si vuole, questo proprio non basta: bisogna essere capaci di persuadere».

I comuni sintomi di una debolezza nelle capacità di persuasione comprendono:

- L'incapacità di costruire una coalizione o di convincere
- Un eccessivo affidamento su una strategia familiare invece di scegliere quella migliore per la situazione contingente
- L'ottusa promozione di un punto di vista indipendentemente dal feedback che se ne è ricevuto
- Il lasciarsi ignorare o non riuscire a ispirare interesse
- Avere un impatto negativo

Il manipolatore machiavellico

Per quest'uomo, le apparenze erano tutto; sposato a una donna di nobile famiglia, lui stesso era estremamente raffinato dal punto di vista sociale. Come dirigente di alto livello in una dinastia industriale tedesca, era responsabile di una divisione le cui entrate annuali superavano il miliardo di dollari. Ma quando era sul lavoro, concentrava tutto il suo considerevole fascino verso l'alto — verso il suo superiore — e verso l'esterno, per fare impressione su quelli che incontrava. Ma con i sottoposti si comportava come un piccolo tiranno che maltrattava i suoi schiavi.

«Quando lo incontravi sapeva essere assolutamente piacevole, ma le persone che lavoravano per lui ne avevano paura», mi disse un consulente esterno che era stato chiamato per dare una valutazione imparziale del dirigente. «Non aveva alcun rispetto per i sottoposti. In caso di basso rendimento, faceva delle scenate, mentre di fronte a prestazioni di alto livello taceva. Demoralizzava i dipendenti. Alla fine, il direttore generale gli chiese di dimettersi — ma poiché faceva un'ottima prima impressione, approdò immediatamente a un altro lavoro di alto profilo.»

L'abile dirigente tedesco esemplifica un tipo di persona che ha maggiori probabilità di prosperare in organizzazioni con un orientamento politico piuttosto che in quelle che mirano alla prestazione. Costoro «sono efficaci verso l'alto ma mediocri verso il basso, perché in realtà non gliene importa nulla», mi disse il consulente. «Spesso sono egocentrici, non amano la gente e si sentono in obbligo solo verso se stessi, non verso l'organizzazione.»

Il fascino e il lustro sociale, di per se stessi, non contribuiscono alla competenza dell'influenza; il fatto di mettere le abilità sociali al servizio di se stessi, e a svantaggio del gruppo nel suo complesso, viene presto o tardi riconosciuto come una simulazione. La vera arte dell'influenza, intesa come competenza positiva, è molto diversa dall'impulso machiavellico mirato al raggiungimento del successo personale a tutti i costi. In altre parole, il potere esibito nell'arte dell'influenza è un potere socializzato, in armonia con l'obiettivo collettivo, e non finalizzato a egoistici interessi individuali.

Come si afferma in uno studio sull'arte dell'influenza condotto in quasi trecento organizzazioni, «abbiamo scoperto che gli individui capaci delle prestazioni migliori non inseguono status, prestigio o guadagno personali alle spese degli altri o dell'organizzazione».[15]

Canali sgombri

COMUNICAZIONE
Ascoltare apertamente e inviare messaggi convincenti

Le persone dotate di questa competenza:
- Sono efficaci negli scambi e tengono conto degli indizi emotivi nel sintonizzare il proprio messaggio sul pubblico
- Trattano problemi difficili in modo semplice e diretto
- Ascoltano bene, cercano la reciproca comprensione e accolgono volentieri la possibilità di una completa condivisione delle informazioni
- Alimentano un'atmosfera di aperta comunicazione e si mantengono recettivi alle buone come alle cattive notizie

Per Bill Gates, alla Microsoft, si tratta di un indirizzo e-mail; per Martin Edelston, presidente della Boardroom Inc., è una cassetta per i suggerimenti di vecchio stampo. E per Jerry Kalov, direttore generale della Cobra Electronics, è una linea telefonica interna nota solo ai dipendenti. Le chiamate su quel numero confidenziale sono prioritarie: Kalov risponde ogni volta che il telefono suona.

Tutti questi canali di informazione rappresentano una risposta al dilemma di ogni capo: «non sarà che invece di quello che devo sapere, mi dicono solo ciò che vogliono farmi sentire?» Kalov ebbe l'idea della sua linea telefonica assai prima di arrivare ai vertici dell'azienda.[16] «Molto spesso c'erano delle cose che volevo dire, ma il mio immediato superiore non voleva che lo facessi perché desiderava prendersi lui tutto il merito», ricorda Kalov. «Oppure può anche darsi che non fosse d'accordo con la mia opinione. Così io sapevo di avere delle buone idee, o comunque delle cose da dire, ma non potevo entrare in contatto.... Chi può dire da dove verrà fuori la prossima idea brillante?»

La linea telefonica, aggiunge Kalov, funziona meglio della tattica di andarsene in giro a discutere con i dipendenti: il fatto di essere visti a parlare con un alto dirigente, infatti, li può imbarazzare, oppure possono essere troppo timidi per accostarglisi. La linea telefonica offre discrezione e confidenzialità, il che incoraggia comunicazioni anche audaci.

Questi canali aperti si rivelano proficui. Un appunto lasciato nella cassetta dei suggerimenti di Edelston da un dipendente di basso livello — uno che in condizioni normali non avrebbe mai avuto l'opportunità di parlargli — fece risparmiare alla compagnia mezzo milione di dollari l'anno. L'osservazione veniva da un impiegato addetto alle spedizioni, che suggeriva di mantenere gli invii al di sotto del limite delle tariffe postali di due chilogrammi. Riducendo di un ottavo le dimensioni dei libri spediti dalla compagnia, i risparmi cumulativi furono enormemente significativi.

Creare un'atmosfera di apertura non è un gesto trascurabile. La maggior lamentela dei lavoratori americani è di avere scarse comunicazioni con il management; due terzi di essi sostengono che ciò impedisce loro di dare il meglio sul lavoro.[17]

«Direi che quando si comunica apertamente con le persone, si scopre il loro valore», mi disse Mark Loehr, managing director presso la Salomon Smith Barney. «Quando comunichi apertamente, ti metti in condizione di ottenere il meglio dalle persone — la loro energia, la loro creatività. Ma se non lo fai, si sentiranno come i denti dell'ingranaggio di una macchina: inceppati e infelici.»

Stato d'animo e significato

«Il mio capo, anche lei donna, trattiene le sue emozioni», si lamenta una account manager presso una compagnia che lavora nel settore dei media e fattura due miliardi di dollari l'anno. «Non loda mai quello che faccio. Ho appena convinto un cliente molto importante a passare da circa 300.000 dollari a quasi il doppio di fatturazione annua. Quando lo dissi al mio capo, la sua risposta non fu: "Hai fatto un lavoro fantastico", ma "Certo che hanno accettato l'offerta, era un ottimo affare". Nella sua voce non traspariva alcun sentimento, nessun calore o entusiasmo. Poi, semplicemente, se ne andò. Quando parlai agli altri sales manager dei miei risultati, mi fecero moltissimi complimenti. Era la più grande vendita che avessi mai fatto, ma lei proprio non riconosceva tutto il lavoro a cui mi ero sobbarcata per chiudere l'affare.»

La donna continua: «Avevo cominciato a pensare che ci fosse qualcosa di sbagliato in me, ma moltissime altre persone provano la stessa sensazione: non mostra mai sentimenti positivi, non ti incoraggia mai — nelle piccole come nelle grandi cose... Il nostro team è produttivo, ma non abbiamo alcun legame con lei».

Essere un abile comunicatore è la chiave di volta di tutte le capacità sociali. Fra i manager, la competenza nella comunicazione è un importantissimo fattore distintivo che separa gli individui che eccellono da quelli mediocri o decisamente deludenti; la mancanza di questa abilità, così come l'abbiamo constatata nel capo dell'account manager di cui abbiamo parlato, può far colare a picco il morale.

Saper ascoltare bene — la chiave dell'empatia — è essenziale anche per la competenza della comunicazione. Le capacità di ascolto — ossia il porre domande perspicaci, essere aperti e comprensivi, non interrompere, cercare suggerimenti — rendono conto di circa un terzo della valutazione, data dai colleghi, delle capacità di comunicazione di qualcuno con cui lavorano.[18] Comprensibilmente, l'arte dell'ascolto è fra le competenze più spesso oggetto di training.

Un altro requisito essenziale per una buona comunicazione è di saper tenere sotto controllo i propri stati d'animo. Uno studio su 130 dirigenti di vario livello ha rilevato che la loro capacità di controllare le proprie emozioni determinava la misura in cui gli altri avevano piacere a trattare con loro.[19] Nel trattare con colleghi e subordinati, la calma e la pazienza erano le abilità fondamentali. Anche i capi preferivano trattare con dipendenti che non fossero apertamente aggressivi nei loro confronti.

Non importa in quale stato d'animo ci troviamo — l'importante è comunque assumere un atteggiamento equilibrato. Puntare a uno stato d'animo neutro è la migliore strategia in previsione dell'interazione con qualcuno, se non altro perché fa di noi una sorta di tabula rasa emozionale, e quindi ci consente di adattarci a ciò che la situazione richiede.[20] È come mettere un'auto in folle, in modo che si possa più rapidamente passare in retromarcia, in prima o in quarta, a seconda delle esigenze del tracciato. Uno stato d'animo neutrale ci prepara a un più completo coinvolgimento, in altre parole, a essere presenti alla situazione invece che emotivamente lontani.

Mantenere la calma

Essere presi da uno stato d'animo potente e non desiderato è una sorta di blocco stradale che si frappone fra noi e la possibilità di interagire armoniosamente con gli altri. Se cominciamo una conversazione mentre siamo distolti da uno stato d'animo invasivo, l'altro probabilmente ci percepisce poco disponibili o, per usare la definizione del sociologo Irving Goffman, «assenti» — impegnati nella conversazione soltanto in superficie, mentre siamo ovviamente distratti.[21]

La capacità di «stare calmi» ci aiuta a mettere le preoccupazioni da parte per un certo tempo, mantenendo la flessibilità delle nostre risposte emotive. Questa caratteristica è apprezzata ovunque in tutto il mondo, anche in culture che in situazioni specifiche preferiscono l'eccitazione alla calma.[22] Le persone che riescono a essere padrone di sé in situazioni d'emergenza o di fronte al panico e al turbamento di qualcun altro hanno un rassicurante senso di autocontrollo, entrano senza problemi in una conversazione e vi restano efficacemente coinvolti. Invece, chi è appesantito dalle proprie emozioni è molto meno disponibile a ciò che il particolare momento potrebbe richiedere.

Uno studio condotto su manager di medio e alto livello rivelò che un aspetto comune fra gli individui ritenuti i migliori comunicatori era la loro capacità di adottare un modo di fare calmo, composto e paziente, indipendentemente dalle emozioni che gli si agitavano dentro.[23] Costoro riuscivano a mettere da parte gli imperativi dei propri sentimenti — anche quando erano tumultuosi — in modo da rendersi completamente disponibili per l'interlocutore. Di conseguenza, questi manager sapevano prendersi tutto il tempo necessario per raccogliere informazioni essenziali e trovavano il modo per essere d'aiuto, così da poter offrire un feedback costruttivo. Invece di essere distanti o aggressivi, tendevano a essere specifici su quanto andava bene e quanto andava male, come pure sul modo di confermare gli aspetti positivi correggendo quelli negativi. Durante tutti i loro scambi esercitavano il controllo emotivo e mantenevano la calma, in modo da restare aperti a quello che stavano ascoltando, adeguando accuratamente le proprie reazioni senza assumere un approccio «universale», rivolto indiscriminatamente a chiunque.

Essere socialmente espansivi ed estroversi non è di per se stesso una garanzia di abilità nella comunicazione. Ciò che in una cultura costituisce una comunicazione efficace, ad esempio, può fallire miserabilmente in un'altra.

A volte un'interazione efficace implica che si dia scarso risalto alla propria presenza. Ad esempio, in un albergo d'élite negli Stati Uniti sudoccidentali l'efficacia dei membri dello staff era correlata *negativamente* a un'elevata estroversione. In un ambiente così esclusivo, gli ospiti percepivano come invadenti i tipi troppo loquaci ed espansivi. Essi desideravano la propria privacy e i membri dello staff troppo ciarlieri invadevano quello spazio. L'alto livello di servizio richiesto ai membri dello staff comportava che all'occorrenza essi fossero amichevoli e servizievoli con gli ospiti, ma che altrimenti tornassero a confondersi sullo sfondo dando poco nell'occhio.[24]

Risolvere il problema

GESTIONE DEL CONFLITTO
Negoziare e risolvere i conflitti

Le persone con questa competenza:
- Sanno guidare persone difficili e gestire situazioni cariche di tensione con tatto e diplomazia
- Individuano il potenziale conflitto, portano alla luce i motivi del disaccordo e contribuiscono a smorzarne i toni
- Incoraggiano il dibattito e la discussione aperta
- Trovano soluzioni in cui entrambe le parti escano vittoriose

«Un banchiere voleva vendere a degli investitori una compagnia mineraria impegnata nell'estrazione del rame, e aveva bisogno che un ricercatore esperto del settore gli scrivesse un rapporto, in modo da convincere i propri venditori a proporre l'affare ai potenziali acquirenti. Il ricercatore rifiutò recisamente, e il banchiere ci rimase molto male. E poiché io sono direttore della ricerca venne a lamentarsi da me», mi racconta Mark Loehr della Salomon Smith Barney.

«Andai dal ricercatore, che mi raccontò di essere sopraffatto dagli impegni. Stava già lavorando dalle settanta alle ottanta ore alla settimana, entro la fine del mese doveva finire analisi per diciotto compagnie, fare un centinaio di telefonate e partecipare ad alcuni incontri a Boston — e il rapporto richiesto dal banchiere gli avrebbe preso altre quaranta ore di lavoro. Dopo che avemmo parlato, tornò dal banchiere e gli spiegò quanto fosse oberato di impegni, ma aggiunse anche: "Se proprio vuole che lo faccia, lo farò".

«Quando il banchiere capì la difficile situazione del ricercatore, decise di trovare un altro sistema per arrivare al suo scopo. Tuttavia, fra loro avrebbe potuto esserci una rottura. Tutti sono talmente occupati e sopraffatti dal lavoro che le loro capacità di ascolto si riducono a zero. Tendono semplicemente ad assumere che nessuno sia impegnato come loro, e di conseguenza avanzano pretese urgenti.

«È difficilissimo riuscire a fare in modo che la gente si prenda il tempo per ascoltare davvero; qui non si tratta solo di essere gentili — finché non si diventa discreti ascoltatori, finché non si percepisce ciò che l'altra persona sta attraversando, non si può essere in grado di dare suggerimenti ragionevoli, né di escogitare qualcosa che l'altro trovi accettabile.»

Uno dei talenti degli abili risolutori di conflitti è il saper individuare il problema mentre sta ancora fermentando, così da prendere le misure necessarie per calmare le persone coinvolte. Qui, come indica Loehr, le arti dell'ascolto e dell'empatia sono essenziali: una volta che il banchiere ebbe capito la prospettiva del ricercatore, divenne più accomodante — e il conflitto si spense.

Questo tatto e questa diplomazia sono qualità essenziali per avere successo in posizioni delicate come la revisione dei conti, il lavoro di polizia o la mediazione — o comunque in *qualsiasi* attività in cui le persone dipendano le une dalle altre mentre sono sotto pressione. Una delle competenze ricercate dal governo degli Stati Uniti nei funzionari che effettuano le verifiche fiscali, ad esempio, è la capacità di presentare una posizione impopolare in modo da non creare ostilità e preservando la dignità dell'altro. La parola per indicare questa capacità è *tatto*. All'American Express, le capacità di individuare potenziali fonti di conflitto, di assumersi la responsabilità del proprio ruolo, di scusarsi quando occorre e di impegnarsi apertamente in una discussione dei reciproci punti di vista, sono tutte qualità considerate molto importanti per i consulenti.

Leggere i segnali

Charlene Barshefsky, dopo mesi e mesi di negoziati, era finalmente riuscita a ottenere che il governo cinese acconsentisse a dare un giro di vite contro la pirateria di cui erano bersaglio film, compact disk e software americani. Come aveva fatto? Barshefsky aveva rifiutato di accettare la loro «ultima» offerta — l'ultima di una lunga serie, secondo lei tutte inadeguate. Stavolta, però, il capo della delegazione cinese la ringraziò per il suo lavoro, le disse che le avrebbe dato una risposta in seguito e scrollò legermente le spalle all'indietro. Quel gesto semplice e quasi impercettibile indicava che Barshefsky si era conquistata la loro cooperazione.

Quel giorno Barshefsky aveva studiato attentamente il volto di ogni membro della delegazione seduto dall'altra parte del tavolo, e aveva percepito molta meno ostilità di quanta ce ne fosse stata in precedenza, durante le estenuanti, tediose, trattative. Quel giorno, i suoi interlocutori erano silenziosi e fecero poche domande: un cospicuo cambiamento rispetto al dialogo combattivo e provocatorio che aveva caratterizzato la prima parte del negoziato.

L'interpretazione che Barshefsky aveva dato di questi sottili segnali doveva dimostrarsi esatta: da quel momento la delegazione cinese smise di combattere e cominciò a muoversi verso l'accordo commerciale successivamente firmato dai due paesi.[25]

In un negoziato, questa capacità di leggere i sentimenti della controparte è fondamentale ai fini del successo. Come dice uno dei miei avvocati, Robert Freedman, a proposito delle trattative contrattuali, «è una questione principalmente psicologica. I contratti hanno una valenza emozionale: non conta solo quello che esprimono le parole, ma anche il modo in cui le parti pensano e si *sentono* relativamente a quelle parole».

Chi è padrone dell'arte della trattativa si rende conto della natura di ogni negoziato, che presenta sempre una valenza emotiva. I migliori negoziatori sanno percepire quali punti contano di più per la controparte e faranno delle gentili concessioni su quelli — premendo per ottenerne a loro volta su clausole che non abbiano lo stesso peso emotivo. Tutto questo richiede empatia.

L'abilità nei negoziati è ovviamente importante per eccellere nelle professioni in campo legale e diplomatico. In una certa misura, però, chiunque lavori in un'organizzazione ha bisogno di questa capacità; coloro che sanno risolvere il conflitto e prevenire i problemi appartengono a quel genere di pacificatori vitali per qualsiasi organizzazione.

In un certo senso, un negoziato può essere considerato come un esercizio collettivo di risoluzione di problemi, dal momento che il conflitto interessa entrambe le parti. Ovviamente, il negoziato ha motivo di essere perché ogni parte coinvolta ha i propri interessi e le proprie prospettive e desidera convincere l'altra a capitolare. D'altra parte, il fatto stesso di accettare il negoziato costituisce un'ammissione del fatto che esiste un problema comune per il quale potrebbe esserci una soluzione soddisfacente per tutti. In questo senso un negoziato è un'avventura cooperativa, non solo competitiva. Infatti, come sottolinea Herbert Kelman, uno psicologo di Harvard specializzato in negoziati, è lo stesso processo della trattativa a ripristinare la cooperazione fra le parti in conflitto. Il fatto di risolvere insieme i propri problemi trasforma la relazione.[26]

Questa soluzione richiede che ogni parte interessata sia in grado di comprendere non solo il punto di vista dell'altro, ma anche le sue esigenze e i suoi timori. Tale empatia, osserva Kelman, rende ciascuna delle parti «più capace di influenzare l'altra a proprio beneficio, essendo sensibile alle sue esigenze — in altre parole, la rende più abile a trovare il modo in cui entrambi i contraenti possano uscire vittoriosi dalla trattativa».

Canali per il negoziato

Negoziati — prevalentemente informali — hanno luogo in continuazione. Prendiamo, ad esempio, quello fra un fabbricante e i dettaglianti che vendono i suoi prodotti: «Sono stato tagliato fuori dalla vendita di una delle nostre principali linee di bigiotteria», spiegava il proprietario di una boutique. «Volevo negoziare un accordo migliore con il distributore — siamo stati un buon punto vendita per loro. Ma quello aveva ricevuto un'offerta migliore da un altro negozio dalla parte opposta della città: così io gli feci una controproposta. Ma è stato l'altro negozio ad aggiudicarsi l'esclusiva — loro desiderano un solo punto vendita in una città di queste dimensioni. Perciò ora sono in disgrazia.»

I canali di distribuzione sono essenziali per la stessa sopravvivenza dei fabbricanti, proprio allo stesso modo in cui i dettaglianti dipendono dai produttori per disporre della merce da vendere. Ma ciascuna delle due parti ha una serie di partner fra i quali scegliere. Il risultato è un negoziato continuo su problemi quali i margini di vendita, i termini di pagamento e la puntualità delle consegne.

La maggior parte di queste «relazioni con i canali» sono a lungo termine e simbiontiche. E in ogni relazione a lungo termine, di tanto in tanto, i problemi affiorano e ribollono in superficie. Quando ciò accade, le parti coinvolte sull'uno o l'altro fronte delle dispute fabbricante-dettagliante ricorrono solitamente a un tipo di negoziato fra tre possibili: la risoluzione di problemi, nella quale le parti cercano di trovare la soluzione che funzioni meglio per entrambe; il compromesso, in cui entrambe le parti cedono più o meno nella stessa misura, indipendentemente da quanto ciò realmente serva alle loro esigenze; e l'aggressione, in cui una delle due parti costringe l'altra a concessioni unilaterali.

In un'indagine sui responsabili degli acquisti nelle catene di grandi magazzini, ciascuno dei quali manovrava merci di valore compreso fra i 15 e i 30 milioni di dollari, lo stile del negoziato adottato risultò uno strumento preciso per giudicare la salute della relazione fabbricante-rivenditore.[27] Com'era prevedibile, negoziati aggressivi, imperniati su minace e pretese, non facevano presagire nulla di buono per la continuazione della relazione; i compratori finivano amareggiati e insoddisfatti e spesso abbandonavano la linea di prodotti. Ma nel caso di relazioni dalle quali l'aggressività era bandita a favore di strategie come la risoluzione di problemi o il compromesso, la longevità del rapporto aumentava.

Le minacce e le pretese avvelenano le acque del negoziato. Come ha dimostrato l'indagine, anche quando una delle due parti è molto più potente dell'altra, uno spirito magnanimo può rappresentare, sulla lunga distanza, una strategia vincente, soprattutto quando il rapporto d'affari è destinato a continuare. Questo sembra spiegare come mai, perfino quando il dettagliante dipendeva completamente da un singolo fabbricante, molto spesso i negoziati non assumevano una piega di coercizione: dato il desiderio di stabilire una relazione a lungo termine e la reciproca dipendenza delle parti, era sempre preferibile uno spirito di cooperazione.

Risolvere il conflitto con creatività

Una sera, Linda Lantieri stava camminando lungo un isolato squallido e pericoloso, costeggiato da edifici abbandonati coperti da impalcature, quando improvvisamente si ritrovò circondata da tre ragazzi sui quattordici anni, sbucati dal nulla. Mentre si avvicinavano, uno di essi estrasse un coltello con una lama da dieci centimetri.

«Dammi il portafoglio! Muoviti!» le sibilò il giovane con il coltello.

Sebbene spaventata, Lantieri ebbe la presenza di spirito di fare qualche respiro profondo e di replicare con calma: «Mi sento un po' a disagio. Sapete gente — mi state un po' troppo vicini. Mi chiedevo se poteste andare un po' indietro».

Lantieri studiava il marciapiede, e con sua sorpresa vide tre paia di scarpe da ginnastica fare qualche passo indietro. «Grazie», disse allora, e poi continuò: «Ora vorrei fare quello che mi avete appena detto, ma a dir la verità, quel coltello mi rende un tantino nervosa. Non è che potreste metterlo via?»

Dopo quella che sembrò un'eternità di silenzio e incertezza, il coltello tornò in una tasca.

Raggiungendo rapidamente il portafoglio, Lantieri tirò fuori una banconota da 20 dollari, incrociò lo sguardo del ragazzo col coltello e chiese: «A chi devo darli?»

«A me», ribatté quello.

Lanciando un'occhiata agli altri due, Lantieri chiese loro se fossero d'accordo. Uno dei due annuì.

«Splendido» disse lei, allungando al capo i venti dollari. «E adesso ecco quel che faremo. Io me ne starò ferma qui mentre voi ve ne andrete.»

Con uno sguardo sconcertato dipinto sul volto, i ragazzi cominciarono ad allontanarsi lentamente, voltandosi indietro a guardare Lantieri — e poi si misero a correre. Erano *loro* a scappare da *lei*.

In un certo senso questo ribaltamento delle carte in tavola – un piccolo miracolo – non dovrebbe sorprendere più di tanto: Lantieri è fondatrice e direttrice del Resolving Conflict Creatively Program, che insegna queste abilità nelle scuole. Lantieri è completamente immersa nelle arti del negoziato e della gestione amichevole dei conflitti.[28] Sebbene abbia appreso il suo mestiere nella sua veste di insegnante — per qualche tempo ha lavorato in una scuola di Harlem non lontano dallo squallido isolato di quella sera — oggi trasmette queste capacità ad altri, in più di quattrocento scuole in tutti gli Stati Uniti.

Lantieri non si limita semplicemente a promuovere l'educazione nel campo della risoluzione dei conflitti: in primo luogo ella convince i consigli scolastici scettici ad approvare il suo programma. Quando il consiglio scolastico di una città della California rimase paralizzato da due fazioni che si accapigliavano, entrambe le parti rimasero così impressionate dalle sue capacità di negoziato che le chiesero di intervenire e di aiutarle a sanare la frattura.

La prestazione da maestro di Lantieri sulle strade di Harlem illustra alcune classiche mosse utili per smorzare i conflitti:

- Prima di tutto calmarsi, sintonizzarsi sui propri sentimenti ed esprimerli
- Dimostrare la propria disponibilità a risolvere la situazione parlando del problema, invece di esacerbarla manifestando una maggiore aggressività
- Esporre il proprio punto di vista, in un linguaggio neutrale invece che con toni polemici
- Cercare di trovare un modo giusto per risolvere la disputa, collaborando per trovare una soluzione accettabile da entrambe le parti.

Queste strategie sono equivalenti a quelle in cui entrambe le parti escono vittoriose, sposate dagli esperti del Center for Negotiation di Harvard. Tuttavia, sebbene l'uso di queste strategie possa sembrar semplice, metterle in pratica in modo brillante come fece Lantieri richiede competenze emozionali quali l'autoconsapevolezza, la fiducia in se stessi, l'autocontrollo e l'empatia. Occorre ricordare che l'empatia non deve necessariamente portare al cedimento, dettato dalla comprensione, alle prestese della controparte — sapere come si sente qualcuno non significa essere d'accordo con lui. D'altra parte, eliminare tutta l'empatia può portare a posizioni contrapposte e a vicoli ciechi.

Al timone

LEADERSHIP
Ispirare e guidare individui o gruppi

Le persone con questa competenza:

- Esprimono e suscitano entusiasmo per un ideale comune e una missione condivisa
- Indipendentemente dalla propria posizione, quando occorre, assumono la guida del gruppo
- Pur ritenendo gli altri responsabili, guidano la loro prestazione
- Esercitano la leadership dando l'esempio

Ecco un contrasto di stile nella leadership straordinariamente istruttivo — quello fra Ronald W. Allen (ex direttore generale della Delta Airways) e Gerald Grinstein (ex direttore generale delle Western Airlines e della linea ferroviaria Burlington Northern).[29]

Grinstein, di formazione avvocato, è un virtuoso nell'instaurare rapporti con i suoi dipendenti e nell'usare la sintonia emotiva così creatasi per persuaderli. Come direttore generale delle Western Airlines — una società che egli prese in mano nel 1985, quando era in un periodo di crisi — passò centinaia di ore nelle cabine di pilotaggio, dietro i banconi del check-in e tra i nastri trasportatori dei bagagli per conoscere i suoi dipendenti.

Il rapporto che egli costruì con loro fu essenziale per convincere i dipendenti delle Western Airlines ad acconsentire ad alcune concessioni sulle condizioni di lavoro come pure ad accettare dei tagli salariali — il tutto in cambio della sua promessa di fare della compagnia una società solvente nella quale essi avrebbero avuto maggiore partecipazione agli utili. Forte di quelle concessioni, la Western Airlines approdò a un solido bilancio in attivo e dopo soli due anni Grinstein poté cederla alla Delta per 860 milioni di dollari.

Nel 1987, diventato direttore generale della linea ferroviaria Burlington Northern — anch'essa in difficoltà finanziarie — Grinstein mise ancora una volta in atto il suo incantesimo interpersonale. Fece arrivare in aereo un gruppo selezionato di operai della manutenzione, segretarie ed equipaggi dei treni: gente proveniente da tutto il paese, riunita alla sede centrale di Forth Worth per cenare con lui. Grinstein viaggiò sulle rotte della compagnia parlando con gli equipaggi dei treni — sempre cercando, con successo, di convicerli ad accettare i suoi piani di tagli ai costi.

Come osservò un intimo amico di Grinstein riguardo al suo stile di leadership: «Non devi necessariamente fare il figlio di puttana per essere un duro».

Sebbene, quando ne aveva assunto la direzione, la linea ferroviaria fosse gravata da un debito di tre miliardi di dollari, Grinstein ribaltò la situazione. E nel 1995, quando la Burlington Northern acquistò la Santa Fe Pacific, diede vita alla più grande rete ferroviaria statunitense.

Riflettiamo ora invece sulla storia di Ronald W. Allen, direttore generale della Delta Airlines, licenziato dal suo consiglio d'amministrazione nell'aprile del 1997 nonostante la compagnia stesse attraversando un periodo di profitti da record.

Ronald W. Allen fece carriera e divenne direttore generale nel 1987, prendendo il timone della Delta proprio in coincidenza con la deregulation nel settore delle linee aeree. Il suo piano strategico era quello di diventare più competitivi sul mercato mondiale; nel 1991 acquistò la Pan American World Airways, che aveva appena fatto bancarotta, per guadagnarsi l'accesso alle sue rotte europee. Questo doveva poi rivelarsi un calcolo errato, e portò la Delta ad assumersi un debito enorme proprio quando i profitti dell'intero settore stavano subendo una brusca flessione. In ciascuno dei tre anni successivi all'acquisto della Pan Am, la Delta, che in passato era sempre stata in attivo, andò accumulando 500 milioni di dollari di debiti.

Tuttavia non fu questa disastrosa decisione finanziaria l'errore che costò ad Allen il posto. Egli reagì ai tempi difficili diventando un capo duro, quasi spietato. Si fece la reputazione di uno che umiliava i subalterni riprendendoli in presenza di altri dipendenti. Zittiva l'opposizione fra gli alti dirigenti, arrivando addirittura al punto di sostituire il responsabile finanziario — l'unica persona che avesse espresso il proprio aperto dissenso per l'acquisizione della Pan American. Un altro dirigente (con il quale Allen era stato in competizione per la direzione generale) annunciò che era sul punto di diventare presidente della Continental Airlines. Dicono che Allen abbia reagito chiedendogli di restituire immediatamente, sui due piedi, le chiavi della macchina dirigenziale della compagnia, costringendolo a trovarsi un altro mezzo per tornare a casa.

A parte questa meschinità, il principale errore di Allen fu la sua spietatezza nel procedere ai tagli dei posti di lavoro. Allen licenziò 12.000 dipendenti, circa un terzo della forza lavoro totale della Delta; alcune di quelle posizioni rappresentavano senza dubbio, per così dire, il grasso superfluo dell'organizzazione — ma molte altre erano i suoi muscoli, la sua forza e i suoi centri nervosi. Insieme a questi drastici tagli, si verificò un crollo precipitoso nel livello del servizio ai clienti, un tempo invidiabile. Improvvisamente la Delta divenne una delle compagnie fatte più spesso oggetto di reclami di ogni tipo: dagli aerei sporchi e le partenze in ritardo, allo smarrimento dei bagagli. Insieme al grasso, Allen aveva spremuto fuori dalla compagnia anche il suo spirito.

I dipendenti della Delta erano sotto shock; in precedenza la compagnia non li aveva mai trattati così duramente. L'insicurezza e la rabbia crescevano. Anche dopo che i tagli ebbero riportato i conti in attivo, un'indagine condotta sui 25.000 dipendenti rimasti rivelò una forza lavoro scettica, spaventata e per metà ostile alla leadership di Allen.

Nell'ottobre del 1996, Allen ammise pubblicamente che la sua draconiana campagna di taglio dei costi aveva avuto effetti devastanti sulla forza lavoro della Delta. Ma il suo commento fu «So be it» — «e sia». Quello divenne il grido di battaglia dei dipendenti della Delta in agitazione; sulle uniformi di piloti, assistenti di volo e meccanici fiorirono spille con la frase «So be it».

Il contratto di Allen doveva essere rinnovato; il consiglio della Delta guardò oltre le cifre, prendendo in considerazione la salute complessiva della compagnia. La reputazione dell'eccellente servizio della Delta si era macchiata, i dirigenti di talento se ne stavano andando. E — cosa peggiore di tutte — il morale fra i dipendenti era pessimo.

E così il consiglio della Delta — guidato da Gerald Grinstein, ora suo membro — agì. A 55 anni, Allen — l'uomo che un tempo aveva avuto un potere così grande da coprire le cariche di direttore, amministratore delegato e presidente — venne estromesso, in larga misura perché stava soffocando l'anima della compagnia.

La leadership come fonte di energia

Le storie di Robert W. Allen e Gerald Grinstein dimostrano che l'arte della leadership sta *nel modo* in cui una persona realizza i cambiamenti, non solo nel cambiamento in sé e per sé. Entrambi gli uomini si trovarono a dover attraversare il difficile processo del taglio dei costi, ma uno lo fece in modo da conservarsi la lealtà dei dipendenti mantenendone alto il morale, mentre l'altro sembrava aver demoralizzato e alienato un'intera forza lavoro.

L'artista della leadership è sintonizzato sulle impercettibili correnti sotterranee di emozioni che percorrono un gruppo, e sa leggere l'impatto che le proprie emozioni hanno su di esse. Uno dei modi in cui i leader affermano la propria credibilità è percependo questi sentimenti collettivi non verbalizzati ed esprimendoli per conto del gruppo, o comunque agendo in un modo tale da dimostrare implicitamente che essi sono stati compresi. In questo senso il leader è uno specchio, che riflette al gruppo la propria esperienza.

Il leader è però anche una *fonte*-chiave del tono emotivo dell'organizzazione. L'entusiasmo che emana da un leader può spingere un intero gruppo in quella direzione. Come ha detto Birgitta Wistrund, direttrice generale di una compagnia svedese, «esercitare la leadership significa infondere energia».

Questa trasmissione di energia emotiva consente ai leader di essere i timonieri di un'organizzazione, stabilendone rotta e direzione. A esempio, quando Lou Gerstner fu nominato direttore generale dell'IBM, sapeva che, per salvare la compagnia, avrebbe dovuto trasformarne la cultura interna. E questo, disse Gerstner, «non è una cosa che fai scrivendo memo. Devi fare appello alle emozioni della gente. Devono accettarlo nel cuore e nelle viscere, non solo nella mente».[30]

In parte, l'abilità dei leader nell'ottenere questa accettazione si impernia sul modo in cui le emozioni fluiscono nel gruppo. Abbiamo già visto come, in un team, le emozioni si propaghino a partire dalla persona più espressiva. Ma questa abilità di trasmettere emozioni è amplificata in chi detiene il potere, dal momento che i membri di un team passano più tempo a osservare il proprio leader che chiunque altro. Questa attenzione amplifica l'impatto esercitato sul gruppo dallo stato d'animo del leader; una piccola modificazione dell'espressione facciale o del tono di voce in una figura di potere ha un impatto superiore a quello di una drammatica esibizione di sentimenti da parte di qualcuno che occupi una posizione meno potente.

Non solo le persone prestano più attenzione ai leader, ma tendono anche a imitarli. Si racconta che alla Microsoft, durante le riunioni, la gente si dondoli avanti e indietro mentre riflette o discute su un concetto — un omaggio non verbale a un'abitudine di Bill Gates. Questa sorta di mimetismo è un modo inconscio di dimostrare fedeltà e sintonia alla persona più potente di un gruppo.

Durante la sua presidenza, Ronald Reagan era conosciuto come «il grande comunicatore». Il potere emotivo del carisma di Reagan, che era un attore professionista, fu dimostrato da uno studio che analizzò come le espressioni del suo volto avessero influenzato quelle dei suoi ascoltatori nel corso di un dibattito con Walter Mondale, suo avversario nella campagna elettorale. Quando Reagan sorrideva, la gente che stava a guardarlo — anche in videoregistrazione — tendeva, a sua volta, a sorridere; quando si accigliava, altrettanto facevano gli spettatori. Mondale, che perse le elezioni, non aveva un analogo impatto emotivo, neppure sugli spettatori d'accordo con la sua linea.[31]

La facilità con cui le emozioni si propagano da un leader ai membri del gruppo ha anche un aspetto negativo. Come dice il vecchio adagio, «il pesce va a male a partire dalla testa». Una leadership brutale, arrogante o arbitraria demoralizza il gruppo. Birgitta Wistrund usa il termine di «incontinenza emozionale» per riferirsi al trapelare di emozioni distruttive dall'alto verso il basso della gerarchia: «Con le sue emozioni negative un leader fiacca l'energia degli altri rendendoli ansiosi, depressi o rabbiosi», afferma.

D'altro canto, i leader di grande successo mostrano un elevato livello di energia positiva che si diffonde in tutta l'organizzazione. E quanto più è positivo lo stato d'animo del leader del gruppo, tanto più positivi, disposti a collaborare e cooperativi diventano i suoi membri.[32]

In generale, il carisma emotivo dipende da tre fattori: sperimentare emozioni potenti; essere in grado di dar loro voce energicamente; e funzionare, rispetto alle emozioni, più come una trasmittente che come una ricevente. Le persone altamente espressive comunicano con le espressioni facciali, la voce, i gesti, tutto il proprio corpo. A sua volta, questa abilità li porta a commuovere, ispirare e attrarre gli altri. [33]

La capacità di trasmettere emozioni in modo covincente, col cuore, richiede che il leader sia emotivamente sincero sul messaggio che emette — che sia davvero convinto che ciò che distingue un leader carismatico da uno manipolativo interessato solo al proprio tornaconto sia proprio il messaggio emotivo. I leader manipolativi possono riuscire a simulare per un po', ma convincono meno facilmente gli altri della propria sincerità. Il cinismo indebolisce la convinzione — e per inviare messaggi carismatici il leader deve agire per autentica convinzione.[34]

Le competenze del leader

Ogni competenza emotiva interagisce con le altre; probabilmente questa regola vale più che mai nel caso della leadership. Il compito del leader attinge infatti da un'ampia gamma di capacità personali. Sebbene la mia analisi abbia rilevato che la competenza emotiva rende conto di circa due terzi degli ingredienti necessari per una prestazione eccellente in ogni tipo di lavoro — nel caso dei *leader* straordinariamente capaci essa arriva a comprendere dall'80 al 100 per cento dei fattori essenziali per il successo elencati dalle compagnie, in contrapposizione alle competenze tecniche e cognitive.[35]

Matthew Juechter, presidente della American Society for Training and Development, è d'accordo. «La leadership è quasi interamente intelligenza emotiva, soprattutto nella distinzione fra quello che fanno i manager e quello che fanno i leader — cose come prendere posizione, sapere che cosa è importante per te, seguire i tuoi obiettivi nei rapporti con gli altri.»

Per i direttori generali più efficienti esistono tre gruppi principali di competenze. I primi due fanno capo all'intelligenza emotiva: il primo comprende competenze personali come la spinta alla realizzazione, la fiducia in se stessi e l'impegno; il secondo consiste di competenze sociali come l'arte dell'influenza, la consapevolezza politica e l'empatia. Quest'ampia banda di capacità facenti capo all'intelligenza emotiva caratterizza i migliori direttori generali in Asia, nelle Americhe e in Europa, a indicazione del fatto che le caratteristiche dei leader di spicco trascendono i confini culturali e nazionali.[36]

Il terzo gruppo di competenze riscontrato nei direttori generali è di ordine cognitivo: essi pensano in modo strategico, cercando informazioni con una «scansione ad ampio raggio», e applicano un tipo di pensiero fortemente concettuale. Come nel caso dell'analisi dei leader di quindici importanti compagnie, di cui abbiamo parlato nel Secondo Capitolo, a distinguere gli individui superiori è la capacità di vedere il quadro generale, di riconoscere i modelli significativi in mezzo alla massa di informazioni e di avere una visione lungimirante.

I grandi leader, però, si spingono un passo oltre, integrando ciò che vedono con le proprie realtà emotive, e quindi instillando significato e risonanza nella strategia. L'intelligenza emotiva consente loro di miscelare tutti questi elementi in una visione ispiratrice.

I leader migliori, afferma Robert E. Kaplan del Center for Creative Leadership, «hanno una capacità quasi magica di girare una frase e di esprimere in modo chiaro, convincente e memorabile i propri obiettivi per l'organizzazione».[37] In altre parole, la leadership implica la capacità di stimolare l'immaginazione delle persone e di ispirarle così da spingerle nella direzione desiderata. Per motivare e guidare gli altri, ci vuole qualcosa di più del semplice potere.

I tipi simpatici arrivano primi

Il potere del leader di dare un tono emotivo positivo o negativo a un'organizzazione è stato oggetto di un'analisi effettuata dalla marina degli Stati Uniti, dove gli standard per definire le prestazioni superiori sono prefissati: i riconoscimenti annuali sono dati alle squadre più efficienti, più sicure e più preparate.[38] Un confronto esteso fra i comandi superiori e quelli mediocri ha rivelato una cospicua differenza nel tono *emotivo* stabilito dagli ufficiali in comando. I comandi migliori in assoluto non erano guidati da tipi alla Capitano Ahab che terrorizzavano gli equipaggi, ma piuttosto, be'... da tipi simpatici.

I leader migliori riuscivano a equilibrare uno stile personale, orientato verso gli uomini, con un ruolo di comando risoluto. Costoro non esitavano a prendersi le proprie responsabilità, ad agire in vista di un obiettivo, ad essere sicuri di sé e professionali. Ma la maggiore differenza fra i leader superiori e quelli mediocri stava nel loro stile emotivo: rispetto a quelli solo mediocri, i leader più efficaci erano più positivi ed estroversi, emotivamente più espressivi e intensi, cordiali e socievoli (sorridevano anche di più), amichevoli e democratici, cooperativi, simpatici e «divertenti», riconoscenti e fiduciosi, e anche più gentili.

Invece, il profilo dei leader mediocri rifletteva il classico stereotipo del militare cerbero. Si trattava di individui schiavi dei regolamenti, negativi, duri, egocentrici, che trasudavano disapprovazione. Rispetto ai comandanti superiori, quelli mediocri erano più autoritari, esercitavano un maggior controllo, erano più dominanti e duri, più provocatori ed egocentrici, e avevano spesso bisogno di dimostrare di aver ragione. Costoro comandavano «secondo il codice», basandosi sui regolamenti e sull'affermazione del potere loro conferito dal grado. E questo non funzionava, *perfino in un ambiente militare* — dove potrebbe sembrare che questo stile emotivo trovi la sua più naturale collocazione.

L'effetto di propagazione della leadership

Il tono emotivo stabilito da qualsiasi leader si propaga verso il basso con straordinaria precisione.[39] Quando si analizzano vari livelli di un'organizzazione, l'effetto ricorda quelle bambole russe che stanno una dentro l'altra — il leader contiene tutto il resto.

Questo era particolarmente evidente nelle gerarchie militari, dove i comandanti più efficaci si dimostravano cordiali ed estroversi, capaci di esprimere le proprie emozioni, democratici e fiduciosi — ᴄ trettanto erano, scendendo di grado, gli altri leader nella loro linea di comando, sebbene in misura minore rispetto al comandante in capo. I comandanti meno efficaci, invece, erano più duri, distanti e irritabili, schiavi dei regolamenti, poco cooperativi, e mostravano più disapprovazione — e la stessa tendenza emergeva nei loro subordinati.

Mentre i leader mediocri tendono a essere poco visibili, quelli migliori spesso se ne andavano in giro a intavolare conversazioni con gli uomini del proprio staff, chiedendo loro della famiglia e di altre questioni personali. Essi inoltre facevano capire di voler essere informati, creando così un'atmosfera di apertura che rendeva più facile la comunicazione. Questo canale a doppio senso incoraggiava gli uomini, a tutti i livelli, a tenere informati i propri superiori.

Nel caso dei comandanti mediocri, invece, gli individui di grado inferiore erano riluttanti a inviare notizie verso l'alto della gerarchia, e questo soprattutto se erano cattive, in quanto gli ufficiali ai vertici spesso «diventavano esplosivi» quando le ricevevano e, invece di delegare l'autorità al livello più basso possibile, si intromettevano con invadenza cadendo nella microgestione.

Di certo i leader migliori erano altamente concentrati sul compito in corso e mostravano fermezza nel riprendere immediatamente gli uomini le cui azioni minacciassero gli standard della prestazione. Ma quando si trattava di regole poco significative, sapevano anche essere flessibili. I comandanti mediocri invece non facevano alcuna distinzione nel far rispettare regole banali e significative, aggrappati com'erano a uno standard legalistico e inflessibile che non contribuiva affatto a incoraggiare il morale o la prestazione.

Consapevoli del fatto che l'unità e la coesione si costruiscono sui legami personali, i migliori ufficiali organizzavano eventi per il tempo libero, come partite di softball e feste in occasione dei riconoscimenti — e si facevano un obbligo di parteciparvi personalmente. Questo tempo libero trascorso insieme, in un clima sociale improntato alla cordialità e punteggiato di battute, generava un forte senso di identità condivisa, che si traduceva poi in prestazioni lavorative superiori. Quanto agli ufficiali mediocri, essi si concentravano più sul funzionamento delle attrezzature che non sui propri uomini.

Quando essere duri

Sicuramente l'esercizio della leadership richiede una certa durezza — *a volte*. L'arte della leadership implica che si sappia quando essere fermi — ad esempio per affrontare qualcuno in modo diretto relativamente alle sue cadute di prestazione — e quando assumere modi più democratici e meno diretti per guidare o influenzare gli altri.

La leadership richiede che si prendano decisioni difficili: qualcuno deve pur dire agli altri che cosa fare, vincolarli ai loro obblighi ed essere esplicito sulle conseguenze. Non sempre la persuasione, la costruzione del consenso e tutte le altre arti dell'influenza sono sufficienti. A volte, per ottenere che gli altri agiscano, occorre far uso del potere conferito dalla propria posizione.

Un comune difetto dei leader — dai supervisori ai massimi dirigenti — è l'incapacità, quando occorre, di imporsi con la dovuta energia. Uno degli elementi che ostacolano questa sicurezza di sé è la passività — ad esempio quando ci si preoccupa più di ispirare simpatia che non di ottenere un lavoro ben fatto, e quindi si tollerano prestazioni scadenti invece di opporsi ad esse. Coloro che si trovano estremamente a disagio alle prese con il confronto diretto o con la collera, sono spesso riluttanti ad assumere un atteggiamento autoritario anche quando esso è necessario.

In questo contesto l'incompetenza si dimostra in una debolezza comune come il non essere capaci di assumere la guida di una riunione, lasciando che essa vada disordinatamente alla deriva invece di orientarla verso i punti-chiave dell'ordine del giorno. Un altro sintomo di una carenza nella leadership è l'incapacità di essere chiari e fermi — il che porta a una situazione in cui le persone non sanno che cosa ci si aspetta da loro.

Un segno distintivo di un leader sicuro di sé è la sua capacità di dire «no» con fermezza e in modo definitivo. Un altro sta nel costruire un'aspettativa intorno a standard di prestazione o di qualità elevati e insistere affinché vengano soddisfatti, se necessario anche monitorando pubblicamente la prestazione.

Quando le persone non rendono, il compito del leader è quello di dar loro un feedback costruttivo invece di lasciare che il momento — e l'errore — passino inosservati. E se qualcuno continua a render poco, nonostante tutti i tentativi di offrirgli feedback costruttivi e occasioni di migliorarsi, il problema deve essere affrontato in modo aperto e diretto.

Tipico è il caso del manager che diceva: «Il mio predecessore non aveva stabilito alcuna disciplina per le riunioni. In occasione della prima da me presieduta, arrivarono tutti alla spicciolata, in ritardo e impreparati — non avevano finito le loro relazioni né avevano le idee chiare. Così, quando la cosa accadde per la terza volta, mi feci valere. Dissi: "Signore e signori, non posso accettare questo comportamento. Rimanderò questa riunione di due giorni. Siate puntuali e preparati o saranno dolori"».[40]

Questa, tuttavia, non è la descrizione del piccolo tiranno o del bullo da ufficio. Si tratta di una strategia che entra in gioco solo quando altri approcci, meno rigidi, hanno fallito — e non come prima reazione. Se questo tono caratterizza lo stile quotidiano di un manager, allora ci dev'essere qualcosa che non va nella sua capacità di instaurare un rapporto, di persuadere e influenzare gli altri — in altre parole, un atteggiamento costantemente duro è un segno di debolezza, non di una leadership energica.

La glorificazione di leader stupidi, arroganti e presuntuosi ignora il prezzo che queste caratteristiche impongono alle organizzazioni da essi dirette. Di sicuro una certa fermezza nel prendere decisioni difficili è necessaria; ma se le decisioni sono prese con imperiosa spietatezza, il capo che ne è responsabile finirà per essere detestato — e quindi fallirà nella sua veste di leader.

Nei momenti difficili i leader devono fare appello alla riserva di amicizia che si sono andati costruendo nel tempo. Questi sono momenti in cui Attila e gli Unni subiscono spesso una disfatta. «Nella nostra compagnia un manager era brusco e invadente, e la sua gente provava del risentimento verso di lui — tuttavia riusciva a ottenere le cose», mi disse Muhammad-Amin Kashgari, vicepresidente esecutivo della Savola Company, la più grande produttrice di generi alimentari saudita. «Ma quando le cose cambiarono e il mercato divenne più duro, noi tutti dovemmo lavorare di più per mantenere la nostra quota di mercato», aggiunge; «e allora lo stile autocratico di quel manager lo fece naufragare.» Il migliore risultò invece un altro dirigente amato dai suoi, e che sapeva ispirarli a lavorare di più. «Il dirigente autoritario continuò semplicemente a far pressione nello stesso vecchio modo, e la sua gente lo abbandonò.»

La leadership matura è caratterizzata dalla capacità di tenere sotto controllo la grossolana, sfrenata brama di potere. Come scoprì un classico studio a lungo termine condotto presso la AT&T, soprattutto nelle grandi organizzazioni, i dirigenti che associavano l'autocontrollo alla capacità di esercitare un grande impatto sui subordinati col tempo venivano promossi, mentre quelli che pur esercitando tale impatto mancavano di autocontrollo finivano male.[41] Nei dirigenti migliori, l'ambizione personale è tenuta a bada da un forte autocontrollo, e viene concentrata verso obiettivi collettivi.[42]

Il leader virtuale

Aeroporto di San Francisco, giornata nebbiosa — un disastro. I voli, uno dopo l'altro, vengono cancellati, le code agli sportelli del servizio-clienti delle linee aeree diventano sempre più lunghe perdendosi serpeggianti in fondo alla sala. La tensione monta di ora in ora, e i viaggiatori si beccano fra di loro e con i rappresentanti delle linee aeree. David Kolb, il professore di management presso la Case Western Reserve University che racconta questo aneddoto, decise allora di cercare di modificare l'umore della calca, almeno nelle proprie immediate vicinanze. Così annunciò: «Vado a farmi un caffè, qualcun altro ne vuole?»

Prendendo ordinazioni da un coro crescente di passeggeri frustrati, si allontanò per tornare carico di bevande. E questo bastò a innescare una cascata di buoni sentimenti.

Kolb, in quel momento, emerse come leader naturale di quel gruppo disorganizzato. Il suo ergersi spontaneamente a quel ruolo denota quanto sia fluida la natura della leadership.

Non sempre la posizione formale delle persone e il loro effettivo ruolo di leadership coincidono. Quando sorgono particolari esigenze, gli individui possono farsi avanti, assumersi un ruolo da leader per un tempo limitato — può trattarsi di una piccola cosa come richiamare all'ordine un fornitore negligente — e poi ritornare nel gruppo. Questo comportamento deciso può anche essere diretto verso l'alto, ad esempio quando un dipendente di livello inferiore ne sfida uno che sta più in alto, su questioni difficili o verità vitali per il benessere dell'organizzazione.

I dirigenti di una compagnia petrolifera che stava aprendo un ufficio in una città del Sud America avevano deciso di affittare una sede in un grattacielo nuovo di zecca nella zona più costosa della città. Ma il direttore di quella filiale nascente, parlando con un ministro locale, sentì dire, con una nota di sarcasmo: «Proprio quello che ci si aspetta da una compagnia come la vostra».

Sconcertato, il manager chiese in giro e alla fine realizzò che la collocazione scelta per i loro uffici segnalava che la compagnia fosse più interessata alle apparenze che non a fare affari. Con quell'informazione, il manager si assunse la responsabilità di abbandonare il piano originale e cercò degli uffici in un distretto commerciale in espansione — una sede che inviasse un segnale di serietà. Poi chiamò i suoi superiori negli Stati Uniti e disse loro che cosa aveva fatto e perché.

La risposta dei suoi capi fu: «Non siamo d'accordo con lei, ma noi non siamo sul posto — decida lei per il meglio».

Una mossa del genere, ovviamente, richiede fiducia in se stessi e iniziativa, entrambe competenze emotive essenziali per la leadership. L'affiorare di tali leader virtuali sta diventando una modalità di operazione standard nel campo dell'alta tecnologia, dove individui molto giovani possono essere particolarmente esperti per quanto riguarda aree emergenti di expertise.

Ad esempio, presso il Nokia Telecommunications Group finlandese, circa il 70 per cento dei dipendenti ha la laurea in ingegneria, con un'età media di 32 anni. Un'alta percentuale di quegli ingegneri è fresca di studi e ha una familiarità di gran lunga maggiore dei suoi capi quarantenni con le tecnologie più recenti. Veli-Pekka Niitamo — responsabile delle risorse umane — spiega: «Abbiamo ridefinito la natura della leadership. Chiunque la detiene: un giovane ingegnere, se necessario, può assumersela. Il nostro modello è che, nella realtà Nokia, ciascuno è il capo di se stesso. La vecchia struttura statica, con i manager e i subordinati, è ormai superata».

In effetti, nel clima aziendale di oggi, tutte le strutture statiche sono superate. Il che ci porta alla prossima competenza, quella di saper guidare il cambiamento.

Mostrare la strada

CATALIZZARE IL CAMBIAMENTO
Innescare o gestire il cambiamento

Le persone con questa competenza:
- Riconoscono la necessità di cambiare e di rimuovere barriere
- Mettono in discussione lo status quo per richiamare l'attenzione sul bisogno di cambiare
- Difendono il cambiamento, e arruolano altri che lo perseguano
- Esemplificano il cambiamento che si aspettano dagli altri

La rivelazione personale, per John Patrick, arrivò verso la fine del 1993. E gli ci vollero solo 24 mesi per trasformare quell'intuizione ispirata in politica aziendale.

L'azienda è l'IBM; il 1993 segna l'anno in cui Lou Gerstner prese il timone dell'organizzazione e cominciò a ribaltarla. Tuttavia, i cambiamenti massicci e profondi non procedono solo dall'alto verso il basso; nel caso di Patrick, ad esempio, la sua mini-rivoluzione fu una vittoria partita dalla base.

Tutto si imperniò su Internet. Quel giorno del 1993, Patrick, che allora elaborava le strategie aziendali dell'IBM, stava giocherellando con un programma per Internet che si chiama «Gopher». Come racconta lui, «rimasi affascinato dall'idea di poter navigare nel computer di qualcun altro standomene comodamente seduto a casa. I collegamenti remoti non erano certo un'idea nuova all'IBM. Ma essere *dentro* il computer di qualcun altro, indipendentemente da quale tipo di computer uno avesse — be', mi si accese una luce».[43]

A quell'epoca, l'IBM era una compagnia concentrata sull'hardware. Internet, che stava sviluppandosi proprio allora, era fuori dalla portata del suo radar; la compagnia non aveva praticamente alcun prodotto o progetto per la Rete. Gerstner era sul punto di cambiare tutto questo, ma furono persone come Patrick, sparse ovunque nell'azienda, a farne una realtà.

Patrick creò il manifesto «Get Connected» («Collegati»), nel quale sosteneva che collegamenti come Internet avrebbero reinventato la natura delle organizzazioni, delle industrie e del lavoro. A sostegno della sua idea, offriva alcuni suggerimenti pratici: dare un indirizzo e-mail a tutti i membri dell'organizzazione, incoraggiare i *newsgroups* interni a costruire e cementare comunità con interessi comuni e istituire un sito web dell'IBM.

Sebbene oggi queste idee siano ampiamente accettate, a quel tempo — soprattutto all'IBM — erano considerate rivoluzionarie. D'altra parte il pubblico c'era — era lì, sparso in tutta l'azienda. Non appena ebbe distribuito il suo manifesto, Patrick cominciò ad avere riscontri — fax, messaggi e-mail e telefonate provenienti da ogni angolo dell'IBM. Per collegare tutti costoro Patrick istituì una *mailing list*, e se ne servì per cucire, in seno all'IBM, una sorta di organizzazione virtuale che trascendesse ogni suo organigramma formale.

I membri di questo gruppo appartenevano a divisioni IBM sparse in tutto il mondo. Non avevano alcuno status formale — nessuna autorità e niente fondi. Erano fuori dal controllo diretto dell'organizzazione, e ciò nondimeno ottenevano dei risultati. Il loro primo progetto, attivato nel maggio del 1994, era stato l'istituzione del sito web dell'IBM, uno dei primi aperti da una grande corporazione.

Quello stesso mese, Patrick impegnò la compagnia a partecipare al successivo convegno di Internet World, senza l'autorizzazione dell'IBM. Quest'assunzione di rischio richiese coraggio e lungimiranza, e anche un poco di fede.

Quella fede diede buoni frutti. Patrick contattò varie divisioni della compagnia alla ricerca di fondi, raggranellando cinquemila dollari qui, cinquemila dollari là; quando arrivò il convegno Internet World, cinquantaquattro persone, provenienti da dodici diverse unità, vi si recarono in rappresentanza dell'IBM. L'impresa non aveva ancora alcuno status formale all'interno della compagnia, né alcun finanziamento.

Forte di questo impulso, tuttavia, l'IBM sviluppò infine una strategia ufficiale per Internet, riunì una task force e creò una propria divisione Internet. Quella divisione nacque il primo dicembre del 1995. Nel suo compito — quello di definire e perseguire le iniziative della compagnia riguardo a Internet — sarebbe stata guidata da John Patrick, vicepresidente in carica e capo delle tecnologie. Quella che era stata una squadra virtuale dai legami flessibili era adesso una divisione ufficiale dell'azienda, con un organico di seicento persone.

Uno dei suoi progetti fu un sito web di grandissimo successo per le Olimpiadi di Atlanta del 1996; il sito ricevette undici *milioni* di visite ogni giorno. I membri del team dell'IBM, usando un software in via di sviluppo per gestire quell'enorme traffico, trovarono in quell'esperienza una naturale opportunità di ricerca e sviluppo. Si resero conto di aver sviluppato un software in grado di gestire un immenso volume di traffico e lo modificarono in quello che doveva diventare un programma commerciale — una delle molte linee di prodotti destinati alla Rete, frutto dell'originaria rivelazione di Patrick.

Il catalizzatore del cambiamento: ingredienti-chiave

Le aziende si stanno riorganizzando; operano cessioni, fusioni e acquisizioni; appiattiscono gerarchie e acquistano dimensioni globali. Negli anni Novanta, l'accelerazione del cambiamento ha fatto dell'abilità di orientarlo una competenza nuova di importanza crescente. Nei primi studi condotti negli anni Settanta e Ottanta, la capacità di catalizzare il cambiamento non era una qualità particolarmente apprezzata. Ma con l'approssimarsi al nuovo millennio, le compagnie che puntano su chi sappia guidare il cambiamento sono sempre più numerose.

Quali sono le caratteristiche che fanno di qualcuno un efficace catalizzatore del cambiamento? «Quando lavoriamo con una compagnia per aiutarla a trasformare la sua attività, le abilità personali del leader del loro gruppo sono immensamente importanti», mi spiega John Ferreira, un socio del Deloitte and Touche Consulting Group. «Supponiamo che stiamo cercando di aiutarli a ridurre il tempo necessario per evadere le ordinazioni. Per farlo occorre operare trasversalmente rispetto alle barriere interne all'organizzazione, e ci vuole qualcuno che non sia a un livello troppo alto — non un teorico, ma qualcuno che abbia un expertise di prima mano, che sia abbastanza vicino agli eventi da trascendere tutte le funzioni implicate. Spesso questa figura coincide con un manager di secondo livello.»

Ma oltre questo expertise tecnico, il catalizzatore del cambiamento richiede tutta una gamma di altre competenze emozionali. «Ci vuole il tipo di manager di secondo livello che abbia la capacità di entrare nell'ufficio del vicepresidente e di lasciargli sul tavolo un memo di ciò che deve fare, senza essere intimidito dal fatto di essere solo un manager di seconda linea», aggiuge Ferreira.

Ad esempio, in una grande compagnia di servizi finanziari, che stava vivendo il travaglio della *deregulation* e di un mercato nuovamente competitivo, furono i leader più fiduciosi nelle proprie capacità a guidare le divisioni che prosperarono nonostante i cambiamenti.[44]

I leader del cambiamento più efficienti, oltre a un elevato livello di fiducia in se stessi, hanno anche capacità di influenza, impegno, motivazione, iniziativa, ottimismo e istinto per la politica dell'organizzazione. Come dice Ferreira: «Occorre qualcuno che la prenda come una missione, non solo come un lavoro — qualcuno che si appassioni al cambiamento, che si alzi la mattina con quello in testa. È un po' come la differenza fra l'inquilino e il proprietario di una casa: i proprietari sono pieni di dedizione. Questo è un aspetto fondamentale, perché il cambiamento richiede anche perseveranza — ti trovi davanti moltissime cortine fumogene, moltissime resistenze. Occorre sapere come servirsi di noi, dei consulenti, per portare la causa all'attenzione delle persone giuste al momento giusto. E occorre continuare a presentare il proprio caso e a costruire coalizioni che garantiscano appoggio, finché non si raggiunge la massa critica che gli faccia superare la vetta».

Il leader della trasformazione

I *leader* del cambiamento non sono necessariamente *innovatori*; sebbene riconoscano il valore di una nuova idea o di un nuovo modo di fare le cose, spesso non sono le stesse persone dalle quali è scaturita l'innovazione. Affinché le organizzazioni cavalchino le onde del cambiamento (e quale organizzazione *non* lo sta facendo, di questi tempi?) il management tradizionale non è la persona giusta. In tempi di trasformazione, occorre un leader carismatico, una figura ispiratrice.

Il modello della «leadership della trasformazione» va oltre il management tradizionale; con il semplice potere dell'entusiasmo che ispirano, questi leader sanno risvegliare gli altri. Essi non danno ordini, non dirigono — ispirano. Quando esprimono la propria concezione sono intellettualmente ed emotivamente stimolanti. Dimostrano una forte convinzione in quell'idea, e stimolano altri a perseguirla con loro.[45] E si impegnano ad alimentare le relazioni con le persone che guidano.

A differenza di stili di leadership più razionali — nei quali i leader usano gratifiche standard come denaro o promozioni per incoraggiare i propri dipendenti — il leader della trasformazione opera su un altro livello; egli mobilita gli altri affinché partecipino al cambiamento dell'organizzazione risvegliando le loro emozioni sul lavoro che stanno facendo. In tal modo, questi leader fanno appello alla percezione del significato e ai valori delle persone. Il lavoro diventa una sorta di affermazione morale, una dimostrazione di impegno verso una missione di più ampia portata che consolida la condivisione di un'identità a cui si attribuisce un valore.[46]

Per far questo il leader deve esprimere una visione convincente dei nuovi obiettivi dell'organizzazione. Anche se gli obiettivi possono essere un poco utopistici, impegnarsi per raggiungerli può essere, di per se stesso, soddisfacente dal punto di vista emotivo. Risvegliare in questo modo le emozioni altrui e imbrigliarle al fine di perseguire obiettivi nobili o elevati conferisce a un leader una grande forza da mettere al servizio del cambiamento. In effetti, alcuni studi dimostrano che questo tipo di leadership ottiene dai subordinati sforzi più intensi e prestazioni migliori, rendendo complessivamente più efficace il loro lavoro.[47]

L'arte emotiva

Questo stile di leadership della trasformazione ha affrontato un duro banco di prova presso una grande compagnia canadese di servizi finanziari che stava lottando contro un'immensa turbolenza del mercato e una grande incertezza causate dalla recente deregulation.[48] Quella che un tempo era stata una compagnia stabile e di successo in un ambiente protetto ora doveva essere pronta a conservarsi un posto nello stesso mercato che un tempo aveva dominato.

Un gruppo di manager esperti, scelti fra quelli dei quattro livelli più alti, furono seguiti per un anno mentre guidavano le proprie unità in quei tempi caotici. Alla fine di quel periodo, ciascuno di essi venne valutato in base a parametri quali il miglioramento della produttività, i premi incassati e il rapporto salario/budget. Emerse un'ampia gamma di risultati: alcuni leader realizzarono solo il 17 per cento dei propri obiettivi, mentre altri arrivarono a raggiungerne l'84 per cento.

Il maggiore successo arrise a coloro che si erano affidati a uno stile di leadership di trasformazione. In realtà, leader che si avvalevano prevalentemente di uno stile di management standard sembravano più che altro intenti a cercar di controllare e di limitare i dipendenti.

I leader di maggior successo erano giudicati da chi lavorava per loro come individui altamente carismatici e flessibili. Essi sembravano diffondere il proprio senso di fiducia e di competenza e ispiravano gli altri a essere più immaginativi, capaci di adattamento e inclini all'innovazione.

Questo studio riecheggia quello che John Kotter, esperto di leadership presso la Harvard Business School, cita come la differenza fra «management» e «leadership».[49] Nella sua accezione dei due termini, *management* si riferisce alle modalità grazie alle quali imprese complesse vengono mantenute ordinate, non caotiche e produttive. *Leadership*, invece, si riferisce alla capacità di pilotare i cambiamenti indotti dalla competitività e dalla precarietà dei tempi.

Come afferma Kotter, «la motivazione e l'ispirazione trasmettono energia alle persone, e lo fanno non spingendole nella giusta direzione come se fossero dei meccanismi di controllo, ma soddisfacendo esigenze umane fondamentali quali la realizzazione dei propri obiettivi e il nutrire un senso di appartenenza, un sentimento di controllo sulla propria vita, e la capacità di vivere in armonia con i propri ideali. Questi sentimenti ci toccano nel profondo e suscitano in noi una straordinaria risposta». A questo livello, dunque, la leadership è un'arte emotiva.

9
Collaborazione, squadre e QI dei gruppi

«*Nessuno di noi è intelligente come tutti noi insieme.*»
—Proverbio giapponese

Fu un momento gravido di conseguenze agli albori della storia della Silicon Valley: nel 1982, in una sala affollata da centinaia di ingegneri riuniti per un convegno del Silicon Valley Computer Club, un giornalista del *San José Mercury* chiese all'assemblea: «Quanti di voi hanno in programma di mettersi in proprio?»
Due mani su tre si alzarono.[1]

Da allora sono spuntate migliaia di compagnie, comprese la Silicon Graphics, la Oracle e la Cisco Systems. Il tema comune a tutte queste imprese è la convinzione che un'idea grandiosa o una tecnologia innovativa possano fare una differenza. Ma perché un'idea straordinaria possa diventare il seme di una grande azienda occorre qualcos'altro: la collaborazione.

La ricerca di team eccezionali rappresenta per le aziende una sorta di moderno Graal. «Nel mondo di oggi c'è abbondanza di tecnologie, di imprenditori, di denaro, di capitali a rischio. Quello che scarseggia sono i grandi team.» Così dice John Doerr, un leggendario investitore della Silicon Valley che ha sostenuto gli esordi di imprese destinate a cambiare il volto del settore — da Lotus e Compaq a Genentech e Netscape.[2]

La compagnia di Doerr, la Kleiner Perkins Caulfield and Byers, riceve ogni anno, da parte di imprenditori pieni di speranza, circa duemilacinquecento progetti, di cui pressappoco cento vengono considerati seriamente; la compagnia poi investe su circa venticinque di essi. Doerr afferma: «Un team pensa di convincerci per la tecnologia e il prodotto o il servizio che propone. Ma in realtà noi siamo concentrati su di *loro* — sui membri del gruppo. Quel che vogliamo davvero capire è chi sono, e come lavoreranno insieme». Pertanto, durante gli incontri con le aziende nascenti candidate al finanziamento, Doerr sonda la dinamica del gruppo: valuta come i suoi membri potrebbero gestirsi, concordare sulle priorità, valutare se stanno facendo bene il proprio lavoro e affrontare qualcuno che non rende. «Sto controllando i loro istinti, il loro sistema di navigazione, i loro valori.»

Essenziale, per un team di questo tipo, è la giusta miscela di intelligenza ed expertise — quello che Doerr chiama «gente davvero in gamba» — e (sebbene egli non si serva di questa espressione) di intelligenza emotiva. Doerr avverte che le due componenti devono essere bilanciate — non troppa intelligenza ed esperienza, né solo motivazione, energia e passione. «L'ottenimento della miscela giusta costituisce la differenza fra le imprese che raggiungono la grandezza e quelle che si limitano a farcela, o peggio.»

Sopravvivenza del sociale

Fin dai primordi, gli esseri umani sono stati giocatori di squadra: le nostre relazioni sociali, caratterizzate da una complessità unica, hanno rappresentato per noi un vantaggio essenziale in termini di sopravvivenza. Il nostro talento straordinariamente sofisticato per la cooperazione culmina nella moderna organizzazione.

Alcuni evoluzionisti ritengono che il momento fondamentale per l'emergere delle capacità interpersonali sia stato quello in cui i nostri antenati scesero dalle cime degli alberi per vivere nella vastità delle savane: una circostanza in cui il coordinamento sociale nella caccia e nella raccolta dei frutti della terra offrì grandissimi vantaggi. L'apprendimento delle abilità essenziali per la sopravvivenza implicò che i bambini dovessero essere «istruiti» in quel periodo critico, che si protrae fino a circa quindici anni, durante il quale il cervello umano raggiunge la maturità anatomica. La cooperazione fornì questo vantaggio, e con essa emerse un complesso sistema sociale — insieme a nuove sfide per l'intelligenza umana.[3]

Questa concezione del ruolo essenziale della cooperazione nell'evoluzione fa parte di un ripensamento radicale del significato della famosa espressione «sopravvivenza del più adatto».[4] Verso la fine del diciannovesimo secolo i darwinisti sociali si aggrapparono ad essa per sostenere che la «fitness» — l'idoneità, appunto — comportasse l'inevitabile trionfo del più forte e spietato sul più debole. Essi si servirono di quel concetto come di una base razionale per celebrare la competizione sfrenata e ignorare la triste condizione di chi non ha mezzi né diritti.

Oggi, nella teoria evoluzionista, quell'idea è stata rovesciata dalla semplice intuizione che la «fitness» evolutiva non si misura in base alla resistenza, ma al successo riproduttivo — dipende da quanti figli sopravvivono a un individuo così da passarne i geni alle generazioni future. Nell'evoluzione, l'autentico significato di «sopravvivenza» sta proprio in quell'eredità genetica.

Da questa prospettiva, l'elemento-chiave ai fini della sopravvivenza umana non fu la spietatezza di individui solitari, ma la collaborazione di un *gruppo* di individui — che cooperavano uscendo alla ricerca di cibo, nutrendo i bambini e difendendosi dai predatori. E, in effetti, lo stesso Darwin fu il primo a proporre che i membri dei gruppi umani pronti a cooperare al bene comune sopravvivessero meglio e avessero una prole più numerosa di quelli appartenenti a gruppi che badavano solo al proprio interesse, o degli individui solitari che non facevano parte di alcun gruppo.

Anche oggi, i vantaggi comportati dal vivere in bande unite da stretti legami sono ben evidenti nei pochi gruppi umani sopravvissuti come cacciatori-raccoglitori — la modalità di sussistenza degli ominidi durante i milioni di anni impiegati dal nostro cervello per raggiungere la sua attuale architettura. In questi gruppi uno dei principali fattori che determina la salute dei bambini è la presenza di una nonna o di un altro parente anziano che possa contribuire agli sforzi della madre e del padre per raccogliere il cibo.[5]

Un moderno retaggio di questo passato è quel radar, che molti di noi hanno, per rilevare la disponibilità all'amicizia e alla cooperazione; noi gravitiamo verso chi mostra di possedere queste qualità. Abbiamo anche un sistema di preallarme che ci mette in guardia verso chi potrebbe essere egoista o non meritare la nostra fiducia. Ad esempio, in un esperimento effettuato alla Cornell University, gruppi di estranei venivano fatti incontrare e lasciati mescolare per 30 minuti, e poi si chiedeva ai partecipanti di classificarsi l'un l'altro relativamente all'egoismo o alla cooperatività. Quelle classificazioni si dimostravano ancora valide quando venivano confrontate al comportamento effettivamente adottato dalle stesse persone in un gioco in cui, per vincere, potevano scegliere strategie egoiste o cooperative. Analogamente, gli individui sembrano attratti da chi è cooperativo e amichevole come loro; i membri di gruppi costituiti da estranei molto cooperativi sono altruisti e disposti ad aiutarsi l'un l'altro come persone della stessa famiglia.[6]

La socializzazione plasma il cervello

La neocorteccia — ossia gli strati più superficiali del cervello, che ci conferiscono la capacità di pensare — è un'importante eredità anatomica dell'esigenza umana di riunirsi in gruppi.

Le sfide adattative che più contano per la sopravvivenza di una specie sono quelle che la spingono a cambiare mentre si evolve.

Operare in un gruppo coordinato — indipendentemente dal fatto che si tratti di un team in un'azienda o di una banda di protoumani intenti a vagabondare nella savana — richiede comunque un elevato livello di intelligenza sociale, ossia la capacità di interpretare e gestire relazioni interpersonali. Se gli individui socialmente più intelligenti avessero prole più numerosa e vitale — in altre parole, se fossero i più «idonei» — allora la natura selezionerebbe, nel cervello umano, modificazioni tali da consentire una migliore gestione delle complessità insite nella vita di gruppo.[7] Nel passato evolutivo, proprio come oggi, i membri dei gruppi dovevano bilanciare i vantaggi apportati dalla cooperazione — nel respingere i nemici, nella caccia, nella ricerca del cibo e nella cura dei bambini — con gli svantaggi legati, all'interno del gruppo, alla competizione per il cibo, per i partner sessuali o per assicurarsi altre risorse limitate soprattutto in tempi di scarsità. Si aggiunga a questo il dover calcolare le gerarchie di dominanza, gli obblighi sociali e di parentela e gli scambi di favori — e il risultato è una quantità enorme di dati sociali da tenere sotto controllo e usare in modo appropriato.

Proprio qui sta la pressione evolutiva che condusse allo sviluppo di un «cervello pensante» con la capacità di operare istantaneamente tutti questi calcoli sociali. Nel regno animale solo i mammiferi hanno una neocorteccia. Fra i primati (noi umani compresi) il rapporto fra la neocorteccia e il volume totale del cervello aumenta in modo direttamente proporzionale alle dimensioni tipiche assunte dal gruppo sociale nella specie in oggetto.[8] Nel caso dei primi esseri umani, le dimensioni del gruppo dovevano aggirarsi fra le decine le centinaia di membri (e nella vita delle odierne organizzazioni potrebbero collocarsi nell'ordine delle migliaia).

In questa prospettiva, l'intelligenza sociale fece la sua comparsa molto prima che emergesse il pensiero razionale; le abilità di pensiero astratto della specie umana trassero poi profitto da una neocorteccia originariamente sviluppatasi per venire alle prese con una realtà interpersonale immediata.[9] D'altra parte, la neocorteccia si evolse da strutture più antiche del cervello emotivo, ad esempio l'amigdala, e pertanto è saldamente allacciata ai circuiti delle emozioni.

La neocorteccia, con la sua sofisticata interpretazione della dinamica dei gruppi, deve decifrare i propri dati in armonia con i segnali emotivi associati. In realtà, ogni atto mentale di riconoscimento («quella è una sedia») ha incorporata una reazione emotiva («...e non mi piace»).

Gli stessi circuiti cerebrali ci fanno sapere immediatamente, ad esempio, chi fra coloro che ci stanno vicini su un ascensore dovremmo salutare e chi no («Il capo ha l'aria di essere di cattivo umore oggi, penso che non gli darò fastidio»). Quegli stessi circuiti plasmano ogni dettaglio delle relazioni di lavoro cooperative che sono la chiave per la sopravvivenza nelle organizzazioni odierne.

Anche quando ci scambiamo le informazioni più aride, i nostri monitor neurali per il rilevamento delle sfumature emotive leggono innumerevoli indizi impliciti — messaggi compositi che mettono quell'informazione nel suo contesto emotivo: il tono della voce, la scelta delle parole, minimi segnali nella posizione del corpo, nei gesti, nei tempi. Questi segnali emotivi hanno il potere di mantenere la conversazione — o il gruppo — più o meno in carreggiata. La coordinazione armoniosa dipende da questo canale emotivo proprio come dal contenuto esplicito e razionale di ciò che viene detto e fatto.

L'arte della collaborazione

John Seely Brown — scienziato presso la Xerox Corporation, e lui stesso teorico cognitivo — sottolinea che la natura essenziale del coordinamento sociale forse non è mai stata tanto evidente come nelle odierne imprese scientifiche, in cui il fronte della conoscenza avanza attraverso sforzi ben organizzati e collaborativi.

Come mi disse Brown, «molti teorici pensano all'apprendimento da un punto di vista esclusivamente cognitivo, ma se si chiede agli individui di successo di riflettere su come abbiano imparato ciò che attualmente sanno, diranno: "Abbiamo appreso la maggior parte di ciò che sappiamo gli uni dagli altri". Questo richiede intelligenza sociale, non solo abilità cognitiva. Molte persone hanno dei problemi perché non capiscono come entrare a far parte di un rapporto umano — di una relazione. È facile concentrarsi sull'abilità cognitiva e ignorare l'intelligenza sociale. Ma è solo quando si mettono insieme le due cose che si può creare un incantesimo».

Brown mi ha raccontato che in quella leggendaria struttura, da lui diretta, che è la Ricerca & Sviluppo della Xerox Corporation, nella Silicon Valley, «ogni cosa è fatta in modo collaborativo, come del resto ovunque, oggi, nel mondo dell'alta tecnologia. Non ci sono geni solitari, da nessuna parte. Perfino Thomas Edison era un brillante *knowledge manager*. Noi abbiamo a che fare con un capitale umano; le idee non scaturiscono dalla testa di un solitario, ma dalla collaborazione — in senso profondo».

In un mondo dove il lavoro — soprattutto nella ricerca e nello sviluppo — viene svolto in team, l'intelligenza sociale conta immensamente ai fini del successo. «Una delle capacità più importanti nel management è l'abilità di leggere il contesto umano, di essere consapevoli della posta in gioco», afferma Brown. «Nel management il potere consiste nella capacità di far accadere gli eventi. Ma come fare affinché il mondo svolga parte del lavoro per te? Occorre impegnarsi in una sorta di judo — essere in grado di leggere la situazione e le correnti umane, e di fare la propria mossa di conseguenza. Quanto più operiamo in ambienti poco controllati, tanto più dobbiamo saper interpretare le energie umane.»

Brown continua: «Ci sono individui ciechi alla dinamica di un gruppo. Esco da una riunione con un ricercatore, e quello non ha la minima idea di quel che è successo, mentre un altro avrà interpretato alla perfezione le dinamiche attive in quella stanza: saprà quando intervenire, come porre le cose, ciò che conta davvero. Quella persona può portare le sue idee al di là del lavoro, fuori nel mondo».

L'arte di «esercitare un impatto attraverso gli altri», aggiunge Brown, «consiste nell'abilità di mettere insieme le persone, di attrarre i colleghi verso il lavoro, di creare la massa critica per la ricerca. Poi, una volta che hai fatto questo, arrivi alla domanda successiva: come coinvolgere il resto della compagnia? E ancora: come far uscire il messaggio dalla compagnia e convertire tutto il resto del mondo? Comunicare non significa solo inviare informazioni all'indirizzo di un'altra persona. Significa creare negli altri un'esperienza, coinvolgerli fin nelle viscere — e questa è un'abilità emotiva».

Il vantaggio del team: la mente del gruppo

Nell'odierno ambiente di lavoro, un dato di fatto fondamentale è che ciascuno di noi possiede solo una parte di tutte le informazioni o dell'expertise necessari per svolgere un lavoro. Robert Kelley della Carnegie-Mellon University ha posto per molti anni la stessa domanda a persone che lavoravano presso molte compagnie diverse: «Quale percentuale della conoscenza che le occorre per il suo lavoro è immagazzinata nella sua mente?».

Nel 1986, la risposta si attestava solitamente intorno al 75 per cento. Ma nel 1997 la percentuale era scivolata fra il 15 e il 20 per cento.[10] Senza dubbio, ciò riflette la velocità di crescita esplosiva dell'informazione. È stato detto che nel ventesimo secolo è stata generata più conoscenza che in tutta la storia precedente, e la velocità di tale produzione continua ad aumentare mentre ci accingiamo a entrare nel ventunesimo secolo.

Pertanto la rete, o il team, di persone alle quali possiamo rivolgerci per ottenere informazioni ed expertise sono di importanza sempre più vitale. Mai come ai giorni nostri dipendiamo dalla mente del gruppo.

«La mia intelligenza non si ferma sulla pelle» — così mette la questione Howard Gardner, l'importante teorico di Harvard. Invece, egli sottolinea, essa si estende ai suoi strumenti — ad esempio il suo computer e le sue banche dati — e, altrettanto importante, «alla mia rete di relazioni — compagni d'ufficio, colleghi professionisti, altre persone alle quali posso telefonare o a cui posso inviare dei messaggi di posta elettronica».[11]

Non c'è dubbio che la mente del gruppo possa essere di gran lunga più intelligente di quella individuale; su questo punto, i dati scientifici sono schiaccianti. A esempio, in un esperimento, alcuni individui studiavano e lavoravano in gruppi mentre seguivano un corso al college. Per il loro esame finale, dapprima sostenevano una parte del test individualmente. Poi, dopo che avevano consegnato i fogli con le risposte, ricevevano un'altra serie di domande alle quali dovevano rispondere collettivamente.

I risultati ottenuti analizzando centinaia di questi gruppi dimostrarono che nel 97 per cento dei casi i punteggi conseguiti nella prova collettiva erano superiori a quelli ottenuti dal membro più brillante nel segmento individuale del test.[12] Lo stesso effetto è stato riscontrato moltissime altre volte, anche nel caso di gruppi dalla vita estremamente breve, come quelli formatisi esclusivamente allo scopo di condurre l'esperimento. Ad esempio, quando gruppi di estranei ascoltavano una storia sugli alti e bassi della carriera di qualcuno, quanto più numeroso era il gruppo, tanto migliore era la sua memoria collettiva: tre persone se la cavavano meglio di due, quattro meglio di tre, e così via.[13]

«Essendo specializzato in matematica, credevo che il tutto fosse uguale alla somma delle sue parti, finché non ho cominciato a lavorare con le squadre», mi confidò Chuck Noll, il leggendario ex allenatore dei Pittsburgh Steelers. «Poi, quando divenni allenatore, capii che il tutto non è mai la somma delle sue parti — è maggiore o minore, a seconda di come riescono a collaborare i suoi membri.»

Lubrificare i meccanismi della mente del gruppo in modo che essa possa pensare e agire in modo brillante richiede intelligenza emotiva. Da soli, un intelletto superbo e il talento tecnico non tramutano le persone in membri straordinari di un team.

Ciò fu dimostrato in una serie di esperimenti convincenti condotti presso una scuola aziendale della Cambridge University. I ricercatori misero insieme centoventi management team simulati affinché prendessero decisioni in un contesto aziendale, anch'esso simulato. Alcuni team erano composti interamente da persone molto intelligenti. Nonostante l'ovvio vantaggio, questi gruppi davano prestazioni inferiori a quelle di altri gruppi i cui membri non erano tutti altrettanto brillanti.[14] Se si osservavano i team in azione si capisce perché: i membri con il QI più alto passavano troppo tempo immersi in un dibattito competitivo, che diventava un interminabile sfoggio di abilità accademica.

Un'altra debolezza dei team con un elevato QI era che tutti i membri optavano per lo stesso tipo di compito: applicare le loro abilità critiche alle parti intellettualmente più affascinanti del compito, impegnandosi in analisi e controanalisi. Nessuno trovava il tempo per le altre parti, pure necessarie, del lavoro — pianificazione, raccolta e scambio di informazioni pratiche, registrazione dell'apprendimento, coordinamento d'un piano d'azione. Erano tutti talmente impegnati a recitare la parte dei grandi intellettuali, che il team finiva per fare fiasco.

Il QI del gruppo

Si sono perduti nel deserto: il sole infierisce senza pietà mentre i miraggi scintillano e non c'è un solo punto di riferimento visibile. L'acqua sta per finire, e non hanno bussola o mappe. La loro sola speranza è di mettersi alla ricerca di aiuti, ma hanno equipaggiamenti troppo pesanti. Per sopravvivere, devono decidere che cosa portarsi dietro e che cosa abbandonare.

È uno scenario di vita e di morte, ma non minacioso: si tratta di una simulazione usata per verificare le capacità dei partecipanti di lavorare in team. Lo scenario consente di classificare ciascuno in base alle sue scelte individuali, confrontandole poi con quelle compiute dal gruppo collettivamente.

La conclusione, tratta da centinaia e centinaia di esperimenti, è che la prestazione dei gruppi ricade in uno di tre possibili livelli. Nel caso peggiore, le frizioni interne decretano il fallimento del team in quanto tale, e la prestazione collettiva è *più scadente* del punteggio medio individuale. Quando il gruppo lavora ragionevolmente bene, il punteggio collettivo è maggiore di quello *medio* individuale. Ma quando il team è davvero sinergico, il suo punteggio è di gran lunga superiore a quello dell'individuo *migliore*.

Non c'era dubbio, ad esempio, che in termini di expertise tecnico e di esperienza i membri del management team del settore auto di uno dei più grandi fabbricanti di automobili d'Europa fossero superiori alle loro controparti del settore autocarri. E tuttavia, come team, quest'ultimo funzionava meglio.

«Se guardavi i profili e la formazione dei membri del team autocarri, tutto questo non aveva proprio senso — avresti pensato che erano mediocri rispetto a quelli dell'altro gruppo», mi disse il consulente di management che aveva lavorato su quei gruppi. «E invece, quando operavano come unità, erano superbi.»

Che cosa consente a un gruppo di dare prestazioni migliori del suo membro più brillante? La chiave sta in questa domanda. La prestazione collettiva eccellente alza il «QI del gruppo» — nel caso dell'esempio, la somma totale dei migliori talenti di ciascun membro di un team esprimeva il suo massimo contributo.[15] Quando i gruppi operano al meglio, i risultati sono qualcosa di più che semplicemente additivi — possono diventare *moltiplicativi*: in tal caso, i migliori talenti di una persona catalizzano quelli migliori in un'altra e poi in un'altra ancora, producendo così risultati di gran lunga superiori a quelli ottenibili da un qualunque individuo singolarmente. La spiegazione di questo aspetto della prestazione del team sta nelle *relazioni* fra i suoi membri — nella chimica esistente al suo interno.

In un classico studio sul QI di gruppo condotto da Wendy Williams e Robert Sternberg di Yale, le capacità interpersonali e la compatibilità dei membri del gruppo emersero come la chiave per spiegare la loro prestazione (un risultato, questo, riscontrato più volte).[16] Williams e Sternberg scoprirono che i membri socialmente inetti e desintonizzati dai sentimenti degli altri erano di impedimento a tutta l'impresa — soprattutto se mancavano della capacità di risolvere le differenze e di comunicare efficacemente. Ai fini di una buona prestazione, la presenza nel gruppo di almeno un membro con un elevato QI era necessaria, ma non sufficiente; il gruppo doveva andare a segno anche in altri modi. Un altro potenziale svantaggio era rappresentato dal «tipo zelante», un membro che tendeva a controllare o a dominare troppo impedendo così agli altri di dare il loro pieno contributo.

La motivazione contava moltissimo: se i membri del team erano interessati e impegnati al raggiungimento degli obiettivi, ce la mettevano tutta e facevano meglio. Nel complesso, l'efficienza *sociale* del gruppo lasciava prevedere quanto migliore sarebbe stata la sua prestazione rispetto al QI individuale dei suoi membri. La conclusione è che i gruppi danno prestazioni migliori quando favoriscono uno stato di armonia interna. In tal caso essi fanno leva su tutto il talento dei propri membri.

Uno studio condotto su sessanta team presso una grande compagnia di servizi finanziari americana ha rilevato che, in una certa misura, gli elementi importanti ai fini dell'efficienza del gruppo erano molti. Tuttavia, la dimensione che contava più di tutte era l'elemento umano — il modo in cui i membri del team interagivano fra loro e con coloro con i quali entravano in contatto.[17]

Le competenze degli individui migliori, basate sui talenti umani fondamentali per il coordinamento sociale, sono diverse:

- *Stringere legami*: alimentare relazioni utili
- *Collaborazione e cooperazione:* cooperare con gli altri al conseguimento di obiettivi comuni
- *Capacità di gruppo:* saper creare sinergie nel lavorare al raggiungimento degli obiettivi del gruppo.

Entrare in collegamento

COSTRUIRE LEGAMI
Alimentare relazioni utili

Le persone con questa competenza:

- Coltivano e mantengono estese reti informali
- Vanno alla ricerca di relazioni mutuamente vantaggiose
- Stringono rapporti e cercano di trattenere gli altri nel circuito
- Stringono e conservano amicizie personali fra colleghi di lavoro

Jeffrey Katzenberg crea contatti a tutto spiano. Tre segretarie in cuffia — le sue antenne — sondano e scandagliano il settore dell'intrattenimento per trovargli il successivo punto di contatto; chiamano senza sosta per organizzare orari, spostare appuntamenti o ricordare la chiamata imminente — così che durante i suoi momenti liberi Katzenberg può stare continuamente al telefono e raggiungere le centinaia di persone con le quali si tiene normalmente in contatto.[18]

Katzenberg, uno dei tre fondatori della Dreamworks SKG, una società con sede a Hollywood, non ha pari nella creazione e nell'uso di reti informali. La motivazione delle sue maniacali tempeste di telefonate è, principalmente, quella di restare in contatto — non esplicitamente di «fare affari». D'altra parte, questa routine telefonica dà la carica alle sue relazioni e le mantiene fresche, in modo che quando si presenta un'esigenza di lavoro, può chiamare quelle persone senza che si avvertano soluzioni di continuità e far loro una proposta o definire chiaramente un accordo.

Nel settore dell'intrattenimento le relazioni interpersonali sono la chiave per fare affari. I progetti — un film, una serie TV, un CD-Rom interattivo — sono tutti a breve termine, concentrati sull'obiettivo e limitati nel tempo. Essi richiedono la costituzione istantanea di un'organizzazione — una pseudofamiglia formata dal regista, dai produttori, dagli attori, da tutto lo staff della produzione: una famiglia che ultimato il progetto torna a dissolversi in una rete di potenziali giocatori, dai legami allentati. Katzenberg si mantiene in contatto stabilendo un filo di collegamento con tutti, in modo che, quando occorrerà, potrà pescare fra di essi.

Questo talento nell'istituire connessioni è tipico degli individui eccellenti quasi in ogni tipo di attività. Ad esempio, alcuni studi su individui straordinari in campi come l'ingegneria, l'informatica, la biotecnologia e altri «knowledge works» hanno evidenziato come l'abile costruzione e il mantenimento di reti informali sia essenziale ai fini del successo.[19] Perfino in campi tecnologici, i legami delle reti sono stabiliti sia all'antica — faccià a faccia e per telefono — sia attraverso messaggi e-mail.

D'altra parte, ciò che consolida un collegamento all'interno di una rete non è tanto la vicinanza fisica (sebbene anch'essa aiuti), quanto piuttosto la vicinanza *psicologica*. Le persone con le quali andiamo d'accordo, delle quali ci fidiamo e che sentiamo congeniali a noi, sono quelle con cui, nella rete, stabiliamo i legami più forti.

Le reti istituite dagli individui straordinari non sono assolutamente assemblate in modo casuale; al contrario, sono scelte con attenzione, e ogni persona vi viene inclusa in considerazione di un expertise o un campo di eccellenza particolari. In queste reti, la merce di scambio è rappresentata dall'expertise e dall'informazione, in un continuo, abile gioco di dai-e-prendi. Ogni membro di una rete rappresenta un'estensione di conoscenza o expertise alla quale è possibile accedere con una sola telefonata.

Le persone che sanno servirsi bene di una rete godono di un immenso vantaggio su chi, per trovare le risposte di cui ha bisogno, debba invece servirsi di fonti di informazione generiche o cercare su Internet. Una stima indica che per ogni ora impiegata da costoro nella ricerca di risposte attraverso la propria rete, una persona media, per ottenere le stesse informazioni, ne deve investire dalle tre alle cinque.[20]

L'arte di servirsi delle reti

Questi legami in rete rappresentano il segreto del successo in molti settori nei quali la gente passa più tempo impegnandosi in progetti intensi e di breve durata, e meno tempo in una singola organizzazione. Quello dell'intrattenimento è di sicuro uno di tali settori. D'altra parte, alcuni prevedono che questo modello arriverà a caratterizzare, negli anni a venire, molti campi — forse la maggior parte. In una realtà così fluida, con organizzazioni virtuali che si formano per realizzare progetti e si dissolvono non appena essi sono stati ultimati, la chiave del successo non sta tanto nello stabilire *per chi* avete lavorato, ma *con chi* — e con chi siete rimasti in contatto.

Il settore dell'elettronica ci offre un esempio del ruolo essenziale giocato dalle reti umane nell'imprenditoria. Una stima del valore del settore dei personal computer, dal 1981 al 1990, parte praticamente da zero per arrivare a 100 miliardi di dollari: un immenso accumulo di ricchezza stimolato da alleanze fra intraprendenti maghi della tecnica ed altrettanto intraprendenti investitori di capitali a rischio.[21] Due terzi delle aziende che si occupano di alta tecnologia furono sostenute da questa razza molto particolare di investitori, che in America hanno stretto una relazione simbiontica con il settore dell'alta tecnologia fin dai suoi esordi, molto tempo prima che le banche — meno che mai i mercati finanziari — ci investissero un centesimo.

Gli investitori di capitali a rischio della Silicon Valley non si limitano a individuare un'idea promettente e mettere dei capitali nel suo lancio — essi restano legati alla compagnia nella quale hanno investito. Il loro coinvolgimento con la compagnia nascente, di solito, comporta l'offerta di importanti contatti nel campo del management, della finanza e nello stesso settore dell'alta tecnologia — come pure un aiuto nel reclutamento dei fondamentali talenti.

Ad esempio, quasi tutte le attività imprenditoriali finanziate dalla Kleiner Perkins Caulfield & Byers, una società di investimento di capitale a rischio, erano state segnalate da persone conosciute e fidate. John Doerr, il socio maggioritario dell'azienda, si esprime così a proposito di questa ricca rete di relazioni: «Dovete pensare alla Silicon Valley come a un sistema efficace per mettere insieme persone, progetti e capitali». Un tale sistema di legami può generare una grande ricchezza; quanto alla sua assenza, essa può imporre un tremendo pedaggio, soprattutto in tempi difficili.

Reti sociali e capitale personale

Erano gli anni Ottanta, a Wall Street, e tutto andava per il meglio. A soli ventiquattro anni, quest'uomo gestiva un fondo comune in titoli di investimento da 3 miliardi di dollari: i suoi guadagni erano spettacolari. Purtroppo, i suoi investimenti erano quasi interamente in obbligazioni di rischio e il fondo perse quasi tutto il suo valore nel crollo dell'ottobre 1987. Quanto a lui, si ritrovò per strada.

«Fu allora che capì che sul lavoro le relazioni sono tutto», mi spiega la moglie. «In quel frangente non ci fu nessuno a proteggerlo. Era diventato talmente arrogante e pieno di sé che non si era dato la pena di coltivare quel tipo di amicizia che avrebbe potuto indurre qualcuno a dire "teniamolo con noi". Quando cercò di trovarsi un altro lavoro non conosceva nessuno che potesse aiutarlo ad approdare da qualche altra parte.»

Dopo sei mesi — e cinquecento telefonate a vuoto — alla fine trovò un altro lavoro, di gran lunga meno prestigioso, partendo dal quale si fece strada salendo nuovamente ai vertici. Ma il suo atteggiamento di fondo era cambiato.

«Ora è presidente della sua società di professionisti, e conosce tutte le altre persone-chiave che lavorano nel settore», spiega la moglie. «La domanda che ci poniamo è: se dovesse perdere il suo lavoro domani, quante telefonate dovrebbe fare per trovarne un altro? Oggi come oggi gliene basterebbe solo una.»

Le reti di contatti sono una sorta di capitale personale. Far bene nella nostra attività dipende in misura maggiore o minore dal buon funzionamento di una rete di persone. Come disse un alto dirigente, per quanto potesse *sembrare* che egli avesse il controllo sulla qualità del proprio lavoro, «in realtà, oltre ai miei diretti subordinati, ci sono centinaia di persone sulle quali io non ho un controllo diretto ma che possono influenzare il livello del mio lavoro. Almeno venticinque di queste persone hanno un ruolo essenziale in tal senso».[22]

Uno dei vantaggi insiti nel costruire relazioni è il serbatoio di amicizia e fiducia che ne deriva. I manager più efficaci sono bravissimi a coltivare queste relazioni; quelli meno in gamba in genere non ci riescono.[23] Questo è particolarmente importante per avanzare dai gradini più bassi ai livelli più alti di un'organizzazione; tali legami umani sono le vie attraverso le quali gli individui arrivano a essere conosciuti per le loro capacità.

Queste reti strumentali sono probabilmente del tutto distinte dal tessuto di amicizie che coltiviamo principalmente per diletto. Qui la costruzione della relazione ha una motivazione: queste sono amicizie con uno scopo. Le persone abili nel tessere queste reti spesso mescolano la vita privata e quella lavorativa, così che molte, o la maggior parte, delle loro amicizie personali sono strette sul lavoro; tuttavia, per impedire che gli impegni professionali e i programmi privati si confondano, occorrono chiarezza e disciplina.

Chi è timido, introverso o tende a isolarsi non è, naturalmente, molto bravo a coltivare queste relazioni. E le persone che si limitano ad accettare gli inviti senza mai ricambiarli, o che circoscrivono la propria conversazione all'attività professionale, fanno ben poco per ampliare la propria rete di relazioni.

Un altro errore comune è un'eccessiva gelosia del proprio tempo e dei propri impegni di lavoro, che porta a declinare le richieste d'aiuto e di cooperazione, col risultato di generare risentimento e una rete stentata. D'altra parte, coloro che non sanno mai dire di no ogni volta che qualcuno chiede loro qualcosa rischiano di caricarsi a tal punto, che il loro stesso lavoro ne soffre. Gli individui capaci di prestazioni straordinarie sanno trovare un equilibrio fra le priorità del loro lavoro e alcuni favori scelti con attenzione — e in tal modo costruiscono crediti di amicizia con persone che in futuro potrebbero rappresentare risorse essenziali.[24]

La costruzione di rapporti è fondamentale per sviluppare relazioni forti e proficue. Il rapporto è imperniato sull'empatia e di solito si forma spontaneamente nel corso di conversazioni casuali sulla famiglia, lo sport, i bambini e le cose della vita. Infine, costruire un'intima amicizia di lavoro significa stabilire un'alleanza, una relazione sulla quale poter contare. Chi è molto abile nello stringere relazioni — persone come Katzenberg o Doerr — può fare appello a una rete di amicizie estesa e in continua espansione.

I manager delle relazioni

Marks & Spencer, la grande catena di dettaglianti britannica, fa un omaggio insolito ai suoi fornitori regolari: una speciale tessera che consente loro di entrare negli uffici della catena in qualunque momento lo desiderino. Sebbene essi debbano comunque prendere appuntamento, la tessera li fa sentire membri effettivi della famiglia Marks & Spencer.

Questo è esattamente il punto. La tessera fa parte dello sforzo intenzionale della Marks & Spencer per alimentare una relazione di fiducia e di cooperazione con i propri fornitori. Quello sforzo include viaggi organizzati insieme ai fornitori, per visitare fiere e fonti di materie prime in altri paesi. L'obiettivo è quello di rafforzare la comprensione reciproca, come pure di individuare la possibilità di sviluppare insieme nuovi prodotti.

Il programma della Marks & Spencer esemplifica la tendenza, emergente fra fornitori e dettaglianti, di costruire relazioni collaborative, invece di giocare l'uno contro l'altro. Questa strategia cooperativa comporta dei vantaggi tangibili: un'analisi di 218 dettaglianti che vendevano i ricambi auto di un particolare fabbricante ha dimostrato che — rispetto agli altri — i rivenditori che si fidavano del produttore avevano una probabilità inferiore del 22 per cento di rivolgersi ad altri fornitori, mentre le loro vendite erano superiori del 78 per cento.[25]

Sebbene i legami fra queste grandi organizzazioni possano sembrare astratti, essi si riducono poi alle quotidiane relazioni fra venditori, account manager, product manager e simili. Queste alleanze interpersonali fra individui di compagnie diverse producono concreti benefici per entrambe le parti; costoro possono condividere informazioni riservate rilevanti per entrambi e assegnare uomini e risorse alla personalizzazione della propria relazione d'affari. Gli uomini di una compagnia possono a volte comportarsi, *de facto*, come consulenti dell'altra. Ad esempio, un team di venditori della Kraft Foods si assunse l'onere di studiare per sei mesi le vendite di un dettagliante. In seguito, il team della Kraft fece al suo cliente alcune raccomandazioni per la riorganizzazione del magazzino e degli spazi di esposizione di nuovi articoli che riflettevano recenti tendenze dei consumatori. Il risultato fu che le vendite del dettagliante — e di conseguenza i suoi acquisti di prodotti Kraft — aumentarono entrambi di circa il 22 per cento.[26]

Un altro esempio: la Procter & Gamble era solita pagare i propri sales manager sulla base del volume di inventario che riuscivano a vendere ai dettaglianti, anche se poi la merce finiva nei loro magazzini. Questo però significava che i dipendenti della P&G erano compensati per una strategia che, in ultima analisi, nuoceva ai dettaglianti ed erodeva la relazione col fornitore. Ora la P&G ha modificato la sua politica in modo che i suoi venditori siano compensati per massimizzare *sia* i risultati della P&G, *sia* quelli dei negozi che vendono i suoi prodotti.

Poiché una relazione fra due compagnie non è altro che la risultante dei legami formatisi fra le persone all'interno delle due aziende, la chimica interpersonale è essenziale. Per questa ragione, la Sherwin-Williams, produttrice di vernici, invita i manager della Sears di Roebuk, uno dei suoi più importanti rivenditori, a partecipare alla selezione dei rappresentanti che gestiranno i rapporti reciproci.

Come ha affermato Nirmalya Kumar, scrivendo di questo approccio sulla *Harvard Business Review*, «Il gioco di fiducia ha delle implicazioni sul tipo di persone che una compagnia ingaggia per lavorare con i [suoi] partner... I produttori, i venditori e i responsabili degli uffici acquisti si sono tradizionalmente concentrati sul volume delle vendite o sui prezzi. Costoro devono essere sostituiti da *manager delle relazioni* che sappiano come comportarsi».[27]

E ora tutti insieme

COLLABORAZIONE E COOPERAZIONE
Lavorare con gli altri verso obiettivi comuni

Le persone con questa competenza:

- Trovano un equilibrio fra la concentrazione sul compito e l'attenzione alle relazioni
- Collaborano condividendo progetti, informazioni e risorse
- Promuovono un clima amichevole e cooperativo
- Individuano e alimentano le opportunità di collaborazione

L'Intel, produttrice di processori per computer di grandissimo successo, aveva un problema paradossale: il suo stesso successo la stava, in un certo senso, uccidendo. L'organizzazione era estremamente concentrata sugli obiettivi; il suo interesse per lo sviluppo dei prodotti, per le tecnologie innovative con le quali rimanere all'avanguardia e per la rapida introduzione di novità, fruttavano bene in termini di quote di mercato e di profitti ingenti. E tuttavia, erano in troppi a non trovarlo più divertente.

Questo fu, comunque, il modo in cui il consulente di una divisione dell'Intel, chiamato per dare un parere, mi raccontò di quella situazione.

«Volevano un seminario che gli spiegasse come curarsi dell'aspetto relazionale del lavoro, un aspetto che stava diventando sempre meno piacevole», mi spiegò il consulente. «A livello personale avevano simpatia gli uni per gli altri, ma erano talmente concentrati sul raggiungimento dei loro obiettivi, che le relazioni di lavoro ne soffrivano. Dovevano far capire ai supervisori che non basta semplicemente portare a termine un compito, se per farlo distruggi le relazioni nel gruppo. Dovevano far capire al management che il lato umano ha conseguenze molto tangibili.»

La crisi dei rapporti interpersonali all'Intel sottolinea il valore di uno spirito collaborativo e cooperativo. I gruppi di persone che si divertono lavorando insieme — che godono della reciproca compagnia, sanno scherzare fra loro e condividere momenti piacevoli — dispongono del capitale emotivo non solo per eccellere nei momenti buoni, ma anche per superare insieme frangenti difficili. I gruppi che non condividono questo legame emotivo, quando sono sotto pressione corrono un maggior rischio di paralizzarsi, di diventare disfuzionali o di disintegrarsi.

Anche coloro che sottoscrivono la spietata ideologia secondo la quale «gli affari sono una guerra» e che non vedono ragione di coltivare un tono più umano, probabilmente farebbero bene a riflettere sull'immenso sforzo investito dagli eserciti nel coltivare lo spirito di corpo a livello di gruppo. La sofisticata intuizione di ciò che fa funzionare bene un'unità sottoposta a pressioni straordinarie ha sempre indicato che i legami emotivi fra i membri del gruppo sono fondamentali per il morale, l'efficienza e la sopravvivenza stessa degli uomini.

Nozze aziendali

Tutti sapevano che per Al, il nuovo vicepresidente di un grande ospedale cittadino, la riunione era stata un disastro personale. Di certo, tutti i convenuti erano d'accordo sul fatto che l'incontro fosse stato indetto per un buon fine — quello cioè di creare una prospettiva e una strategia per un programma in difficoltà che Al era stato chiamato a gestire. Ma Al sabotò se stesso e la riunione. Come ammise in seguito, «fu un gran bel calcio nel sedere».

Il primo errore di Al fu quello di indire la riunione degli alti dirigenti dell'ospedale, già oberati d'impegni, con troppo poco preavviso, scegliendo un giorno in cui sapeva che il vicepresidente dell'unità di nursing — una persona che doveva dare un contributo fondamentale — di solito non era in ospedale. Anche il consulente del gruppo dirigente non sarebbe riuscito ad arrivare in tempo. Il secondo errore di Al fu di non offrire un briefing prima della riunione, né una preparazione di alcun genere — stava andando a braccio, nonostante che quello fosse il suo debutto come nuovo vicepresidente. Il suo terzo errore fu quello di respingere recisamente l'offerta di Sarah — suo superiore e presidente dell'ospedale — di aiutarlo a progettare una riunione brillante e più efficace.

Nel pieno svolgimento della riunione, l'impreparazione e il nervosismo di Al apparvero tormentosamente evidenti a tutti. I convenuti ebbero la sensazione che quella riunione fosse una perdita del *loro* tempo. Sarah sentiva che la disastrosa prestazione di Al metteva in cattiva luce la sua stessa decisione di coinvolgerlo in quel lavoro.

Che cosa era andato così storto?

James Krantz — un professore della Yale School of Organization and Management che osservò Al e Sarah mentre lavoravano — sostiene che la riunione fallita fosse solo un sintomo di qualcosa di profondamente sbagliato nella loro relazione di lavoro.[28] Con sorprendente rapidità i due si erano calati in un modello che tirava fuori il peggio da entrambi. In privato, Al ammise di percepire Sarah come dominante e ipercritica nei suoi confronti, cronicamente insoddisfatta di qualunque cosa lui facesse; dal canto suo, Sarah disse che Al sembrava troppo passivo, inetto e maldisposto verso di lei. A livello emotivo, i due sembravano una coppia intrappolata in un matrimonio infelice — tranne per il fatto che questo era lavoro, e non vita privata.

Tuttavia, come osserva Krantz, ciò può accadere dappertutto con un'allarmante facilità. Qualunque superiore e qualunque subordinato possono scivolare in una dinamica emotiva distruttiva perché ciascuno dei due ha bisogno dell'altro per raggiungere il proprio successo. Un subordinato può far sembrare il proprio superiore efficiente — o patetico — agli occhi del suo capo, dal momento che il superiore è responsabile del rendimento dei suoi sottoposti. E, naturalmente, il subordinato dipende dal suo superiore per promozioni, aumenti salariali, e anche, semplicemente, per conservarsi il posto — tutti elementi che lo rendono emotivamente vulnerabile rispetto al suo capo.

E qui sta la benedizione — o la maledizione. Questa interdipendenza lega subordinato e superiore in modo potenzialmente molto intenso. Se entrambi se la cavano bene emotivamente — se stabiliscono una relazione di fiducia, uno sforzo comprensivo e ispirato — la loro prestazione brillerà. Ma se emotivamente le cose andranno male, la relazione potrà trasformarsi in un incubo e la loro prestazione si tradurrà in una serie di disastri di maggiore o minore entità.

La coppia verticale

La facoltà di un subordinato di far sembrare brillante il proprio superiore agli occhi del *suo* capo è potenzialmente enorme. Ma per Sarah, Al era diventato il polo di attrazione di alcune delle sue ansie da prestazione più profonde. Tanto per cominciare, Sarah era imbarazzata dal fallimento del programma che Al era stato chiamato a gestire — pensava che questo mettesse in una luce negativa le sue stesse abilità di presidente, e minacciasse la sua reputazione professionale. A questo punto dubitava delle capacità di Al di salvare l'unità — e di conseguenza la sua reputazione di presidente — e quindi era irritata per la prestazione deludente di lui.

Da parte sua, nel lavoro precedente, Al era stato perfettamente capace; la promozione a vicepresidente però gli aveva lasciato un senso di insicurezza. Temeva che gli altri membri del gruppo dirigente lo considerassero un incompetente; nei momenti peggiori, si sentiva un impostore. E a rendere tutto più difficile, Al percepiva la mancanza di fiducia di Sarah — il che non faceva che aumentare le sue ansie e la sua inettitudine.

Ciascuno dei due, nel proprio intimo, sentiva che l'altro era la fonte dei suoi problemi: Al capiva che Sarah stava indebolendo la sua fiducia in se stesso esercitando un controllo eccessivo e dubitando della sua competenza. Proprio come temeva Al, Sarah aveva cominciato a considerarlo privo della sicurezza e della competenza necessarie per il lavoro che si aspettava da lui; per questi motivi, sentiva il bisogno di intromettersi e di assumersi la responsabilità per tutti e due, perfino in modo aggressivo. Il risultato era una spirale discendente nella quale Al divenne sempre più passivo, insicuro e inetto, mentre Sarah prese a microgestire la situazione, diventando sempre più critica ed esercitando un sempre maggior controllo — fino a cercare di svolgere lei il lavoro di Al.

Krantz usa un termine tecnico per riferirsi a questa dinamica fra Sarah e Al: la chiama «identificazione proiettiva». Ciascuno dei due proiettava sull'altro le sue peggiori paure e i suoi dubbi, innescando una profezia emotiva che tendeva ad autoverificarsi.[29] Ogni stretta relazione di lavoro può assumere questi toni nascosti, sebbene quella fra un superiore e un subordinato sia più soggetta a questo sabotaggio emotivo.

Tali collusioni inconsce hanno una funzione psicologica alquanto sinistra: impediscono alle persone di affrontare, o addirittura di riconoscere, i problemi, le cattive notizie o i conflitti. Se un superiore può attribuire a un subordinato un proprio errore — e i problemi che ne derivano per l'organizzazione — allora non dovrà mai affrontare la vera causa del problema, ossia se stesso. Un sintomo di questo tipo di proiezione — «il problema sta in lui, non in me» — è il superiore che non riesce mai a trovare o a nominare un proprio sostituto, nemmeno quando si approssima il momento della pensione. Nessuno è abbastanza bravo — ogni candidato ha difetti imperdonabili.

Una carezza in alto e un calcio in basso

Il servilismo dei subordinati e una corrispondente arroganza nei superiori rappresentano un altro sintomo fin troppo comune della proiezione. I subordinati vedono il superiore come se quello avesse un particolare potere o una particolare abilità; quanto al superiore, egli entra nella proiezione, gonfiando il proprio senso di sé al punto da ritenere che le normali regole del vivere civile non si applichino più al suo caso.

Questo modello sembra particolarmente comune in alcune culture. Deepak Sethi — esperto della formazione degli alti dirigenti — mi ha raccontato che in India, il suo paese d'origine, la norma è sempre stata «una carezza in alto e un calcio in basso». Come dice Sethi: «Nella maggior parte delle compagnie indiane vecchio stile c'è una completa mancanza di empatia verso il basso. Lo si vede nei capi, che sono apertamente collerici con i sottoposti. Non c'è alcuna condanna di questo comportamento; è del tutto accettabile gridare nel rivolgersi ai propri subordinati».

Una delle ragioni fondamentali per cui i subordinati sopportano, afferma Sethi, è che molte compagnie indiane sono possedute da famiglie potenti, e le persone altamente qualificate sono molte di più dei buoni posti di lavoro disponibili; «quindi, se sei un manager di professione, sei alla mercé dei proprietari».

Una comprensibile conseguenza della relazione sociale esemplificata dal motto «una carezza in alto e un calcio in basso» è un grande risentimento «che non viene mai espresso verso l'alto, ma è sfogato invece verso il basso, in una catena di rabbiosa villania». Questo spinge i lavoratori a sabotare passivamente il successo dell'azienda, ad esempio non ultimando il proprio lavoro in tempo — il che, naturalmente, porta il capo a strillare ancora una volta contro tutti.

Questo ciclo inesorabile ricorda il punto di stallo fra Sarah e Al: poiché lei credeva di non potersi fidare del fatto che lui facesse abbastanza bene il suo lavoro, continuava a far pressione e a incombere aspettandosi il peggio. Questo, naturalmente, umiliava Al e indeboliva le sue capacità.

La storia di Sarah e Al, per fortuna, trovò una felice soluzione. Sarah era profondamente consapevole del fatto che nella loro relazione ci fosse qualcosa di sbagliato, se non altro perché essa era in aperto contrasto con i legami efficaci che ella aveva con tutti gli altri membri del gruppo dirigente. Una volta formulata la diagnosi, Sarah riuscì a smettere di gestire Al nei minimi dettagli, gli dimostrò di avere un certa fiducia nelle sue capacità, e gli chiarì le sue responsabilità. Non più oppresso dalla paura che lei lo considerasse inadeguato per il suo lavoro, Al riuscì nuovamente a prendere l'iniziativa e a dimostrare la propria competenza.

La storia di Sarah e Al ha vaste implicazioni. Praticamente chiunque abbia un superiore fa parte di almeno una «coppia» verticale; ogni superiore ne forma una con ciascuno dei suoi subordinati. Queste coppie verticali sono un'unità fondamentale nella vita delle organizzazioni, qualcosa di simile a molecole umane che interagiscono per formare quel reticolo di relazioni che è l'organizzazione. E mentre le coppie verticali sono permeate della carica emotiva immessa in una relazione dal potere e dall'obbedienza, le coppie fra individui di pari grado — le nostre relazioni con i colleghi — hanno una componente emotiva parallela: qualcosa di simile ai piaceri, alle gelosie e alle rivalità esistenti tra fratelli.

Se esiste una situazione in cui occorre che l'intelligenza emozionale penetri nell'organizzazione, è proprio a questo livello più elementare. La costruzione di relazioni fruttuose e collaborative comincia dalle coppie di cui facciamo parte sul lavoro. Portare l'intelligenza emotiva in una relazione di lavoro può servire a lanciarla verso l'estremo in evoluzione, creativo e reciprocamente interessante del continuum; non riuscire a farlo aumenta il rischio di andare alla deriva verso la rigidità, lo stallo e il fallimento.

Talenti di squadra

CAPACITÀ DI LAVORO IN TEAM
Creare sinergia nel lavoro verso fini collettivi

Le persone con questa competenza:
- Sono modelli di qualità come il rispetto, la costruttività e la cooperazione
- Attirano tutti i membri del gruppo coinvolgendoli in una partecipazione attiva ed entusiasta
- Costruiscono identità di squadra, spirito di corpo e impegno
- Proteggono il gruppo e la sua reputazione; condividono i propri meriti con gli altri
- Offrono stimoli ispiratori e una prospettiva convincente

Il lavoro di squadra è della massima importanza per compagnie come la Owens Corning, un fabbricante di materiali da costruzione, che si ritrovava a lavorare con circa duecento sistemi software incompatibili, ciascuno progettato su misura per una funzione particolare — come fare il conto delle assicelle di copertura o fatturare gli isolamenti. Per aiutare i propri rappresentanti a vendere tutta la linea della compagnia, invece di limitarsi agli isolanti o ai materiali da copertura, alla Owens Corning serviva un sistema di software unificato.

Fu così che Michael Radcliff, il responsabile dei loro sistemi informatici, si rivolse alla SAP, una compagnia tedesca che tratta applicazioni software per l'industria. La SAP installò alla Owens Corning un sistema in grado di collegare tutte le informazioni di un'operazione. Quando un venditore notifica un ordine, il sistema automaticamente stanzia le materie prime per la sua fabbricazione, programma produzione e consegna e si occupa della fatturazione — il tutto con una singola immissione di dati.

Tuttavia esiste un rischio — il sistema SAP è notoriamente complesso: un piccolo guasto può scatenare il finimondo in una compagnia. La Owens Corning e tutte le altre industrie clienti della SAP sparse nel mondo devono poter contare sul fatto che essa le mantenga operative.[30]

«A volte, prima», mi confida un rappresentante della SAP, «avevo qualche difficoltà a farmi aiutare immediatamente da quelli delle altre divisioni per trovare una soluzione unificata al problema di un cliente. Dopo tutto, se il nostro software non funziona, lui non può consegnare i suoi prodotti; i clienti devono essere sicuri di poter contare su di noi.» Ecco dunque entrare in scena TeamSAP, l'abbreviazione che indica i team di dipendenti della SAP a disposizione dei clienti in qualsiasi momento.

Oggigiorno questi team sembrano essere dappertutto nelle aziende — gruppi dirigenti, task force, QC, gruppi di apprendimento, gruppi di lavoro autogestiti, e via dicendo. E poi ci sono i team *ad hoc*, istituiti all'istante, chiamati in essere nel corso di una riunione come gruppi virtuali dalla vita breve destinati a lavorare a un unico progetto. Sebbene sul lavoro le persone si siano sempre aiutate reciprocamente e abbiano sempre coordinato i propri sforzi, l'ascesa, nelle grandi organizzazioni, di questi team dà nuovo valore alle capacità di lavorare in gruppo.

In un'indagine sugli uffici di contabilità, circa la metà delle mille compagnie statunitensi con il maggior fatturato annuo affermò di servirsi di team autogestiti e di pensare di espandere il loro impiego negli anni successivi.[31] I vantaggi cominciano a livello personale — gli individui sentono che la combinazione di cooperazione e aumentata autonomia, permessa da un team autogestito, consente di trarre maggior godimento e soddisfazione dal lavoro. Quando questi gruppi funzionano bene, fenomeni quali il turnover e l'assenteismo declinano, mentre la produttività tende a salire.[32]

Dal punto di vista aziendale, l'aspetto forse più convincente delle squadre è rappresentato dalle loro pure e semplici potenzialità economiche. Proprio come gli individui capaci di prestazioni superiori hanno un immenso valore finanziario, altrettanto è vero per i gruppi. Ad esempio, in una fabbrica di fibre poliestere i team migliori ottennero uno sbalorditivo vantaggio di produttività, rispetto ad altri gruppi che facevano esattamente lo stesso lavoro.

Ognuno dei dieci gruppi migliori produsse ogni anno il 30 per cento di fibre in più, pari a un totale di circa sette milioni di libbre extra.[33] Al prezzo di mercato di 1,40 dollari la libbra, ciò si traduceva in un valore economico aggiunto di 9,8 milioni di dollari!

Come mi disse l'analista Lyle Spencer: «I gruppi migliori hanno un immenso potere; quando vai ad analizzare il valore economico aggiunto, scopri che è fuori da ogni proporzione rispetto ai salari dei loro membri. Dati come questi smentiscono chi liquida queste competenze o l'istituzione di gruppi ritenendole eccessivamente *soft*: i vantaggi che esse comportano sono assolutamente reali».

Spencer aggiunge che i benefici derivanti dalla presenza, ai vertici, di squadre capaci di alte prestazioni, offrono guadagni ancora maggiori: «Ai vertici della gerarchia, il raggio d'azione è più ampio — si fanno progetti che si estendono nel futuro di cinque-dieci anni

— e per una compagnia i vantaggi economici di un gruppo dirigente capace di elevate prestazioni possono essere immensi».

La presenza di gruppi forti è essenziale in un clima aziendale di profondo cambiamento. Ho visitato la AT&T nel 1996, poco tempo dopo che aveva annunciato la propria scissione in tre compagnie separate e il taglio di quarantamila posti di lavoro. Un dirigente, in un'unità che adesso fa parte della Lucent Technologies, mi confidò: «L'angoscia non è avvertita ovunque. Molte unità tecniche, dove le persone lavorano in gruppi assai uniti e danno un grande significato a ciò che fanno insieme, sono discretamente impermeabili al turbamento».

Il dirigente della AT&T aggiunse: «Quando c'è un forte team autogestito, che abbia ben chiara la sua missione, segua standard elevati per il suo prodotto e percepisca chiaramente come fare il proprio lavoro — be' non vedi le paure e le incertezze che si riscontrano in altre parti dell'organizzazione. I membri di questi gruppi ripongono la propria fiducia negli altri componenti del team, e non solo nell'organizzazione o nei suoi leader».

Gruppi che puntano alla realizzazione

Un amico che dirige un team di progettisti di software della Silicon Valley mi racconta: «Con una sola telefonata, ognuna delle persone con cui lavoro potrebbe ottenere un posto, qui in città, pagato ventimila dollari in più all'anno. Ma non lo fanno».

Perché?

«Perché io faccio in modo che continuino a divertirsi.»

Questa capacità, di fare che tutti, in un gruppo, siano entusiasti di ciò che stanno realizzando insieme, sta al centro dell'abilità di mettere insieme e guidare un team. Studi condotti sui migliori gruppi autogestiti hanno rilevato che una massa critica dei loro membri ha una passione per il lavoro in gruppo. Questa spinta a «realizzarsi come team» scaturisce dalla combinazione di un impulso competitivo condiviso, di forti legami sociali e di fiducia nelle proprie abilità. Messi insieme, questi elementi producono quelli che Lyle Spencer Jr definisce «team veloci e concentrati, caratterizzati da un clima amichevole, pieno di fiducia, divertente».[34]

Chi lavora in questi team tende a condividere un modello di motivazione. Costoro sono competitivi e imparziali nell'assegnare ai membri del gruppo i ruoli più adatti ai loro talenti. Hanno anche un forte bisogno di affiliazione — amano le persone di per se stesse —

il che li rende affiatati, capaci di gestire meglio i conflitti e di offrirsi sostegno reciproco. E invece di ambire a un potere volto esclusivamente al proprio tornaconto, costoro lo esercitano nell'interesse del gruppo — in altre parole, condividono l'impegno verso l'obiettivo comune.

Come osserva Spencer, questo è esattamente il tipo di team che va sempre più diffondendosi nelle organizzazioni imprenditoriali operanti nel campo dell'alta tecnologia, dove la rapidità di sviluppo dei prodotti è di vitale importanza per soddisfare la pressione competitiva di un settore in cui la vita di una linea di prodotti si misura in settimane o mesi. Solo vent'anni fa le capacità di lavorare in team erano considerate solo abilità-soglia, non una qualità che caratterizzasse i leader migliori. Negli anni Novanta, invece, esse hanno assunto una grande rilevanza come qualità distintive degli individui capaci di prestazioni eccellenti. All'IBM, nell'80 per cento dei casi, l'abilità che un individuo dimostra come team leader, fa prevedere «se si tratta di un tipo straordinario o solo mediocre», mi spiegò Mary Fontaine della Hay/McBer. «Queste sono persone che possono creare prospettive convincenti, concettualizzare il proprio lavoro in modo eccitante ed esprimerlo in modo semplice ed energico», ispirando così negli altri l'entusiasmo per lo sforzo collettivo.

In uno studio condotto dal Center for Creative Leadership su alti dirigenti americani ed europei le cui carriere si erano arenate, l'*incapacità* di costruire e guidare un gruppo costituiva una delle ragioni più comuni del loro insuccesso.[35] Le capacità di lavorare in gruppo, che in uno studio simile, condotto al principio degli anni Ottanta, erano risultate di scarso rilievo, dieci anni dopo erano emerse come caratteristica fondamentale ai fini della leadership. Negli anni Novanta, la capacità di lavorare in team era diventata la competenza manageriale più spesso valutata negli studi sulle organizzazioni di tutto il mondo.[36]

«La sfida numero uno per la leadership, qui da noi, consiste nell'ottenere che i capi delle nostre unità facciano un gioco di squadra, in altre parole, che collaborino», mi spiega un dirigente impiegato presso una delle cinquecento aziende americane con il maggior fatturato annuo. Questa è una grande sfida a qualsiasi livello, in qualsiasi organizzazione. La capacità di lavorare in team entra in gioco ogni volta che gli individui collaborano al raggiungimento di un obiettivo comune, indipendentemente dal fatto che si tratti di un gruppo informale di tre persone o dell'intera divisione di una grande società. Negli anni a venire la richiesta di individui capaci di lavorare in team potrà solo crescere, in quanto il lavoro ruota sempre più intorno a gruppi *ad hoc* e a organizzazioni virtuali, intorno a team che sorgono e si dissolvono spontaneamente nel momento in cui, rispettivamente, l'esigenza della loro esistenza si presenta e scompare — e in quanto i compiti da affrontare diventano così complessi che nessun individuo ha tutte le capacità necessarie per portarli a compimento da solo.

Il valore dei team eccezionali

Ciò che è vero per gli individui, vale anche per i gruppi: l'intelligenza emotiva è la chiave dell'eccellenza. Naturalmente contano anche l'intelletto e l'expertise — ma ciò che distingue i team eccellenti dalla media ha a che fare molto di più con la loro competenza emotiva. Studi condotti presso compagnie come la General Electrics, gli Abbot Laboratories e la Hoechst-Celanese si prefiggevano di rispondere a questa domanda: quali competenze distinguono i team più efficienti da quelli mediocri?[37]

Per trovare la risposta, Vanessa Drukat — ora docente della Weatherhead School of Management presso la Case Western Reserve University — analizzò centocinquanta team autogestiti in un grande stabilimento americano che produceva fibre poliestere gestito dalla Hoechst-Celanese, la compagnia chimica tedesca (da cui provengono anche i dati di Spencer). Sulla base di dati obiettivi sulle prestazioni, Drukat confrontò i dieci team migliori con quelli mediocri impegnati nello stesso lavoro.

Le seguenti competenze emotive emersero come le capacità distintive dei dieci team superiori:[38]

- Empatia, o capacità di comprensione interpersonale
- Cooperazione e capacità di unificare gli sforzi
- Comunicazione aperta, la capacità di stabilire norme e aspettative esplicite e di affrontare i membri del gruppo con uno scarso rendimento
- Spinta a migliorare: il team prestava attenzione al feedback sulla propria prestazione e cercava di imparare a far meglio
- Autoconsapevolezza, nella forma di una valutazione delle proprie forze e delle proprie debolezze come gruppo
- Iniziativa e un atteggiamento previdente nella risoluzione di problemi
- Fiducia in se stessi come team
- Flessibilità nel modo di affrontare i compiti collettivi
- Consapevolezza dell'organizzazione, che si esplicava sia nel valu-

tare le esigenze di altri gruppi-chiave della compagnia, sia nell'essere pieni di risorse quando era il momento di avvalersi di ciò che essa aveva da offrire
- Costruire legami con altri team

Un esempio pratico del modo in cui tali competenze consentono ai team di svolgere il proprio lavoro al meglio emerge da uno studio sulle decisioni strategiche di quarantotto gruppi dirigenti ad alto livello operanti presso compagnie per la lavorazione dei prodotti alimentari, negli Stati Uniti. Ai direttori generali fu chiesto di specificare la decisione strategica più recente presa dalla compagnia, e successivamente i ricercatori contattarono tutti i membri del gruppo dirigente che erano stati coinvolti in essa.[39]

Prendere decisioni collettivamente, come team, è un'attività che presenta un paradosso: da un lato il buonsenso direbbe che, quanto più il dibattito è intenso e procede a ruota libera, tanto migliore sarà la decisione finale; d'altro canto, però, un conflitto aperto può corrodere la capacità di collaborazione del team.

Molte ricerche condotte sui processi decisori nei gruppi dirigenti dimostrano che la presenza di individui dotati di elevate capacità cognitive, molteplici prospettive ed expertise porta il gruppo a decisioni qualitativamente superiori. Tuttavia, intelletto ed expertise non bastano: i membri di un team devono anche sapersi amalgamare in una sana interazione che favorisca un dibattito rigoroso e aperto, e l'esame critico degli assunti altrui.

Ottenere questo livello di apertura può essere una questione delicata, con una valenza emozionale. Un troppo facile consenso rischia di portare a una decisione di bassa qualità; troppe contese genereranno invece mancanza di unità e di fermezza. Che cosa consente a un gruppo dirigente di discutere accanitamente ma di arrivare poi a concludere con un robusto consenso? La presenza di intelligenza emotiva.

E che cosa porta invece un gruppo fuori strada, trasformando un sano dibattito in guerra aperta? Ciò si verifica quando il disaccordo viene espresso come attacco personale, o quando il dibattito è in realtà al servizio di un gioco politico, o ancora, quando una disputa innesca l'ostilità in un membro del gruppo.

Il punto fondamentale, qui, è che quando gli argomenti si caricano di una valenza emotiva, la qualità delle decisioni ne soffre. Come mi disse un consulente: «L'immagine del gruppo dirigente ben coordinato è un mito quando i sequestri dell'amigdala, i conflitti e altri nodi irrisolti carichi di emotività interferiscono con l'abilità di pianificare, decidere e apprendere insieme». D'altro canto, le decisioni migliori scaturiranno da un dibattito libero da cattivi sentimenti, effettuato con uno spirito positivo di ricerca reciproca, nel quale tutti percepiscano che il processo è equo e aperto e condividano la preoccupazione per l'organizzazione piuttosto che un interesse limitato ed egoistico.

Riassumendo, esiste una via di mezzo: i team possono servirsi delle battaglie intellettuali per alzare la qualità delle decisioni, purché mantengano il conflitto libero dall'emotività che potrebbe sabotare l'impegno di alcuni membri o allontanarli dal gruppo. La soluzione sta nel possesso di competenze emotive come la consapevolezza di sé, l'empatia e la comunicazione aperta — ossia nella qualità della discussione che ha luogo nel team.

Gli individui che fanno da collante

L'abilità di conservare le capacità cooperative di un gruppo è di per se stessa un talento prezioso. Quasi certamente, ogni team altamente funzionale ha al proprio interno almeno un membro dotato di questo talento. Tanto maggiore è la complessità del compito che il gruppo deve affrontare, tanto più essenziali sono, per il suo successo, questi individui. Questo è evidente soprattutto nel campo della scienza e della tecnologia, la cui missione è quella di scoprire o creare. Prendiamo, ad esempio, le neuroscienze. «La ricerca biomedica è sempre più interdisciplinare e improntata all'alta tecnologia; nessuno può sapere tutto», mi spiega Jerome Engle, un neurobiologo professore di neurologia che dirige il Seizure Disorder Center dell'UCLA. «Oggi tutto si basa sui team di ricerca. Gli individui capaci di collaborare con gli altri e di infondere in essi una grande motivazione, quelli che hanno il dono di far funzionare un progetto, sono il collante che tiene tutto insieme. Il futuro della ricerca dipende dal fatto di avere a disposizione nel proprio team persone così.»

Tuttavia, almeno nel mondo accademico, queste capacità sono tristemente sottovalutate. «Quando qualcuno si presenta per un posto di ruolo, il valore del suo contributo al gruppo non viene tenuto in alcuna considerazione», aggiunge Engle. «Di solito questi buoni collaboratori tendono a pubblicare insieme ad altre persone, in genere con il loro supervisore, e i comitati accademici danno ciecamente per scontato che il lavoro sia tutto dell'altro — sebbene queste persone abbiano un'importanza fondamentale. È un disastro. Mi ritrovo a combattere affinché gli esaminatori comprendano che l'arte della collaborazione è di per se stessa un'abilità per la quale vale la pena di tenere una persona — è essenziale nella ricerca biomedica. Ma gli accademici che provengono da discipline come la matematica e la storia, in cui la ricerca è un'impresa solitaria, non lo capiscono.»

Il risultato è che «si assiste a una controreazione fra i ricercatori più giovani, che a volte hanno paura di collaborare proprio a causa di ciò — il che può comportare che si arrangino da soli compiendo ricerche banali o poco importanti», spiega Engle. «Questo sta creando un'atmosfera di paranoia, una non-disponibilità a condividere dati o lavori che sta insidiando la capacità di collaborare di un'intera generazione di scienziati.»

Ma se il mondo accademico è stato lento a riconoscere e a ricompensare il talento per la cooperazione e il lavoro di squadra, le aziende non lo sono state altrettanto. Richard Price, psicologo presso l'Institute for Social Research dell'Università del Michigan, chiama questi soggetti capaci di un effetto così splendidamente corroborante — autentiche pietre angolari di forti team — «persone che producono salute», abbreviato HEP (health-engendering people). «Esse sono fondamentali in un team», afferma Price. «Ciò non significa che tutti debbano essere dei leader socio-emozionali, ma se dispone di un HEP, il gruppo lavora dieci volte meglio.»

Un team leggendario — il gruppo di ingegneri della Data General i cui sforzi furono immortalati nel best seller *Soul of a New Machine* — disponeva di due HEP.[40] Il capitano in seconda del gruppo, Carl Alsing, era il confidente e il supporto emotivo di tutti. Alsing, che prima di orientarsi verso l'ingegneria elettronica aveva progettato di diventare psicoterapeuta, divenne, per il gruppo, un propagatore di idee; tutti si sentivano a proprio agio nel parlare con lui.

Il secondo elemento corroborante della squadra era Rosemarie Seale, la segretaria, che funzionava come una sorta di «madre della comunità», assicurandosi che fossero prese in considerazione le esigenze materiali di tutti, gestendo le crisi di minore entità — ad esempio lo smarrimento di una busta paga — e assicurandosi che le persone che si univano al team fossero presentate agli altri.[41] Sebbene possano sembrare routinari e terra terra, questi compiti di segretariato sono essenziali perché consentono agli individui di sentirsi protetti, appoggiati e fatti oggetto di premure nell'ambiente di lavoro. Questo, secondo qualcuno, è il motivo per il quale le segretarie, o le loro equivalenti, non scompariranno mai del tutto dal mondo del lavoro nonostante la presenza di tecnologie che sembrerebbero renderle obsolete.

Il team leader competente

Una casa farmaceutica americana aveva un problema di costi; dopo che un nuovo farmaco veniva scoperto e brevettato, la sperimentazione e lo sviluppo richiedevano un investimento di circa 100 milioni di dollari e fino a tredici anni di lavoro per arrivare all'approvazione della FDA che ne consentiva l'immissione sul mercato. Poiché il brevetto per il principio attivo di un nuovo farmaco dura solamente diciassette anni, la casa farmaceutica aveva una finestra di circa quattro anni per recuperare i suoi investimenti e ottenere un profitto prima che il farmaco potesse essere commerciato da chiunque.

Una task force analizzò il problema e raccomandò una nuova struttura: team dedicati a progetti specifici, concentrati su farmaci particolari, guidati da un project leader che facesse riferimento direttamente al capo della Ricerca e Sviluppo — leader specificamente addestrati nelle competenze della leadership dei gruppi. Queste figure sapevano difendere il prodotto all'interno della compagnia, portando al tempo stesso energia imprenditoriale, entusiasmo e collaborazione nel team.

Quando, tre anni dopo, questi team furono confrontati con altri i cui leader non avevano avuto quel tipo di training, non solo dimostrarono un morale e uno spirito di corpo più alti, ma avevano ridotto i tempi di sviluppo dei farmaci di un 30 per cento, portando da circa quattro a otto anni il tempo durante il quale la compagnia avrebbe avuto l'esclusiva sul prodotto.[42]

Quella del leader designato è una posizione in qualche modo simile a quella di un genitore in una famiglia. Proprio come i genitori, i leader devono assicurarsi che le loro azioni appaiano giuste a tutti i membri del team; proprio come un genitore, il buon leader si prende cura dei membri del gruppo difendendoli nell'organizzazione intesa in senso lato — ad esempio quando la loro reputazione viene attaccata — e si occupa di loro procurandogli il supporto pratico di cui hanno bisogno, indipendentemente dal fatto che si tratti di fondi, personale o tempo.

I migliori team leader sono individui capaci di coinvolgere chiunque trasmettendo un senso comune di missione, obiettivi e impegni. L'abilità di esprimere una prospettiva convincente che possa servire come forza guida del gruppo può essere il più importante contributo di un bravo team leader. Un leader carismatico può mantenere un gruppo sulla sua rotta anche quando tutto il resto va a rotoli.

Oltre a impostare il fondamentale tono emotivo di una squadra, il leader le fornisce coordinazione — il segreto della cooperazione e del consenso. Quando vennero formati gruppi privi di leader e si chiese ai membri di collaborare alla risoluzione di un problema difficile, i team più efficaci furono quelli che svilupparono spontaneamente una struttura nella quale un individuo organizzava gli sforzi collettivi, così da risolvere un problema difficile nel modo più efficiente possibile. I gruppi che operavano senza leader, nei quali tutti i membri, per amore o per forza, dovevano comunicare con tutti gli altri, erano meno efficaci.[43]

Tuttavia, i team leader più forti non agiscono tanto come i «cervelli» del gruppo — ossia come individui che prendono decisioni autonomamente — quanto piuttosto come costruttori di consenso. Quando, nel corso di una discussione in cui deve essere presa una decisione, i team leader esprimono la propria opinione troppo presto, il gruppo genera meno idee e quindi prende decisioni meno brillanti. Ma quando i team leader si trattengono, agendo principalmente come facilitatori dell'attività del gruppo senza imporre le proprie opinioni — esprimendole solo verso la fine della discussione — si approda a una decisione migliore.[44]

In questo senso, i team leader esercitano al meglio il loro ruolo quando hanno la mano leggera. Questo è vero soprattutto nel caso dei team autogestiti, dove i supervisori non fanno parte della squadra che è in grado di lavorare in autonomia.

In uno studio su team autogestiti che si occupavano di assistenza ai clienti per un'importante società telefonica americana, quando i supervisori davano suggerimenti, e perfino consigli «incoraggianti», i gruppi vacillavano.[45] Sembrava che il team interpretasse il «consiglio» in due modi: o come un messaggio demoralizzante, volto a sottolineare che il gruppo stava rendendo poco e quindi aveva bisogno di un aiuto extra, o come un'intromissione dall'alto che lo intralciava impedendogli di fare il suo lavoro in modo ottimale.

In altri team — sempre impegnati nell'assistenza ai clienti, ma guidati direttamente da un supervisore — la dinamica era molto diversa. In questi gruppi più tradizionali il feedback dei supervisori aveva un effetto positivo sulla prestazione. La differenza nell'impatto esercitato dal controllo dei supervisori sembra essere imperniata sulla forma istituzionale del team. Se il gruppo poteva autogestirsi, l'intervento di un supervisore — quand'anche animato dalle migliori intenzioni — comprometteva la sua prestazione.[46] Nel caso dei team autogestiti, quindi, sembra che la miglior forma di leadership sia in realtà un'assenza di leadership.

Team e politica dell'organizzazione

«Hanno questi compartimenti stagni fra autorità e creatività, e nessuno si parla attraverso i confini», mi disse un consulente di uno dei maggiori produttori americani di generi alimentari. «Le persone che gestiscono un marchio non cooperano con quelle che ne gestiscono un altro, meno che mai cercano di escogitare insieme nuovi prodotti o approcci di marketing innovativi. Tuttavia, se vogliono restare competitivi, occorre che istituiscano dei team che trascendano questi confini.»

Organizzazioni di ogni tipo hanno compreso che per raggiungere il successo occorre organizzare i talenti in team in grado di varcare i confini tradizionali. Questo si osserva nelle squadre *ad hoc* finalizzate a un progetto, come pure nei team istituiti per redigere piani, migliorare processi, sviluppare prodotti, individuare problemi e risolverli. Tutti questi gruppi si cementano intorno a un compito ben preciso, e i loro membri provengono da parti altrimenti separate dell'organizzazione.

Questi team cross-funzionali sono un caso speciale, una sorta di pseudo-squadre che uniscono, orientandola verso un fine comune, una matrice di persone con il piede in due scarpe: la loro unità-base all'interno dell'organizzazione e il loro punto d'incontro comune come team. Poiché costoro rappresentano parti diverse dell'organizzazione, hanno potenzialmente un più vasto impatto e una maggior coordinazione di una squadra suddivisa in compartimenti stagni isolati. Ma anche quando lavora insieme agli altri per il bene dell'organizzazione, ciascun membro resta comunque legato alla sua unità di appartenenza.

Tuttavia, questa eccessiva fedeltà all'unità d'origine può avere effetti disastrosi per il team. Presso un fabbricante d'automobili americano, ad esempio, un comitato direttivo crossfunzionale che stava lavorando al prototipo di un nuovo modello tenne un incontro per determinare le rispettive esigenze di elettricità. L'impianto elettrico della macchina alimenta venti diversi sottosistemi, come lo stereo, il cruscotto, i fari e il motore. Il prototipo di ciascuno di questi sottosistemi veniva a sua volta sviluppato da squadre diverse; quando esse si incontrarono, scoprirono che le loro esigenze, sommate, avrebbero consumato il 125 per cento della potenza elettrica disponibile. E poiché molti membri del comitato direttivo erano stati inviati alla riunione con precise istruzioni da parte dei loro superiori affinché non scendessero ad *alcun* compromesso, l'incontro fu un disastro.[47]

Come possono, team come questo, operare in modo efficace?

Un'analisi su quarantatré squadre analoghe presso un fabbricante di automobii di portata mondiale — nell'ambito dello stesso studio che riferisce della riunione sugli impianti elettrici — suggerisce diverse possibili risposte. La prima risiede nell'organizzazione: il team riceverà risorse e potere, mentre i suoi membri saranno ricompensati in base alla prestazione collettiva.

Un'altra soluzione sta nell'aumentare il livello collettivo di intelligenza emotiva. Questo può comportare di delegare qualcuno come «leader di processo» il quale si accerti se il lavoro del gruppo denota collaborazione, rispetto reciproco, apertura a diverse prospettive, ascolto, empatia e tutti gli altri elementi essenziali che aumentano il QI di un gruppo. Se il team procede sulla giusta rotta, allora i suoi membri dovrebbero percepire il lavoro come qualcosa di importante, fonte di entusiasmo e di stimolo. In mancanza di questi elementi fondamentali dell'intelligenza emotiva di gruppo — come disse un membro di un team crossfunzionale che non ingranava — l'alternativa è «un fiasco».

Il team come eroe

Per diverse settimane, nel 1997, l'attenzione del mondo fu catturata dallo spettacolo del Sojourner, la rover che arrancava con determinazione nel paesaggio roccioso di Marte.

La saga televisiva della rover che si faceva coraggiosamente strada sul terreno accidentato di Marte, era già di per sé abbastanza drammatica. Ma il vero miracolo era stato lo straordinario sforzo collettivo che aveva portato il Sojourner laggiù.

Il progetto, così com'era stato originariamente concepito dalla NASA, consisteva in un'esplorazione completa di Marte. Nel 1992 esso subì una battuta d'arresto quasi fatale, quando il Congresso congelò i finanziamenti, lasciando solo quanto bastava per costruire un minuscolo modello dimostrativo, originariamente progettato solo come un passo preliminare nel programma più vasto.

I membri del progetto si trovarono così ad affrontare la conversione di quello che avrebbe dovuto essere un modello in scala non funzionante, in una versione miniaturizzata ma perfettamente operativa della sonda.

Anthony Spear, direttore del progetto Pathfinder che produsse il Sojourner, incaricò Donna Shirley, manager del programma, di mettere insieme un team sul modello «Skunkworks» — la famosa squadra di ricerca e sviluppo della Lockheed che si autosequestrò e produsse un fiume di prototipi aeronautici pionieristici, dal primo jet da combattimento americano supersonico al bombardiere Stealth.

Shirley assemblò dunque un team piccolo e ben assortito in grado di portare a termine solo il lavoro necessario alla missione. Spear aumentò ulteriormente l'efficienza del gruppo eliminando alcuni aspetti burocratici che avevano caratterizzato i passati progetti spaziali della NASA. Nel caso di Pathfinder, un unico gruppo si occupava di tutto — dal progetto alle operazioni.

Il membri del team condividevano tutto il lavoro nel corso di sedute creative di risoluzione di problemi che spesso si protraevano durante la notte. Si trattava di incontri aperti, nei quali veniva concesso uguale ascolto a chiunque, indipendentemente dal suo rango ufficiale.

Sebbene la sfida fosse scoraggiante, il morale era alto. Al Sacks, manager dei sistemi dati, ricorda di un episodio in cui qualcuno chiese per l'ennesima volta dell'altro denaro. Sacks tirò fuori da sotto al tavolo una pistola di gomma e gli sparò. «Era una faccenda serissima,» dice Sacks «ma noi la buttammo sul ridere.»

Il team doveva essere sempre pronto: nuovi problemi e sorprese erano all'ordine del giorno. Ad esempio, quando stavano chiudendo la rover nel Pathfinder, il veicolo spaziale che l'avrebbe portata su Marte, gli ingegneri si accorsero — durante una conferenza in diretta televisiva — che i grandi petali pieghevoli di metallo progettati per proteggere il veicolo una volta arrivato a destinazione non si chiudevano del tutto. Erano inorriditi.

Rispedita a casa la stampa, la squadra si diede da fare freneticamente per individuare il problema e risolverlo. Poiché il veicolo non era mai stato assemblato completamente, non avevano considerato la possibilità che le chiusure a scatto dei petali cedessero sotto il peso di tutte le parti.

Immediatamente, i membri del team smontarono un modello, fecero alcune leggere modifiche, portarono le parti da sostituire dai laboratori in California al sito di lancio di Cape Canaveral, e le montarono sul veicolo. Funzionò.

Nei sei mesi precedenti al lancio, l'attività fervette ventiquattr'ore su ventiquattro. Quel che teneva tutti in carreggiata, nonostante quel ritmo estenuante, era l'importanza dell'obiettivo. Bridget Landry, ingegnere incaricato dei sistemi di collegamento Terra-Marte, afferma: «L'idea che quello che stavamo costruendo e testando sarebbe stato usato una volta giunti su Marte era davvero eccitante. Ecco, quando arrivavo alla quarta revisione della stessa sequenza nel giro di un'ora, cercavo di pensare a questo!» E tuttavia, aggiunge, «ci sono pochi lavori tutti luce e niente ombre; i migliori, come il mio, sono quelli in cui le gratifiche in termini di interesse, entusiasmo ed emozione compensano il lavoro di bassa routine».

Quella routine produsse una meraviglia. La rover a sei ruote aveva un cervello sorprendentemente modesto: mentre i migliori computer Pentium hanno più di cinque milioni di transistor, nel Sojourner ce ne sono meno di settemila.

Il team aveva inoltre inventato almeno venticinque congegni o processi nuovi, dando vita a un veicolo spaziale in un quarto del tempo normalmente richiesto. Mars Observer, persosi nello spazio nel 1991 prima di raggiungere Marte, era costato un miliardo di dollari; Sojourner invece, riuscì nel suo intento e fu messo a punto spendendo un quarto di quella cifra.

Come disse un membro del team, «fu come se avessimo preso fuoco, niente avrebbe potuto fermarci». Il team del Sojourner era entrato in uno stato di flusso.

Flusso di gruppo

Quando ho chiesto a dirigenti senior di diverso livello di raccontarmi di quando i team di cui avevano fatto parte o che avevano guidato s'erano infiammati — di quando avevano superato se stessi e il gruppo era entrato in uno stato di flusso — continuarono a emergere le stesse descrizioni:[48]

- *Una sfida scoraggiante o una nobile missione.* «Una delle ragioni per cui i gruppi spesso non raggiungono i loro obiettivi è che questi sono troppo materialistici», mi disse un vicepresidente dei sistemi di lancio spaziale presso la Lockheed Martin. «Io cerco qualcosa di straordinario: obiettivi abbastanza elevati affinché tutto il gruppo possa star loro dietro.»

Un lavoro così offre un significato e una motivazione convicenti — il lavoro mirato a qualcosa di veramente grande merita i migliori sforzi di tutti. Lo scomparso Richard Feynman, premio Nobel per la fisica, ricordava come le persone coinvolte nel progetto Manhattan vi avessero lavorato in modo molto diverso prima e dopo averne conosciuto lo scopo. Inizialmente, rigide politiche di sicurezza avevano mantenuto tutta la squadra all'oscuro sulla vera natura del progetto, così che spesso il lavoro procedeva a rilento, non sempre in modo ottimale.

Poi Feynman convinse Robert Oppenheimer a spiegare ai tecnici su che cosa stessero davvero lavorando — erano i giorni peggiori della seconda guerra mondiale, e il loro progetto era un'arma che avrebbe potuto fermare i nemici dell'Asse che stavano passando da una conquista all'altra. Da allora in poi, ricorda Feynman, «*completa* trasformazione. *Cominciarono* a inventarsi il modo di fare meglio le cose. Lavoravano di notte...»[49] Feynman calcola che — una volta compreso l'obiettivo — il loro lavoro procedette dieci volte più velocemente di prima.

- *Intensa lealtà al gruppo.* «Quando i membri di team eccezionali parlano dei motivi del proprio grande successo, spesso li senti dire che è così perché si vogliono davvero bene e si preoccupano gli uni degli altri», mi disse Daniel Kim, cofondatore del Center for Organizational Learning del MIT ed ora alla Pegasus Communications. «Se la gente fosse sincera su ciò che rende grandi i team di un'organizzazione, ammetterebbe che parte del successo sta nei legami emotivi che consentono apertura e premura verso gli altri.»

- *Diversa gamma di talenti.* Quanto più ampia è la gamma di capacità che un team riversa in un compito, tanto più flessibile esso potrà rivelarsi nel soddisfare le mutevoli esigenze che si troverà ad affrontare. La diversità parte da esigenze tecniche, ma si estende anche alla gamma delle competenze emotive — ivi compreso un individuo che faccia da «collante».

- *Fiducia e collaborazione altruista.* Le persone sentono di poter contare le une sulle altre. Quando, alla Xerox PARC, Bob Taylor mise insieme il team che sviluppò il prototipo del computer *user-friendly* (il cui progetto, che la Xerox non riuscì a portare fino in fondo, rappresentò la base del primo computer Apple), cercò individui capaci di lavorare in modo collaborativo, e incoraggiò tutti ad aiutarsi reciprocamente nel lavoro. «Potevi passare anche il 40 per cento del tuo tempo a dare una mano a qualcun altro per il *suo* progetto», ricorda Alan Kay, uno dei primi scienziati esperti di computer al quale fu chiesto di fare parte del gruppo.

- *Concentrazione e passione.* Le esigenze legate al perseguimento di un grande obiettivo sono di per se stesse fonte di concentrazione: al confronto, il resto della vita può sembrare non solo terra-terra, ma addirittura banale. Per tutta la durata del lavoro, i dettagli della vita sono sospesi. La concentrazione può essere amplificata creando, per il gruppo, uno spazio di lavoro separato dal resto dell'organizzazione — sia nella funzione che nella collocazione fisica. Il progetto Manhattan venne attuato in siti top-secret accessibili solo a chi vi partecipava; il team Skunkworks della Lockheed lavorava in un edificio senza finestre il cui accesso era anch'esso vietato a chiunque altro nella compagnia.

- *Un lavoro che sia divertente e gratificante di per se stesso.* Una concentrazione tanto intensa è di per se stessa una sorta di acme. I membri del gruppo non lavorano tanto per ricompense estrinseche come il denaro, le promozioni o il prestigio — quanto piuttosto per la gratificazione interiore derivante dal lavoro stesso. Indipendentemente dal fatto che quell'eccitazione provenga dall'impulso a realizzare un obiettivo o dal bisogno di esercitare un impatto, in entrambi i casi c'è un'intensa gratificazione emotiva nel superare tutti gli altri, come parte di un gruppo. Come si confidò un membro del team che si occupava del software presso la Data General, «qui, da qualche parte, c'è qualcosa di grande per me, che non capisco completamente... La ragione per cui lavoro è la vittoria.»[50]

La squadra come laboratorio di apprendimento: i cinque segreti

Burt Swersey ebbe la sua brillante idea quando un articolo che avevo scritto per il *New York Times* nel settembre del 1995 attirò la sua attenzione. L'articolo riguardava lo studio condotto presso i Bell Labs — dal quale sembrava emergere che gli individui «eccellenti» di una divisione di ingegneria dovessero il proprio successo più alle capacità che fanno capo all'intelligenza emotiva che non a quelle tecniche; da quella lettura, Swersey trovò l'ispirazione per tentare qualcosa di nuovo con i suoi studenti di ingegneria al Rensselaer Polytechnic Institute.

Inaugurò il suo corso parlando loro dello studio dei Bell Labs, e di quelli che definì «i cinque, semplici segreti del successo»: rapporti, empatia, persuasione, cooperazione e costruzione del consenso. Invece di passare il primo giorno a ripassare gli elementi base dell'ingegneria, annunciò che avrebbero effettuato un'ora di laboratorio per apprendere i cinque segreti.

«Come fareste per stabilire un rapporto con qualcuno che non conoscete?», chiese Swersey.

Mentre gli studenti, al principio un poco sconcertati ed esitanti, offrivano i propri suggerimenti, Swersey li riportava alla lavagna: «Presentarsi, guardare in faccia l'altro mentre gli si parla, porgli qualche domanda personale, stringergli la mano, parlare all'altro di sé, ascoltare con attenzione ...»

«Sembrano le risposte giuste», Swersey disse loro. «Ora scegliete qualcuno che non conoscete e prendetevi tre minuti per stabilire un rapporto.»

Gli studenti si lanciarono nel lavoro con entusiasmo; l'aula era piena delle loro chiacchiere e dei loro scherzi. Swersey ebbe qualche difficoltà a farli smettere per passare alla trattazione del «segreto» successivo: l'arte di essere empatici.

Avendo chiesto ai suoi studenti che cosa significasse *empatia*, scrisse queste risposte alla lavagna: «Preoccuparsi dell'altro, ascoltare, essere di appoggio...». Un giovane con un cappellino da baseball portato al contrario e i piedi appoggiati sul banco mormorò: «Dimostrare che te ne frega qualcosa».

«Questo sembra cogliere bene nel segno», commentò Swersey. «Ora vorrei che tiraste fuori qualche aspetto della vostra vita, nel quale credete di aver bisogno di un certo sostegno, e che lo raccontiate al vostro partner. Il compito del partner è quello di empatizzare.» Il brusio levatosi nell'aula stava a dimostrare che anche questo test procedeva per il meglio.

Così Swersey rilanciò: «Ora immaginate qualcosa che colpisca in modo diretto e negativo il vostro partner, qualcosa che non vorrebbe sentirsi dire. Quanto a voi altri che ascoltate — per quanto possa essere difficile da reggere — resistete alla tentazione di fare l'altro a pezzi, siate empatici.» Così cominciò il gioco di ruolo, mentre gli studenti si producevano nell'inscenare coscienziosamente dei racconti adatti a creare ostilità: «Ti ho ammaccato l'auto». «Ho ucciso il tuo pesce rosso.» «Sono andato a letto con la tua ragazza.»

Quanto ai partner che dovevano essere empatici, Swersey insistette affinché si spingessero oltre uno stoico «Va bene, ho capito», e si mettessero nei panni dell'altro, dicendo qualcosa come: «Mi sento così male per te; chissà come sei sconvolto». Questo portò a un dibattito, esteso a tutta la classe, su una situazione più realistica — ad esempio, in un team di ingegneri, il caso di uno che non riesca a ultimare in tempo la propria parte del progetto. Gli studenti discussero sul fatto di considerare la cosa dalla prospettiva dell'altro — e di quanto fosse importante mostrarsi solidali invece di andare immediatamente in collera.

Analogamente, essi si esercitarono nella persuasione reciproca, e nella costruzione del consenso — prendendosi tre minuti per decidere, come gruppo, quale fosse il gusto di gelato migliore al mondo e perché (una risposta volta alla ricerca di un accordo indicò il Neapolitan, una combinazione di tre gusti molto amati).

Quali furono i risultati di questo piccolo esperimento sociale?

«Quelle sezioni si rivelarono i team migliori che io abbia mai avuto in tutti gli anni in cui ho insegnato *Introduzione alla progettazione meccanica*, afferma oggi Swersey. «Quegli studenti non solo lavorarono insieme meglio di tutti quelli che avevo avuto prima, ma fecero progetti innovativi ed estremamente ambiziosi. Personalmente, attribuisco buona parte del loro successo al tempo che avevano passato lavorando sui cinque segreti.»

L'esperimento di Swersey, per quanto senza pretese, testimonia un problema di vasta portata nelle organizzazioni, soprattutto quelle che devono vedersela con tecnici esperti. «Quando lavoro con compagnie alle prese con degli ingegneri, il problema principale nella formazione dei team è che, come professionisti, gli ingegneri non considerano importanti le capacità sociali», mi disse Daniel Kim, già al MIT. «Ora queste compagnie stanno prendendo coscienza dei costi legati alla mancanza di competenze emotive.»

Questa presa di coscienza può essere riscontrata anche in scuole come la Harvard Business School e la Sloan School of Management del MIT. «Oggi gran parte dei programmi si basa sull'attività in team», aggiunge Kim. «Questa è la nostra risposta alle critiche che ci sono state mosse dalle aziende, secondo le quali i diplomati in scienze aziendali sono stati addestrati per eccellere come individui, mentre avrebbero dovuto imparare anche a lavorare bene in team.»

Quello che molti entusiasti del lavoro di squadra non riescono a capire, è che ogni gruppo può diventare esso stesso un laboratorio dove apprendere le capacità necessarie per rendere meglio. «Ogni membro apporta al gruppo talenti e capacità unici — alcuni tecnici, altri che fanno capo ad abilità sociali ed emotive», osserva Kathy Kram, direttrice dell'Executive MBA Program dell'Università di Boston. «È una grande opportunità di apprendimento reciproco, purché il team sappia farne un obiettivo esplicito o la includa nei piani.»

Solitamente, aggiunge Kram, quell'opportunità va perduta «perché troppo spesso si ritiene che il concentrarsi sulle relazioni fra i membri del team rappresenti una distrazione dal raggiungimento dei suoi obiettivi, e non un modo per aiutare gli individui a collaborare meglio. Invece, usare i gruppi per apprendere le capacità importanti ai fini del lavoro di gruppo è una strategia assolutamente logica — soprattutto nelle organizzazioni che si basano sul lavoro di squadra».

E questo ci porta al nostro prossimo punto: non importa se come individuo o come membro di un team, ciascuno di noi può rafforzare e sviluppare ognuna di queste competenze emotive — purché sappia come farlo.

PARTE QUARTA
Un nuovo modello di apprendimento

10

L'errore da un miliardo di dollari

«Scoprimmo un modo per fare ancora meglio», racconta Jim Mitchell, presidente della IDS Life, la divisione assicurativa dell'American Express, che già allora era la compagnia operante nel ramo vita in più rapido sviluppo nel paese. Mitchell scoprì un'opportunità — una grossa opportunità. Nonostante i piani finanziari dei clienti dimostrassero che essi avrebbero dovuto stipulare una polizza vita, più di due su tre evitavano di farlo. La grande perdita di vendite potenziali non era un fenomeno temporaneo: le analisi delle vendite relative a diversi anni portavano alle stesse conclusioni.

La possibilità di aumentare le vendite era talmente grande che Mitchell istituì la propria operazione «Skunkworks» per trovare «qualcosa di decisamente nuovo che rendesse le polizze vita più convincenti agli occhi dei clienti.»[1]

Il loro primo passo fu un'indagine dettagliata di ciò che i consulenti e i clienti davvero sentivano relativamente alla vendita e all'acquisto di una polizza vita. La risposta, in una sola parola era: terribile.

L'indagine liberò, da entrambe le parti, un impressionante sfogo di sentimenti negativi. Il team si aspettava di scoprire qualche grave pecca nei *prodotti* — nelle polizze vita — offerti dalla compagnia, e invece scoprì che il problema aveva a che fare con il *processo* stesso di vendita. Si riduceva tutto a incompetenza emotiva.

I clienti dissero che non avevano fiducia nel rapporto di vendita con i consulenti, e che il solo pensiero di stipulare una polizza li faceva sentire «impotenti, male informati, inadeguati e sospettosi». La negatività era diffusa anche fra quei clienti che poi, *effettivamente* acquistavano la polizza. Il problema non stava nella paura della morte, nei costi o in un qualsiasi altro aspetto delle polizze; anzi, i clienti si dichiaravano perfettamente soddisfatti dei prodotti che venivano loro offerti. Piuttosto, era l'interazione con i venditori a mandare a monte tutto. C'era poco da meravigliarsi: molti consulenti confessarono che, mentre proponevano le polizze vita si sentivano «non qualificati, incompetenti, poco sinceri ed egoisti». Desideravano moltissimo sentirsi più fiduciosi e basarsi su dei principi. Molti di loro asserirono di lavorare sotto il peso della cattiva reputazione che circonda gli agenti assicurativi in generale, e che i giri di telefonate per stabilire nuovi contatti stavano in realtà alimentando un serbatoio di impotenza e depressione. Quando un cliente mostrava ansia o disagio, il buonsenso comune circolante nel settore sosteneva che la risposta migliore stesse non tanto nell'empatia, ma nell'opporre un'argomentazione razionale. Perciò ai consulenti non restava che cercare di mettere a tacere le emozioni del cliente, come pure le proprie.

«Ai nostri consulenti era stato insegnato che se un cliente aveva una reazione emotiva, si trattava di una forma di resistenza — e quindi occorreva spiegargli le cose in modo logico, producendo altre cifre e ignorando i suoi sentimenti», spiega Kate Cannon, già membro del team Skunkworks e oggi responsabile dei programmi di competenza emotiva presso la American Express Financial Advisors.

In breve, i sentimenti che si agitavano nei clienti e nei consulenti davano all'incontro un pessimo tono emotivo; come si legge in un rapporto finale, «una montagna di negatività emotiva si ergeva fra il nostro processo di vendita e i nostri profitti».

Idealmente, i consulenti avrebbero potuto stabilire un tono emotivo più positivo, ma prima dovevano venire alle prese con il proprio stato di instabilità. Come disse uno di loro, «possiamo spendere milioni nella ricerca e nello sviluppo dei prodotti, ma se poi la loro collocazione è ostacolata dalle nostre limitazioni personali, che cosa abbiamo ottenuto?»

Porre rimedio al fattore «nausea»

Come abbiamo visto nel Quarto Capitolo, il rimedio prese le mosse da un potenziamento della consapevolezza di sé dei consulenti. E questo processo portò alla luce quello che divenne poi noto come fattore «nausea». «Analizzammo la "nausea" sul lavoro — tutte le battaglie emotive fonte di disgusto e sofferenza che le persone affrontavano quotidianamente», mi spiegò Cannon.

L'elenco delle fonti di «nausea» era formidabile. Fra l'altro comprendeva:

- I rifiuti dei clienti — vissuti come demoralizzanti. Una serie di rifiuti poteva portare a pensieri catastrofici come «Non sono in grado di farlo — perderò il lavoro... Non sarò mai in grado di mantenermi.»
- Il volume di informazioni sui prodotti — da solo, bastava a generare un senso di sopraffazione in alcuni consulenti.

- La natura imprenditoriale del lavoro del consulente, in cui le entrate dipendono dalle vendite, spaventava molti di essi, che temevano di non riuscire a mantenersi.
- Le lunghe giornate di lavoro necessarie per farsi una solida posizione angosciavano alcuni consulenti per via dello squilibrio fra il tempo dedicato al lavoro e quello disponibile per la famiglia.

Ma per ogni problema emotivo esisteva un rimedio: una capacità che poteva essere acquisita, un atteggiamento da modificare. La soluzione fu, essenzialmente, quella di potenziare il livello di competenza emotiva dei consulenti.

Un consulente competente sul piano emotivo, per usare le parole di un analista della compagnia, «conserva la fiducia, è elastico nelle avversità, e agisce in base a principi e valori profondi». La logica è che i consulenti guidati dai propri principi, e non dalle pressioni a vendere, entravano in relazione con i clienti in un modo che ispirava fiducia. Mettendo il cuore nel lavoro, avrebbero saputo essere più convincenti. E controllando meglio le proprie paure e le proprie frustrazioni, sarebbero riusciti a resistere agli insuccessi. Le vendite sarebbero state un risultato naturale della loro migliorata capacità di soddisfare le esigenze dei clienti.

Gli stessi consulenti erano d'accordo; molti affermarono che, per loro, la competenza emotiva era l'ingrediente segreto del successo o del fallimento.

Fin dall'inizio, il team incaricato di valutare la situazione decise di concentrarsi solo su alcune competenze emotive. Essi sapevano che i consulenti non avrebbero potuto dare il giusto tono all'interazione, né affrontare le emozioni dei loro clienti finché non fossero stati in grado di dominare le proprie.

Potenziare la competenza emotiva — e le vendite

«Io sono una testa calda», mi confida Sharmayne Williams, consulente finanziaria presso la sede di Chicago dell'American Express. «Ero estremamente emotiva — mi prendevo tutto a cuore e avevo reazioni forti. Questo influenzava molto negativamente le mie relazioni con la gente in ufficio: se non vedevano le cose a modo mio, diventavo matta. O si faceva come dicevo io, o niente; non riuscivo a vedere le cose dalla loro prospettiva, non sapevo scendere a compromessi.»

Questa mancanza di autocontrollo emotivo giocò a sfavore di

Williams. «Mi impedì di fare carriera, mi ostacolava quando dovevo prendere delle decisioni», mi raccontò. «Se c'era qualcosa che mi turbava, non riuscivo a passare al progetto successivo. Tutto questo mi è costato del denaro.»

Williams era stata per otto anni un agente di cambio autorizzato prima di andare a lavorare per la American Express Financial Advisors; un anno dopo, quando fece il suo primo training in competenza emotiva, fu una rivelazione: «Non avevo mai incontrato, prima, niente di simile. Era il tassello mancante».

Il programma, afferma Williams, ha cambiato la sua vita. «Mi rendo conto di come le mie emozioni mi controllassero. Ora, se qualcosa mi infastidisce, ne parlo con il mio socio, la scrivo sul mio diario, ne discuto senza tanti complimenti con il mio vicepresidente regionale. Faccio saper loro che ho un problema — non lo lascio incancrenire. Sono più conciliante. Mi rendo conto che puoi avere tutte le emozioni possibili, ma non devi permettere che siano loro a manovrarti.»

Williams ha trovato dei sistemi per controllare la tensione. «Ora, quando la sento montare, me ne vado alla scuola di danza che sta nello stesso edificio, e mi alleno un po'. Il rilassamento fisico mi tranquillizza per giorni.»

Adesso Williams, che ha sempre avuto un alto rendimento, sta ottenendo risultati ancora migliori. Durante il suo primo anno all'American Express ha venduto per circa 1,7 milioni di dollari. Nel suo secondo anno, mi racconta di aver raggiunto i 2,4 milioni e di essere ancora sulla strada del miglioramento.

Il punto sta proprio nel miglioramento. Nella prima fase-pilota del programma, i consulenti che si erano sottoposti al training realizzarono, rispetto all'anno precedente, un aumento del volume delle vendite compreso fra l'8 e il 20 per cento: significativamente di più dei gruppi di riferimento che non si erano sottoposti all'addestramento, e ottenendo comunque risultati migliori rispetto alla media della compagnia.

«I risultati del programma ci hanno soddisfatti al punto che lo abbiamo incluso nel normale training per i nuovi venditori, e abbiamo anche deciso di proporlo ai manager e ad altre persone che occupano posizioni di leadership», mi disse Doug Lennick, vicepresidente esecutivo della American Express Financial Advisors. Tutto questo rappresenta per Lennick un trionfo personale, dal momento che egli ha sempre difeso il programma per l'acquisizione della competenza emotiva.

Quando Lennick assunse la direzione della forza vendite dell'American Express Financial Advisors estese il programma e lo offrì a una fascia più ampia di utenti. Oggi il training dura due giorni — che si concentrano sulla consapevolezza di sé, sulle capacità interpersonali e sull'abilità di far fronte alle situazioni — seguiti poi da un'altra sessione di tre giorni, a distanza di qualche settimana o di qualche mese. Il programma è diretto a tutti i nuovi consulenti finanziari e ai nuovi supervisori, come pure ai membri dei gruppi dirigenti impegnati nel settore delle vendite, ad altri team leader e ai loro diretti sottoposti.

Per Lennick, il successo del programma sulla competenza emotiva conferma una concezione che egli sostiene da tempo, e cioè che il ruolo del consulente finanziario dovrebbe essere meno simile a quello del tradizionale venditore e avvicinarsi di più a quello di un consigliere di fiducia con il quale si stringe una relazione a lungo termine.

«Non ho mai pensato che i clienti volessero una relazione con cinque o sei consulenti, ma piuttosto che preferissero avere un rapporto duraturo con un solo interlocutore», afferma Lennick. «I consulenti che hanno le relazioni migliori con i propri clienti non si limitano ad aiutarli a realizzare i loro obiettivi finanziari: li aiutano a pianificare la propria vita. Questa è una revisione radicale del loro ruolo, che comporta quindi non solo di aiutare il cliente a mantenersi finanziariamente sano, ma anche a vivere in linea con i propri scopi.»

Lennick afferma: «Abbiamo dimostrato che se si aiutano le persone ad affrontare le proprie emozioni, esse avranno un maggior successo professionale senza compromettere i propri valori personali».

Come dice Sharmayne Williams: «Essere una persona controllata e che ispira fiducia mi aiuta con i miei clienti». Le relazioni emotivamente intelligenti rendono bene.

Buone notizie

Alla Promega, una compagnia che lavora nel campo delle biotecnologie con sede a Madison, nel Wisconsin, un gruppo di scienziati si riunisce ogni giorno per praticare un metodo di concentrazione e rilassamento — una forma particolare di attenzione — che ha imparato nel corso di un programma di training di otto settimane. Gli scienziati affermano che con quel metodo si sentono più calmi, concentrati e creativi.

Benissimo. Ma quel che è ancora più impressionante è che i ricercatori hanno documentato alcuni cambiamenti positivi nella *fun-*

zione cerebrale degli scienziati come diretto risultato dell'addestramento alla pratica dell'attenzione. Il loro lobo prefrontale sinistro — l'area del cervello che sopprime i sequestri emotivi innescati dall'amigdala e genera sentimenti positivi — è diventato significativamente più attivo di quanto non fosse prima del programma.[2] La loro sensazione di essere mentalmente più pronti e rilassati non è dunque una mera illusione, ma scaturisce da una modificazione che ha avuto luogo a livello cerebrale. Tale modificazione è analoga a quella riscontrata negli individui più elastici e adattabili a condizioni di stress (come abbiamo visto nel Capitolo Quinto). Questo risultato indica che quando si rafforza una competenza come l'autocontrollo, lo stesso potenziamento ha luogo nei circuiti cerebrali corrispondenti.

Tutte le competenze emotive possono essere coltivate, con il giusto esercizio. Consideriamo, ad esempio, le persone descritte nel Secondo Capitolo, che non avevano ottenuto buoni risultati nei test sull'empatia. Quando venne chiesto loro di leggere i sentimenti di uomini e donne videoregistrati — con l'audio indistinto — mentre manifestavano reazioni spontanee (gioia, rabbia e così via), essi esitarono e sbagliarono. Ma quando, dopo ciascuna delle loro ipotesi, costoro ricevettero un feedback su ciò che le persone riprese nel video stavano realmente provando, la loro accuratezza empatica migliorò sensibilmente.[3] Perfino un feedback minimo e immediato sull'accuratezza emotiva ha una ripercussione sorprendentemente importante sull'empatia in altre situazioni.[4]

Le buone notizie, dunque, stanno nel fatto che l'intelligenza emotiva — a differenza del QI — può essere *migliorata per tutta la vita*. In modo al tempo stesso fortunato e inatteso, la vita sembra offrirci una possibilità dietro l'altra per affinare la nostra competenza emotiva. Nel normale corso di una vita, l'intelligenza emotiva tende ad aumentare via via che impariamo a essere più consapevoli dei nostri stati d'animo, a controllare meglio le emozioni che ci fanno soffrire, ad ascoltare e a empatizzare — in breve, via via che diventiamo più maturi. In larga misura, la maturità stessa consiste nel processo attraverso il quale diventiamo più intelligenti per quanto riguarda le nostre emozioni e le nostre relazioni.

In un confronto fra diverse centinaia di adulti e adolescenti, effettuato da John D. Mayer — lo psicologo dell'Università del New Hampshire che sviluppò la teoria pionieristica dell'intelligenza emotiva insieme a Peter Salovey, di Yale — gli adulti risultarono in genere migliori.[5] Una valutazione, effettuata da Reuven Bar-On, dell'intelligenza emotiva in più di tremila uomini e donne — di età diverse, dall'adolescenza ai sessant'anni — riscontrò un aumento piccolo, ma costante e significativo, nel passaggio da una fascia di età all'altra, con un picco fra i quaranta e i cinquant'anni.[6] Come conclude Mayer, «l'intelligenza emotiva si sviluppa con gli anni e l'esperienza, dall'infanzia all'età adulta».

Quando si tratta di coltivare le competenze emotive, la maturità resta un vantaggio — i giovani possono risultare meno adattabili. Ad esempio, in uno studio che valutava la capacità di padroneggiare nuovi livelli di competenza emotiva mostrata dai partecipanti a un programma di scienze aziendali, tutti di età compresa fra i venti e i sessant'anni, i miglioramenti più cospicui ebbero luogo negli individui di età pari o superiore a ventinove anni, rispetto a quelli che ne avevano meno di venticinque.[7]

Resta da vedere se questo risultato possa essere estrapolato ad altri gruppi. Tuttavia esso dimostra che, purché siano motivati, gli individui più anziani possono essere bravi come i più giovani, o addirittura migliori, nel padroneggiare nuovi livelli di queste capacità.

Uomini e donne sembrano ugualmente in grado di migliorare la propria intelligenza emotiva. Sebbene le donne tendano a essere più dotate nelle competenze basate sull'empatia e le abilità sociali, e gli uomini in quelle imperniate sul controllo di sé, lo studio già citato sui partecipanti al programma di scienze aziendali ha messo in luce che entrambi i sessi possono migliorare nella stessa misura, indipendentemente dal loro punto di partenza in una data competenza.

Questa possibilità di miglioramento pone l'intelligenza emotiva in netto contrasto con il QI, che rimane in larga misura immodificato per tutta la vita. Mentre le capacità puramente cognitive rimangono relativamente costanti, le competenze emotive possono dunque essere apprese in qualsiasi momento della vita. Non ha importanza quanto insensibile, timido, irascibile, goffo o desintonizzato possa essere un individuo — con la motivazione e uno sforzo adeguato potrà coltivare la propria competenza emotiva.

Ma come?

Comprendere non basta

Consideriamo il caso di Henry e Lai, che cominciarono a lavorare ai Bell Labs pressappoco nello stesso periodo, più o meno con le stesse credenziali, una laurea in ingegneria elettrica. Entrambi avevano conseguito una media di diploma di 3,8 presso università prestigiose, ed erano accompagnati da espansive raccomandazioni dei loro professori. Entrambi avevano fatto degli stage estivi presso aziende che trattavano computer.

Ma fin dal momento in cui misero piede ai Bell Lab, ogni somiglianza svanì. Henry si comportava come se non avesse mai lasciato l'università: restava incollato allo schermo del computer, divorando con avidità la documentazione tecnica e imparando nuovi programmi. Si isolava — i suoi nuovi colleghi riuscivano a vederlo raramente, salvo che in occasione delle riunioni. Pensava: «In questo lavoro, è l'esperienza tecnica che conterà per me più di ogni altra cosa».

Lai assunse un approccio diverso. Anche lei si assicurava di dedicare un tempo sufficiente al proprio lavoro. Ma il tempo libero lo impiegava per conoscere i suoi colleghi, per scoprire i loro interessi, i loro progetti, le loro preoccupazioni. Quando avevano bisogno di una mano, lei era pronta a offrire la sua — quando qualcuno doveva istallare un software nuovo e poco maneggevole, si offriva di farlo lei. Pensava: «Uno dei modi migliori per essere accettata nel gruppo è quello di dare una mano».

Dopo sei mesi di lavoro, Henry aveva dato prestazioni tecniche leggermente migliori, ma Lai era vista da tutti come una capace di prendere l'iniziativa e di lavorare bene in team — e aveva già imboccato la strada più veloce per far carriera. Henry non si era reso conto del fatto che stringere dei legami fosse una competenza essenziale per il suo lavoro; si sentiva più a suo agio da solo. I suoi colleghi capivano che tecnicamente era in gamba, ma non erano molto fiduciosi che fosse in grado di fare un buon lavoro di squadra.

Lai si dimostrava eccellente in diverse competenze emozionali, ma anche Henry, se voleva mettere a pieno profitto i suoi talenti tecnici, doveva riuscire a dominarle. Come si fa ad aiutare uno come Henry a migliorarsi?

Robert Kelley, della Carnegie-Mellon University, che racconta il caso di Henry e Lai, spiega che quest'ultima aveva appreso alcune strategie tipiche degli individui capaci di prestazioni eccellenti, ad esempio l'abilità di stringere legami e di prendere l'iniziativa.[8] Ma il suo comportamento non si basava solo sulla conoscenza di una strategia vincente — l'abilità nel *mettere in pratica* una strategia come la cooperazione e la formazione di reti informali dipende infatti dalla competenza emotiva necessaria. Affinché uno come Henry apporti i necessari cambiamenti, non basta che ne comprenda l'utilità sul piano *intellettuale*. La semplice conoscenza del fatto che gli servirebbe stringere delle relazioni probabilmente non basterà a smuoverlo dal suo ufficio — né, se ci provasse, gli darebbe la capacità di farlo.

Esiste una differenza essenziale fra conoscenza *dichiarativa* — conoscere un concetto e i suoi dettagli tecnici — e la conoscenza *procedurale* — essere in grado di tradurre quei concetti e quei dettagli in azione. Conoscere non equivale a fare — non importa se si tratta di suonare il pianoforte, di guidare un team o di agire sulla base di un consiglio essenziale al momento giusto.

Uno studio sul training dei manager in una catena di supermercati rilevò una minima correlazione fra la conoscenza che essi avevano delle competenze oggetto del corso e il modo in cui si comportavano quando tornavano nei loro negozi. Molti di costoro uscivano dal programma con un elevato livello di comprensione su quello che *avrebbero dovuto fare* una volta tornati al lavoro — solo che una volta là proprio non ci riuscivano. La comprensione intellettuale di una competenza è probabilmente necessaria, ma di per se stessa non basta a dar luogo a una modificazione del comportamento.[9]

Il fatto che un individuo abbia una comprensione a livello cognitivo del da farsi non ci dice assolutamente se egli sia o meno pronto a cambiare il suo modo di agire, né ci informa sulla sua motivazione o sulla sua capacità di cambiare; e neppure sul metodo col quale quella persona potrà cambiare stile o sul suo livello di padronanza della nuova capacità. Per aiutare qualcuno a dominare una competenza emotiva occorre una nuova comprensione del modo in cui impariamo.

Come afferma una delle fonti più spesso citate sul training e lo sviluppo del personale, coloro che si occupano di formazione «hanno avuto la tendenza a considerare tutto il training alla stessa stregua, senza prenderne in considerazione lo scopo o il tipo di apprendimento implicato».[10] Per la competenza tecnica e cognitiva, la conoscenza dichiarativa può essere sufficiente — ma non per l'intelligenza emotiva. È ora di smettere di fare di tutta l'erba un fascio; dobbiamo usare la nostra nuova comprensione del funzionamento del cervello per compiere distinzioni significative e di valore pratico — e per promuovere un reale apprendimento della competenza emotiva.

Il test definitivo

Insegnare qualcosa *su* una competenza — in altre parole fornire una comprensione intellettuale dei concetti implicati — può sembrare l'approccio più semplice al training, ma se lo si confronta con gli altri che discuterò fra breve, produce un effetto minimo a livello di reale cambiamento della prestazione. La comprensione intellettuale è un processo-soglia, necessario per apprendere, ma non sufficiente a produrre un miglioramento duraturo. Un cambiamento *profondo* esige la riorganizzazione di abitudini di pensiero, sentimento e comportamento ben radicate.

Consideriamo il caso di Henry, l'ingegnere troppo riservato dei Bell Labs, che non si avventura fuori del suo ufficio e non parla coi colleghi. Perché si comporta così?

Il suo isolamento potrebbe esser dovuto alla timidezza, oppure all'inettitudine sociale, o semplicemente alla mancanza di esperienza nel lavoro di squadra. Quale che sia la causa specifica del suo isolamento, Henry è vittima di un'abitudine appresa. Con tempo e impegno, ciò che è stato imparato può essere *di*simparato, e si può apprendere un'abitudine più efficace. Questo apprendere e disapprendere avviene a livello delle connessioni cerebrali.

Mentre acquisiamo il nostro repertorio abituale di pensiero, sentimento e azione, le connessioni neurali alla base di quel repertorio vengono rafforzate, diventando le vie di trasmissione preferenziali degli impulsi nervosi. Mentre le connessioni che non vengono usate si indeboliscono e vanno addirittura perdute, quelle continuamente usate si fanno sempre più robuste.[11]

Fra due risposte alternative, prevarrà quella che si avvale della rete di neuroni più ricca e più forte. Quanto più spesso quella risposta avrà luogo, tanto più importanti diventeranno le vie che la sostengono. Una volta che le abitudini sono state bene apprese, attraverso infinite ripetizioni, per il cervello i circuiti neurali che le sostengono assumono il carattere di opzioni *default*: in altre parole, noi agiamo in modo automatico e spontaneo.

Le competenze possono essere considerate un insieme di abitudini coordinate: quel che noi pensiamo, sentiamo e facciamo per portare a compimento un lavoro. Quando quest'abitudine è disfunzionale, sostituirla con una più efficace richiede che quest'ultima venga sufficientemente esercitata — e che l'altra venga inibita — affinché i circuiti neurali legati al vecchio comportamento appassiscano (gli psicologi parlano di «estinzione») mentre quelli associati al comportamento migliore diventano sempre più robusti. Infine, l'abitudine migliore sostituirà quella vecchia assumendo il ruolo di risposta automatica nelle situazioni-chiave.

Pertanto, il test definitivo per questo tipo di apprendimento — per questo ricablaggio — di una competenza emozionale sta nell'osservare la reazione automatica di un individuo nel momento crusciale. Il test per capire se un tipo come Henry si è impadronito dei fondamenti della cooperazione e dell'arte di stringere legami avrà luogo in situazioni in cui egli si troverà di fronte a una scelta: restare nel suo ufficio sgobbando da solo su un problema, o uscire e andare a consultare diversi colleghi che abbiano le informazioni e l'expertise necessari? Se egli uscisse spontaneamente dal suo ufficio per avvicinare un collega — e lo facesse in modo efficace — allora significherebbe che ha acquisito la nuova abitudine.

Un diverso modello di apprendimento

Un ricercatore che lavora per il governo degli Stati Uniti presso l'Ufficio per la Gestione del Personale, mi sta informando sui risultati di un'imponente analisi sulle competenze necessarie in un'ampia gamma di posizioni amministrative. «Il training relativo alla parte tecnica del lavoro è facile — ma è molto più difficile insegnare a essere flessibili, a dimostrare integrità, a essere coscienziosi o abili nelle relazioni interpersonali.»

L'addestramento tecnico è semplice se paragonato a quello necessario allo sviluppo dell'intelligenza emotiva. Tutto il nostro sistema educativo s'ingrana su abilità cognitive. Ma quando è il momento di insegnare le competenze emotive, esso è penosamente carente. Capacità come l'empatia o la flessibilità differiscono in modo essenziale dalle abilità cognitive — si basano su aree cerebrali diverse.

Le abilità puramente cognitive hanno sede nella neocorteccia, il cervello «pensante». Ma nel caso delle competenze sociali e personali, entrano in gioco altre aree cerebrali, e principalmente i circuiti che collegano i centri emotivi — in particolare l'amigdala — situati in profondità nel centro del cervello, con i lobi prefrontali, che sono il centro esecutivo del cervello. L'apprendimento delle competenze emotive comporta una riaccordatura di questi circuiti.

Poiché l'apprendimento intellettuale differisce in modo fondamentale dalla modificazione di comportamento, i modelli di educazione sono significativamente diversi nei due casi. Per le capacità intellettuali, l'aula scolastica è un ambiente adatto, e la semplice lettura — o il semplice ascolto — di un concetto, anche una sola volta, può essere sufficiente a impadronirsene. Il pensiero strategico e la programmazione dei computer possono essere insegnati in questo modo con profitto, estraniandosi da tutti quegli scambi che hanno luogo nella vita lavorativa reale.

Nel caso della modificazione comportamentale, invece, è la vita stessa a rappresentare l'autentica arena dell'apprendimento, che richiede un prolungato esercizio. L'apprendimento scolastico consiste, essenzialmente, nell'aggiungere informazioni e conoscenze alle banche della memoria localizzate nella neocorteccia. La neocorteccia impara immettendo nuovi dati nelle strutture di associazione e comprensione preesistenti, così da estendere e arricchire i circuiti neurali corrispondenti.

Ma l'apprendimento di una competenza emozionale comporta questo e altro: richiede anche il coinvolgimento dei circuiti emotivi, nei quali è immagazzinato il nostro repertorio di abitudini sociali ed emotive. Modificare tali abitudini — imparare ad accostarsi in modo più positivo agli altri invece di evitarli, imparare ad ascoltare meglio o a saper fornire un valido feedback — è un compito più difficile di quello che aspetta chi debba semplicemente aggiungere nuovi dati ai vecchi. L'apprendimento emotivo richiede un cambiamento più profondo a livello neurologico: l'indebolimento dell'abitudine preesistente e la sua sostituzione con una migliore.

La comprensione di questa differenza nella funzione cerebrale alla base dei due processi è essenziale per trovare i modi davvero efficaci di insegnare le competenze emotive. Un comune errore compiuto dalle organizzazioni è quello di cercare di istillare una competenza emotiva come l'empatia o la leadership usando le stesse tecniche utili per insegnare a redigere un piano d'affari. Ma in questo caso, tutto ciò non basta: modificare un'abitudine fondata sull'intelligenza emotiva richiede una strategia di apprendimento completamente nuova. Finalmente, alcune scuole, aziende e anche certi governi hanno cominciato a capirlo.

Molti dei principi di apprendimento standard adottati per il training e lo sviluppo nelle organizzazioni derivano da studi effettuati su studenti di college impegnati a esercitarsi in capacità motorie elementari o in semplici compiti cognitivi, ad esempio la memorizzazione di elenchi di parole.[12] Ma questi principi sono insufficienti per il compito molto più complicato di potenziare le competenze emotive. Coltivare le competenze emotive richiede la comprensione degli elementi fondamentali della modificazione comportamentale. La mancata considerazione di ciò provoca ogni anno lo spreco di immensi investimenti nel training e nello sviluppo. Mentre scrivo queste pagine, milioni e milioni di dollari vengono gettati via in programmi di training che non avranno alcun impatto duraturo — o che comunque sortiranno effetti minimi — nel potenziamento dell'intelligenza emotiva. Questo equivale a un errore da un miliardo di dollari.

«Spruzza e raccomandati a Dio»

Il direttore generale di una delle principali case farmaceutiche americane era spazientito. Aveva constatato un enorme aumento nei costi del training e voleva sapere una cosa: che cosa otteneva l'azienda in cambio di tutto quel denaro?

Una domanda ragionevole che, provenendo dal direttore generale, ottenne risposta immediata. Ben presto egli si vide presentare un rapporto redatto in fretta e furia — interamente basato su aneddoti.

Questo non era accettabile: medico per formazione e con un PhD in statistica biomedica, egli stesso ex scienziato ricercatore, il direttore generale pretendeva dati obiettivi. Così le persone coinvolte si rimisero al lavoro e stilarono un piano più accurato per valutare l'equivalente in dollari e il valore strategico a lungo termine del training. Chiamarono due esperti esterni — Charley Morrow della Linkage, un'azienda di consulenze, e Melvin Rupinski della Tulane University. Il risultato fu una vera rarità nel mondo delle organizzazioni: un progetto quadriennale, rigoroso, che si avvaleva di metodi quantitativi scientifici per valutare se i programmi di training adottati dalla compagnia giustificassero i costi.[13]

Il fatto che tutto questo sia una rarità nel mondo aziendale è già di per sé un paradosso. Nonostante i miliardi di dollari spesi in tutto il mondo per i programmi di training aziendali, l'efficacia di questi sforzi viene raramente valutata dalle aziende che ne sostengono i costi — né, se è per questo, viene valutata da altri. La stima della misura in cui le abilità insegnate nei programmi di training vengono trasferite alla quotidiana prassi lavorativa si ferma a un triste 10 per cento. Ma nessuno sa per certo quale sia l'autentico miglioramento di prestazione sul lavoro conseguito grazie all'addestramento, perché questi dati vengono raccolti solo di rado.[14]

Nell'ottobre 1997, l'American Society for Training and Development compì un'indagine su un gruppo selezionato di trentacinque società, che godevano di una grande reputazione — autentici «punti di riferimento». Ventisette di esse dichiararono di cercare in qualche modo di promuovere la competenza emotiva attraverso programmi di training e sviluppo.[15] Di queste, però, più di due terzi non avevano mai tentato di valutare l'impatto dei loro sforzi. Quelle che lo avevano fatto, in massima parte, si affidavano a misure soggettive come le reazioni alle sedute di training e i sondaggi sulle opinioni espresse dai dipendenti.

Una più ampia indagine dell'ASTD rilevò che solo il 13 per cento delle aziende valutava i propri programmi di training sulla base della prestazione sul lavoro.[16] «La sola misura oggettiva di cui disponiamo sul training è il numero di corpi sulle sedie — sappiamo soltanto che la gente partecipa al training, ma non se riesce a ricavarne qualcosa», mi confidò il direttore delle risorse umane presso una delle più grandi compagnie di servizi finanziari del mondo. «A volte chiamiamo questo fenomeno "spruzza e raccomandati a Dio": sottoponi tutti al training e augurati che a qualcuno resti attaccato qualcosa».

Il profitto

I dirigenti che si riunirono per un seminario in un albergo isolato di montagna erano i vertici del management della grande casa farmaceutica il cui direttore generale si era dimostrato tanto puntiglioso. La settimana di training si concentrò in larga misura sulle «capacità sociali» e sui modi per guidare più efficacemente altri manager in un ambiente aziendale sempre più competitivo e dinamico.

Gli argomenti trattati comprendevano tutta una gamma di competenze emotive, compreso come farsi un modello per un'«efficace gestione delle risorse umane», come motivare i subordinati e valutare i loro punti di forza e le loro debolezze, come dare loro dei feedback sulle prestazioni, e ancora come guidare dei team, gestire i conflitti e mettersi alla testa dell'innovazione. Veniva anche dedicato un po' di tempo a qualche riflessione sul comportamento dei dirigenti e sull'impatto che esso esercita sulle persone con cui essi hanno a che fare.

Si trattava di un programma di sviluppo articolato su cinque giornate piene — abbastanza rappresentativo delle migliaia di corsi simili diretti a dirigenti di vario livello e offerti da organizzazioni sparse in tutto il mondo. Ma valeva il suo prezzo, come si era chiesto il direttore generale della casa farmaceutica?

No.

Non solo non ci furono miglioramenti ma, in media, relativamente alle competenze oggetto del training, i superiori giudicarono i dirigenti che avevano partecipato al seminario *meno* efficaci di quanto non lo fossero prima di partire. «Confrontando la valutazione del loro comportamento manageriale prima e dopo il seminario, si riscontrava un leggero cambiamento negativo», mi disse uno dei valutatori. «Erano un po' meno capaci.»

Questo fu uno dei risultati più deludenti fra le decine di programmi valutati dallo studio commissionato dalla casa farmaceutica. Nel complesso, i risultati furono vari; mentre alcuni programmi dimostrarono di valere decisamente lo sforzo, di altri non si poteva dire altrettanto.

I programmi di training erano molto diversi per i temi su cui si concentravano, per il pubblico al quale erano rivolti, e per i risultati ottenuti. I loro scopi andavano dall'insegnare agli alti dirigenti a motivare i loro subordinati, ad aiutarli a comunicare più efficacemente, a risolvere i conflitti e a gestire il cambiamento — fino a migliorare la capacità dei supervisori di offrire un feedback ai subordinati e di coltivare relazioni positive con i dipendenti.

Tutti i programmi furono valutati sulla base dei loro effetti osservabili sulla prestazione di coloro che ne avevano usufruito, sulla base di valutazioni formulate prima e dopo la frequenza da superiori, colleghi o subordinati, a seconda dei casi. Un'elegante tecnica statistica consentiva di convertire questi risultati in calcoli di utile sull'investimento. I metodi usati rappresentavano lo stato dell'arte di queste valutazioni del training — un modello che dovrebbe essere ampiamente imitato.[17]

I risultati di questa valutazione tanto scrupolosa — e troppo rara — fanno riflettere, soprattutto coloro che lavorano nel campo del training rivolto ai dirigenti. Degli undici programmi concentrati sulle capacità interpersonali essenziali nel management, tre risultarono decisamente privi di valore. Si trattava del ritiro montano di cinque giorni per alti dirigenti, concentrato sulle abilità sociali; di un training rivolto a capi di laboratorio mirato a guidare le prestazioni individuali; e di un programma sulla creazione di team efficienti.

Il calcolo del tempo necessario affinché questi programmi si ripagassero dei propri costi — in altre parole, il tempo necessario per andare in pareggio — dimostrò che il corso per la costruzione dei team avrebbe impiegato sette anni, sempre che i suoi effetti potessero durare tanto a lungo (un assunto dubbio). Quanto agli altri due corsi, non si sarebbero ripagati *mai*. Nessuno dei due produceva un effetto sulla prestazione lavorativa abbastanza forte da giustificare il proprio costo!

La valutazione rivelò che cinque degli undici programmi avrebbero impiegato più di un anno per ripagarsi, sempre assumendo che producessero risultati duraturi. Quei cinque programmi, tanto inefficaci in retrospettiva, costarono un totale di quasi 700.000 dollari per i 147 dipendenti che furono valutati dopo avervi partecipato.

Per gli altri cinque programmi di training sulla leadership e il management, le cose andarono meglio.[18] In questi casi, il reddito sull'investimento era compreso fra il 16 e il 492 per cento. E un altro programma sulla gestione del tempo (una capacità di gestione dello stress che fa appello al controllo degli impulsi e ad altre competenze di dominio di sé) si ripagava in un tempo straordinariamente breve — circa tre settimane — producendo un reddito sull'investimento del 1989 per cento nel primo anno. In termini di reddito sull'investimento, questo corso, messo a punto internamente all'azienda, diede prestazioni di gran lunga migliori di un training molto noto a livello nazionale, che si prefiggeva scopi analoghi — e questo in larga misura perché il primo costava solo 3000 dollari rispetto ai 68.000 di quello più famoso.

In breve, quando i programmi funzionano, si ripagano da soli, la maggior parte di essi già nel primo anno o pressappoco, e i costi sono giustificati da un miglioramento quantificabile della prestazione sul lavoro. Quando i programmi falliscono, comportano uno spreco di tempo e denaro.

E il progetto quadriennale per la valutazione dei risultati del training presso la casa farmaceutica valeva il tempo e il denaro che era costato? Senza dubbio. Intanto, fu un affare: l'intera impresa era costata 500.000 dollari — in un periodo in cui l'azienda ne spendeva 240 milioni in training. In altre parole i costi della valutazione rappresentavano solo lo 0,02 per cento del budget del training.[19]

Da allora la casa farmaceutica ha completamente modernizzato i suoi programmi di training e sviluppo; quelli dimostratisi uno spreco di denaro sono stati cancellati. Lo studio di valutazione è diventato un autentico punto di riferimento, lo standard di come le aziende potrebbero ottenere un'interpretazione empiricamente ragionevole del valore dei propri programmi di training.

Quando i duri si ammorbidiscono

Dopo aver cercato in lungo e in largo dei programmi di training aziendale sulle competenze emotive che fossero stati valutati istituendo un gruppo di riferimento e utilizzando misure imparziali dei risultati — il metodo aureo di valutazione — Cary Cherniss, uno psicologo della Rutgers University (con il quale divido la carica di presidente del Consortium on Emotional Intelligence in the Organization) osservò sorpreso: «Poche aziende verificano effettivamente i programmi di training sui quali scommettono milioni di dollari. Quando si tratta di relazioni umane, aziende altrimenti dure diventano morbidissime: non insistono per avere risultati dimostrati. Moltissimi alti dirigenti sembrano non rendersi conto del fatto che si possono pianificare degli studi che valutino i programmi per i quali stanno spendendo tanto denaro».

A volte questo è il risultato dell'ingenuità — a volte sono colpevoli le politiche aziendali. Cherniss racconta di un'azienda nel campo dell'alta tecnologia che aveva investito più di un milione di dollari in un programma di training per insegnare ai suoi dipendenti a lavorare meglio in team. E tuttavia non fece alcun tentativo di valutare la sua efficacia. Perché? «Era un progetto che stava molto a cuore a un vicepresidente esecutivo. A nessuno importava davvero sapere che *funzionasse*, ma solo se alla gente piacesse o meno. Le aziende non valutano i risultati per capire se i programmi hanno un impatto reale sulla prestazione.»

E quando lo fanno, i risultati possono essere sgradevoli. «Cercammo di valutare i vantaggi comportati da un programma di training che usavamo da anni e nel quale avevamo speso milioni di dollari», si lamentò con me un dirigente di una delle cento compagnie americane con il massimo fatturato annuo. «Abbiamo scoperto una correlazione nulla fra training e produttività — comunque la misurassimo.»

Troppo spesso l'unico effetto reale di un programma di training, indipendentemente dai suoi scopi dichiarati, è che i partecipanti sperimentano un breve fermento di energia che non dura più di qualche giorno o di alcune settimane — dopo di che ritornano al loro modo di essere precedente il training, quale che esso fosse. L'effetto più generale degli interventi formativi, indipendentemente dal loro contenuto apparente, è che aumentano la fiducia in se stessi dei partecipanti — almeno per un po'.[20]

Ma se tutto quel che viene potenziato è la fiducia del partecipante, allora questi costosi programmi sono come la piuma magica del vecchio cartone animato di *Dumbo*. Quando il timido elefantino con le enormi orecchie riceve la piuma magica dal suo tutore, un furbo topo di campo, la stringe con tutte le sue forze nella proboscide, sbatte le orecchie — ed ecco, comincia a volare.

Naturalmente, un giorno Dumbo perde la sua piuma, e si rende conto che può volare lo stesso. Nel caso delle competenze emotive non è sempre così facile. Sebbene l'entusiasmo e la filosofia del «posso farcela» siano utili, funzionano solo nella misura in cui le persone hanno le abilità fondamentali e apprendono le competenze di base per *farli* funzionare. Se non avete empatia, o siete socialmente incapaci, o se non avete imparato a gestire i conflitti e ad assumere la prospettiva del cliente, il semplice entusiasmo non sostituirà ciò che vi manca, e potrà condurvi a commettere errori, sia pure animati dalle migliori intenzioni.

Il mondo del training sembra soggetto ai capricci e alle mode. Così almeno lamenta un'analisi sull'attuale stato del training e dello sviluppo, che conclude affermando che troppi programmi vengono «adottati grazie all'effetto di un venditore persuasivo, di un opuscolo ben fatto o di testimonianze di persone che vi hanno già partecipato.»[21]

Ma quando si tratta della valutazione, il rigore lascia il passo alle impressioni. Valutazioni oggettive come quelle effettuate dalla casa farmaceutica di cui abbiamo accennato sono estremamente rare. Invece di una stima oggettiva degli effetti del training, la tipica valutazione si basa sul feedback dato dai partecipanti, che spiegano se il programma è loro piaciuto, e in che cosa sia loro piaciuto di più: un sistema di valutazione che evidentemente favorisce le esperienze belle e divertenti a scapito di quelle di sostanza. Il divertimento diventa il segno dell'eccellenza, a dimostrazione di una maggior considerazione dell'intrattenimento rispetto all'educazione.

Questa mancanza di dati favorisce l'abbattersi di infinite ondate di programmi «caldi» sulle aziende. Negli anni Sessanta e al principio del decennio successivo, le aziende fecero partecipare migliaia di dipendenti ai «gruppi di incontro» e ai «training sulla sensibilità»: sedute non strutturate in cui gli individui sfogavano i loro sentimenti più primitivi (un esercizio di emotività spesso inutile contrapposto all'essere intelligenti *riguardo* all'emozione). Lo facevano nonostante l'assenza della benché minima prova che queste sedute aiutassero le persone sul lavoro, e a dispetto dei dati emergenti che tali gruppi, se malamente guidati, potevano avere ripercussioni negative.

Competenze emotive: linee-guida per l'apprendimento

I responsabili dello sviluppo del personale presso le cinquecento aziende americane con il massimo fatturato annuo furono intervistati su quali fossero le difficoltà che incontravano nella valutazione dei loro programmi di training; la lamentela più comune era la mancanza di standard e di criteri per il training delle cosiddette abilità *soft* — ad esempio le competenze emotive.[22]

Per contribuire a modificare questa situazione, ho fondato, insieme ad altri, il Consortium on Personal and Social Competence in the Workplace, un gruppo di ricercatori e professionisti provenienti da scuole aziendali, dal governo federale, da studi di consulenza e da aziende.[23] Il nostro gruppo ha cercato i dati scientifici disponibili sulla modificazione del comportamento e ha studiato programmi di training esemplari, al fine di ricavare delle linee-guida fondamentali che indichino le prassi ottimali nell'insegnamento delle competenze basate sull'intelligenza emotiva.[24]

Le linee-guida risultanti sono riassunte in Tabella 2.

1) Ogni elemento è necessario, ma di per se stesso non sufficiente, a un apprendimento efficace
2) L'impatto di ciascun elemento aumenta nella misura in cui esso fa parte di un processo che include tutti gli altri.

TABELLA 2
Linee-guida per il training delle competenze emozionali

- **Valutare il lavoro.** Il training dovrebbe concentrarsi sulle competenze maggiormente necessarie per eccellere in un dato lavoro o in un dato ruolo.
  Avvertimento: Il training mirato a competenze irrilevanti è fuori luogo.
  Prassi ottimali: Progettare il training sulla base di una valutazione sistematica delle esigenze dell'utente.

- **Valutare l'individuo.** Il profilo individuale di talenti e limitazioni dovrebbe essere valutato in modo da identificare ciò che occorre migliorare.
  Avvertimento: Non ha senso sottoporre gli individui a un training su competenze che già posseggono o di cui non hanno bisogno.
  Prassi ottimali: Personalizzare il training adattandolo alle esigenze individuali.

- **Presentare le valutazioni con delicatezza.** Il feedback relativo ai talenti e ai punti deboli di una persona ha una valenza emotiva.
  Avvertimento: Un feedback offerto in modo improprio può disturbare, mentre se presentato in modo abile, sarà motivante.
  Prassi ottimali: Usare l'intelligenza emotiva nel presentare all'interessato la valutazione iniziale della sua competenza emotiva.

- **Giudicare esattamente la preparazione.** Persone diverse si trovano a un livello diverso di preparazione.
  Avvertimento: Quando le persone non sono pronte, molto probabilmente il training andrà sprecato.
  Prassi ottimali: Valutare la preparazione e, se l'individuo non dovesse risultare pronto, fare di essa un primo obiettivo.

- **Motivare.** Gli individui imparano nella misura in cui sono motivati — ad esempio rendendosi conto del fatto che una particolare competenza è importante per svolgere bene il loro lavoro, e facendo di essa un obiettivo personale di cambiamento
  Avvertimento: Se le persone non sono motivate, il training non risulterà efficace.
  Prassi ottimali: Chiarire in che modo il training ripagherà sul lavoro, ai fini della carriera o attraverso altri tipi di gratificazione.

- **Fare in modo che il cambiamento sia auto-guidato.** Quando è l'interessato a guidare il proprio programma di apprendimento — adattandolo su misura a esigenze, situazioni e motivazioni proprie — esso risulta più efficace.
  Avvertimento: Programmi di training «che-vanno-bene-per-tutti», in realtà non vanno bene per nessuno.
  Prassi ottimali: Fare in modo che sia l'interessato a scegliere i propri obiettivi di sviluppo e a progettare il proprio piano per raggiungerli.

- **Concentrarsi su obiettivi chiari e raggiungibili.** L'individuo ha bisogno di chiarezza sulla natura della competenza e sui passi necessari per migliorarla.
  Avvertimento: Programmi di cambiamento poco concentrati o scarsamente realistici conducono a risultati confusi o al fallimento.
  Prassi ottimali: Spiegare chiaramente le specifiche della competenza e offrire un piano praticabile per raggiungerla.

- **Evitare le ricadute.** Le abitudini cambiano lentamente, e incappare in ricadute e scivoloni non è necessariamente un segno di sconfitta.
  Avvertimento: La lentezza del cambiamento o l'inerzia delle vecchie abitudini possono scoraggiare.
  Prassi ottimali: Aiutare l'individuo a usare gli errori come lezioni per prepararsi meglio la volta successiva.

- **Offrire un feedback sulla prestazione.** Un feedback continuo incoraggia e contribuisce a guidare il cambiamento.
  Avvertimento: Un feedback confuso può mandare fuori strada il training.
  Prassi ottimali: Inserire nel piano di cambiamento momenti di feedback, da parte di supervisori, colleghi, amici — chiunque possa contribuire a guidare, formare o fornire un'appropriata analisi dei progressi.

- **Incoraggiare l'esercizio.** Il cambiamento duraturo richiede un esercizio prolungato sia sul lavoro che al di fuori di esso.
  Avvertimento: Un seminario o un corso possono rappresentare un punto di partenza, ma di per se stessi non bastano.
  Prassi ottimali: Servirsi delle opportunità che si presentano spontaneamente per esercitarsi, a casa come al lavoro, e sperimentare i nuovi comportamenti in modo ripetuto e costante per un periodo di mesi.

- **Organizzare forme di sostegno.** Persone con idee simili, che stiano anch'esse cercando di effettuare un cambiamento analogo, possono offrire un sostegno essenziale nel processo.
  Avvertimento: Affrontare il percorso da soli può renderlo più duro.
  Prassi ottimali: Costruire una rete di supporto e incoraggiamento. Anche un solo vecchio amico, o una figura tutoriale, possono essere di aiuto.

- **Fornire modelli.** Individui di grande efficienza e di elevato status che incarnano la competenza possono essere modelli capaci di ispirare il cambiamento negli altri.
  Avvertimento: L'atteggiamento di chi predica bene ma razzola male da parte dei superiori compromette il cambiamento.
  Prassi ottimali: Incoraggiare i supervisori ad apprezzare ed esibire la competenza; assicurarsi che anche i responsabili del training facciano altrettanto.

- **Incoraggiare.** Il cambiamento sarà più pronunciato se l'ambiente dell'organizzazione lo incoraggerà, darà valore alla competenza e offrirà un'atmosfera sicura per la sperimentazione.
  Avvertimento: Quando non c'è alcun reale sostegno, soprattutto da parte dei superiori, lo sforzo di cambiare sembrerà privo di scopo — o troppo rischioso.
  Prassi ottimali: Dimostrare che la competenza in questione è im-

portante ai fini dell'assegnazione del lavoro, delle promozioni, dell'analisi delle prestazioni e simili.

- **Rinforzare il cambiamento**. Gli individui hanno bisogno di riconoscimenti — di sentire che i propri sforzi di cambiamento sono importanti.
Avvertimento: La mancanza di rinforzo è scoraggiante.
Prassi ottimali: Assicurarsi che l'organizzazione si dimostri coerente nell'apprezzare il cambiamento con lodi, aumenti di stipendio o maggiori responsabilità.

- **Valutare**. Stabilire metodi per valutare lo sforzo di cambiamento in modo da capire se avrà effetti duraturi.
Avvertimento: Molti programmi di sviluppo, forse la maggior parte, restano senza valutazione, e così non si correggono gli errori né si eliminano i programmi inutili.
Prassi ottimali: Trovare il modo di misurare la competenza o l'abilità sul lavoro, idealmente prima e dopo il training, come pure a distanza di diversi mesi (e — se possibile — di uno o due anni).

Insegnare le abilità che contano

Questa donna faceva la contabile nel settore sanitario, e aveva un problema serio. Non riusciva a sopportare le critiche; quando sentiva che le sue idee, o il suo carattere, erano attaccati, prendeva fuoco e diceva cose di cui di lì a poco si sarebbe vergognata.

Ma era decisa a fare qualcosa. Iscrittasi a un programma di scienze aziendali, ebbe l'opportunità di coltivare l'autocontrollo emotivo — una competenza che sapeva di dover migliorare.

Il suo piano prevedeva un attacco concertato:

1) Apprendere e dominare i passi da intraprendere per migliorare l'autocontrollo — ad esempio anticipare situazioni «a rischio» e prepararsi in modo da non «perdere le staffe». Ricordare a se stessa che quello che tende a interpretare come una «critica» o un «attacco» è più spesso un feedback offerto con l'intenzione di aiutarla a migliorarsi.

2) Cogliere ogni occasione per esercitare quelle reazioni. Ripassarle mentalmente due volte al mese.

3) Coinvolgere altri studenti nella simulazione di situazioni problematiche, così da provare nuove strategie di autocontrollo.

4) Mettersi d'accordo con un membro del suo team affinché la avverta quando la vede assumere atteggiamenti testardi, inflessibili o altrimenti iperreattivi, per ricordarle di esercitare il proprio autocontrollo.

Questo insieme di tattiche di apprendimento, così ben congegnato per coltivare l'intelligenza emotiva, può sembrare fuori luogo in un programma di scienze aziendali. Ciò nondimeno, esso fa parte del programma alla Weatherhead School of Management della Case Western Reserve University di Cleveland, all'avanguardia nel preparare i suoi studenti in queste capacità essenziali.

La Weatherhead School prese a cuore un certo numero di critiche comunemente rivolte ai laureati in scienze aziendali, compresa quella di essere troppo analitici e di mancare di capacità interpersonali, di comunicazione e di lavoro in team. Così la scuola intraprese un piano per reinventare la formazione aziendale, sviluppando un corso innovativo, *Managerial Assessment and Development*, che incorpora molte, se non la maggior parte, delle linee-guida proposte dal Consortium.[25]

Il corso, diretto da Richard Boyatzis, associato della Weatherhead School, offre ai suoi studenti gli strumenti per un apprendimento che possa durare tutta la vita: metodi per valutare e sviluppare le abilità personali che serviranno loro nel management durante tutta la loro carriera. Dal 1990 questo corso è stato offerto a gruppi diversi di studenti. La maggior parte di essi sono uomini e donne di età compresa fra i 20 e 40 anni, che hanno deciso di riprendere gli studi per conseguire un diploma in scienze aziendali dopo aver avviato la propria carriera. Un secondo gruppo è costituito da medici, avvocati e altri professionisti, la maggior parte dei quali fra i 40 e i 60 anni, che frequentano presso la Weatherhead School un programma annuale speciale che non conferisce titoli.

Il corso comincia con un periodo di autoesame, durante il quale gli studenti riflettono sui propri valori, le proprie aspirazioni e i propri obiettivi. Poi essi effettuano tutta una serie di valutazioni sulle proprie competenze, identificando così punti di forza e limitazioni.

Il corso fornisce una mappa delle competenze emotive simile a quella riportata nella Tabella 1 del Secondo Capitolo.[26] Da questa mappa, e alla luce dei risultati della propria valutazione e delle esigenze dettategli dalla carriera, ogni studente sceglie un insieme di competenze da rafforzare. Invece dell'approccio uguale-per-tutti così tipico dei programmi di training aziendale, qui gli studenti mettono a punto il proprio piano di apprendimento personalizzato.

Il gruppo si incontra ogni settimana per una seduta di tre ore. Le prime due settimane si concentrano sulla valutazione; le successive sette sono dedicate a una riflessione sui risultati. Solo allora, quando le valutazioni e le loro implicazioni sono state più approfonditamente ponderate, gli studenti impiegano cinque settimane a sviluppare i propri piani di apprendimento — come quello della contabile irascibile, che aveva bisogno di coltivare l'autocontrollo.

Funziona? Per scoprirlo, studenti della Weatherhead School diplomatisi in corsi succcessivi sono stati sottoposti a una serie di rigorose valutazioni, usando misure oggettive comuni nell'industria.[27] Rispetto a valutazioni analoghe effettuate al loro ingresso alla scuola, essi mostrarono un miglioramento nell'86 per cento delle abilità valutate. Monitoraggi effettuati tre anni dopo la conclusione del programma dimostrarono che questi miglioramenti reggevano alla prova del lavoro.[28]

La morale, ai fini della formazione aziendale, è che gli individui possono dominare le capacità dell'intelligenza emotiva necessarie nel mondo del lavoro — purché si diano loro gli strumenti giusti per apprenderle.

Tornare al lavoro

Nel mondo del lavoro, una delle applicazioni più innovative del training dell'intelligenza emotiva non è da ricercarsi in un'azienda, ma è un programma rivolto a chi il proprio lavoro lo ha *perso*, con lo scopo di aiutare a coltivare le risorse interiori utili per trovarne uno nuovo.

Poiché dopo aver perso il posto le persone sono scosse, incerte sul proprio futuro, spaventate da questioni economiche e tormentate dai dubbi su se stesse, le competenze emotive possono aiutare molto nella ricerca del lavoro. Questa fu proprio la strategia adottata in un progetto di ricollocamento di straordinario successo, il Michigan JOBS Program, messo a punto da un gruppo dell'Università del Michigan dopo un'ondata di tagli ai posti di lavoro che aveva avuto luogo nell'industria dell'automobile.

Il programma ebbe un successo enorme — e rappresentò un'altra applicazione-modello delle linee-guida del Consortium. Le persone che lo intrapresero impiegarono circa il 20 per cento di tempo in meno per trovare posti di qualità superiore rispetto ad altre persone che non avevano ricevuto quel tipo di aiuto.

«Questo funziona per tutti: per il vicepresidente licenziato come per il tizio che gli vuotava i posacenere», afferma Robert Caplan, capo dell'Organizational Behavior Program della Georgetown University e fondatore del JOBS Program con Richard Price, uno psicologo dell'Università del Michigan.

Il principio di fondo è semplice: molte delle stesse competenze emotive che fanno eccellere le persone sul lavoro le rendono anche più abili a trovarsi un nuovo lavoro. Aiutare gli individui a potenziare quelle competenze significa aiutarli a tornare prima al lavoro, e a far meglio una volta rientrate.

«Se dopo aver perso il lavoro uno è timido, oltre che pessimista e depresso, è a doppio rischio», afferma Caplan. «È una combinazione paralizzante.»

Ciò nondimeno il JOBS Program ha messo in evidenza come siano proprio gli individui con le minori probabilità di trovare un nuovo impiego a trarre maggior beneficio dal training. «Funziona perfino per chi è clinicamente depresso, come sono effettivamente molte persone dopo aver perso il posto», commenta Caplan.

JOBS istilla due tipi di abilità in coloro che cercano un lavoro: alcune capacità pratiche (ad esempio saper identificare i propri talenti vendibili, saper far uso di reti per essere informati sulle opportunità) e l'elasticità interiore che farà loro trarre vantaggio dalla propria vendibilità.

In un semplice formato di cinque sedute, due formatori lavorano con gruppi di quindici-venti partecipanti, la maggior parte reclutati attraverso i programmi con i quali le aziende cercano di aiutare i propri dirigenti in eccedenza a trovarsi un altro lavoro.[29] Le sedute si concentrano sull'apprendimento attraverso l'azione, impiegando strumenti come la ripetizione mentale, la drammatizzazione e il gioco di ruolo sulle capacità-chiave.

Una di queste capacità è l'ottimismo. Date le incertezze e gli insuccessi che le persone in cerca di lavoro devono affrontare, occorre vaccinarle dal disfattismo emergente di fronte al fallimento. I rifiuti sono una componente inevitabile di ogni ricerca di lavoro. Lo scoraggiamento può sfociare nell'abbattimento e nella disperazione. E la disperazione è un atteggiamento privo di valore di mercato.

Non fa dunque meraviglia che la depressione, i problemi di alcol e le liti coniugali aumentino fra coloro che rimangono senza lavoro, e che si attenuino nel momento in cui l'individuo trova un lavoro gratificante.[30] Il programma insegna ai partecipanti ad anticipare il rifiuto e a ripassare che cosa dire a se stessi qualora vi si imbattano. Anticipare questi momenti difficili e disporre di una reazione inter-

na attuabile riduce i costi emotivi e accelera il tempo necessario alla ripresa.
Ecco alcune fra le altre abilità potenziate dal programma:
- la capacità di assumere la prospettiva dell'altro — per aiutare chi cerca lavoro a pensare come un datore di lavoro
- la fiducia in se stessi — la fondamentale sensazione di poter riuscire, indispensabile per intraprendere uno sforzo
- la capacità di utilizzare reti — dal momento che la maggior parte dei posti di lavoro viene trovata attraverso contatti personali
- la capacità di prendere decisioni per gestire la propria carriera — la prima offerta non è necessariamente quella da accettare e ogni impiego deve essere considerato in rapporto ai valori e agli obiettivi di carriera dell'individuo
- l'autocontrollo emotivo — in modo che i sentimenti negativi non sopraffacciano la persona rendendole più difficile lo sforzo necessario.

Naturalmente, è probabile che tutte queste capacità dell'intelligenza emotiva siano preziose anche *dopo* essere approdati a un posto di lavoro. Ecco che cosa accadde con il programma JOBS: a metà del secondo anno di lavoro gli ex partecipanti avevano guadagnato 6420 dollari in più di persone simili che avevano cercato lavoro senza usufruire del programma (estrapolata a tutta la vita lavorativa, la stima dei guadagni degli ex partecipanti era superiore di 48.000 dollari a quella degli altri).[31]

Il programma JOBS, come quelli della Weatherhead School e dell'American Express, rappresenta un modello degli interventi con i quali è possibile aiutare gli individui a rafforzare la propria competenza emotiva.

11

Le prassi ottimali

Da quando fu pubblicato il mio libro *Intelligenza emotiva*, nel 1995, programmi che si fregiavano dello stesso titolo hanno preso posto nella schiera dei training più in voga. Vengo regolarmente informato del fatto che in varie parti del mondo c'è chi offre un programma centrato su quella che spaccia per «intelligenza emotiva» — spesso limitandosi a riconfezionare o a ritoccare appena un programma offerto in precedenza con un altro nome.

Se tali programmi seguono le linee-guida tratteggiate qui, benissimo. Altrimenti, che i compratori se ne guardino!

Troppo spesso i training per il potenziamento dell'intelligenza emotiva sono progettati, realizzati e valutati malamente, e perciò una volta che i partecipanti sono tornati al lavoro esercitano sulla loro efficienza un impatto talmente impercettibile da risultare deludente. Ecco dunque la necessità delle linee-guida descritte dettagliatamente in questo capitolo.

Sebbene quasi tutti i programmi comprendano almeno alcune di queste «prassi ottimali», il massimo effetto scaturisce dalla potenza che esse acquisiscono quando sono adottate in combinazione.

Chi è coinvolto nell'addestramento e nello sviluppo del personale sarà tentato di leggere le linee-guida tenendo a mente una lista sulla quale spuntare le prassi già seguite nella propria organizzazione. Più utile e stimolante, però, sarebbe invece sottolineare quelle che *non* fanno parte della sua routine, e prendere in considerazione la loro inclusione.

I programmi di training che seguono tutte queste linee-guida senza eccezione sono ben pochi, ammesso che ce ne sia qualcuno. Ma nella misura in cui un programma si attiene a molte, o alla maggior parte, di esse dovrebbe essere sensibilmente più efficace di altri nel migliorare la prestazione lavorativa.

L'obiettivo è quello di usare questa nostra nuova comprensione delle prassi ottimali per fondare su basi più solide e scientifiche tutta l'impresa di migliorare le cosiddette «abilità *soft*». Le seguenti linee guida offrono un progetto che è lo stato dell'arte per insegnare — e apprendere — l'intelligenza emotiva.

Valutare il lavoro

Prima di intraprendere qualsiasi forma di training occorre porsi una domanda fondamentale, e darle una risposta: che cosa ci vuole per svolgere questo lavoro in modo superbo? Le risposte a questa domanda non sono sempre immediatamente evidenti.

Prendiamo, ad esempio, i pianificatori strategici. La teoria corrente sostiene che quanto più acuto è l'intelletto di costoro, tanto migliore sarà la loro prestazione; la pianificazione, dopo tutto, è un compito puramente cognitivo — o per lo meno questo è ciò che viene comunemente dato per scontato. E quando si intervistarono degli esperti — essi stessi pianificatori stategici, oppure i dirigenti a cui queste figure facevano capo — essi furono più o meno d'accordo nell'affermare che, per quella posizione, la chiave per il successo fosse il «pensiero analitico e concettuale».[1]

Verissimo — un pianificatore strategico non può fare il suo lavoro senza le necessarie facoltà cognitive. Ma è emerso che per avere successo gli occorre qualcosa di più del cervello. Sono essenziali anche le capacità emotive.

Alcuni studi rivelano che i pianificatori strategici *straordinari* non sono necessariamente superiori agli altri per quanto riguarda le capacità analitiche. Le abilità che li elevano al di sopra della massa sono piuttosto quelle della competenza emotiva: una sagace consapevolezza politica; la capacità di sostenere una tesi producendo un impatto emotivo sul pubblico; e ancora, un elevato livello di influenza nei rapporti interpersonali.[2]

Gli «esperti» hanno trascurato un semplice dato di fatto della vita delle organizzazioni: tutto è politica. Un'analisi più obiettiva ha rivelato che l'efficienza dei pianificatori dipendeva dal fatto che sapessero coinvolgere chi prendeva le decisioni in ogni passaggio del processo di pianificazione, assicurandosi che capissero gli assunti e gli obiettivi del piano, e che quindi fossero desiderosi di adottarlo.

Non importa quanto brillante sia un piano strategico: vista la politica che permea le organizzazioni, senza alleati e sostenitori esso sarà condannato. E può capitare che perfino i pianificatori più brillanti non vedano l'autentico ruolo della competenza emotiva nel loro successo.

Quando la Coopers & Lybrand, una delle «grandi sei» aziende di contabilità e consulenza, decise di offrire ai propri soci un training centrato sulle capacità fondamentali per svolgere il loro ruolo, non diede per scontato di sapere su che cosa dovesse concentrarsi quel training. Sempre metodica come è nel suo stile, l'azienda voleva dei dati.

«Il nostro compito era quello di identificare le competenze necessarie per avere successo nella nostra azienda», mi disse Margaret Echols, a quell'epoca senior manager per lo sviluppo delle competenze, che diresse l'iniziativa alla Coopers & Lybrand. «Perciò cominciammo a creare un modello di competenza per i nostri soci.»

Il suo team cominciò facendo in modo che i soci nominassero quelli che, fra loro, davano prestazioni straordinarie. Una volta individuato il gruppo di questi individui eccellenti, esso fu studiato approfonditamente insieme a un gruppo di riferimento dalle prestazioni mediocri, usando interviste strutturate nelle quali, ad esempio, veniva chiesto di descrivere dettagliatamente degli «incidenti critici» — occasioni nelle quali se l'erano cavata in modo superbo, e alcune nelle quali avevano dato una prestazione deludente.

Le trascrizioni di quelle interviste furono poi codificate e analizzate in modo da individuare dei temi comuni, come pure modelli di pensiero, sentimento e azione alla base del loro successo. Da quei risultati fu tratto un elenco delle competenze più importanti. Successivamente ci si assicurò che esse reggessero, verificando se distinguevano davvero gli individui mediocri da quelli straordinari. In breve, la Coopers & Lybrand seguì la metodologia più avanzata per sviluppare un modello di competenza.[3]

Un metodo di tal genere, sistematico e obiettivo, è necessario per ottenere un quadro reale delle competenze più importanti ai fini di un dato ruolo. Ecco perché la valutazione delle competenze che fanno eccellere l'individuo in un particolare lavoro è diventata una sorta di mini-industria, in cui lavorano professionisti che si avvalgono di una gamma di metodi ben validati nell'intento di isolare gli ingredienti della prestazione superiore.[4]

Le strategie di training devono anche prendere in considerazione in che modo alcune capacità siano la base di altre. È raro che un individuo debba migliorare solo in una competenza; le capacità emotive sono tutte intrecciate fra loro — non indipendenti. Inoltre, come abbiamo visto, molte competenze di ordine superiore, come quella di catalizzare il cambiamento o di lavorare in team, vengono costruite a partire da altre.

Alcuni elementi dell'intelligenza emotiva sono talmente fondamentali da rappresentare delle «meta-abilità» essenziali per la maggior parte delle altre competenze. Questi elementi essenziali comprendono la consapevolezza e la padronanza di sé, l'empatia e le capacità sociali. Queste capacità primarie rappresentano la base essenziale di altre competenze emotive, da esse derivanti. Ad esempio, un manager che cerchi di modificare il proprio stile di leadership, per riuscire a compiere quel cambiamento potrebbe anche aver bisogno di aumentare la consapevolezza di sé.

Alcuni studi condotti da una compagnia aerea europea mostrarono come le migliori assistenti di volo si distinguessero per due insiemi di qualità facenti capo all'intelligenza emotiva: uno legato al dominio di sé, comprendente l'autocontrollo emotivo, la spinta a realizzarsi e l'adattabilità; e uno legato alle competenze interpersonali, comprendenti la capacità di esercitare un'influenza sugli altri, l'inclinazione all'assistenza e la capacità di lavorare in team.[5] Perciò, quando una compagnia aerea americana chiese a me e alla mia collega, Thérèse Jacobs-Stewart di aiutarla a mettere a punto un programma di training per il suo personale, ci concentrammo sulla padronanza di sé e sulla capacità di trattare con gli altri.

Aggiungemmo tuttavia altre due capacità, sempre facenti capo all'intelligenza emotiva, ciascuna delle quali rende l'individuo più abile nelle competenze richieste. Una è l'autoconsapevolezza, che aiuta l'individuo a capire quando è sul punto di cadere vittima di un sequestro dell'amigdala, permettendogli quindi di evitarlo prima di trovarsi fuori controllo. L'altra è l'empatia, che consente di fare esattamente la stessa cosa, stavolta però per qualcun altro — in altre parole, permette di cogliere i primi segnali di irritazione, frustrazione o ansia che contraddistinguono chi sia a rischio di un attacco. La ragione dell'inclusione dell'autoconsapevoleza e dell'empatia è semplice: la migliore strategia per evitare scontri distruttivi è quella di prevenirli.

Nel caso delle assistenti di volo, inoltre, il training dell'empatia doveva avere un taglio internazionale. Ogni cultura imprime un segno unico al modo in cui la gente esprime le emozioni: quanto minore è la nostra familiarità con un gruppo, tanto più probabilmente ne interpreteremo male i sentimenti. Perciò ci concentrammo sul modo di sviluppare l'empatia verso persone molto diverse.[6]

Valutare l'individuo

Siamo noi i giudici migliori dei nostri punti di forza e delle nostre debolezze? Non sempre. Consideriamo il seguente paradosso dell'empatia. Quando si chiede a qualcuno di stimare la propria accuratezza nel leggere i sentimenti degli altri, la correlazione fra le risposte date e la reale prestazione dell'individuo in test obiettivi è nulla.[7] Invece, se si conosce bene una persona e si valuta la sua capacità di empatizzare, si riscontra un elevato livello di accuratezza. In breve, sotto molti aspetti, gli altri probabilmente ci conoscono meglio di come ci conosciamo noi stessi — soprattutto quando si tratta di giudicare la nostra abilità nelle relazioni interpersonali.

In generale, la valutazione ideale non si basa su un'unica fonte di giudizio, ma su molteplici prospettive, che possono comprendere tanto descrizioni fatte dallo stesso interessato quanto il feedback offerto da colleghi, superiori e subordinati. Il metodo di valutazione «a 360 gradi» offre tutti questi feedback e può rivelarsi una fonte potente di dati sulle competenze da migliorare. Esistono diverse metologie a 360 gradi che valutano almeno alcune competenze emotive.[8]

In linea di principio, una valutazione dovrebbe includere anche indici più obiettivi della prestazione sul lavoro, come i metodi del «centro di valutazione», che misurano con precisione la prestazione dell'individuo in un contesto in cui vengono simulate situazioni lavorative. Sebbene ciascuno di questi metodi preso singolarmente sia fallibile, combinati insieme possono dipingere un quadro più accurato, per quanto complesso, del nostro profilo di competenza emotiva. (Per ulteriori dettagli sui metodi di valutazione, il lettore consulti l'Appendice 5.)

Come osserva Susan Ennis, responsabile dello sviluppo degli alti dirigenti della BankBoston: «Considerare se stessi da molteplici prospettive è un sistema estremamente potente per costruire la consapevolezza di sé — e prepararsi a fare qualcosa in proposito».

Alla Weatherhead School of Management, ad esempio, gli studenti attingono informazioni su se stessi da tre fonti molto diverse. In primo luogo essi compiono una valutazione di se stessi relativa a punti di forza, limitazioni e valori. Poi c'è il feedback offerto dagli altri, compresi i membri del team di cui essi stessi fanno parte nel contesto del corso; i colleghi e un superiore sul lavoro; familiari e amici. Infine, ricavano dei risultati anche da una batteria di test di valutazione ed esercizi di simulazione.

Essi sono comunque preavvisati del fatto che nessuna di queste fonti è di per se stessa migliore o più accurata di qualsiasi altra, né meno soggetta a distorsioni. Semplicemente, ciascuna di esse aggiunge dati e prospettive diversi, offrendo così occhi, orecchie e voci differenti. Gli stessi studenti — con una guida — interpretano i dati e dai risultati tracciano un percorso per il proprio sviluppo.

Per valutare la competenza emotiva delle persone da selezionare come trainer, il programma JOBS prese a prestito una tecnica — quella del provino — dall'industria dell'intrattenimento. «Volevamo osservarli in una situazione che facesse appello a tutte le competenze sociali ed emotive di cui avrebbero avuto bisogno come trainer», mi spiega

Robert Caplan. «Perciò chiedemmo a ciascuno di loro di venire a insegnarci qualcosa — come gestire il nostro denaro, come condurre un'intervista, *una cosa qualsiasi* — per soli 15 minuti. Noi facevamo il pubblico. Capivi quanto fossero competenti dai primissimi istanti.»

I provini, ricorda Caplan, erano significativi. «Un candidato cominciava con un tono professionale, distribuiva dei moduli di bilancio, metteva una diapositiva ed esordiva dicendo: "Desidero che riportiate le vostre spese nella colonna A..." Nessun coinvolgimento, niente di personale. Mortale. Uno che assumemmo, invece, cominciò con un tono molto spontaneo: "È davvero bello trovarci qui; so quanto siano stati difficili, per voi, gli ultimi tempi. Mi piacerebbe sentire qualcosa su ognuno di voi prima di cominciare". Sentivi immediatamente l'empatia, il fatto che questa persona ti piaceva e ti fidavi di lei.»

Presentare le valutazioni con delicatezza

Nel contesto del piano della sanità per gli Stati del Sudovest, fu deciso di valutare i dipendenti avvalendosi del metodo a 360 gradi, e poi, a seconda delle necessità, di offrir loro una guida da parte dei supervisori.[9] Il guaio fu quando qualcuno decise di inviare i risultati allo stesso tempo sia ai dipendenti che ai supervisori, senza alcun avvertimento o interpretazioni di sorta.

Il risultato fu un disastro: alcuni supervisori convocarono immediatamente i dipendenti, prima ancora che quelli avessero avuto la possibilità di digerire le valutazioni: molti credettero di essere chiamati per un cicchetto invece che per essere aiutati nella loro crescita personale. Alcuni dipendenti erano furiosi — soprattutto quando le valutazioni formulate dal supervisore erano meno buone di quelle espresse dai colleghi — e diedero in escandescenze pretendendo spiegazioni o addirittura delle scuse.

Troppo spesso il feedback sulle competenze viene offerto in modo improprio, con conseguenze prevedibilmente negative. Usato ad arte, esso può rivelarsi uno strumento di inestimabile valore per l'esame di se stessi e per coltivare il cambiamento e la crescita personali. Usato male, sul piano emotivo può essere una vera mazzata.[10]

«La gente non mi parla bene delle sue esperienze con il feedback a 360 gradi», mi confida un manager. «Le persone che offrono il feedback mancano loro stesse di empatia, consapevolezza di sé e sensibilità, e quindi l'esperienza, per coloro che lo ricevono, può essere brutale.»

Decisamente più positivo è il rapporto su un gigante del software, dove uno specialista dello sviluppo degli alti dirigenti mi racconta che consegna i risultati del feedback a 360 gradi in forma strettamente confidenziale, a quattr'occhi. «Nessuno vede quei risultati, se non i diretti interessati, e non devono mai condividerli con nessuno. Nemmeno io ne tengo una copia, una volta che ne ho parlato con loro. Vogliamo che sia uno strumento di sviluppo, non un'arma impropria nelle mani di qualcun altro.»

Un errore comune è quello di dedicare troppo poco tempo al feedback. «Le persone passano due o tre giorni in un centro per la valutazione, effettuando simulazioni complesse, facendo un'analisi dietro l'altra e sottoponendosi a ogni genere di misura della prestazione», mi spiega un consulente. «Poi, quando è tutto finito, dedicano una o due ore all'esame dei risultati, in quello che equivale davvero a un buttar via i dati. La gente, così, non si ritrova più consapevole, ma solo confusa.»

Se mai ci fu un compito per il quale occorre intelligenza emotiva, quello è la presentazione dei risultati delle valutazioni a 360 gradi; qui, empatia, sensibilità e delicatezza sono essenziali. Un errore comune sta nel concentrarsi sui punti deboli della persona trascurando i suoi punti forti. Invece di essere motivante, un atteggiamento del genere può demoralizzare.

«Bisogna esaltare i punti forti di una persona, come pure mostrarle i suoi limiti», spiega Boyatzis. «Troppo spesso ci si concentra sulle carenze. Ma noi vogliamo aiutare l'individuo a riconoscere il nucleo dei propri talenti, e ad affermare gli aspetti di sé ai quali dà valore. Ad esempio, le persone possono trarre una grande sicurezza dalla convinzione di avere la capacità di cambiare.»

Alla Weatherhead School viene prestata molta cura ad aiutare gli studenti a interpretare la valutazione delle proprie competenze e ad usare quelle informazioni per dar forma a un piano di apprendimento davvero utile. Il programma per i dirigenti iscritti al master di scienze aziendali dedica quattro sedute di tre ore, oltre alle consulenze individuali, all'interpretazione e all'assorbimento dei dati provenienti dalla valutazione della competenza. Poi, altre quattro sedute di tre ore vengono dedicate all'uso di quell'informazione per formulare piani di apprendimento individuali.

Giudicare esattamente la preparazione

«Moltissime persone che partecipano ai nostri seminari di training si sentono prigioniere del dipartimento delle risorse umane», mi dice uno dei formatori di una banca multinazionale. «È solo che non vorrebbero essere qui, e la loro resistenza è contagiosa.»

La disponibilità delle persone è essenziale, ma molte organizzazioni non prestano alcuna attenzione al fatto che la gente che mandano al training sia davvero desiderosa di imparare o di cambiare. Il direttore dello sviluppo dei dirigenti presso una delle cento aziende americane con il massimo fatturato annuo sottolinea come i partecipanti al training ricadano in tre categorie: quelli fin troppo zelanti, pronti a cambiare; i «vacanzieri», ben felici di non andare al lavoro per un paio di giorni; e i «prigionieri», ai quali il capo ha imposto di andare.

Una regola empirica è che, in ogni momento, solo il 20 per cento dei membri di un gruppo è pronto a impegnarsi per cambiare; ciò nondimeno, la grande maggioranza dei programmi di sviluppo viene messa a punto come se tutti i partecipanti fossero compresi in quel 20 per cento.[11] Non c'è ragione per rassegnarsi a questa bassa percentuale. L'interesse, la motivazione e la prontezza al cambiamento — i prerequisiti per partecipare al training traendone beneficio — possono essere valutati (il lettore veda, per i dettagli, l'Appendice 5); se le persone non sono davvero pronte a cambiare, questo fatto stesso può diventare, per loro, un primo punto su cui concentrarsi. Tutto il resto sarebbe una perdita di tempo. Se le persone non sono pronte ad agire, forzarle porterà al disastro — fingeranno solo per soddisfare gli altri, invece di entusiasmo proveranno risentimento e si daranno per vinte.

Per evitare questa perdita di tempo e di denaro, il primo passo sta nell'aiutare la gente a valutare la propria preparazione. Ci sono quattro livelli: indifferenza o aperta resistenza; la contemplazione di un cambiamento in un futuro non specificato; la maturità necessaria per formulare un piano; la prontezza a passare all'azione.[12]

All'American Express Financial Advisors, ad esempio, prima che un team intraprenda il training nella competenza emozionale, uno dei formatori si incontra con il team leader, il quale a sua volta discute il programma in apposite riunioni col suo gruppo, per valutare esattamente che cosa ne pensino i diversi membri. Inoltre, «prima che si presentino alla seduta inaugurale, chiamiamo ogni persona affinché ci parli di ogni sua eventuale perplessità», spiega Kate Cannon.

Chi non è pronto può trarre vantaggio dall'esplorazione dei propri valori e del proprio angolo visuale, per capire se desidera o meno un cambiamento. Il che ci porta al prossimo punto.

Motivare

«"Io posso farcela" — questa sensazione è il motore del cambiamento», spiega Robert Caplan e nel programma JOBS ciò è visibilmente vero. «Quando si tratta di cercare un lavoro, se non telefoni e non ti presenti all'appuntamento, non avrai il posto. E se vuoi che la gente faccia quello sforzo, devi aumentare le sue aspettative di successo, pomparla.»

Questo vale in generale: la gente impara nella misura in cui è motivata. La motivazione influenza l'intero processo di apprendimento, determinando se una persona si iscriverà o meno a un programma di training, e poi se davvero applicherà quello che ha imparato nel proprio lavoro.[13] La motivazione è massima nel perseguire cambiamenti che combacino con i nostri valori e le nostre speranze. Come dice Boyatzis, della Weatherhead School: «Gli individui devono sentirsi presi dai propri valori, dai propri obiettivi, dai propri sogni su ciò che è possibile per loro. Se ci si concentra fin dall'inizio sui valori e le prospettive delle persone, su quello che vogliono fare della propria vita, allora esse penseranno di usare l'opportunità del training per il proprio sviluppo — non solo per quello dell'azienda».

Precise opportunità di sviluppo — momenti nei quali siamo più motivati a migliorare le nostre capacità — arrivano in momenti prevedibili in una carriera:[14]

- Maggiori responsabilità, a esempio in occasione di una promozione, possono rendere molto evidente una debolezza nell'intelligenza emotiva.
- Le crisi nella vita, a esempio problemi in famiglia, dubbi riguardanti la carriera o una crisi di orientamento «della mezza età» possono offrire una proficua motivazione a cambiare.
- Problemi sul lavoro, a esempio difficoltà a livello interpersonale, delusioni per l'assegnazione di un carico, oppure il sentirsi poco stimolati, sono tutte circostanze che possono motivare gli sforzi a potenziare le proprie competenze.

Per la maggior parte di noi, il solo rendersi conto che coltivare una data capacità ci aiuterà a far meglio aumenta l'entusiasmo. «Poiché qui la gente si rende conto che queste competenze sono importanti ai fini delle prestazioni, solitamente affronta il training con una grande motivazione», mi spiega Kate Cannon, dell'American Express. Quando la gente capisce che il training può aumentare la sua competitività nel mercato del lavoro o all'interno dell'organizzazione — in altre parole, quando lo vede come un'opportunità — la motivazione aumenta. E quanto più le persone sono motivate ad apprendere, tanto più efficace si rivela il training per loro.[15]

Fare in modo che il cambiamento sia autoguidato

L'approccio da catena di montaggio — in cui tutti coloro che in un'azienda svolgono un dato compito o ricoprono un particolare ruolo sono indirizzati allo stesso programma — può funzionare se il suo contenuto è puramente cognitivo. Ma quando si tratta di competenze emotive, l'approccio che-va-bene-per-tutti rappresenta la vecchia filosofia taylorista dell'efficienza nella sua forma peggiore. Soprattutto in questo campo, la personalizzazione dell'intervento educativo massimizza l'apprendimento.

Il cambiamento è più efficace quando si dispone di un piano di apprendimento adatto alla vita, agli interessi, alle risorse e agli obiettivi dell'individuo.[16] All'American Express, ognuno progetta il proprio piano d'azione. Un consulente finanziario che lavorava per potenziare la propria iniziativa, ad esempio, si era fatto l'obiettivo personale di stabilire ogni settimana venti nuovi contatti telefonici. Il suo piano comportava che egli scrivesse il canovaccio di una telefonata ben riuscita e lo ripassasse mentalmente prima di comporre ogni numero. «La concentrazione su quell'obiettivo unita a quel metodo funzionò bene — nel suo caso», afferma Canon. «Ma non consiglierei arbitrariamente a tutti i consulenti di adottarlo. Per altri quel metodo potrebbe risultare non appropriato o irrilevante.»

I programmi devono inoltre essere bene calibrati rispetto al livello di sviluppo individuale. «Noi abbiamo organizzato le cose in modo che ognuno possa crescere e svilupparsi partendo dal proprio livello, quale che esso sia», spiega Cannon. «A esempio, alcune persone non si rendono assolutamente conto che quel che uno va dicendo a se stesso — i propri pensieri su quel che sta facendo — influenza i risultati. Altri invece ne hanno una comprensione molto più sofisticata.»

Idealmente, chi partecipa a un programma di training dovrebbe poter consultare un menu di tecniche ed essere incoraggiato a contribuire con idee proprie. Un punto debole dei seminari preconfezionati sta nel loro fare affidamento su un unico approccio generico.

«Il programma di training standard, in cui tutti sono esposti alla stessa identica esperienza, si è rivelato l'approccio peggiore in termini di utile sul capitale investito», mi spiega Charley Morrow della Linkage, un'azienda di consulenze. Dalla sua ricerca sulla valutazione, condotta presso le cinquecento aziende con il maggiore fatturato annuo, Morrow conclude che «quando la gente *è costretta* a partecipare, sorgono molti tipi di problemi. Alcune persone vengono mandate a imparare capacità che magari già possiedono, oppure di cui non hanno bisogno. Altri semplicemente sono risentiti del fatto di dover partecipare — non gliene importa niente».

Molti di questi problemi vengono superati dando all'individuo il potere di personalizzare il piano di apprendimento in modo da adeguarlo ai propri bisogni e alle proprie aspirazioni. Alla Weatherhead School il principio che informa l'apprendimento autoguidato, dice Richard Boyatzis, consiste nel «mettere il controllo del processo di cambiamento in mano ai partecipanti. Dopo tutto, essi hanno comunque il controllo. Questo approccio non fa altro che evitare l'illusione che esso sia in mano ai docenti».[17]

Concentrarsi su obiettivi chiari e raggiungibili

Si era trasferito dall'Ohio alla East Coast per frequentare il master in scienze aziendali della Weatherhead School, e doveva trovarsi un lavoro part-time. Mancava però di fiducia in se stesso, soprattutto nell'accostare persone che non conosceva. Alla Weatherhead School, gli venne mostrato come frammentare il suo obiettivo più ampio — sviluppare questo tipo di fiducia in se stesso — in mosse più limitate e realistiche. La prima di esse, aggiornare il curriculum, fu cosa semplice. Ma i passi successivi furono molto più difficili, e così, prima di compierli, promise a se stesso: «Entro il mese prossimo, chiamerò il presidente del Dipartimento di Finanza dell'Università e gli chiederò di fissarmi un incontro per discutere ogni opportunità disponibile da loro; altrimenti, gli chiederò i nominativi di altre persone a cui rivolgermi». Si ripropose di fare lo stesso anche con il suo mentore, un alto dirigente locale. E poi si impegnò a cercare negli annunci economici, telefonando per candidarsi nel caso di offerte interessanti. Quindi decise: «In questi colloqui sarò fiducioso e sicuro». La ricompensa concreta di questa strategia fu che trovò un impiego part-time a cominciare dal trimestre successivo.

L'impresa sembra abbastanza banale: migliaia di persone, ogni giorno, passano attraverso situazioni simili. Ma per lo studente della Weatherhead School questi passi metodici furono solo parte di un piano più ampio. Essi lo misero in situazioni che lo stimolarono a esercitare la fiducia in se stesso. E il completamento di ogni passo, a sua volta, aumentava la fiducia con cui intraprendeva il successivo.

Sebbene un obiettivo grandioso possa essere attraente, a livello pratico occorre concentrarsi su mosse immediate e abbordabili. La parola-chiave, qui, è proprio «abbordabili». Chi cerca di apportare cambiamenti in dosi massicce si condanna all'insuccesso. La frammentazione degli obiettivi in passi più piccoli, consente di affrontare imprese più semplici — e di avere successo.[18]

Poiché i piccoli, frequenti successi ci incoraggiano, ci manteniamo motivati e impegnati, spinti avanti da una crescente fiducia nelle nostre capacità. E quanto più ambiziosi sono gli obiettivi tanto maggiore è il cambiamento che ne risulta. Una strategia giapponese prende in considerazione questi due principi: nel *Kaizen*, o continuo miglioramento, si comincia prefiggendosi obiettivi di difficoltà solo modesta, e poi gradualmente, via via che il processo continua, si alza il livello della sfida. Compiere un cambiamento frammentandolo in passi abbordabili ci fa sentire che stiamo comunque compiendo almeno qualche piccolo progresso in direzione del nostro obiettivo, e quindi mantiene alti il morale e la speranza di successo.[19]

Senza chiari obiettivi, è facile vagare e finire fuori strada. Nel programma dell'American Express, psicologi esperti lavorano con ogni partecipante per aiutarlo a crearsi dei chiari obiettivi personali di cambiamento. Un obiettivo comune, ad esempio, è quello di riuscire a controllare meglio i sentimenti negativi. Esso però è troppo generale e confuso per essere utile. «Le persone cominciano col rendersi conto della propria esigenza di prendersi meglio cura di sé dal punto di vista emotivo», mi spiega Kate Cannon. «Ma quando esplorano le difficoltà che incontrano nel controllare i propri sentimenti, si rendono conto che sono dovute al troppo stress — e questo spesso le porta a concentrarsi su utili tappe specifiche, mirando ad esempio verso una migliore gestione del tempo.»

Ma anche «una migliore gestione del tempo» è, di per sé, un obiettivo confuso. Deve essere frammentato in parti più specifiche: ad esempio, passare venti minuti al giorno con i subordinati per delegar loro le responsabilità; eliminare il tempo sprecato a guardare la TV spazzatura; e mettere da parte tre ore alla settimana per rilassarsi.

L'identificazione degli obiettivi dovrebbe comprendere anche quella dei passi specifici per raggiungerli. Ad esempio, se l'intento è quello di diventare più ottimisti, e di prendere insuccessi e rifiuti con calma (una competenza estremamente utile per chi lavora nel campo delle vendite), l'analisi può essere messa a fuoco nei dettagli fini: «Potresti cominciare a notare quali sono i tuoi punti caldi — gli eventi che innescano l'abitudine controproducente — e quello che pensi, senti e fai di preciso in quei casi», afferma Kate Cannon. «Potresti identificare un dialogo interiore pessimista, del tipo "Non sono capace di farlo", "Questo dimostra che non sono all'altezza". Oppure potresti scoprire un modello di comportamento — dapprima vai in collera, poi ti chiudi in te stesso e agisci di conseguenza. Allora si può schematizzare il modello o il ciclo e familiarizzare al tempo stesso con il comportamento che si sta cercando di cambiare e con il modo migliore di pensare e agire in quei momenti. E ogni volta che ti imbatti in uno di quei frangenti esplosivi, cerchi di spezzare il vecchio modello. Più a monte lo spezzi, meglio è.»

In un certo senso, identificare un obiettivo definisce l'equivalente di un «sé possibile» — un'idea di come potremmo essere dopo essere cambiati.[20] Il solo immaginare questo sé potenziale ha un certo potere: vedere noi stessi nella posizione di chi è riuscito a dominare il cambiamento desiderato ci motiva a compiere i passi per farlo davvero.

Evitare le ricadute

Coltivare una nuova capacità è un processo graduale, con battute d'arresto e nuove partenze; di tanto in tanto, i vecchi modi di fare si riaffermeranno. Questo è vero soprattutto al principio, quando la nuova abitudine ci è ancora estranea e poco familiare, mentre quella vecchia ci viene ancora spontanea.

Di fronte a sfide difficili, il training può disintegrarsi, almeno temporaneamente. Queste cadute momentanee sono prevedibili, e tale prevedibilità può essere sfruttata nella prevenzione delle ricadute.[21]

La chiave per usare in modo costruttivo gli scivoloni è di rendersi conto che essi non equivalgono a ricadute totali. Fin dall'inizio del training, occorre avvertire i partecipanti del fatto che probabilmente sperimenteranno «giornate nere» nelle quali torneranno alle loro vecchie abitudini. Mostrando come apprendere lezioni preziose da quegli scivoloni si fornisce loro una sorta di vaccinazione contro la disperazione o la demoralizzazione emergenti in quei momenti. Altrimenti, essi potrebbero interpretare il proprio errore con pessimismo — come un fallimento totale a indicazione del fatto che saranno sempre inadeguati e non riusciranno mai a cambiare. L'addestramento alla prevenzione delle ricadute li prepara invece a reagire da ottimisti, usando gli scivoloni in modo intelligente per raccogliere informazioni critiche sulle proprie abitudini e le proprie vulnerabilità.

Prendiamo il caso di un manager che, sotto la pressione del tempo, ricade in uno stile di leadership dittatoriale. Costui potrebbe imparare, ad esempio, che quando è sottoposto a quel tipo di pressione, la sua ansia lo rende incline a tornare a uno stile autocratico. Una volta che egli abbia imparato a riconoscere le situazioni che innescano quest'abitudine, potrà prepararsi ad agire in modo diverso ripassando il da farsi — ad esempio chiedendo aiuto invece di abbaiare ordini. Questo aumenterà le probabilità che egli scelga una reazione migliore, anche in condizioni di forte stress.

Naturalmente, sviluppare un sistema di allarme così precoce richiede autoconsapevolezza e la capacità di monitorare l'incidente (o, più probabilmente, di riesaminare l'avvenimento in seguito). Risalire esattamente agli eventi che innescano le ricadute — e ai pensieri e ai sentimenti che le accompagnano — ci rende più consapevoli dei momenti in cui dobbiamo stare particolarmente in guardia e fare appello cosciente alla nostra nuova competenza emotiva.

La motivazione a seguire con maggior convinzione un piano di cambiamento può essere alimentata anche dalla comprensione delle conseguenze dell'errore — un'opportunità d'affari sfumata oppure sentimenti di fastidio in un collega o un cliente.

Offrire un feedback sulla prestazione

Un giocatore di golf professionista andava soggetto ad attacchi di collera imprevedibili che stavano distruggendo il suo matrimonio e la sua carriera. Mentre partecipava a un programma per ridurre l'intensità e la frequenza delle sue esplosioni, tenne una sorta di conteggio, prendendo nota di tutte le volte che perdeva le staffe, della durata dell'episodio e della sua intensità.

Un giorno, diversi mesi dopo aver iniziato il programma, esplose con la stessa intensità di sempre — la collera completamente fuori controllo. L'episodio lo lasciò demoralizzato, disperato per il fatto che tutti i suoi sforzi non lo avessero portato a nessun risultato. Ma quando diede un'occhiata alle sue registrazioni si sentì rincuorato. Si rese conto che la frequenza dei suoi attacchi di collera era marcatamente diminuita, passando da diversi alla settimana a quest'unico episodio negli ultimi due mesi.

Il feedback è alla base stessa del cambiamento. Sapere come ci stiamo comportando ci mantiene in carreggiata. Nella sua forma più elementare, il feedback implica che qualcuno osservi, e ci faccia sapere, se — o come — stiamo usando la nuova competenza.

Nel caso migliore — quando ce la stiamo cavando bene — può accadere che un feedback positivo rafforzi la nostra fiducia nel collaudare la competenza emotiva che stiamo cercando di migliorare; quell'aumentata fiducia in noi stessi ci aiuta a fare ancora meglio.[22]

D'altro canto, quando il feedback viene offerto malamente, in modo troppo brusco, o non viene offerto affatto, può essere un'esperienza demoralizzante e demotivante (come abbiamo visto nell'Ottavo Capitolo). I migliori risultati si hanno quando chi offre il feedback sa come farlo costruttivamente, è incoraggiato a offrirlo in quel modo o ricompensato per farlo — ed è a sua volta aperto ai commenti sulla qualità del feedback offerto.

All'American Express Financial Advisors, gran parte del feedback relativo alle competenze emotive è intessuta nella trama del lavoro. «Noi prestiamo uguale attenzione a *come* fai il tuo lavoro e a quanto bene riesci a raggiungere i tuoi obiettivi», afferma Kate Cannon. «Ci sono incontri regolari a tu per tu con i diretti supervisori. È una questione di relazioni, non solo con i clienti, ma anche fra di noi. Perciò le persone ricevono feedback regolari sulla propria competenza emotiva, anche se probabilmente la chiamano in un altro modo — lavoro di squadra o comunicazione.»

Incoraggiare l'esercizio

Una catena di alberghi internazionale stava ricevendo dai propri clienti segnali di insoddisfazione sulla qualità dell'ospitalità loro riservata dal personale. Perciò la direzione decise di offrire a tutti i dipendenti che avessero un contatto diretto con i clienti un training designato a potenziare la loro intelligenza emotiva. Il training consentì loro di esercitarsi a essere più consapevoli dei propri sentimenti mostrando poi come servirsi di quella consapevolezza per cortocircuitare i sequestri dell'amigdala. Insegnò anche a sintonizzarsi sui sentimenti degli ospiti e a influenzare positivamente i loro stati d'animo.

Tuttavia, il direttore del training e dello sviluppo si lamentò con me dicendo che non se ne trasse alcun beneficio — anzi, le cose sembrarono andare un poco peggio.

Quanto durò il programma di training?

Solo un giorno.

Qui sta il problema. La competenza emotiva non può essere migliorata nell'arco di una notte, dal momento che il cervello emotivo impiega settimane o mesi — e non ore o giorni — a cambiare le proprie abitudini. Il vecchio modello di sviluppo dà tacitamente per scontato che il cambiamento abbia luogo in modo immediato e teatrale: si mandano i dipendenti a un seminario di un paio di giorni e *voilà*, te li ritrovi trasformati. Come conseguenza di questo assunto erroneo, gli individui sono sottoposti a brevi training che producono scarsi effetti duraturi — e poi, probabilmente, se i miglioramenti attesi non si materializzeranno, finiranno per dare la colpa a se stessi (o ad essere incolpati dai supervisori) attribuendosi una certa mancanza di volontà o determinazione. Un seminario o un corso rappresentano un punto di partenza, ma non sono sufficienti di per se stessi.

Le persone apprendono una nuova capacità più efficacemente se hanno ripetute opportunità di esercitarla nell'arco di un lungo periodo di tempo, invece di dover concentrare la stessa quantità di esercizio in un'unica seduta intensiva.[23] Sebbene ovvia, questa semplice regola empirica viene spesso ignorata nel training. Un altro errore è quello di passare troppo tempo limitandosi a parlare della competenza, senza dedicarne abbastanza a esercitarla realmente in una situazione controllata. In uno studio sui programmi di training per manager e venditori, Lyle Spencer Jr. e Charley Morrow analizzarono il modo in cui il tempo dedicato al training veniva suddiviso fra l'apprendimento di informazioni riguardanti la competenza ed esercizio vero e proprio. Rispetto alla mera presentazione dei concetti, le sedute di esercitazione pratica avevano un impatto doppio sulla prestazione lavorativa. Nell'esercitazione pratica durante il training, l'utile sul capitale investito era di *sette volte* superiore a quello prodotto dalle sedute meramente didattiche.[24]

«Se per insegnare come dare un feedback ci si serve della simulazione — invece di limitarsi a descrivere i cinque principi di un feedback efficace senza dare alcuna opportunità di esercitarsi — l'impatto del training sarà molto più forte», osserva Spencer.

Raggiungere il punto in cui una nuova abitudine sostituisce quella vecchia richiede moltissimo esercizio. Come mi disse un manager di un'agenzia governativa, «qui la gente viene spedita al training, poi torna al lavoro e non ha alcuna opportunità di sperimentare ciò che ha appreso. Perciò torna alle sue vecchie abitudini — il training non ha mai la possibilità di essere applicato al lavoro.» Il sovrapprendimento — quando l'individuo esercita a tal segno una nuova abitudine da spingersi ben oltre il punto in cui ormai può eseguirla bene — riduce grandemente la probabilità di un ritorno alla vecchia abitudine quando l'individuo sarà sotto pressione.[25] Studi clinici sulla modificazione del comportamento hanno riscontrato che quanto più a lungo le persone lavorano al cambiamento, tanto più durevole esso sarà. Settimane sono meglio di giorni; mesi sono meglio di settimane. Per abitudini complesse come la competenza emotiva, il periodo di esercizio necessario per ottenere l'effetto massimale può essere compreso fra i tre e i sei mesi, o forse di più.[26] (Per ulteriori informazioni sulla questione della pratica, si veda l'Appendice 5.)

Una regola empirica per migliorare la competenza emozionale: per addestrare capacità che vengono migliorate o aggiunte al repertorio di un individuo — ad esempio quella di diventare un migliore ascoltatore — occorre meno tempo di quello necessario per un apprendimento correttivo. Abitudini da lungo tempo instauratesi, come l'irascibilità o un atteggiamento perfezionista, sono profondamente radicate. In tali casi, occorre lavorare sia per *disimparare* la vecchia abitudine automatica, sia per *sostituirla* con quella nuova, migliore.

Il tempo esatto che un individuo impiegherà per dominare una competenza emotiva dipende da una varietà di fattori. Quanto più complessa è la competenza, tanto più tempo sarà necessario per padroneggiarla; la gestione del tempo, che attinge solo da alcune competenze (a tal proposito, due elementi essenziali sono l'autocontrollo — che è necessario per resistere alla tentazione di attività che fanno perder tempo —, e l'impulso a realizzarsi, che stimola il desiderio di migliorarsi diventando più efficienti), può essere padroneggiata più rapidamente, tanto per dire, della leadership, una competenza di ordine superiore che si fonda su più di una mezza dozzina di altre competenze.

Un programma efficace incoraggerà l'individuo a esercitarsi anche nel tempo libero. Sebbene probabilmente ci saranno ragioni di lavoro per coltivare una competenza come l'ascolto, quasi sicuramente essa emergerà anche nella vita privata. Consideriamo queste cifre interessanti. I partecipanti a un programma biennale, a tempo pieno, di scienze aziendali passano solitamente 2500 ore ai corsi o a svolgere i compiti loro assegnati. Tuttavia, assumendo che dormano in media sette ore per notte, in quei due anni stanno svegli per 10500 ore. La domanda è: «*Che cosa imparano durante le altre 8000 ore?*».

Questa domanda, posta da Richard Boyatzis e altri ideatori del corso della Weatherhouse School, portò ad affermare che l'apprendimento autoguidato potrebbe e dovrebbe proseguire ovunque e ogni qualvolta ne sorga l'opportunità. Analogamente, non passiamo tutte le nostre ore di veglia al lavoro (anche se può *sembrare* che sia così). Soprattutto quando si tratta di competenza emotiva, tutta la vita può essere teatro del cambiamento; in questo caso, la vita stessa è l'aula scolastica.

Questo atteggiamento promuove un «riversamento positivo», nel quale le capacità affinate per il lavoro si rivelano vantaggiose anche in altri aspetti della vita. Ad esempio, un supervisore che apprenda ad ascoltare più efficacemente i dipendenti, porterà quella competenza a casa, dove la metterà a frutto parlando con i suoi bambini. Questo riversamento positivo è visto come un esplicito vantaggio da alcune società, come la 3M, dove un programma ideato per abbassare i costi sanitari punta intenzionalmente ad aumentare la resistenza dei dipendenti allo stress sia al lavoro che a casa.

Organizzare forme di sostegno

L'uomo, vicepresidente di una delle più grandi aziende alimentari americane, con un baccalaureato in ingegneria e un master in scienze aziendali, aveva un QI superiore a 125. Al presidente della compagnia avrebbe fatto piacere promuoverlo. Ma c'era un problema: se non avesse cambiato il suo stile, il vicepresidente non avrebbe ottenuto la promozione.

Poco socievole e introverso, egli si sentiva più a suo agio a inviare memo e messaggi e-mail che non a trattare con i colleghi faccia a faccia. Alle riunioni era spesso ostile, combattivo e dittatoriale. «Se non avesse smesso di comportarsi così non avrebbe ottenuto la promozione», afferma lo specialista nel training di alti dirigenti chiamato dalla compagnia per dare una mano a questo manager, altrimenti tanto promettente.

Il trainer lavorò a tu per tu con il vicepresidente. «L'ho aiutato a riconoscere le situazioni a cui è più reattivo, in modo che possa evitare quelle dove ha maggiori probabilità di perdere la pazienza. Gli ho insegnato a servirsi del dialogo con se stesso, come fanno gli atleti, per prepararsi alle situazioni nelle quali è soggetto a irritarsi — quando le affronta dovrà ricordare a se stesso: "Non lascerò che mi succeda, non perderò le staffe". E gli ho mostrato una tecnica per troncare la collera quando la sente montare nel suo corpo: irrigidire tutti i muscoli e poi lasciarli andare tutti in una volta. È un metodo di rilassamento muscolare rapido.»

Le sedute proseguirono per mesi, finché il vicepresidente riuscì a controllare la propria collera. Queste lezioni a tu per tu sugli elementi fondamentali della competenza emotiva sono sempre più comuni nelle aziende americane, in particolare per i dipendenti tenuti in grande considerazione. Questa forma di guida è una delle molte in cui si può offrire un sostegno. Anche i mentori possono servire esattamente allo stesso scopo.

Sebbene la concezione standard del ruolo del mentore sia quella di una figura che favorisce lo sviluppo della carriera, essa può contribuire anche a potenziare la competenza emotiva. Come ha scoperto Kathy Kram, direttrice del master in scienze aziendali per dirigenti presso la School of Management della Boston University, nel suo fondamentale studio sui mentori, gli individui possono trarre due tipi di beneficio da questo genere di rapporto: un aiuto per la propria carriera (ad esempio protezione, visibilità e sponsor), come pure consiglio e guida.[27]

Nel corso naturale delle relazioni che hanno luogo sul lavoro, si impara molto, indipendentemente dal fatto che esse siano ritenute o meno momenti formativi. Come sottolinea Judith Jordan, una psicologa di Harvard, ogni relazione è un'opportunità affinché entrambi i partner esercitino le proprie competenze personali e pertanto crescano e migliorino insieme.[28]

Questo apprendimento da ambo le parti ha luogo in modo naturale nelle relazioni fra colleghi, in cui gli individui possono spontaneamente alternarsi nel ruolo di mentore e discente, a seconda dei loro punti di forza e dei loro limiti. «Alcune compagnie, come la Bell Atlantic, hanno sperimentato dei circoli appositi», mi racconta Kathy Kram. «Hanno cercato di mettere insieme dei gruppi di dirigenti di medio livello, tutte donne, che affiancano a un dirigente più esperto, per discutere di problemi comuni sul lavoro. Parlano fra loro delle proprie esperienze, ripensano a come avrebbero potuto essere gestite e così ampliano il proprio repertorio di strategie per affrontare quelle stesse situazioni in futuro. L'effetto netto è stato quello di aumentare la loro competenza sociale ed emotiva.»

Nel caso in cui manchi un mentore formale, una possibile strategia è quella di trovarsi una guida temporanea, una persona abile in una particolare capacità o competenza, che farà da consulente per un periodo di tempo limitato. Questa situazione differisce dal vero e proprio rapporto con un mentore in virtù della sua natura temporanea e orientata all'obiettivo. Come ha scoperto Kram, ogni relazione con qualcuno che abbia un'esperienza o una competenza superiori può rappresentare un'opportunità di apprendimento. Le persone che sviluppano molteplici relazioni con vari colleghi competenti in aree diverse sono quelle con le maggiori probabilità di migliorare.

Nel contesto del training sulle competenze emotive offerto dalla American Express Financial Advisors, i partecipanti spesso si scelgono un «compagno di apprendimento», una persona che collabori con loro fornendo un incoraggiamento continuo anche dopo essere tornati al lavoro da molti mesi. «I partecipanti si mettono d'accordo per offrirsi sostegno reciproco, per incontrarsi normalmente a pranzo o telefonarsi regolarmente», spiega Kate Cannon. «Possono discutere di qualsiasi abitudine stiano cercando di modificare — ad esempio l'eccessivo preoccuparsi, o il tentativo di essere più sicuri. Si aggiornano reciprocamente, si consigliano, fanno il tifo l'uno per l'altro.»

Questi sistemi di amicizie aumentano la probabilità che le capacità facenti capo all'intelligenza emotiva, apprese nel training, siano trasferite al contesto del lavoro.[29] Il ruolo-guida di queste relazioni può rivelarsi utilissimo nei momenti difficili: «Se il tuo compagno sa che una persona tende a farti perdere le staffe, potrebbe aiutarti dandoti un segnale che ti ricordi di prepararti subito prima dell'incontro», spiega Cannon. Questo tipo di supporto immediato è più facile quando, come avviene all'American Express, un intero gruppo di lavoro partecipa insieme al training.

Gli studenti della Weatherhead School sono raggruppati in team di dieci-dodici persone, ciascuno con un facilitatore e un dirigente d'azienda che funge da consulente. Inoltre ogni partecipante ha un mentore — un manager di medio livello o un professionista. Alla Weatherhead School, la combinazione costituita dal gruppo di colleghi, dal consulente e dal mentore offre agli studenti la possibilità di rivolgersi a diverse persone per ottenere il sostegno necessario mentre cercano di rafforzare le proprie competenze.

Fornire modelli

Nell'apprendere un nuovo comportamento, avere accesso a qualcuno che esemplifichi la competenza nella sua forma migliore è di immenso aiuto. Noi impariamo osservando gli altri; se una persona sa darci dimostrazione di una competenza, è per noi una scuola vivente.[30]

Per questo motivo, chi insegna le competenze emotive dovrebbe incarnarle. Qui, il mezzo è il messaggio: i trainer che si limitano a parlare *di* queste competenze — ma che agiscono in modo da rendere fin troppo evidente che non le possiedono — indeboliscono il messaggio. Quando si tratta di insegnare a qualcuno come usare un programma per il computer, il calore umano dell'istruttore ha un'importanza relativamente limitata. Ma diventa essenziale quando si deve aiutare un individuo a essere più espressivo ed empatico nel trattare con i clienti, o a controllare la propria collera alle riunioni dei dirigenti.

Nel programma JOBS «era chiaro che ci servivano trainer che impersonassero le competenze sociali ed emotive», mi disse Robert Caplan. «Quello fu il principio fondamentale che ci guidò nella selezione dei trainer, come pure nel loro addestramento. E per mantenerne il livello di competenza, demmo loro valutazioni e feedback continui su queste competenze. Quel principio deve permeare la cultura del gruppo che offre il training.»

In generale, noi plasmiamo il nostro comportamento sul modello di individui di status elevato presenti nella nostra organizzazione — il che significa che possiamo assorbire sia le loro abitudini negative che quelle positive.[31] Quando coloro che lavorano sono esposti alle intemperanze di un supervisore — uno che, tanto per fare un esempio, li rimproveri arbitrariamente — essi tendono a loro volta a essere meno tolleranti e più duri nel loro stesso stile di leadership.[32]

Alla Eastman Kodak, un manager mi disse: «Ai vecchi tenpi, eravamo tutti nella stessa sede, qui a Rochester, seduti uno accanto all'altro. Li vedevi tutti i giorni, imparavi a conoscere il loro stile, ti guidavano, o comunque eri esposto a dei buoni modelli di ruolo — persone che sapevano come stabilire un rapporto, come ascoltare, instaurare la fiducia, farsi rispettare. Ma ora la gente è disseminata dappertutto, le persone sono isolate in unità più piccole. Non ci sono più le stesse opportunità di imparare queste abilità *soft*.»

Poiché esistono meno opportunità di essere esposti a dei modelli di queste competenze, e che esse ci vengano così trasmesse, aggiunge il manager, si percepisce l'esigenza di assicurarsi in modo più intenzionale che le persone le apprendano. «Abbiamo un piano di sviluppo per assicurarci di preparare i dipendenti nelle abilità che faranno di loro individui di successo: non solo nelle abilità tecniche e analitiche — ma in capacità importanti per la leadership come la consapevolezza di sé, la capacità di persuasione, l'affidabilità.»

Incoraggiare e rinforzare

Prendiamo l'esempio di due infermiere in una casa di cura. Una era dura e brusca con i pazienti, a volte addirittura al punto da essere crudele. L'altra era un modello di attenzione premurosa.[33] L'infermiera dura, tuttavia, finiva sempre i compiti assegnatile in tempo e seguiva gli ordini; quella gentile a volte per aiutare un paziente passava sopra alle regole, e spesso finiva il suo lavoro in ritardo, in larga misura perché trascorreva più tempo a parlare con gli assistiti. I supervisori davano all'infermiera fredda le massime valutazioni, mentre quella premurosa si ritrovava spesso nei pasticci, e riceveva valutazioni di gran lunga inferiori. Ma come è possibile questo, quando la missione dichiarata della casa di cura era proprio quella di prestare cure premurose? Questi abissi fra la missione e i valori abbracciati da un'organizzazione da una parte e ciò che poi realmente accade in essa dall'altra diventano evidentissimi quando la gente è incoraggiata a coltivare competenze emotive che poi, nella prassi quotidiana, non vengono sostenute. Il risultato è quello di avere dei dipendenti più competenti sul piano emotivo di quanto richieda il loro lavoro o di quanto sia apprezzato dall'organizzazione.

Un'organizzazione può aiutare i dipendenti a migliorare le proprie competenze emotive non solo offrendo dei programmi a tal fine, ma anche creando un'atmosfera che gratifichi, addirittura che celebri, questo miglioramento di sé. Dopo tutto, i nostri tentativi di cambiare sono efficaci soprattutto quando hanno luogo in un'atmosfera che ci fa sentire sicuri.[34] Per svilupparsi, una competenza deve essere significativamente esercitata — e perché ciò accada deve essere apprezzata sul lavoro, e questo deve trasparire dai criteri di selezione, dall'assegnazione degli incarichi, dalle promozioni, dalle analisi delle prestazioni e simili. Questo potrebbe significare, ad esempio, ricompensare gli sforzi di coloro che fanno da mentori ad altri; inserire nel processo di valutazione delle prestazioni anche le attività di guida e di training nelle competenze emotive; dare opportunità di feedback a 360 gradi, e occasioni di training delle competenze.

Per far presa, una competenza in fase di sviluppo deve essere espressa durante la reale situazione di lavoro. Un mancato collegamento fra ciò che è stato appena appreso e la realtà lavorativa implica un'estinzione del materiale appreso.

Quando quella sorta di «esaltazione da training» evapora, spesso l'entusiasmo che mettiamo nel seguire fino in fondo ciò che abbiamo imparato in un programma si estingue. Il fatto che in un'organizzazione si respiri un clima di sostegno oppure no, viene spesso menzionato dai partecipanti ai programmi di training come fattore in grado di determinare in quale misura essi riescano poi a applicare al proprio lavoro ciò che hanno appreso.[35]

Forse il clima di sostegno ottimale per il training si crea quando un intero gruppo collabora per coltivare insieme le competenze, come accade in alcuni gruppi dirigenti dell'American Express Financial Advisors. In questi team tutti, leader compreso, si impegnano nel training delle competenze emotive. Le riunioni dello staff sono occasioni per dare feedback e supporto; inoltre, si trova il tempo per discutere come le persone se la stiano cavando con i propri obiettivi di competenza emotiva.

Le prassi ottimali

All'American Express, la valutazione dei talenti degli alti dirigenti fa uso di un elenco che comprende le competenze emotive. «Ogni dirigente senior completa l'elenco per i dipendenti appartenenti a un'unità, e ogni vicepresidente fa la stessa cosa per se stesso», spiega Cannon. «Poi discutono sulle aree in cui sono emerse delle differenze. Infine presentano le conclusioni al presidente della compagnia. A contare davvero, qui, sono cose come le capacità nelle relazioni interpersonali, l'abilità di motivare se stessi e gli altri, e le abilità che fanno capo alla padronanza di sé.»

Poco dopo aver preso la guida del Banker's Trust New York, il nuovo presidente e direttore generale Frank Newman si mise al lavoro con un'azienda di consulenza per aumentare la consapevolezza degli alti dirigenti riguardo alle capacità umane di cui la compagnia aveva bisogno per rimanere competitiva.[36] Il risultato fu un programma che dimostrava come non bastasse più concentrarsi esclusivamente sui profitti: ai fini delle promozioni e delle retribuzioni, le capacità di management contavano come le prestazioni finanziarie.

Come fece Newman a guadagnarsi l'attenzione dei banchieri e degli uomini d'affari? Almeno in parte, seguì lui stesso ogni seduta — e fra gli insegnanti c'erano i membri del consiglio direttivo della banca. Come disse il loro capo dello sviluppo: «In questo modo, nessuno può uscirsene dicendo "il mio capo mi ha detto che non è importante".»

Valutare

La raccomandazione, in primo luogo, è quella di stabilire delle misure ragionevoli dei risultati, soprattutto per le competenze che sono state oggetto del training, e includere anche delle misure sulla prestazione lavorativa. I disegni migliori prevedono misure pre- e post-training, più un monitoraggio a lungo termine da effettuarsi a distanza di diversi mesi dal completamento del programma; occorre inoltre prevedere la presenza di gruppi di controllo ai quali i partecipanti siano assegnati in modo randomizzato. Sebbene questo ideale possa essere difficile da soddisfare, esistono delle alternative, ad esempio quella di usare le misurazioni basali dei partecipanti al posto del gruppo di controllo, oppure quella di confrontare le modificazioni avvenute nelle competenze oggetto di training con quelle riscontrabili nelle capacità non affrontate dal programma. E se un training si dimostra insufficiente, le informazioni disponibili dovrebbero essere usate per migliorarlo in occasione del ciclo successivo.

Ma questi semplici principi non sono seguiti praticamente da nessuna parte. Invece, esiste un divario lacerante fra quello che si dovrebbe fare, stando a quanto dimostra la ricerca, e il modo in cui il training viene condotto e valutato nella realtà. Un'indagine sulle 500 aziende americane con il maggior fatturato annuo ha rilevato che i responsabili del training credevano che la principale ragione per valutare i programmi fosse quella di determinare se essi si traducessero in un profitto. Ciò nondimeno, i loro programmi di training erano sottoposti a pochissime valutazioni obiettive.[37]

La fonte più comune di dati sulla valutazione era rappresentata dalle valutazioni date dai partecipanti, seguita dal fatto che ci fossero o meno continue richieste di training — ma queste misure somigliano di più a un sondaggio sulla popolarità che non a indicatori obiettivi della modificazione della prestazione. La ricerca dimostra che fra la soddisfazione espressa dai partecipanti al training e il loro apprendimento, o il loro effettivo miglioramento sul lavoro, la correlazione era nulla: come si legge in un'analisi, «il fatto che una cosa piaccia non implica il suo apprendimento».[38]

Il metodo di valutazione migliore — un'analisi obiettiva dell'impatto dell'intervento formativo sulla prestazione lavorativa, da effetuarsi prima e dopo il training — non era usato regolarmente da nessuna azienda. Il dieci per cento delle compagnie affermò di essersi servita di quel disegno sperimentale solo a volte, sebbene molte di quelle valutazioni si concentrassero esclusivamente sul cambiamento di atteggiamento, e non su una qualsiasi modificazione della prestazione lavorativa.

Ma la situazione sta lentamente cambiando. Uno dei progetti di valutazione del training più ambiziosi mai messi a punto è quello attualmente in uso alla Weatherhead School of Management.[39] Qui, gli studenti che hanno partecipato al training sulle abilità manageriali sono invitati a prender parte a un programma di monitoraggio per vedere quali vantaggi, ammesso che ce ne siano, siano stati loro offerti, ai fini della carriera, dalla coltivazione di tali capacità. Nelle intenzioni, il progetto andrà avanti per i prossimi cinquant'anni.

PARTE QUINTA
L'organizzazione intelligente sul piano emotivo

12
Il polso dell'organizzazione

A un convegno internazionale al quale ho partecipato recentemente, i convenuti si sentirono domandare: «La vostra organizzazione ha una missione dichiarata?» Circa due terzi dei presenti alzarono la mano.

Poi gli fu chiesto: «Quella dichiarazione descrive la realtà quotidiana dell'azienda?» Quasi tutte le mani si riabbassarono.

Quando esiste un evidente divario fra l'ideale sposato da un'organizzazione e la sua effettiva realtà, l'inevitabile ripercussione emotiva può spaziare da un atteggiamento di cinismo, adottato come autodifesa, alla rabbia e perfino alla disperazione. Le compagnie che conquistano i propri profitti con la violazione degli impliciti valori condivisi da coloro che vi lavorano, si ritrovano poi a scontarli sul piano emotivo, sotto forma di vergogna opprimente e di senso di colpa o ancora della percezione che quei guadagni siano sporchi.

Un'organizzazione intelligente a livello emotivo deve scendere a patti con eventuali divari fra i valori che proclama e quelli che vive. La chiarezza riguardo ai valori, lo spirito e la missione aziendali porta a un importante atteggiamento di fiducia nei processi decisionali della compagnia.

La dichiarazione di una missione da parte dell'organizzazione ha una funzione emotiva — l'espressione dei sentimenti positivi condivisi grazie ai quali sentiamo che ciò che facciamo insieme ha un valore. Lavorare per una compagnia che misura il proprio successo in modo molto significativo — e non solo in base al profitto — è di per sé una cosa che alza il morale e dà energia.

Sapere quali siano quei valori condivisi richiede ciò che — a livello di organizzazione — equivale all'autoconsapevolezza emotiva. Proprio come ogni persona ha un profilo di punti di forza e di debolezze nelle diverse aree di competenza, e in una certa misura ne è consapevole, lo stesso avviene anche nel caso delle organizzazioni. Questi profili possono essere descritti a tutti i livelli — divisione per divisione, scendendo alle unità più piccole, fino a ogni singolo team — e per ogni competenza.

Tuttavia, le organizzazioni che si autovalutano attentamente in questo modo sono poche. Ad esempio: quante sono le compagnie in grado di individuare i dirigenti incapaci che contagiano la propria gente col rancore o la paura — o di scoprire dove si annidano, fra i venditori, dei piccoli tesori di intraprendenza? Probabilmente molte organizzazioni *pensano* di valutare queste cose nel momento in cui compiono indagini interne per sondare la soddisfazione sul lavoro o l'impegno dei propri dipendenti. Ma può succedere che questi strumenti standard non colgano nel segno.

Alcune delle misure più ampiamente usate dalle organizzazioni furono valutate dal Personnel Resources and Development Center dello U.S. Office of Personnel Management, sotto la direzione di Marilyn Gowing.[1] L'interrogativo era: In quale misura queste indagini valutano l'intelligenza emotiva a livello di organizzazione?

Emersero, come dice Gowing, «alcune sconcertanti carenze» in ciò che veniva misurato. Esse indicavano il mancato sfruttamento della possibilità di riflettere sia su ciò che rende efficiente un'organizzazione, sia sui modi per diagnosticare eventuali cadute di prestazione. Fra le carenze più notevoli emergevano quelle nelle seguenti aree:[2]

- *Autoconsapevolezza emotiva*: interpretare l'impatto che il clima emotivo esercita sulla prestazione
- *Realizzazione*: analizzare l'ambiente per rilevare dati essenziali ed eventuali possibilità di iniziativa
- *Adattabilità*: essere flessibili di fronte a difficoltà e ostacoli
- *Autocontrollo*: dare prestazioni efficaci evitando reazioni dettate dal panico, dalla collera o dall'allarme, quando si è sotto pressione
- *Integrità*: dimostrare l'affidabilità che alimenta la fiducia
- *Ottimismo*: essere elastici di fronte agli insuccessi
- *Empatia*: comprendere i sentimenti e i punti di vista degli altri, indipendentemente dal fatto che si tratti di committenti e clienti o di figure interne all'azienda
- *Sfruttamento della diversità*: utilizzare le differenze come opportunità
- *Consapevolezza politica*: comprendere le tendenze economiche, politiche e sociali salienti
- *Influenza*: servirsi abilmente delle strategie di persuasione
- *Costruzione di legami*: stringere forti legami personali fra persone e componenti distanti di un'organizzazione.

Per una qualsiasi organizzazione, l'importanza di queste competenze sembra evidentissima. Mentre scrivo queste pagine, ad esempio, i massimi dirigenti della Microsoft stanno pubblicamente lamentando la mancanza di consapevolezza politica della loro organizzazione, una carenza che li ha messi in evidente svantaggio nello scontro con il Dipartimento di Giustizia riguardo alle accuse di monopolio.

Ciò nondimeno, resta da verificare in quale misura ciascuna di queste competenze collettive possa contribuire al miglioramento delle prestazioni dell'organizzazione. Proprio questo è il punto: sembra che nessuno lo stia verificando.

Proviamo a immaginare i vantaggi di cui godranno le compagnie che coltiveranno queste competenze, e i problemi in cui incorreranno le altre. A tal fine descriverò, nelle organizzazioni, le differenze comportate nel bene e nel male da tre tipi di competenze: l'autoconsapevolezza, la capacità di controllare le emozioni e la spinta alla realizzazione.

Punti ciechi

In una calda giornata d'agosto, sulla spiaggia, una famiglia di quattro persone, messi via asciugamani, giocattoli e altre cianfrusaglie da mare, sta arrancando sulla sabbia bollente quando la bambina più piccola, di circa cinque anni, comincia a piagnucolare: «Voglio un po' d'*acqua*. Mi dai un po' d'*acqua*?».

Il padre, infastidito dal tono lagnoso, se la prende con la madre: «Dove ha imparato a frignare così?».

Poi, rivolto alla bambina lamentosa, dichiara brevemente, «Nessuno ti ascolta quando sei così lagnosa», e continua a camminare, ignorando studiatamente i suoi lamentevoli piagnistei.

Attraverso infiniti scambi come questo — spesso più coperti e impliciti — ciascuno di noi ha imparato, nella sua famiglia d'origine, un insieme di regole sull'attenzione e le emozioni.

La prima regola: Noi notiamo queste cose
La seconda regola: Ecco come le consideriamo
La terza regola: Noi non notiamo queste cose
La quarta regola: Dal momento che non le notiamo, non le consideriamo

Lo stesso accade nelle organizzazioni. In ciascuna di esse esiste un'area caratteristica di esperienza collettiva — di comune sentire e informazione condivisa — che resta inespressa (o viene espressa solo in privato, non apertamente) cadendo così nell'abisso di quello che equivale a un punto cieco.

Queste zone di inattenzione possono nascondere dei potenziali pericoli. Alla filiale di Singapore della Barings Bank, a esempio, il fatto che un operatore finanziario senza scrupoli fosse responsabile di tutte le fasi delle transazioni e che nessuno controllasse le sue manovre gli permise di perdere centinaia di milioni di dollari, facendo così naufragare la compagnia. Per la Archer Daniels Midland, il colosso dell'agricoltura, una collusione ad alto livello portò i vertici a chiudere un occhio sulla determinazione dei prezzi; queso comportamento, una volta smascherato, si tradusse nell'incriminazione di diversi dirigenti.

La famiglia dell'organizzazione

Le regole che ci informano su ciò che possiamo — e ciò che non possiamo — esprimere nell'ambiente di lavoro fanno parte del tacito contratto imposto da ciascuna azienda ai suoi dipendenti. Rispettare quelle regole è il prezzo da pagare per essere un membro della famiglia rappresentata dall'organizzazione. A titolo di esempio, fingeremo di non sapere che questo manager è un alcolizzato fallito, uno che anni fa era in una posizione migliore ma finì parcheggiato qui perché i vertici volevano levarselo dai piedi. Proprio come tutti gli altri, ci limiteremo a trattare con il suo assistente (che in realtà svolge il lavoro che dovrebbe fare lui).

La paura vincola la gente al silenzio, il che non è irragionevole. Prendiamo quelli che denunciano la cattiva gestione di un'azienda — gente che rivela pubblicamente i misfatti dell'organizzazione di cui fa parte. Studi compiuti nel mondo delle aziende su queste particolari figure hanno rilevato che costoro solitamente non sono spinti da motivazioni egoiste o vendicative, ma da ragioni nobili quali la fedeltà all'etica professionale o alla missione e ai principi dichiarati dall'organizzazione. Ciò nondimeno, invece di ringraziarli, nella maggior parte dei casi l'azienda ne fa delle vittime, licenziandoli, perseguitandoli o denunciandoli.

Costoro commettono il peggiore dei peccati: danno voce all'indicibile. E la loro espulsione dall'organizzazione invia un tacito segnale a chiunque altro: «Cercate di farvi andare bene le collusioni presenti al nostro interno, o perderete anche voi lo status di membri dell'organizzazione». Nella misura in cui impedisce che si pongano questioni fondamentali ai fini dell'efficienza dell'organizzazione, tale collusione rappresenta una minaccia per la sua stessa sopravvivenza.

Essa contribuisce anche a frustranti simulazioni collettive, come emerge da questo esempio, tratto da uno studio che analizzò gli incontri durante i quali venivano prese decisioni ad alto livello:

I subordinati erano d'accordo nell'affermare che si dedicasse troppo tempo a lunghe relazioni per far contento il presidente. In confidenza, però, il presidente dichiarò che non gli piaceva affatto stare a sentire lunghe relazioni, a volte anche aride — specialmente se già conosceva la maggior parte dei dati. Tuttavia, pensava che fosse importante farlo, perché probabilmente ciò dava ai dipendenti la sensazione di un maggiore impegno nei confronti del problema![3]

Gli affari sono affari

Al principio degli anni Novanta, Carl Frost, un consulente aziendale, si incontrò in Svezia con alcuni team di lavoro della Volvo.[4] Si parlò delle lunghissime vacanze di quell'anno, che tutti stavano pregustando. Ma Frost era preoccupato dal fatto che quel lungo stacco dal lavoro fosse in realtà causato da una situazione negativa: il periodo di vacanza era stato esteso perché le vendite erano in ribasso. La Volvo aveva un enorme eccesso di scorte e, data la scarsità della domanda, le catene di montaggio erano ferme.

Frost scoprì che i dirigenti erano perfettamente a proprio agio, anzi felici della decisione di prolungare le vacanze. Egli tuttavia sentì il bisogno di porre domande — di far affiorare fatti di cui la gente della Volvo pareva non curarsi. Il dato fondamentale era che l'azienda stava uscendo battuta dalla competizione per il mercato mondiale dell'auto: i suoi costi di produzione erano più alti di quelli di qualsiasi altra industria automobilistica del mondo; per assemblare un'auto, gli operai della Volvo impiegavano il doppio di quelli giapponesi; e le vendite estere erano calate, negli ultimi anni, del 50 per cento.

La compagnia era in crisi e il suo futuro a rischio — e con esso i posti di lavoro degli operai. E tuttavia, quando Frost lo disse, tutti si comportarono come se non ci fosse nulla fuori posto. Nessuno sembrava vedere un legame fra le vacanze imminenti e il problematico futuro della compagnia.

Secondo Frost questo atteggiamento di indifferenza era segno di una preoccupante incapacità di comunicare, che portava i lavoratori della Volvo a ignorare ogni nesso fra la loro personale situazione e il destino della compagnia in senso lato. A suo parere, questa mancanza di sintonia significava che essi non intendevano prendersi la responsabilità di aiutare l'azienda a diventare più competitiva.

Il vaccino contro tale collusione comporta che l'organizzazione diventi più onesta e più aperta nelle sue comunicazioni interne. Ciò richiede un'atmosfera che dia importanza alla verità — indipendentemente dall'ansia cui essa può dar luogo — e che cerchi di considerare tutti gli aspetti di un problema. Ma un dibattito così realistico è possibile solo se la gente si sente abbastanza libera di dire quello che pensa senza temere di essere fatta oggetto di punizioni, rappresaglie o derisione.

Secondo un'indagine condotta da Coopers & Lybrand sulle cinquecento compagnie americane con il maggiore fatturato annuo, solo l'11 per cento dei direttori generali credeva che «i messaggeri di cattive notizie corressero un rischio reale» nella propria compagnia. Ma in quelle stesse aziende, fra i manager di medio livello, un terzo affermò che i latori di cattive notizie si mettevano a rischio. E fra i dipendenti che non coprivano incarichi dirigenziali, circa la metà riteneva che riferire cattive notizie comportasse un rischio reale.[5]

Questa disparità fra i vertici e i dipendenti più a contatto con la realtà quotidiana dell'azienda dimostra che, probabilmente, chi prende le decisioni importanti si illude di avere tutti i dati di cui ha bisogno, mentre chi possiede quei dati — soprattutto se essi sono in qualche modo problematici — si sente troppo ansioso per condividerli. I leader che non riescono a stabilire un clima tale da incoraggiare i dipendenti a tirar fuori tutti i propri dubbi e le proprie domande, comprese quelle inquietanti, si stanno preparando a un futuro difficile. E allora, afferma William Jennings, che diresse l'indagine della Coopers & Lybrand, «è facile che i dipendenti vedano i controlli interni come un impedimento alla produttività, e che li eludano nel malinteso sforzo di raggiungere gli obiettivi di profitto prefissati».[6]

Si dice che qualche anno fa, ogni volta che alla PepsiCo venivano assunti dei nuovi dirigenti, l'allora presidente Wayne Calloway avesse un colloquio con loro. Pare che in quelle occasioni dicesse: «Qui da noi ci sono due modi per essere licenziati. Il primo è quello di non raggiungere gli obiettivi di profitto prefissati. Il secondo è quello di mentire. Ma il modo più veloce è certamente quello di mentire sui propri risultati».

«Se nascondevi delle informazioni, soprattutto riguardanti un disastro aziendale, era spietato», mi raccontò un ex collega di Calloway. «Ma se ti facevi avanti immediatamente, era decisamente indulgente. Il risultato era una cultura nella quale la gente era molto sincera, molto spontanea e aperta sulla verità.»

Confrontiamo queste affermazioni con quanto mi è stato raccontato da un dirigente di una compagnia che lavora nel campo dell'alta tecnologia: «Qua da noi, dire la verità è un comportamento che ti stronca la carriera».

Controllare le emozioni

Un segnale della vitalità di un'organizzazione in larga misura ignorato è rappresenato dai consueti stati d'animo di chi ci lavora. La teoria dei sistemi ci avverte che ignorare una *qualsiasi* categoria significativa di dati significa limitare la comprensione dei fenomeni e le reazioni ad essi. In un'organizzazione, sondare in profondità le correnti emotive è una strategia che può produrre benefici concreti.

Prendiamo il caso di una divisione della Petro Canada, la più grande compagnia del paese per la raffinazione del petrolio e della benzina. «In quel periodo, gli uomini che lavoravano agli impianti per la benzina avevano avuto una serie di incidenti, alcuni dei quali fatali», mi spiega un consulente che venne chiamato in aiuto. «Scoprii che nella cultura maschilista tipica del settore petrolchimico, la gente non ammetteva mai i propri sentimenti. Se qualcuno arrivava a lavoro con i postumi di una sbornia, preoccupato per la malattia di un figlio o turbato per una lite con la moglie, i colleghi non gli chiedevano mai che cosa avesse quel giorno, né se fosse abbastanza in forma per essere ben lucido sul lavoro. Di conseguenza, il tipo in questione sarebbe stato disattento e avrebbe causato un incidente.»

Avendo compreso l'aspetto essenziale dei costi comportati, in termini umani, dall'ignorare le emozioni sul lavoro, la compagnia cominciò a proporre dei seminari alle squadre di operai, «per far loro capire che il modo in cui si sentono ha delle conseguenze — che *è una cosa importante*. Compresero che dovevano prendersi cura gli uni degli altri; che facevano un favore a se stessi e agli altri se dicevano come si sentivano; che se un giorno uno era fuori fase, avrebbero dovuto dirgli "non credo di poter lavorare con te oggi". E il livello di sicurezza migliorò».

Questo non significa sostenere che le aziende dovrebbero essere luoghi dove mettere a nudo i propri sentimenti e la propria anima — una concezione del luogo di lavoro, questa, un po' da incubo, come fosse una sorta di messa in mostra delle emozioni o di gruppo di lavoro sulla sensibilità in attività permanente. Una cosa simile sarebbe assolutamente controproducente — un confondere la distinzione fra lavoro e vita privata che già di per se stesso indicherebbe una scarsa competenza emotiva.

Dalla prospettiva del lavoro, i sentimenti contano nella misura in cui facilitano l'obiettivo comune o interferiscono con esso. Il paradosso, però, è che le nostre interazioni sul lavoro sono relazioni interpersonali esattamente come tutte le altre; le nostre passioni operano anche in questo particolare ambiente. Come dice Warren Bennis, esperto di leadership: «La gente si sente sola con il proprio dolore — con le offese, la solitudine, le porte chiuse, le cose non dette e inascoltate. Non è ammissibile discutere queste cose».

In troppe organizzazioni le regole fondamentali che emarginano le realtà emotive distolgono la nostra attenzione da queste interferenze come se non si trattasse di cose importanti. Questi paraocchi non fanno che propagare infiniti problemi — decisioni demoralizzanti; difficoltà a gestire la creatività e a prendere decisioni; il trascurare l'essenziale valore delle abilità sociali; l'incapacità di motivare gli altri e a maggior ragione di ispirarli; le vuote dichiarazioni di missione e gli altrettanto insignificanti slogan del giorno; una leadership ligia ai regolamenti, priva di entusiasmo o di energia; un ottuso sfacchinare al posto di un contributo animato dalla spontaneità; mancanza di spirito di corpo; team inefficienti.

Esaurimento? La colpa è della vittima

Come mi disse il dirigente di una compagnia in rapido sviluppo, dove di recente il tasso di turnover aveva raggiunto il 40 per cento: «La gente ai vertici lavora senza sosta; molti di loro sono candidati al divorzio. Noi prendiamo stipendi altissimi, ma se ogni anno non facciamo meglio del precedente ci licenziano. Qui, la sicurezza del posto di lavoro non esiste».

Questi tristi resoconti sono il nuovo rovescio della medaglia in un paesaggio tecnologico e competitivo che ha intensificato le sue pretese. «Le acque sono perennemente agitate», mi racconta un manager di un'azienda di grandissimo successo. «Oggi c'è moltissima turbolenza derivante dalla complessità dell'ambiente aziendale. Una volta uno era abituato a tornarsene a casa e a riposare, ma oggi, se lavori per una compagnia globale, devi essere disponibile venti ore al giorno — l'Europa comincia a chiamare alle quattro di mattina, l'Asia va avanti fino a mezzanotte.»

Uno dei modi con cui la sua compagnia ottiene che i dipendenti si mettano alla prova senza tregua è quello di riconoscer loro retribuzioni altissime: pagano più di chiunque altro e molti dipendenti prendono premi di produzione enormi. Per la compagnia è una strategia vincente, ma spesso comporta elevati costi a livello personale. Aziende come questa possono mettere il turbo alla produttività — ma fino a un certo punto. I dipendenti più motivati mieteranno i loro premi, ma se insistono su questo ritmo frenetico, la loro vita personale, il loro morale, la loro salute — o anche tutte queste cose insieme — sicuramente finiranno per soffrirne.

Poche organizzazioni si preoccpano di stabilire in che misura esse stesse sono fonte di stress. Più consueto è l'atteggiamento con il quale si tende a dare la colpa alla vittima. «L'esaurimento è davvero un problema per l'individuo», disse un direttore generale a un ricercatore.[7] «Ma non ha alcun impatto reale sulla produttività dell'organizzazione. È un problema umano, non una questione ben definita di finanza o di strategia. Se la gente vuole usare il programma di assistenza ai dipendenti o prendersi dei giorni di vacanza per riposarsi, va benissimo. Queste cose ci sono apposta. L'organizzazione non può fare molto di più.»

L'errore evidente di questo dirigente sta in primo luogo nell'assumere che un'organizzazine possa fare poco, e in secondo luogo che l'esaurimento emotivo dei suoi dipendenti non abbia effetti sulla produttività. Uno dei segni caratteristici dell'esaurimento è una caduta dell'efficienza e della capacità di eseguire anche compiti di routine. Se questo non accade solo in pochi individui, ma in un'ampia fascia di dipendenti, la prestazione dell'organizzazione non può non risentirne.

Uno studio sul fenomeno dell'esaurimento nelle infermiere mi servirà a chiarire il punto. In un grande ospedale, nelle infermiere impiegate nelle unità di degenza, la presenza dei classici sintomi dell'esaurimento — cinismo, sfinimento, e frustrazione nei confronti delle condizioni di lavoro — era correlata al livello di insoddisfazione dei pazienti relativamente al soggiorno ospedaliero. Quanto più esse erano soddisfatte del loro lavoro, tanto meglio i pazienti giudicavano, nel complesso, il proprio periodo di degenza.[8] Poiché i pazienti sono consumatori che compiono delle scelte sul luogo dove spendere i dollari dell'assistenza sanitaria, queste realtà umane possono comportare una grossa differenza nella competitività degli ospedali.

Consideriamo anche i rischi nel caso in cui le cose vadano male. In uno studio condotto su dodicimila lavoratori impegnati nel settore sanitario, i dipartimenti e gli ospedali nei quali erano più frequenti le lamentele per lo stress sul lavoro erano anche quelli più spesso oggetto di cause legali per negligenza e imperizia.[9]

Come abbassare il livello della prestazione

Le aziende possono fare molto per proteggere se stesse — e i propri dipendenti — dai costi dell'esaurimento, come è stato dimostrato da una serie di studi durati vent'anni, concentratisi sulle cause del fenomeno e condotti su diverse migliaia di uomini e donne impiegati presso centinaia di organizzazioni.[10] Sebbene la maggior parte degli studi sull'esaurimento fosse concentrata sull'individuo, uno di essi analizzava le prassi e i modelli delle organizzazioni in cui lavoravano le persone coinvolte. Furono individuati sei comportamenti principali attraverso i quali le organizzazioni demoralizzavano e demotivavano i propri dipendenti:

Sovraccarico di lavoro: Una quantità di lavoro eccessiva, da svolgere avendo a disposizione troppo poco tempo e scarso supporto. I tagli ai posti di lavoro impongono ai supervisori di controllare più dipendenti, alle infermiere di assistere più pazienti, agli insegnanti di seguire più studenti, ai cassieri delle banche di effettuare un maggior numero di operazioni, e ai manager di gestire una maggior quantità di compiti amministrativi. Nel momento in cui il ritmo, la complessità e le esigenze del lavoro si intensificano, le persone si sentono sopraffatte. L'aumento del carico di lavoro erode il tempo libero durante il quale l'individuo può recuperare. Lo sfinimento si accumula e il lavoro ne soffre.

Mancanza di autonomia: Dover rispondere del proprio lavoro ma avere poca voce in capitolo sul come farlo. Quando i dipendenti intravedono il modo per svolgere meglio i propri compiti ma sono trattenuti dalla presenza di rigide regole, la microgestione comporta frustrazione. Ciò diminuisce la responsabilità, la flessibilità e l'innovazione. Il messaggio emotivo recepito dai dipendenti è che l'azienda per la quale lavorano non ha rispetto del loro giudizio e delle loro abilità innate.

Gratificazioni insufficienti: Dover fare di più e ricevere troppo poco in cambio. Con i tagli ai posti di lavoro, il congelamento dei salari e le tendenze a dare il lavoro in appalto e a ridurre benefici aggiuntivi, la gente non si aspetta più che il proprio stipendio aumenti con il procedere della carriera. Un'altra carenza di gratificazione è quella a livello emotivo: il sovraccarico di lavoro, combinato all'insicurezza del posto e a un troppo scarso controllo sul proprio lavoro, spoglia quest'ultimo del suo piacere intrinseco.

Perdita dei legami: Isolamento crescente sul lavoro. Le relazioni interpersonali sono il collante umano che fa ecellere i team. I continui spostamenti di dipendenti riducono l'impegno che l'individuo prova verso il suo gruppo di lavoro. Con la frammentazione delle relazioni, i piaceri derivanti dal senso di cameratismo con i colleghi va erodendosi. Questa crescente impressione di estraneità alimenta il conflitto, nel momento in cui erode la storia comune e i legami emotivi che potrebbero contribuire a sanare tali fratture.

Slealtà: Ingiustizie nel modo di trattare le persone. La mancanza di lealtà — non importa se si tratta di retribuzioni o carichi di lavoro ineguali, di indifferenza nei confronti delle rimostranze o di politiche che hanno tutta l'aria di essere prepotenti — alimenta il risentimento. La rapida escalation delle retribuzioni e dei bonus riservati agli alti dirigenti mentre i salari ai livelli più bassi aumentano poco — o non aumentano affatto — indebolisce la fiducia che i dipendenti ripongono in chi gestisce l'organizzazione. In assenza di un confronto onesto, il risentimento cresce. Tutto ciò porta a cinismo e alienazione, insieme a una perdita di entusiasmo per la missione dell'organizzazione.

Conflitti di valori: Una dissonanza fra i principi dell'individuo e le esigenze del suo lavoro. Indipendentemente dal fatto che questo spinga i dipendenti a mentire per chiudere una vendita, a omettere un controllo di sicurezza per riuscire a terminare un lavoro in tempo, o semplicemente a usare tattiche machiavelliche per sopravvivere in un ambiente ferocemente competitivo, è il loro senso morale a pagarne il prezzo. Un lavoro in contrasto con i propri principi scoraggia l'individuo portandolo a mettere in dubbio il valore di ciò che fa. Uguale effetto ha la dichiarazione, da parte dell'azienda, di una missione elevata, poi tradita dalla realtà della sua prassi quotidiana.

Il risultato di questi abusi da parte dell'organizzazione è quello di alimentare l'esaurimento cronico e il cinismo, oltre a generare una perdita di motivazione, entusiasmo e produttività.[11] Ora, invece, consideriamo i vantaggi che un'azienda può trarre dal potenziamento della propria intelligenza emotiva.

Lo spirito del successo

Un'industria stava perdendo terreno nel confronto con la concorrenza; là dove gli altri riuscivano a inoltrare preventivi per possibili lavori in venti giorni, la stessa operazione ne richiedeva ben quaranta all'industria in questione.

Così si riorganizzarono. Modificarono il processo di preparazione dei preventivi aggiungendo un maggior numero di controlli, computerizzandone alcune fasi e compiendo altre modificazioni strutturali. Il risultato fu che il tempo necessario per approntare i preventivi salì da quaranta a quarantacinque giorni.

Allora si guardarono intorno, e si rivolsero a consulenti specialisti nella riorganizzazione. A questo punto, il tempo necessario per svolgere la procedura lievitò a settanta giorni, e il tasso d'errore salì al 30 per cento.

Disperati, si rivolsero agli esperti dei metodi di apprendimento per le organizzazioni. Oggi, il tempo occorrente per approntare un preventivo è stato ridotto a cinque giorni, e il tasso di errore è sceso al 2 per cento.

Come hanno fatto? Operando dei cambiamenti nelle proprie relazioni, e non nella tecnologia o nella struttura. «È inutile cercare di risolvere con la tecnologia o la struttura un problema che in realtà riguarda le persone», mi dice Nick Zeniuk, presidente della Interactive Learning Labs, che ha guidato la compagnia nel suo processo di apprendimento.

Zeniuk lo sa bene. Egli si conquistò una grande fama nel campo dell'apprendimento delle organizzazioni per l'importante ruolo avuto in un trionfo di quei metodi — quando, nel 1995, insieme a Fred Simon, guidò il lancio del nuovo modello della Lincoln Continental; la storia del loro successo è citata come un classico da Peter Senge, del Learning Center del MIT.[12]

Non c'è dubbio che la storia della riprogettazione della Lincoln Continental, che produsse il modello del 1995, sia quella di un successo spettacolare. Valutazioni indipendenti, relative alla qualità dell'auto e alla soddisfazione dei proprietari, classificarono la Lincoln del '95 in vetta alla linea Ford — al di sopra di qualsiasi altra vettura americana della sua categoria, e alla pari con i migliori concorrenti esteri, dalla Mercedes all'Infiniti. La soddisfazione dei clienti salì del 9 per cento, arrivando così all'85 (la Lexus, l'auto con il massimo punteggio in questo parametro, toccava l'86 per cento).

Un fatto ugualmente impressionante fu che, sebbene i lavori di riprogettazione fossero partiti con un ritardo di quattro mesi, l'auto fu immessa sul mercato con un mese di anticipo rispetto ai programmi. E qualunque criterio si adottasse per valutare il successo della produzione, la nuova Lincoln raggiungeva o superava gli obiettivi — un'impresa prodigiosa per un processo che aveva coinvolto più di un migliaio di persone, con un team base di trecento progettisti e un budget di un miliardo di dollari.

Sarebbe stato facile considerare quell'impresa come una sfida interamente tecnica — un problema cognitivo per eccellenza che poteva essere risolto solo dalle persone più brillanti in possesso del maggiore expertise. La progettazione automobilistica richiede l'armonizzazione di centinaia di esigenze a volte contraddittorie — dalla coppia del motore al sistema frenante, all'accelerazione e all'economia dei consumi di carburante. La parte più intricata e difficile del progetto di una nuova automobile consiste nell'arrivare alle specifiche finali delle sue componenti — un compito simile a quello di immaginare la forma e le dimensioni di ciascun pezzo di un gigantesco puzzle, costruendo le parti mentre si procede, nell'atto stesso in cui si cerca di risolvere il problema.

Comprensibilmente, dopo l'assemblaggio del primo prototipo, i team che si occupano di progettazione automobilistica in genere devono tornare sui propri passi e rielaborare numerose specifiche, in quanto a quel punto emergono evidenti dei problemi imprevisti. Una volta che è stato fuso il metallo per ottenere un modello funzionante, queste rielaborazioni sono molto costose: per ogni pezzo di cui vengono riviste le specifiche, occorrono nuove macchine e nuovi impianti, il che solitamente comporta costi nell'ordine di milioni di dollari.

Ciò nondimeno, il team dei progettisti della Continental, che disponeva di un budget di 90 milioni di dollari per queste esigenze di rinnovamento dei macchinari, usò solo un terzo di quella cifra, resistendo alla tendenza, ampiamente diffusa nel settore, di superare gli stanziamenti. Il lavoro di progettazione si rivelò efficiente proprio come il motore della Continental: i disegni tecnici delle componenti furono approntati con un mese d'anticipo invece che con i consueti tre o quattro di ritardo, e a quel punto i pezzi in forma già definitiva erano il 99 per cento invece del 50 per cento standard.

Mezzi *soft* per ottenere risultati tangibili

L'impresa affrontata dal team di riprogettazione della Continental fu quella di ottenere risultati tangibili, ossia un'auto migliore, servendosi di approcci — come l'apertura, l'onestà, la fiducia e la capacità di comunicare in modo fluido — che molti manager del settore automobilistico ritenevano troppo *soft* per poter esercitare un reale impatto.[13] Per tradizione, la cultura del settore non teneva in nessun conto quei valori: era gerarchica e basata sull'autorità, e dava per scontato che il capo sapesse più degli altri e dovesse prendere tutte le decisioni fondamentali.

A rendere più complesso questo problema culturale c'era stato il levarsi di una densa nebbia di emotività. Intanto, c'era un senso diffuso di frustrazione per il fatto di aver cominciato con quattro mesi di ritardo, oltre a numerose barriere che si opponevano alla fiducia e all'apertura. Uno dei blocchi principali era proprio al vertice del team; Zeniuk ricorda che le tensioni insorte fra lui stesso e il manager che si occupava degli aspetti finanziari del progetto erano talmente forti da non permettergli di parlare con il suo interlocutore «in un intervallo che, espresso in decibel, fosse meno che alto». Quella tensione era sintomo della profonda ostilità e sfiducia esistente fra coloro che avevano l'incarico di produrre il nuovo modello e coloro il cui compito era di controllare i costi dell'operazione.

Per affrontare questi problemi, il gruppo dirigente adottò molti metodi dell'apprendimento nelle organizzazioni, uno dei quali insegnava a liberarsi delle abitudini difensive normalmente assunte nella conversazione.[14] Il metodo è semplice: invece di litigare, le parti concordano di esplorare gli assunti dai quali traggono forza i rispettivi punti di vista.

Un classico esempio del modo in cui tendiamo a saltare alle conclusioni è quando a una riunione vediamo qualcuno che sbadiglia, e immediatamente assumiamo che si stia annoiando, per poi passare a una generalizzazione più negativa — e cioè che non gliene importi nulla della riunione, di quello che pensano gli altri e dell'intero progetto. E così finiamo per dirgli: «Lei mi ha deluso».

Nel contesto del metodo di apprendimento per le organizzazioni, quel commento verrebbe riportato sotto il titolo: «Cose dette o fatte». I dati più critici, però, sono in un'altra colonna, e precisamente «Pensieri e sentimenti non espressi» — il fatto che lo sbadiglio significasse che l'uomo era annoiato e non aveva alcun interesse per la riunione, per gli altri convenuti e per il progetto. In quella colonna, vengono anche riportati sentimenti di offesa e di rabbia.[15]

Una volta affiorati, questi assunti possono essere verificati attraverso la discussione. Ad esempio, potremmo scoprire che lo sbadiglio non era stato provocato dalla noia ma piuttosto dallo sfinimento, dovuto all'essersi alzato di notte per via del pianto di un neonato.

Questo esercitarci a esprimere ciò che pensiamo e sentiamo, ma non diciamo ad alta voce, ci consente di comprendere i sentimenti e gli assunti nascosti che altrimenti potrebbero creare rancori inspiegabili e sconcertanti *impasse*.

Oltre a richiedere autoconsapevolezza per richiamare alla mente quei pensieri e quei sentimenti nascosti, questo metodo esige altre competenze emotive: empatia — per ascoltare con sensibilità il punto di vista dell'altra persona; e abilità sociali — per collaborare proficuamente nell'esplorazione delle differenze nascoste e dei sentimenti pesanti che vanno via via affiorando.

In un certo senso, le conversazioni *reali* sono quelle interiori, se non altro perché rivelano come le persone pensino e si sentano davvero riguardo agli eventi in corso. Il dialogo interiore, soprattutto se è emotivamente burrascoso, trapela spesso in un tono di voce aggressivo, oppure, tanto per fare un esempio, in un distogliere lo sguardo. Ma quando gli eventi si svolgono velocemente o noi siamo sotto pressione o distratti, possiamo lasciarci sfuggire questi segnali sia negli altri che in noi stessi. Il risultato è che, sebbene sia ricco di informazioni essenziali — dubbi, risentimenti, paure e speranze — il dialogo interiore viene ignorato.

Come dice Zeniuk, la verità è che non sappiamo che fare di questa conversazione reale, e «così la ignoriamo. È come con i rifiuti tossici: che ne fai? Li scarichi? Li seppellisci? Qualunque cosa facciamo di questi particolari rifiuti tossici, comunque essi sono corrosivi — inquinano la conversazione. Se li offendiamo, gli altri tirano fuori le loro difese». E così la conversazione sul lavoro procede come se non ci fosse alcun dialogo interiore, sebbene in realtà tutti siano impegnati a fondo in questo scambio muto. Le radici del conflitto — come pure l'inizio dell'autentica collaborazione — vanno ricercate in questa conversazione profonda.

Quando fu usato all'inizio del progetto della Lincoln Continental, questo esercizio sul dialogo rivelò la presenza di due fazioni aspramente contrapposte. Coloro che si occupavano degli aspetti finanziari pensavano che i responsabili del programma non si curassero affatto di controllarne i costi; questi ultimi, da parte loro, pensavano che fossero gli altri «a non avere la minima idea» di quel che ci volesse per fabbricare un'auto di qualità. Il risultato di questa reciproca esplorazione di sentimenti e assunti nascosti fu quello di chiarire come il progetto fosse intralciato dalla mancanza di fiducia e di apertura. I problemi essenziali erano i seguenti:

- La paura di sbagliare induceva gli individui a tenere le informazioni per sé

- L'esigenza di controllo dei capi impediva ai membri del team di usare le proprie capacità ottimali
- Il sospetto era diffuso, al punto da considerare gli altri inutili e indegni di fiducia

A questo punto, l'intelligenza emotiva diventa essenziale. Poter disporre di un gruppo di lavoro in grado di spingersi oltre la paura, le lotte di potere e il sospetto assicura una riserva di fiducia su cui stringere relazioni. Il lavoro si concentrò tanto sul rafforzamento della fiducia nei rapporti, quanto sul far affiorare eventuali assunti nascosti. Questo richiese notevoli interventi di natura sociale. Come disse Fred Simon, «volendo migliorare la qualità di quell'auto, il massimo che potevo fare era di aiutare i membri del mio team a sviluppare relazioni interpersonali migliori e a considerarsi di più come persone».

Cominciare dall'alto

«Inizialmente la gente provava un profondo risentimento ed era sfiduciata per la propria incapacità a svolgere il lavoro che le toccava — i dipendenti cominciarono ad assumere un atteggiamento del tipo diamo-la-colpa-al-capo», ricorda Zeniuk. «Ma quando anche i capi si lasciarono coinvolgere e stettero davvero a sentire quello che i dipendenti avevano da dire, quell'atteggiamento mutò in quest'altro: "D'accordo, posso farlo. Ma lasciatemi lavorare in pace." D'altra parte, anche questo non andava: nel nostro lavoro noi siamo legati gli uni agli altri, e occorreva fare il passo successivo: imparare a essere legati. Fu così che i capi divennero dei facilitatori, delle figure-guida. Il ruolo del leader non fu più solo quello di controllare e comandare, ma anche quello di ascoltare, procurare risorse e amministrare il tutto.»

Per facilitare questi cambiamenti, tutto il team di progettazione, forte di trecento elementi, fu suddiviso in gruppi di venti persone che lavoravano sui problemi reali con cui si confrontavano quotidianamente, ad esempio la riconfigurazione degli interni dell'auto. Mentre procedevano in queste discussioni, alcuni consulenti che coprivano il ruolo di facilitatori, come Daniel Kim, allora al MIT, insegnarono loro gli strumenti concettuali fondamentali dell'apprendimento collaborativo. Ma, come spiega Zeniuk, la chiave stette nella consapevolezza emotiva, nell'empatia e nella costruzione di relazioni. Quello di alimentare l'intelligenza emotiva non era un obiettivo di-

Il polso dell'organizzazione

retto, ma si evolse spontaneamente mentre cercavamo di raggiungere i nostri obiettivi.

Consideriamo ancora le difficoltà implicate: c'erano quindici diversi team di progettisti, ciascuno dei quali lavorava indipendentemente dagli altri concentrandosi sulle componenti dell'auto che svolgevano una determinata funzione — ad esempio il telaio e gli organi di trasmissione. Nel progetto finale dell'automobile, però, i frutti della loro fatica avrebbero dovuto confluire senza che emergessero soluzioni di continuità; nonostante ciò, fra loro non c'era abbastanza dialogo. Tradizionalmente, ogni team lavorava isolato dagli altri per produrre quello che riteneva essere il progetto migliore; poi cercava di costringere gli altri a cambiare i loro progetti, così da adattarli alle proprie esigenze. Era una vera e propria guerra per buttar fuori l'altro.

«Se faccio un errore di progettazione nella lamiera e poi devo tornare indietro e modificare i macchinari per correggerlo, il tutto può venire a costare nove milioni di dollari», osserva Zeniuk. «Ma se scopro l'errore prima dello stadio della lavorazione della lamiera, la correzione non costa nulla. Se qualcosa non funziona — se ci sono cattive notizie — è meglio saperle prima possibile.»

Nella progettazione fisica di un nuovo modello, potrebbero essere apportati centinaia di piccoli adeguamenti alle specifiche delle parti. Ecco perché il team della Continental aveva un budget di 90 milioni di dollari per coprire i costi di quelle modifiche, una previsione di spesa che nell'industria automobilistica americana viene in genere superata. Ma Zeniuk sapeva che in Giappone, la maggior parte di queste modifiche viene apportata in anticipo, prima che le specifiche entrino nella fase in cui le correzioni diventano tanto costose.

«Scoprimmo che se non venivamo a sapere in anticipo di questi cambiamenti era perché gli ingegneri temevano di essere messi in imbarazzo o attaccati», mi spiega Zeniuk. «Speravano che qualcun altro ammettesse per primo l'errore e se ne prendesse la colpa. Pensavano: "D'accordo, correggerò il mio errore sul cruscotto quando loro sistemeranno il loro problema ai pannelli laterali e così nessuno si accorgerà che ho preso un granchio". Come fai a ottenere che la gente condivida una realtà spiacevole quando ha così paura?»

Ma il cambiamento essenziale si presentò, ad esempio, nell'adozione di un nuovo stile alle riunioni. Zeniuk dice: «Ci assicurammo che tutti avessero la possibilità di mettere gli altri a parte di quel che avevano in mente», invece di lasciare che prendessero il sopravvento le vecchie abitudini, in cui «i dirigenti affrontavano la situazione pensando di avere tutte le risposte ed esitavano ad ammettere di non

347

sapere qualcosa». Invece, «comunicavamo una decisione e chiedevamo "Come vi *sentite* riguardo a questo?"».

Invece dei soliti imbrogli politici e dei tentativi di fare buona impressione — atteggiamenti che tanto spesso impostano il tono delle riunioni — questo approccio più diretto fece presa, ed effettivamente aumentò il livello di autoconsapevolezza collettiva. Quando qualcuno si sentiva a disagio per una decisione, la riunione si fermava e venivano usati i metodi appresi in precedenza per compiere una ricerca attenta e rispettosa dei sentimenti e degli assunti che alimentavano quel disagio. «Esiste un'elevata probabilità che ci fosse una ragione per quella sensazione negativa, e spesso quella ragione poteva cambiare completamente la decisione», afferma Zeniuk. «Ci mettemmo poco a raggiungere quel livello di apertura e di onestà.»[16]

Egli prende atto di un concreto vantaggio offerto da questo approccio più intelligente sul piano emotivo: «I team smisero di competere per soddisfare a spese degli altri i propri obiettivi di costi o di qualità e cominciarono a collaborare. Invece di lavorare su isole separate cominciò ad esserci un costante avanti e indietro. Una volta che riuscirono a vedere il quadro generale — e cioè il fatto che il mio lavoro fa parte di quello degli altri — i diversi gruppi accettarono molti, moltissimi compromessi. Ci fu addirittura il caso di alcuni team che rinunciarono a parte del proprio budget per consentire ad altri di aumentare i costi e la qualità della loro parte del progetto — una cosa che non era proprio mai accaduta prima nella progettazione automobilistica».

E per quanto riguarda il profitto? «Apportammo settecento correzioni alle specifiche, diciotto mesi prima di entrare in produzione, invece di ritrovarci con la consueta ondata di cambiamenti costosi all'ultimo momento. Questo ci consentì di risparmiare sessanta milioni di dollari in costi di adeguamento dei macchinari su un budget di novanta milioni, e di finire in anticipo di un mese rispetto ai programmi, nonostante fossimo partiti con quattro mesi di ritardo.»

Il cuore della prestazione

Alla General Electrics le vendite degli elettrodomestici erano rallentate in modo allarmante, e il manager responsabile era costernato. Studiando un grafico che mostrava una costante flessione nelle vendite, lui e i suoi colleghi conclusero che la divisione elettrodomestici avesse seri problemi di marketing. Ben presto la conversazione si orientò sulla ricerca di una soluzione. Dovevano concentrarsi sui prezzi? Sulla pubblicità? O su qualche altro cambiamento nella politica di marketing?

Poi, una persona che lavorava nel settore dei servizi finanziari della compagnia, la GE Capital, mostrò un grafico dal quale emergeva che l'indebitamento del consumatore stava raggiungendo livelli di saturazione — non era la compagnia che stava sbagliando le sue politiche di marketing, era la gente che aveva maggiori difficoltà a fronteggiare acquisti importanti come quello di un elettrodomestico.

«Improvvisamente, tutti videro il problema da una prospettiva completamente nuova», spiega uno dei presenti a quella riunione. Quella nuova informazione distolse la discussione dal marketing per concentrarla sui finanziamenti — in altre parole, sulla ricerca di un sistema per aiutare i clienti a fare questi grossi acquisti.[1]

In quel momento, l'informazione essenziale — una visione del quadro generale della situazione — arrivò in tempo per evitare quello che altrimenti per l'azienda sarebbe stato un piccolo naufragio.

Questo esempio dimostra come un'organizzazione, intesa nel suo complesso, abbia una sorta di «intelligenza» — proprio come i gruppi e i team al suo interno.[2] L'*intelligenza*, in una delle sue accezioni più fondamentali, è la capacità di risolvere problemi, raccogliere sfide o creare prodotti che siano apprezzati in particolari contesti.[3] In tal senso, l'intelligenza dell'*organizzazione* rappresenta quella stessa capacità, così come essa emerge dalla complessa interazione che ha luogo, al suo interno, fra persone da una parte e relazioni, cultura e ruoli dall'altra.

All'interno di un'organizzazione, le conoscenze e l'expertise sono distribuiti e non c'è nessuno che sia in grado di padroneggiare tutta l'informazione necessaria al funzionamento efficiente del gruppo — il funzionario dell'ufficio finanziario possiede una parte di quell'expertise fondamentale, i venditori ne controllano un'altra, e i dipendenti del settore ricerca e sviluppo un'altra ancora. L'organizzazione stessa sarà «intelligente» solo nella misura in cui saprà distribuire ed elaborare in modo appropriato e tempestivo questi diversi frammenti di conoscenza.

Ogni organizzazione è «cibernetica», ossia è percorsa da circuiti a feedback, continui e sovrapposti, che raccolgono informazioni dall'esterno e dall'interno, e correggono le sue operazioni di conseguenza. La teoria dei sistemi ci insegna che in un ambiente competitivo caratterizzato da cambiamenti turbolenti, l'entità che dimostrerà maggiori capacità di adattamento sarà quella in grado di assorbire più informazione, di apprendere maggiormente da essa e di rispondere con più prontezza, creatività e flessibilità.

Questo principio si adatta tanto alla bottega sull'angolo, quanto alle massime aziende globali. Esso indica come il flusso d'informazione che ha luogo nell'organizzazione abbia un ruolo essenziale nel determinarne la vitalità. A tale proposito, c'è chi discute dei modi in cui le aziende dovrebbero usare il loro «capitale intellettuale» — in altre parole di come dovrebbero servirsi di brevetti e processi, capacità di management, tecnologie, e di tutte quelle conoscenze che si sono andate accumulando attingendo da clienti, fornitori e procedure. Gran parte del vantaggio competitivo di una compagnia sta nella somma di quello che ciascuno, al suo interno, conosce e sa come fare — sempre che essa sia in grado di mobilitarlo in modo ottimale.

Massimizzare l'intelligenza dell'organizzazione

I tecnici che riparavano le fotocopiatrici della Xerox perdevano un'enorme quantità di tempo. O per lo meno questa fu l'impressione che ebbe l'azienda quando analizzò il loro modo di lavorare.

Si scoprì che i tecnici passavano molto tempo insieme fra di loro invece che ad aiutare i clienti. Si ritrovavano regolarmente nel magazzino delle parti di ricambio e si raccontavano le storie delle loro esperienze sul campo bevendo una tazza di caffè.

Da una prospettiva che tenesse conto esclusivamente dell'efficienza, questa era un'ovvia perdita di tempo. Ma John Seely Brown, capo degli scienziati della Xerox, non era di quell'avviso. Brown aveva incaricato un antropologo esperto di seguire da vicino i tecnici; questo ricercatore era convinto che il tempo improduttivo non fosse sprecato, ma rappresentasse un momento fondamentale ai fini della capacità dei tecnici di far bene il proprio lavoro.

Come sostiene Brown, il servizio sul campo «è un'attività *sociale*. Come gran parte del lavoro, comporta l'esistenza di una comunità di professionisti. I tecnici non si limitavano a riparare le macchine, ma insieme producevano anche le conoscenze necessarie per ripararle meglio.»[4]

In questo senso, i tecnici sono *knowledge workers*, e le loro conversazioni rappresentano il momento in cui essi trasmettono e potenziano la propria conoscenza. Come osserva Brown: «Il vero genio delle organizzazioni sta in tutti quei modi informali, improvvisati e spesso frutto d'ispirazione grazie ai quali persone reali risolvono problemi altrettanto reali percorrendo vie che le procedure formali non possono prevedere».

Tanto il lavoro quanto l'apprendimento sono processi sociali. Le organizzazioni, così come Brown le descrive, «sono reti di partecipazione». Fondamentale, ai fini della prestazione di successo dei *knowledge workers* — in realtà di *qualsiasi* lavoratore — è istillare entusiasmo e impegno, due qualità che le organizzazioni possono conquistarsi, ma non imporre. «Solo i lavoratori che scelgono di partecipare — che volontariamente si impegnano verso i propri colleghi — possono creare un'azienda vincente», afferma Brown.

Ecco dove entra in gioco l'intelligenza emotiva. Il livello collettivo di intelligenza emotiva di un'organizzazione determina il grado in cui il suo potenziale patrimonio intellettuale — e di conseguenza la sua prestazione complessiva — viene realizzato. L'arte di massimizzare il capitale intellettuale sta nell'orchestrare le interazioni delle persone la cui mente contiene la conoscenza e l'expertise.

Quando si tratta delle capacità tecniche e del nucleo di competenze che rendono competitiva un'azienda, l'abilità di superare gli altri dipende dalle *relazioni* delle persone in gioco. Per dirlo con le parole di Brown, «non puoi separare le competenze dal tessuto sociale che le sostiene».

Proprio come la massimizzazione del QI di un piccolo gruppo di lavoro dipende dallo stabilirsi di efficaci legami fra le persone al suo interno, lo stesso vale anche per le organizzazioni intese nel loro complesso: le realtà emotive, sociali e politiche possono esaltare o smorzare ciò che esse hanno la potenzialità di fare. Se le persone al loro interno non riescono a lavorare bene insieme se mancano di iniziativa, di legami, o di una qualsiasi delle altre competenze emotive — l'intelligenza collettiva ne soffre.

Questa esigenza di un coordinamento fluido fra una conoscenza e un expertise tecnico ampiamente distribuiti ha portato alcune aziende a creare un nuovo ruolo, quello del CLO («chief learning officer») il cui lavoro è quello di orientare e dirigere la conoscenza e l'informazione all'interno dell'organizzazione. Ma è troppo semplicistico ridurre l'«intelligenza» di un'organizzazione alle sue banche dati e all'expertise tecnico. Nonostante l'affidamento sempre maggiore che le organizzazioni fanno sulla tecnologia dell'informazione, essa viene comunque utilizzata da *persone*. Le organizzazioni che dispongono della figura del CLO, farebbero bene a espandere i suoi compiti (o comunque se non i suoi, quelli di *qualcuno*) così da includervi la massimizzazione dell'intelligenza emotiva collettiva.

Organizzazioni dotate di intelligenza emotiva: il caso delle aziende

- «Siamo una compagnia di telecomunicazioni da 10 miliardi di dollari l'anno, ma il nostro ex leader era decisamente autocratico; il gruppo che si lasciò alle spalle sembrava una famiglia maltrattata», mi confida un vicepresidente senior. «Ora stiamo cercando di risanare l'organizzazione, di renderla più intelligente sul piano emotivo — in modo da poter crescere di altri 10 miliardi di dollari.»
- «Abbiamo appena attraversato cambiamenti laceranti, e ce ne sono molti altri ad aspettarci», mi racconta il direttore di una linea aerea europea. «Abbiamo un immenso bisogno di fiducia da parte dei nostri dipendenti, e di empatia e comprensione da parte dei nostri manager — così da avere una maggiore percezione del "noi".Quel che ci serve, in tutta la compagnia, è una leadership intelligente sul piano emotivo.»
- «La nostra cultura aziendale ha le sue radici nell'ingegneria e nella produzione», osserva il direttore di una azienda che lavora nel campo dell'alta tecnologia. «Vogliamo costruire un'atmosfera di fiducia, di apertura e di collaborazione che influisca sulla capacità delle persone di affrontare le emozioni in modo diretto e onesto. Ma abbiamo scoperto che molti dei nostri manager proprio non riescono ad affrontare questi aspetti emotivi. Dobbiamo diventare più intelligenti su questo fronte.»

Un numero sempre maggiore di organizzazioni intraprende il tentativo di diventare più intelligente sul piano emotivo, indipendentemente dal fatto che si esprima o meno in questi termini. L'intelligenza emotiva collettiva di un'organizzazione non coincide con una semplice valutazione *soft*: ha conseguenze molto tangibili.

Mitch Kapor, fondatore ed ex direttore generale della Lotus Development Corporation, oggi investitore in imprese esordienti nel settore dell'alta tecnologia, mi disse che prima di finanziare una società, il gruppo cerca di determinare il suo livello di intelligenza emotiva.

«Vogliamo sapere se qualcuno è irritato o risentito verso la compagnia, se ha del malanimo nei suoi confronti», disse Kapor. «Le aziende, proprio come le persone, hanno uno stile. Se sono state arroganti o false con i venditori, i dipendenti o i clienti, questi debiti fatali possono riemergere e tormentarle. Quante più persone esse hanno urtato nella fase del proprio esordio, tanto maggiori sono, per loro, le probabilità di essere perseguite legalmente una volta affermatesi.»

Forse, l'argomentazione più efficace a favore del vantaggio economico comportato dalla presenza dell'intelligenza emotiva nelle organizzazioni si incontra nei dati prodotti da Jac Fitz-Enz del Saratoga Institute, in un progetto sponsorizzato dalla Society for Human Resource Management. Dal 1986 l'istituto è andato raccogliendo dati su quasi seicento compagnie in più di venti settori, descrivendo nei dettagli le loro politiche e le loro prassi aziendali. Il Saratoga Institute ha analizzato le compagnie migliori, selezionate in base alla redditività, ai tempi di produzione, al volume dell'attività e ad altri simili indici di prestazione.[5]

Indagando che cosa queste compagnie avessero in comune, l'Istituto arrivò infine a individuare le seguenti prassi fondamentali nel loro modo di gestire le «risorse umane» — in altre parole, la loro gente.[6]

- Equilibrio fra gli aspetti umani e finanziari dei programmi della compagnia
- Impegno dell'organizzazione a una strategia fondamentale
- Iniziativa volta a stimolare miglioramenti di prestazione
- Comunicazione aperta e costruzione di un rapporto di fiducia con tutte le parti interessate
- Costruzione di relazioni, all'interno e all'esterno della compagnia, tali da offrire un vantaggio competitivo

- Collaborazione, sostegno e condivisione delle risorse
- Innovazione, capacità di correre rischi e di imparare insieme
- Passione per la competizione e il continuo miglioramento

Questo elenco è affascinante a causa delle evidenti analogie fra queste prassi, riferite a un'organizzazione, e le competenze emotive che caratterizzano gli individui capaci di prestazioni superiori. L'ultimo punto, ad esempio, descrive una competenza motivazionale — la spinta alla realizzazione — che abbiamo descritto, a livello personale, nel Sesto Capitolo. Lo stesso vale per punti quali la capacità di innovazione, il sentirsi a proprio agio con il rischio, la capacità di collaborare, di stringere relazioni, di comunicare apertamente e di meritare la fiducia altrui, come pure l'iniziativa e l'impegno: abbiamo visto, nei capitoli precedenti, come ciascuna di queste competenze emotive rappresenti un ingrediente della prestazione superiore a livello individuale.

Ma qui, queste stesse capacità sono finite su una lista redatta osservando *aziende* — e non individui — capaci di prestazioni superiori.[7] Proprio come per gli individui, possiamo pensare alle competenze dell'organizzazione come facenti capo a tre domini: quello delle abilità cognitive — nel senso di saper gestire bene la conoscenza; quello dell'expertise tecnico; e quello della gestione delle risorse umane — che richiede a sua volta competenza sociale ed emotiva.

Ma com'è un'organizzazione intelligente sul piano emotivo? Consideriamo il caso della Egon Zehnder International, un'azienda per la ricerca e la collocazione di alti dirigenti operante a livello mondiale.[8]

Un team globale

Victor Loewenstein aveva un problema — un problema globale. La Banca Mondiale gli aveva chiesto di trovare un candidato per una posizione di vicepresidente appena resasi disponibile, e lui doveva scandagliare tutto il mondo alla ricerca della persona giusta. Naturalmente doveva trattarsi di qualcuno con un sofisticato expertise in campo finanziario — e dal momento che la Banca Mondiale stava cercando di diversificare i propri ranghi, preferibilmente non doveva essere americano, visto che quella statunitense era una nazionalità fin troppo rappresentata nelle sue file. E Loewenstein, socio gerente dell'ufficio di New York della Egon Zehnder International, era insediato proprio nel centro di Manhattan.

Per nulla scoraggiato, egli mobilitò gli uffici dell'azienda sparsi in tutto il mondo. «Inviai un memo a una ventina di uffici nei paesi in cui era più probabile che disponessero di un pool di persone con un elevato livello di expertise in campo finanziario — principalmente in Europa, ma anche a Hong Kong, in Giappone, a Singapore e in Australia.»

Da questi uffici, Loewenstein ricevette venti profili di possibili candidati; a quel punto, chiese che gli otto giudicati più promettenti fossero intervistati presso quegli stessi uffici per verificare che possedessero effettivamente le competenze tecniche necessarie. Questo eliminò altri due candidati.

«Oltre alle qualifiche professionali», afferma Loewenstein, «la persona che cercavo doveva avere qualità e competenze personali che si armonizzassero con l'ambiente, unico, della Banca Mondiale — e poiché io ero il solo che avesse a che fare con la Banca, ero anche il solo che potesse prendere la decisione finale.» Così, con il campo ormai ridotto a sei aspiranti, lo stesso Loewenstein se ne andò in lungo e in largo per il mondo a conoscere i candidati rimasti.

«La Banca Mondiale è un ambiente con un fortissimo senso del gruppo», osserva. «Devi essere in grado di lavorare in un team, di prendere decisioni unanimi e di cooperare; non puoi fare la primadonna. Un candidato, ad esempio, veniva da una banca d'investimento; era di un'ambizione aggressiva, voleva il centro della scena tutto per sé — in un'organizzazione tanto improntata al lavoro in team proprio non poteva andare, e così uscì dalla rosa dei candidati.»

La scelta finale, un olandese, era il socio più anziano di un'importante azienda di revisione di conti — era uno dei due candidati che secondo Loewenstein avevano la giusta combinazione di expertise e chimica personale per armonizzarsi in modo vincente con l'organizzazione. Se avesse dovuto arrangiarsi da solo, probabilmente Loewenstein non si sarebbe mai imbattuto in lui, ma facendo appello alla sua rete di legami estesa in tutto il mondo, la ricerca ebbe successo.

Questa storia serve a descrivere il modo di operare della Egon Zehnder International, i cui soci sparsi in tutto il mondo sono collegati a formare un unico team globale, che condivide senza problemi contatti e iniziative. Quando un fabbricante d'automobili giapponese chiese un designer europeo, gli uffici della Egon Zehnder International — in Gran Bretagna, Francia, Germania e Italia — scandagliarono le industrie automobilistiche del proprio paese, mentre l'ufficio di Tokyo coordinava la ricerca. E quando un'azienda internazionale con una sede europea chiese alla Egon Zehnder International di trovarle un nuovo responsabile per le risorse umane, il candidato più promettente venne identificato da qualcuno dell'ufficio di New York, ma poiché si trovava in Asia per lavoro, fu intervistato presso la filiale di Hong Kong, e alla fine fu presentato al cliente dalla sede londinese.

Uno per tutti: l'economia della collaborazione

Questa collaborazione senza soluzioni di continuità è una parola d'ordine alla Egon Zehnder International. Forse, la ragione fondamentale per la quale essa è in grado di operare così fluidamente come team collaborativo esteso a tutto il mondo sta in un'innovazione avvenuta molto presto nella sua storia: l'azienda si considera come un singolo gruppo di lavoro, dove ciascuno è pagato sulla base della prestazione totale della compagnia. I circa cento soci condividono un pool di profitti distribuiti in base a un'unica formula. La quota percepita da ciascuno viene calcolata allo stesso modo, indipendentemente dal fatto che quell'anno la persona in questione abbia dato un contributo grande o piccolo ai guadagni dell'azienda. Tutta la Egon Zehnder opera come un singolo centro di profitto.

La maggior parte delle società del settore aggancia la retribuzione a una combinazione di parametri quali la prestazione a livello di azienda, di filiale e di individuo; di solito gli individui eccellenti — le «stelle» — hanno una percentuale sulle entrate che producono. Ma alla Egon Zehnder International questo non accade. Il direttore generale Daniel Meiland afferma: «La forza della nostra azienda è che da noi non esiste il concetto di "stella"».

Da questa uniformità nella distribuzione dei guadagni e del potere scaturisce uno spirito «tutti-per-uno-uno-per-tutti», in netto contrasto con il settore nel suo complesso, dove i «cacciatori di teste» tengono fede al proprio soprannome operando sulla base di un vero e proprio sistema di taglie, dove chi colloca un candidato ottiene una percentuale in base al salario del nuovo assunto.

Come mi disse un dirigente presso un'altra azienda del settore, «io mi tengo bene strette le informazioni e i contatti, perché vengo compensato sulla base delle trattative concluse. Se nel corso di una ricerca per un'altra posizione trovo un candidato comunque interessante, metto via il suo nome, e me lo tengo per una ricerca successiva, invece di condividerlo con un collega. Non so nemmeno se l'anno prossimo lavorerò nella stessa compagnia — perché dovrei dar via le mie risorse?»

Invece, alla Egon Zehnder International persone di trentanove diverse nazionalità e otto religioni, distribuite in quarantotto uffici sparsi in trentanove paesi operano come fossero una singola unità. «La differenza fondamentale fra la nostra azienda e le altre è che noi siamo tutti sulla stessa barca», afferma Loewenstein. «Qui non abbiamo programmi o interessi diversi che ci spingano a orientare gli affari per il nostro tornaconto personale. Invece, più collaboriamo, più siamo efficienti — e prima possiamo proseguire dedicandoci all'obiettivo successivo.

Quando la Egon Zehnder lo istituì, il suo modello di retribuzione rappresentava una deviazione radicale dalle consuetudini del settore. E anche ora, solo pochissimi concorrenti hanno cominciato a imitarlo. Inoltre, l'azienda è posseduta, interamente e in parti uguali, dai soci (in genere i consulenti vengono fatti entrare in società dopo circa sei anni). Lo stesso Zehnder, che un tempo era l'unico proprietario, oggi ne detiene solo una quota, come tutti gli altri soci.

«Capii che facendo così potevo trattenere le persone migliori», mi spiega Zehnder. «Questo sistema ha fatto di noi tutti — collettivamente — degli imprenditori.»

«Come facciamo a lavorare tanto bene insieme?» mi domanda retoricamente Zehnder. «È perché abbiamo separato la prestazione individuale dal denaro», afferma. «Nessuno viene valutato in base al suo volume di fatturato. Così, il socio che in Germania impiega il suo tempo ad aiutare un collega di Tokyo in una ricerca, vale come se avesse procurato un nuovo cliente. A nessuno importa chi si prende il merito di un successo, perché qui c'è un unico centro di profitto nel quale tutti hanno uguale interesse. Un ufficio in perdita guadagna come quello che ha ricavato di più.»

«Noi lavoriamo in rete, condividendo il nostro expertise e la fiducia», mi spiega Claudio Fernández-Aráoz dell'ufficio di Buenos Aires. «Qui dall'Argentina io sono ben felice di condividere qualsiasi cosa con i miei colleghi, ovunque siano nel mondo, e so che loro mi aiuterebbero nello stesso modo, perché il nostro guadagno dipende dai profitti totali dell'azienda.»

Le modalità di retribuzione ugualitarie della compagnia riflettono un'intuizione di Zehnder sulla natura del lavoro in team.

«Mi resi conto che le persone che non concludevano dei collocamenti, ma che facevano altre cose, come cercare di ottenere un nuovo cliente, o gestire l'associazione degli alunni di Harvard in Germania, valevano come quelle abbastanza fortunate da riuscire a collocare qualcuno. Io qui non voglio stelle — voglio che ognuno aiuti tutti gli altri ad essere delle stelle.»

L'esigenza di realizzarsi

Questo approccio in team rende: come azienda, le prestazioni della Egon Zehnder International sono straordinarie. Quale ditta specializzata nella ricerca di alti dirigenti — amministratori delegati e altre figure ai vertici degli organigrammi aziendali — essa si colloca, nel mondo, come la più redditizia per persona impiegata. Nel 1997, come negli ultimi sei anni consecutivi, la redditività della Egon Zehnder International è sempre andata aumentando.

Stando all'Economist Intelligence Unit, in tutto il mondo, nelle venti migliori aziende del settore, il ricavo netto medio per consulente è stato, nel 1995, di 577.000 dollari.[9] Per la Egon Zehnder International, invece, lo stesso parametro si attestava sui 908.000 dollari — il che significa una produttività del 60 per cento superiore alla media delle migliori aziende del settore. Nel 1997, nonostante avesse aumentato del 27 per cento il numero dei suoi consulenti (ciascuno dei quali solitamente impiega dai tre ai cinque anni a diventare pienamente produttivo) i ricavi erano comunque saliti tanto da superare il milione di dollari per consulente.

Il servizio offerto dalla Egon Zehnder International è immensamente importante per le aziende. A parte la spesa comportata dalla sostituzione di alti dirigenti che abbiano mancato i propri obiettivi (stando a una stima standard, l'investimento per la ricerca di un alto dirigente si aggira come minimo sui 500.000 dollari), i costi reali hanno a che fare anche con il potenziale impatto che queste figure di alto profilo esercitano sulla prestazione di un'azienda, nel bene come nel male.

Come abbiamo visto nel Terzo Capitolo, quanto più alto è il livello di complessità di un lavoro, e l'autorità che esso implica, tanto maggiore è l'impatto che una prestazione straordinaria avrà sul profitto. «Una volta dopo l'altra assistiamo a casi in cui la scarsa prestazione collettiva spinge una compagnia a venire da noi alla ricerca di un nuovo direttore generale», mi racconta Claudio

Fernández-Aráoz. «In genere, una volta che il nuovo dirigente ha assunto la sua carica, se la ricerca è stata condotta in modo appropriato, i risultati cambiano in modo impressionante.»

Il cambiamento non consiste solo in un aumento della redditività, ma si riscontra anche in vari altri parametri oggettivi — quali la produttività, l'incremento delle vendite e un abbassamento dei costi — come pure in misure cosiddette *soft* — ad esempio un innalzamento del morale e della motivazione, una maggior cooperazione e una riduzione del turnover e della fuga di talenti. In breve, come dice lui, «i dirigenti ai vertici possono aggiungere o sottrarre alla compagnia un immenso valore economico, e quanto più alto è il loro livello, tanto maggiore è il loro potere — e tanto più forte sarà il loro impatto».

Costruire con integrità

Zehnder ebbe un ruolo fondamentale nell'introdurre in Europa, come settore di attività, la ricerca e il collocamento di alti dirigenti; e in Europa la sua azienda conserva un ruolo di leader. Negli anni Cinquanta, poco dopo aver conseguito il suo master in scienze aziendali ad Harvard, Zehnder andò a lavorare presso la Spencer Stuart, un'azienda di ricerca del personale americana, avviandone i nuovi uffici dapprima a Zurigo e poi a Londra, Francoforte e Parigi.

L'integrità è un caposaldo della cultura aziendale, un valore che si riflette, ad esempio, nel cambiamento che Zehnder apportò al calcolo delle tariffe dopo aver lasciato la Spencer Stuart per avviare la propria azienda nel 1964.

«Non mi piaceva il sistema in cui eri pagato con una percentuale sullo stipendio corrente della persona che stavi cercando — né il fatto che eri pagato solo se riuscivi a trovare qualcuno che poi il cliente assumeva», mi spiega Zehnder. «Questo creava una pressione che ti spingeva a "cercare" persone che chiedessero le retribuzioni più elevate — indipendentemente dal fatto che fossero o meno le più qualificate — così da ottenere la commissione più alta.»

Zender riorganizzò il sistema delle tariffe in modo da assicurarsi che l'unico criterio della ricerca fosse l'idoneità del candidato. Fin dai suoi esordi, la Egon Zehnder International ha richiesto ai suoi clienti una parcella fissa, calcolata in anticipo sulla base della complessità della ricerca.

Le tariffe fisse istituite da Zehnder mettono i suoi consulenti in condizione di cercare liberamente i candidati più qualificati, e non i più pagati. Ciò comporta anche che, a volte, i consulenti «lascino parte del denaro sul tavolo», ossia prendano meno di quello che il cliente pagherebbe normalmente per la stessa ricerca a un'altra azienda. Per il direttore generale Daniel Meiland, questa perdita di entrate si ripaga sotto forma di fiducia del cliente. Come dice lui, «i clienti pagano in base alla fiducia che hanno nel consulente e nella ditta. Ma come azienda di seri professionisti, noi dobbiamo essere coerenti. Non possiamo stabilire le tariffe con una politica che valga nel 70 per cento dei casi e negli altri adottarne una diversa».

Questa politica si ripaga anche in termini di nuovi affari e di legami a lungo termine con i clienti. Lee Pomeroy, dell'ufficio di New York, racconta la ricerca di un dirigente effettuata per una grande banca americana. Il lavoro fu relativamente semplice e così la tariffa applicata fu di 110.000 dollari. Per quella posizione di direttore della ricerca, però, il salario del primo anno superava il milione di dollari — e quindi un'altra azienda avrebbe chiesto più di 330.000 dollari.

Pomeroy commentò: «Sebbene la tariffa fosse bassa rispetto a quello che avremmo potuto chiedere se avessimo seguito gli standard del settore, cominciammo a ottenere più incarichi da quella banca e per le due ricerche successive, a livello internazionale e di natura un poco più complessa, applicammo tariffe da 150.000 dollari.»

La Egon Zehnder International mira a un equilibrio fra la ricerca del profitto e un contributo alla società. I soci sono incoraggiati a compiere ricerche a titolo gratuito per enti benefici, ospedali, università e governi. «Il rientro economico non può essere il solo incentivo o l'unico scopo dell'azienda», commenta Victor Loewenstein. L'ufficio di New York sta prendendo l'iniziativa di trovare gratuitamente dei candidati di alto profilo appartenenti a minoranze, da proporre ai propri clienti di lunga data.

Queste attività *pro bono* comportano un vantaggio indiretto. Nel corso di questo lavoro, i consulenti dell'azienda «danno un contributo che dimostra al tempo stesso la loro competenza personale e la loro dedizione a servire gli altri», afferma Egon Zehnder. «Per attrarre nuovi clienti nulla è più importante del far loro vedere grandi talenti come i nostri che contribuiscono a un obiettivo senz'ombra di egoismo.»

Questo mostra la tattica adottata della Egon Zehnder International per sviluppare i propri affari attraverso una rete di relazioni in naturale espansione. L'azienda sembra mancare di una strategia di marketing intesa nell'accezione comune del termine: non fa mai pubblicità e i soci sono spesso riluttanti a essere citati dalla stampa. Ma invece dei soliti sforzi promozionali, soci e consulenti instaurano reti di contatti sia attraverso i loro quotidiani rapporti di lavoro, sia attraverso l'attività svolta nella propria comunità. Essi sono straordinari tanto come costruttori che come utenti di queste reti.

Il peccato capitale

Le relazioni fra la Egon Zehnder International e i suoi uomini sono improntate alla lealtà. Deve ancora succedere che la compagnia chiuda un ufficio perché le sue entrate ristagnano. Al principio degli anni Novanta, ad esempio, nonostante alcune filiali più piccole si fossero espresse al di sotto delle aspettative, la compagnia le tenne aperte, coerente con la sua politica generale di non ricorrere ai licenziamenti — in netto contrasto con il resto del settore, dove in tempi difficili i tagli sono la norma.

Come dice Meiland: «Quando il mercato è in crisi, le altre aziende del settore lasciano a casa moltissimi dipendenti. Quelli della concorrenza vengono dai nostri consulenti e gli chiedono di andar da loro; noi invece non assumiamo mai la loro gente. Non compriamo agende di indirizzi. Come facciamo a tenerci i nostri uomini? È soltanto che qui pensano: "Questa è la migliore azienda per cui lavorare. Sto bene qui"....Qui la gente sta al sicuro e lo sa».

La sicurezza genera un senso di obbligo. Naturalmente, la combinazione fra ciò che equivale a un posto fisso e un sistema retributivo che ricompensa chiunque indipendentemente dai suoi sforzi specifici, comporta sempre un pericolo. Ecco perché perder tempo oziando è considerato un peccato capitale. Come mi disse Zehnder: «Il sistema funziona solo se tutti noi diamo il massimo. Qui il crimine sta nel fare gli scrocconi, non nella mancanza di successo se ce la stai mettendo tutta».

In un gruppo unito da legami così stretti, «la pressione esercitata dai colleghi e il senso di imbarazzo», rappresentano, come dice uno dei soci, uno sprone importantissimo per chi non riesce a fare la propria parte del lavoro. Quando uno sembra perder tempo, riceve un ammonimento. «Io posso dirgli, "Non ti stai impegnando nelle tue ore di lavoro, non parli abbastanza con i clienti"», spiega Meiland.

Se anche così non c'è miglioramento, costoro sono messi in una sorta di periodo di prova, a stipendio ridotto. Se si tratta di una persona che lavora con l'azienda da dieci anni, la sua quota per l'anno in corso potrebbe esser uguagliata a quella di un consulente con un'anzianità di cinque anni, in attesa di un miglioramento. Se in quell'anno non c'è alcuna ripresa, la quota può essere ulteriormente abbassata portandola al livello di quella percepita da chi abbia tre anni di anzianità. Ma è rarissimo che si arrivi a questo, in larga misura grazie a quella che i soci descrivono come un'intensa lealtà reciproca, come pure a causa dell'obbligo che sentono gli uni verso gli altri e nei confronti della loro comune impresa.

Poiché la gente entra alla Egon Zehnder per restarci, esiste una sensazione palpabile del fatto che l'azienda è una famiglia. Come disse un socio, «noi sappiamo che lavoreremo insieme per molti anni e pertanto siamo preparati a investire tempo e impegno nello stringere relazioni».

La costruzione di relazioni è uno dei punti focali in occasione dei convegni durante i quali, due volte all'anno, tutti i soci e i consulenti si riuniscono, e quelli da poco assunti vengono presentati al resto dell'azienda. Queste riunioni cominciano con un rituale: una proiezione di diapositive su tutti i nuovi consulenti, con fotografie e aneddoti sulla loro vita, dall'infanzia in poi. «Questo offre a ognuno di noi un punto di partenza per cominciare a conoscerli», spiega Fernández-Aráoz. «È una cosa estremamente importante — le risorse umane rappresentano il nostro unico patrimonio.»

Tutto questo crea dei legami emotivi. «Qui da noi, i migliori non se ne vanno», afferma Zehnder. «Restano perché amano la cultura aziendale. È come una famiglia. Noi capiamo le difficoltà che i soci incontrano nella loro vita — le crisi familiari, le malattie, le preoccupazioni per i figli.»

Quando una consulente dell'ufficio di New York prese un permesso di maternità, diversi colleghi si offrirono di assumersi i suoi incarichi e di portarli a buon fine «per aiutare una collega e un'amica» — come disse uno di loro. Quando Victor Loewenstein si ammalò gravemente e dovette essere operato d'urgenza, tutta l'azienda venne tenuta quotidianamente informata sulle sue condizioni. E quando in Canada, a un consulente appena selezionato, fu diagnosticato un tumore in occasione di una visita medica prima ancora che cominciasse a lavorare per l'azienda, si procedette comunque all'assunzione ed egli fu tenuto nel libro paga per tutti i tre anni durante i quali combatté contro la malattia — fino alla sua morte.

«Noi ci preoccupiamo molto gli uni degli altri», mi disse Fernández-Aráoz. Quella preoccupazione si applica anche all'equilibrio fra il lavoro e il resto della vita. Sebbene le prestazioni dell'azienda siano tali da porla ai vertici del settore, la sua cultura scoraggia i veri e propri fanatici del lavoro, i cui implacabili orari finiscono per distruggere ogni speranza di una sana vita familiare.

«Venti o trent'anni fa la gente era disposta a rinunciare a tutto — famiglia, matrimonio, tempo libero — per il successo dell'azienda in cui lavorava», racconta Zehnder. «Oggi, se uno dice che è disposto a dare qualsiasi cosa in cambio del successo — be', ha detto la cosa sbagliata.»

L'atmosfera familiare della compagnia deriva in parte dalla distribuzione democratica del potere. Come disse uno dei soci: «Ai vertici facciamo le stesse cose che si fanno alla base». In altre parole, l'anzianità di servizio e i titoli non hanno molta importanza, perché tutti fanno più o meno lo stesso lavoro. Questa condivisione della stessa attività «cementa in modo molto forte le relazioni in senso verticale, mentre la stabilità e la struttura della retribuzione cementano quelle orizzontali», osserva Philip Vivian dell'ufficio di Londra. L'organigramma dell'azienda somiglia più a una rete che a una gerarchia.

Quando serve aiuto

Lo stile operativo della Egon Zehnder International richiede uno straordinario livello di collaborazione e cooperazione, la capacità di comunicare in modo aperto, l'arte di saper trarre vantaggio dalla diversità e un vero talento per il lavoro in team. La sua strategia per lo sviluppo si fonda sull'abilità di costruire e utilizzare reti e di sviluppare relazioni, nonché sull'impulso collettivo a migliorare la prestazione.

L'approccio egualitario alle retribuzioni adottato dall'azienda funziona solo se tutti si comportano con integrità e coscienza. La sua stessa attività — che è quella di trovare la persona giusta per una data compagnia — richiede abilità nell'empatia, un intuito accurato e consapevolezza dell'organizzazione. La capacità di alimentare relazioni a lungo termine con i clienti esige una continua attenzione alle loro necessità. Poca meraviglia, dunque, che Daniel Meiland mi dica: «In quello che facciamo, l'intelligenza emotiva è essenziale».

Come si manifesta, in pratica, questa esplicita attenzione all'intelligenza emotiva? Consideriamo il modo in cui l'azienda procede alle assunzioni. Il compito è incentrato sulla valutazione precisa della chimica esistente fra l'organizzazione e un potenziale consulente. La cura che essi mettono nel valutare i futuri dipendenti offre un esempio di come si possa tenere conto dell'intelligenza emotiva nel procedere alle assunzioni.

Mentre le altre aziende di ricerca del personale di solito cercano di reclutare i propri consulenti prelevandoli dai ranghi della concorrenza, in modo che possano portare dei clienti fin dall'inizio, per la Egon Zehnder International questo è irrilevante, ed essa non assume mai persone provenienti dal settore. «Quando cerchiamo un nuovo consulente i nostri criteri principali hanno a che fare con le qualità personali e non con la capacità di produrre entrate fin dal primo giorno», mi disse un consulente.

I prerequisiti riguardano in primo luogo l'intelletto e l'expertise. Come in qualsiasi lavoro implicante un livello così elevato di complessità cognitiva, il QI è importante. Chiunque venga assunto ha un curriculum di successo in un altro settore e *due* diplomi ad alto livello (soprattutto master in scienze aziendali e diplomi in legge conseguiti presso scuole importanti, sebbene il 25 per cento abbia un PhD). Nessuno che sia privo di questo livello di qualificazione può fare una domanda di assunzione; e d'altra parte, questa elevata barriera di requisiti di intelletto ed esperienza serve solo ad accedere al pool dei possibili candidati.

Un radar umano

Di solito, un potenziale consulente viene intervistato da venti, e a volte anche da quaranta, dei circa cento soci dell'azienda — anche in cinque paesi diversi. Lo stesso Zehnder ogni anno incontra personalmente circa centocinquanta candidati. Egli non ha un particolare potere di veto, tuttavia afferma che in uno o due casi, dopo aver incontrato quelli che altrimenti sembravano dei candidati forti, obiettò energicamente alla loro assunzione.

«In questo settore abbiamo bisogno di un radar, che però si sviluppa solo con l'esperienza», osserva Zehnder. «I nostri dipendenti devono essere diligenti nel fare le loro ricerche e il lavoro interno, ma l'intuizione si sviluppa valutando i candidati.»

Ogni socio che incontra i nuovi consulenti potenziali li valuta in base a quattro dimensioni principali. La prima è puramente cognitiva — si tratta di abilità come la risoluzione di problemi, il ragionamento logico e le capacità analitiche. Ma le altre tre riflettono l'intelligenza emotiva. Esse sono:

- *Capacità di stringere valide relazioni.* Essere capaci di gioco di squadra; avere fiducia in se stessi, presenza e stile; essere empatici e buoni ascoltatori; saper vendere un'idea; dimostrare maturità e integrità.
- *Essere concludenti.* Mostrare iniziativa, possedere la motivazione, l'energia e la spinta che porta a ottenere dei risultati; dimostrare giudizio e buonsenso; essere indipendenti, intraprendenti e pieni di immaginazione; avere le potenzialità per esercitare la leadership.
- *Adattamento personale.* Avere le qualità dell'amico, del collega e del socio; essere onesti e mantenersi fedeli ai propri valori; essere motivati, socievoli, modesti, dotati di «brio» e senso dell'umorismo; avere una vita personale piena e interessi anche al di fuori del lavoro; capire l'azienda e i suoi valori.

Qui la barriera è alta — e per buoni motivi. «È come entrare in una famiglia», afferma Fernández-Aráoz. «Dobbiamo pensare a lungo termine. Non vogliamo che un socio assuma il primo che capita semplicemente perché nel suo ufficio hanno un gran carico di lavoro e gli occorre aiuto — vogliamo persone che un giorno possano entrare a loro volta in società.»

Egon Zehnder è più netto: «Nella nostra famiglia c'è posto solo per gente disposta a impegnarsi molto».Questa non è vuota retorica; i dati indicano che circa il novanta per cento delle persone assunte come consulenti arriva poi a diventare socio. Il numero dei dimissionari è intorno al tre per cento, da confrontarsi con il trenta per cento che caratterizza le aziende analoghe del settore — un campo nel quale chiunque con un'agenda di indirizzi abbastanza sostanziosa può andarsene e avviare la propria attività.

Zehnder afferma: «Prima che vengano assunti, mi incontro con tutti i consulenti per un colloquio di due ore. Voglio capire che cosa è importante per loro. Vanno all'opera? Che genere di libri leggono? Quali sono i loro valori? Sono troppo disposti a cedere — non sono capaci di battersi per i propri valori?»

Esiste anche una motivazione personale al di là degli obiettivi aziendali. Zehnder è sincero: «Io voglio divertirmi mentre lavoro. Voglio il genere di persone con cui poter andare a pranzo nel weekend. Nella mia professione devi poterti fidare della tua gente. Io voglio il tipo di persona che mi piaccia nel profondo del cuore — gente che possa piacermi anche quando sono sfinito alle tre di notte».

Alcune considerazioni conclusive

Un'organizzazione è come un essere vivente — c'è un momento in cui nasce, una fase di crescita attraverso diversi stadi di sviluppo, il raggiungimento della maturità, e infine la morte. La vita di una compagnia ha una durata finita; se è vero che il passato è il prologo del futuro, di qui a quarant'anni fino a due terzi delle cinquecento aziende che oggi hanno il massimo fatturato annuo non esisteranno più.[1]

Probabilmente, sopravviveranno quelle più capaci. E, come abbiamo visto, gli ingredienti di un'organizzazione efficiente comprendono una robusta dose di intelligenza emotiva.

Naturalmente, esistono numerosi fattori patogeni che possono rivelarsi letali per una compagnia: mutamenti sismici dei mercati, una visione strategica troppo miope, cambiamenti ai vertici contrassegnati da un clima di ostilità, tecnologie competitive impreviste, e simili. Ma un livello di intelligenza emotiva insufficiente può avere un ruolo essenziale nel rendere una compagnia vulnerabile agli altri agenti patogeni — equivale, per un'azienda, a un sistema immunitario indebolito.

Per la stessa ragione, l'intelligenza emotiva può essere una sorta di vaccino che preserva la salute e incoraggia lo sviluppo di una compagnia. Se essa ha le competenze derivanti dalla consapevolezza e dal dominio di sé, dalla motivazione e dall'empatia, dalle capacità di leadership e dalla comunicazione aperta, indipendentemente da quanto il futuro porterà con sé, dovrebbe dimostrarsi più robusta.

E questo, a sua volta, dà un particolare valore alle persone dotate di intelligenza emotiva.

Il vecchio modo di fare affari non funziona più; le sfide competitive, sempre più intense, tipiche dell'economia mondiale, stimolano chiunque, ovunque si trovi, ad adattarsi per prosperare sotto nuove regole. Nella vecchia economia le gerarchie contrapponevano la manodopera al management e le retribuzioni dipendevano dalle capacità; questa situazione, tuttavia, va erodendosi con l'accelerare del cambiamento. Le gerarchie si stanno trasformando in reti; la manodopera e il management si stanno unendo in team; le retribuzioni stanno diventando nuove combinazioni di opzioni, incentivi e proprietà; le capacità necessarie per svolgere un lavoro fisso stanno lasciando il passo a un processo di apprendimento che dura tutta la vita, mentre i posti fissi si fondono e vengono sostituiti da carriere variabili.

Con il modificarsi del mondo aziendale, cambiano anche le caratteristiche che occorrono per sopravvivere — non parliamo poi di quelle necessarie per eccellere. Tutte queste transizioni aggiungono valore all'intelligenza emotiva. L'aumento delle pressioni competitive dà nuovo valore agli individui capaci di automotivarsi, di dimostrare iniziativa, dotati dell'impulso interiore per superare se stessi e abbastanza ottimisti da saper prendere con calma rovesci e insuccessi. L'esigenza sempre stringente di servire bene clienti e committenti e di lavorare in modo fluido e creativo con una gamma sempre più diversa di persone rende ancora più essenziali le capacità empatiche.

Allo stesso tempo, la fusione dei vecchi organigrammi gerarchici — simili al disegno di un cablaggio elettrico — nel mandala tipico di una rete, insieme all'ascesa del lavoro in team, aumentano l'importanza di tradizionali capacità interpersonali come quelle di stringere legami, di essere persuasivi e di collaborare.

E poi c'è la sfida costituita dall'esercizio della leadership: le abilità che occorreranno ai leader del prossimo secolo saranno radicalmente diverse da quelle ritenute preziose oggi. Dieci anni fa, competenze come il saper catalizzare i cambiamenti, l'adattabilità, la capacità di trarre vantaggio dalla diversità e tutte le abilità relative al lavoro in team non erano sotto il mirino. Oggi, contano di più ogni giorno che passa.

I nostri figli e il lavoro del futuro

Come possiamo preparare nel modo migliore i giovani al nuovo mondo del lavoro? Per i nostri figli, ciò comporta un'alfabetizzazione emotiva; per chi già lavora, significa coltivare le competenze emotive. Tutto questo, naturalmente, richiede il ripensamento del concetto degli «elementi fondamentali» dell'educazione: l'intelligenza emotiva è oggi essenziale per il futuro dei nostri figli esattamente come lo sono i classici materiali accademici.

In tutto il mondo i genitori stanno diventando consapevoli dell'esigenza di una preparazione alla vita più ampia di quella offerta dai programmi della scuola tradizionale. Il Collaborative for Social and Emotional Learning dell'Università dell'Illinois di Chicago riferisce che oggi migliaia di scuole americane adottano più di centocinquanta diversi programmi di alfabetizzazione emotiva. E da tutte le parti del mondo — Asia, Europa, Medio Oriente, Americhe e Australia — giunge notizia della nascita di nuovi programmi simili.

Forse l'approccio più idealista è quello emergente in coalizioni pionieristiche sorte fra amministrazioni locali, scuole e aziende, mirate a potenziare il livello dell'intelligenza emotiva della comunità. Lo stato di Rhode Island, ad esempio, ha inaugurato un'iniziativa per promuovere l'intelligenza emotiva in contesti diversi quali le scuole, le carceri, gli ospedali, le cliniche psichiatriche e i programmi di riqualificazione al lavoro.

Compagnie lungimiranti si stanno rendendo conto di avere un interesse nella qualità dell'insegnamento impartito dalle scuole a quelli che saranno i loro futuri dipendenti. Posso immaginare coalizioni di aziende che incoraggino programmi di alfabetizzazione emotiva — e che lo facciano sia come gesto di buona volontà, sia come investimento pratico. Se una scuola non riesce ad aiutare i propri studenti a dominare queste fondamentali abilità umane, significa che le aziende dovranno porvi rimedio quando quegli studenti diventeranno loro dipendenti. Un'attenzione concertata di questo tipo, volta ad aiutare le scuole a insegnare queste capacità, può solo contribuire a migliorare sia la civiltà, sia la prosperità economica delle nostre comunità.

L'azienda di domani: l'organizzazione virtuale

Il valore dell'intelligenza emotiva può solo aumentare, dal momento che le organizzazioni diventano sempre più dipendenti dal talento e dalla creatività di persone che lavorano come agenti indipendenti. Già adesso il sette per cento dei *knowledge workers* americani afferma di decidere da sé che cosa fare al lavoro, invece di aspettare che sia qualcun altro a dirglielo.[2]

L'aumentata diffusione del telelavoro sta accelerando questa tendenza. L'autonomia può funzionare solo se procede mano nella mano con l'autocontrollo, l'affidabilità e la coscienziosità. E poiché a questo punto le persone lavorano meno «per la compagnia» e più per se stesse, l'intelligenza emotiva sarà necessaria per conservare le relazioni indispensabili alla sopravvivenza dei lavoratori.

La presenza di questi agenti liberi fa intravedere un futuro del lavoro in qualche modo simile al funzionamento del sistema immunitario — dove cellule migranti individuano un'esigenza pressante, si riuniscono spontaneamente a formare un gruppo di lavoro altamente coordinato e dai legami molto stretti che possa soddisfare quell'esigenza e poi, una volta finito il lavoro, tornano a disperdersi ridiventando indipendenti. Nel contesto di un'organizzazione, questi gruppi, ciascuno con una miscela specializzata di talenti ed expertise, possono formarsi, a seconda delle necessità, o all'interno dei confini aziendali o attraversandoli, e poi cessano di esistere una volta che il loro compito è stato eseguito. Questo modo di procedere già caratterizza il settore dell'intrattenimento, dove pseudo-organizzazioni si sviluppano limitatamente alla durata di un progetto per poi ridisciogliersi. Questa, secondo l'ipotesi di molti, sarà una modalità di procedere standard nel futuro mondo del lavoro.

Questi team virtuali riescono a essere particolarmente agili perché sono guidati da chiunque abbia le capacità necessarie — e non da chi, per caso, abbia il titolo di «manager». In molte organizzazioni stanno proliferando gruppi e task force istituiti *ad hoc* in vista di un progetto; altre compagnie stanno creando le capacità latenti di formare tali gruppi incoraggiando le persone a riunirsi per parlare e condividere informazioni e idee.

La domanda che tutti noi ci poniamo è se il nuovo mondo del lavoro diventerà sempre più spietato, con pressioni e apprensioni implacabili che ci spoglieranno del senso di sicurezza e cancelleranno, nella nostra vita, il posto dei piaceri più semplici — o se, anche in questa nuova realtà, riusciremo a trovare vie che portino a un lavoro capace di entusiasmarci, appagarci e arricchirci.

Il profitto

In questo scenario, l'aspetto positivo è che l'intelligenza emotiva può essere appresa. A livello individuale, possiamo aggiungere queste capacità al nostro kit degli attrezzi per la sopravvivenza, proprio in un momento in cui un'espressione come «sicurezza del posto di lavoro» suona come uno stravagante ossimoro.

Per aziende di ogni genere, il fatto che le competenze emotive possano essere valutate e migliorate indica un'altra area nella quale è possibile perfezionare la prestazione — e quindi la competitività. Quel che occorre è un'armonizzazione delle competenze emotive alle esigenze dell'azienda.

A livello individuale, gli elementi dell'intelligenza emotiva possono essere identificati, valutati e migliorati. In un gruppo, ciò significa ottenere una precisa messa a punto della dinamica interpersonale, così da rendere il gruppo stesso più intelligente. A livello di organizzazione, significa rivedere la gerarchia dei valori, in modo da fare dell'intelligenza emotiva una priorità in termini concreti di assunzione, training e sviluppo, valutazione delle prestazioni e promozioni.

Di certo, l'intelligenza emotiva non è una pallottola magica — non garantisce una maggior quota di mercato né profitti più floridi. L'ecologia di un'azienda è straordinariamente fluida e complessa, e nessun singolo intervento, nessuna singola modificazione, può risolvere qualsiasi suo problema. Tuttavia, come spesso si dice, «alla fine tutto si riduce alle persone», e se l'ingrediente umano viene ignorato, nient'altro funzionerà bene come potrebbe. Negli anni a venire, le compagnie dove le persone collaboreranno meglio godranno di un vantaggio competitivo, e pertanto in quella misura l'intelligenza emotiva sarà più essenziale.

Ma a prescindere dal livello di intelligenza emotiva dell'azienda per la quale lavoriamo, il possedere queste capacità offre a ciascuno di noi, indipendentemente dal luogo in cui lavora, un modo per sopravvivere conservando intatti la propria umanità e il proprio equilibrio. E poiché il lavoro cambia, queste abilità umane possono aiutarci non solo a essere competitivi, ma anche ad alimentare la capacità di trarre piacere — perfino gioia — dal nostro lavoro.

Appendici

Appendice 1

Intelligenza emotiva

L'espressione «intelligenza emotiva» si riferisce alla *capacità di riconoscere i nostri sentimenti e quelli degli altri, di motivare noi stessi, e di gestire positivamente le emozioni, tanto interiormente, quanto nelle nostre relazioni*. Essa descrive abilità che, per quanto complementari, sono distinte dall'intelligenza accademica, ossia dalle capacità puramente cognitive misurate dal QI. Molte persone intelligenti sui libri ma carenti di intelligenza emotiva finiscono per lavorare alle dipendenze di gente con un QI più basso ma tali da eccellere nelle capacità dell'intelligenza emotiva.

Questi due diversi tipi di intelligenza — intellettuale ed emotiva — esprimono l'attività di parti diverse del cervello. L'intelletto si basa esclusivamente sulle elaborazioni che hanno luogo a livello della neocorteccia, ossia degli strati superficiali del cervello, di più recente evoluzione. I centri emotivi si trovano invece in profondità, nelle regioni sottocorticali più antiche; l'intelligenza emotiva comporta il funzionamento integrato di questi centri con quelli intellettuali.

Fra i teorici dell'intelligenza più autorevoli che sostengono la distinzione fra capacità intellettuali ed emotive troviamo Howard Gardner, uno psicologo di Harvard che nel 1983 propose un modello molto apprezzato di «intelligenza multipla».[1] Il suo elenco di sette tipi di intelligenza non comprendeva solo le abilità verbali e di calcolo, ma anche due varietà «personali»: la conoscenza del proprio mondo interiore e la destrezza sociale.

Una teoria completa dell'intelligenza emotiva è stata proposta nel 1990 da due psicologi, Peter Salovey, di Yale, e John Mayer, ora all'Università del New Hampshire.[2] Un altro modello pionieristico dell'intelligenza emotiva era stato proposto negli anni Ottanta da Reuven Bar-On, uno psicologo israeliano.[3] E in anni recenti diversi altri teorici hanno apportato alcune variazioni alla stessa idea.

Salovey e Mayer definirono l'intelligenza emotiva in termini di capacità di monitorare e dominare i sentimenti propri e altrui e di usare i primi per guidare il pensiero e l'azione. Mentre essi hanno continuato a mettere a punto la teoria, io ho adattato il loro modello traendone una versione che trovo utilissima per comprendere il modo in cui questi talenti emotivi si rivelano importanti nella vita lavorativa. Il mio adattamento comprende queste cinque fondamentali competenze emotive e sociali:

Consapevolezza di sé: Conoscere in ogni particolare momento i propri sentimenti e le proprie preferenze e usare questa conoscenza per guidare i processi decisionali; avere una valutazione realistica delle proprie abilità e una ben fondata fiducia in se stessi.

Dominio di sé: Gestire le proprie emozioni così che esse — invece di interferire con il compito in corso — lo facilitino; essere coscienziosi e capaci di posporre le gratificazioni per perseguire i propri obiettivi; sapersi riprendere bene dalla sofferenza emotiva.

Motivazione: Usare le proprie preferenze più intime per spronare e guidare se stessi al raggiungimento dei propri obiettivi, come pure per aiutarsi a prendere l'iniziativa; essere altamente efficienti e perseverare nonostante insuccessi e frustrazioni.

Empatia: Percepire i sentimenti degli altri, essere in grado di adottare la loro prospettiva e coltivare fiducia e sintonia emotiva con un'ampia gamma di persone fra loro diverse.

Abilità sociali: Gestire bene le emozioni nelle relazioni e saper leggere accuratamente le situazioni e le reti sociali; interagire fluidamente con gli altri; usare queste capacità per persuaderli e guidarli, per negoziare e ricomporre dispute, come pure per cooperare e lavorare in team.

Appendice 2

Calcolare le competenze di chi eccelle

Esistono due livelli di competenza sul lavoro, e pertanto due tipi di modelli di competenza. Uno di essi valuta le competenze-*soglia* — quelle che occorrono per eseguire un determinato lavoro. Questi sono i criteri necessari per eseguire i compiti associati a una determinata posizione. Nelle organizzazioni, la maggior parte dei modelli di competenza ricade in questa categoria.

L'altro tipo di modello descrive invece le competenze *distintive*, in altre parole le capacità che separano gli individui eccellenti da chi è semplicemente nella media. Queste sono le competenze di cui necessitano le persone che già occupano una particolare posizione, così da svolgere in modo superbo il proprio lavoro.

Ad esempio, a chiunque lavori nel campo della tecnologia dell'informazione occorre un elevato livello di expertise tecnico solo per poter accedere a quel tipo di attività; questo expertise è una competenza-soglia. Ma le due competenze che hanno più peso nel far emergere qualcuno in questo campo sono l'impulso a migliorarsi; e la capacità di persuadere e influenzare gli altri — in altre parole, competenze emotive.

In se stessi, pur rappresentando dei buoni indicatori generali, gli elenchi delle competenze non ci dicono esattamente in quale misura ciascuno degli ingredienti contribuisca alla prestazione eccellente. I dati migliori in assoluto provengono dagli studi sulle competenze che analizzano il *peso relativo* di ciascuna di esse nel distinguere chi eccelle da chi è solo mediocre. Infatti, nel contribuire all'eccellenza della prestazione, una singola competenza cognitiva potrebbe rivelarsi, tanto per fare un esempio, tre volte più importante di una particolare competenza emotiva — o viceversa.

Perciò, per comprendere in modo ancora più preciso il contributo della competenza emotiva all'eccellenza, mi rivolsi a Ruth Jacobs e a Wei Chen, due ricercatori della Hay/McBer di Boston. Essi rianalizzarono i dati grezzi in loro possesso, relativi a studi condotti presso quaranta compagnie, in modo da determinare il peso relativo di ciascuna competenza nel distinguere gli individui eccellenti da quelli nella media.

Ed ecco i risultati: il 27 per cento degli individui eccellenti presentava maggior talento di quelli mediocri nelle capacità puramente cognitive; quella percentuale saliva al 53 per cento nel caso delle competenze emotive. In altre parole, queste ultime contribuivano all'eccellenza in misura *doppia* rispetto al puro intelletto e all'expertise.

Questa stima è compatibile con i primi risultati che io stesso avevo ottenuto (riportati nel Secondo Capitolo), e mi sento tranquillo nel proporre questa valutazione come cauta stima empirica del valore generale della competenza emotiva ai fini della prestazione lavorativa eccellente.

Questi risultati sull'importanza della competenza emotiva sono inoltre compatibili con un modello generale emerso in altri studi empirici sull'eccellenza professionale. I dati provengono ormai da numerosissime fonti. Tutto sta a indicare che, in generale, le competenze emotive abbiano un ruolo di gran lunga più importante delle abilità cognitive e dell'expertise tecnico ai fini di una prestazione lavorativo-professionale superiore.

Richard Boyatzis, della Weatherhead School of Management presso la Case Western Reserve University, effettuò uno studio classico su più di duemila fra supervisori, manager di medio livello e alti dirigenti, in dodici diverse organizzazioni.[1] Delle sedici abilità che distinguevano gli individui eccezionali da quelli mediocri, tutte, tranne due, facevano capo all'intelligenza emotiva.

Questi risultati furono replicati in un'analisi più ampia sulle qualità distintive degli individui eccellenti, effettuata da Lyle Spencer Jr, direttore della ricerca e della tecnologia alla Hay/McBer. L'analisi di Spencer include studi sulle competenze effettuati presso 286 organizzazioni, due terzi delle quali statunitensi e un terzo sparse in altri venti paesi. I profili professionali per i quali si procedette ad analizzare le competenze degli individui eccellenti comprendevano posizioni manageriali — dal livello dei supervisori a quello del direttore generale; posizioni nel campo delle vendite e del marketing; professioni scientifiche e tecniche; e, ancora, profili nel campo sanitario, amministrativo e scolastico — erano incluse perfino delle organizzazioni religiose.

Su ventuno competenze generiche identificate da Spencer, tutte tranne tre si basavano su capacità legate all'intelligenza emotiva. Delle tre competenze puramente cognitive, due erano esclusivamente intellettuali: le capacità analitiche e il pensiero concettuale. La terza consisteva nell'expertise tecnico. In altre parole, la vasta maggioranza — più dell'80 per cento — delle competenze generali che distinguono gli individui eccezionali da quelli mediocri fa capo all'intelligenza emotiva e non ad abilità puramente cognitive.

Marilyn Gowing, direttrice del Personnel Resource and Development Center presso lo U.S. Office of Personnel Management, supervisionò un'analisi approfondita delle competenze che si ritiene distinguano gli individui straordinari da quelli a malapena adeguati, in tutti gli impieghi federali. Analizzando quei dati su mia richiesta, Robert Buchele, un economista dello Smith College, calcolò il rapporto fra competenze tecniche e attitudini interpersonali negli individui capaci di prestazioni superiori che occupavano posizioni di diverso livello, dal più basso al più alto.

Per le posizioni del livello più basso (impiegati dell'ufficio acquisti e assistenti d'ufficio) le abilità tecniche avevano più valore di quelle interpersonali. Ma a livelli superiori (posizioni professionali o manageriali) le capacità interpersonali erano più importanti di quelle tecniche nel distinguere gli individui migliori. E quanto più la posizione era elevata, tanto più le capacità interpersonali (ma non quelle tecniche) diventavano importanti nel distinguere gli individui straordinari da quelli nella media.

Su mia richiesta, Lyle Spencer Jr e Wei Chen, della Hay/McBer di Boston, effettuarono un altro studio sulla competenza emotiva nella leadership. La loro analisi, su più di trecento dirigenti che lavoravano ai massimi livelli presso quindici compagnie globali, dimostrò che sei competenze emotive distinguevano gli individui superiori da quelli nella media: la capacità di essere persuasivi e di assumersi la leadership di gruppi, la consapevolezza della realtà dell'organizzazione, la fiducia in se stessi, l'impulso a realizzarsi e la leadership in quanto tale.

Come evidenziato dall'analisi di David McClelland sugli individui eccellenti ai massimi livelli direttivi (analisi che ho descritto nel Terzo Capitolo), queste competenze rappresentano punti di forza in un ampio spettro dell'intelligenza emotiva, dalla consapevoleza di sé e la motivazione, alla consapevolezza e alle abilità sociali. L'unica capacità non rappresentata, legata all'intelligenza emotiva, era il dominio di sé; tuttavia, l'adattabilità, che fa parte dello stesso gruppo, risultò più comune negli individui eccellenti in misura del 57 per cento (ed è emersa come una delle competenze distintive anche in altri campioni).

Sebbene nessun tipo di expertise tecnico o di abilità intellettuale distinguesse i leader eccellenti da quelli mediocri, un gruppo di abilità cognitive — il riconoscimento di modelli e la capacità di pensare in termini di «quadro complessivo» — era del 13 per cento più pronunciato negli individui migliori. Invece, le capacità di ragionamento deduttivo, del tipo «se... allora», non erano fortemente rappresentate fra i leader migliori, che anzi nel loro lavoro ne manifestavano il 12 per cento *in meno* rispetto ai colleghi mediocri. In altri campioni, ricercatori diversi hanno osservato emergere, come competenza significativa, anche la tendenza a pensare in termini di quadro generale.[2]

Appendice 3

Genere ed empatia

Di solito, le donne hanno avuto la possibilità di fare maggior pratica degli uomini in certe capacità interpersonali — almeno in culture come quella statunitense dove, rispetto ai maschi, le femmine vengono educate a una maggiore sintonia sui sentimenti e sulle loro sfumature. Ma allora questo significa che le donne sono più empatiche degli uomini? Spesso — ma non inevitabilmente. La comune convinzione che le donne siano per natura più sintonizzate degli uomini sui sentimenti altrui ha una base scientifica; tuttavia, nel contesto del lavoro, esistono due notevoli eccezioni particolarmente significative. Intanto, nei casi in cui le persone cercano di nascondere i propri veri sentimenti non c'è alcuna differenza di sesso, né se ne riscontrano quando, nel corso di uno scambio, occorre percepire i pensieri inespressi di qualcuno.
Riguardo alle differenze di sesso in generale, occorre tener presente questo — ogni qualvolta grandi gruppi di uomini e di donne vengono confrontati riguardo a *qualsiasi* dimensione psicologica, si riscontrano di gran lunga molte più somiglianze che differenze; le curve a campana riferite ai due gruppi presentano una grandissima sovrapposizione, e differiscono solo a livello di una coda. Ad esempio, se è probabile che in media le donne siano migliori degli uomini in qualche capacità emotiva, alcuni uomini saranno tuttavia migliori della maggior parte delle donne, nonostante fra i due gruppi esista una differenza statisticamente significativa.
Ed ora, vediamo i dati sull'empatia. I risultati di decine e decine di studi sull'argomento sono al tempo stesso contraddittori e chiarificatori.[1] Intanto, il fatto che le donne riescano o meno meglio degli uomini dipende da che cosa si intende per «empatia». Esiste un'accezione del termine nella quale le donne — almeno nelle culture occidentali — *sono* in media più empatiche; si tratta della capacità di provare lo stesso sentimento di un'altra persona: quando un individuo sente angoscia o piacere, altrettanto fa l'altro. I dati dimostrano che le donne *effettivamente* tendono a sperimentare questo agganciamento spontaneo ai sentimenti altrui più di quanto facciano gli uomini.[2]

Le donne sono anche più abili degli uomini nel *rilevare* sentimenti fugaci in un'altra persona, come fu dimostrato con il test «Profile of Nonverbal Sensitivity» (PONS), sviluppato da uno dei miei professori di Harvard, Robert Rosenthal, insieme a Judith Hall, che attualmente lavora alla Northeastern University. Il materiale del test consiste in decine di brevi spezzoni video nei quali qualcuno (a cui, ad esempio, sia stato appena comunicato di aver vinto alla lotteria, oppure della morte di un animale al quale è molto affezionato) mostra una reazione emotiva. Il canale audio è filtrato, in modo che le parole non possano essere udite distintamente — sebbene l'espressione del volto e il tono della voce siano chiarissimi. Attraverso centinaia di studi, Rosenthal e Hall trovarono che in media, nell'80 per cento dei casi, le donne davano una prestazione migliore degli uomini nel tentativo di indovinare l'emozione provata dalla persona del filmato.[3] Tuttavia, quando i filmati includevano indizi meno facili da controllare di quanto non sia l'espressione del volto, la differenza di genere nell'abilità di leggere le emozioni si riduceva.

Gli individui riescono a controllare la propria espressione facciale complessiva meglio del tono di voce, del linguaggio del corpo o di fugaci «microemozioni» che passano sul volto per una frazione di secondo. Quanto più le emozioni trapelano, tanto più abili diventano gli uomini nel leggerle. Essere in grado di cogliere tali emozioni è particolarmente importante in situazioni in cui la gente ha ragione di nascondere i propri veri sentimenti — un fatto molto comune nel mondo del lavoro. Ecco dunque che le differenze di sesso relative alle abilità empatiche tendono a scomparire in molte situazioni lavorative quotidiane — ad esempio nelle vendite o nei negoziati, dove la maggior parte degli individui non è in grado di controllare tutti i canali attraverso i quali il corpo può esprimere le emozioni.

Quando poi si tratta di un'altra dimensione dell'empatia — e cioè della capacità di percepire i pensieri specifici di qualcuno — sembra che non ci sia alcuna differenza di sesso. Questo compito più complicato, denominato *accuratezza empatica*, necessita dell'integrazione di capacità cognitive e affettive. I metodi sperimentali usati per valutare l'accuratezza empatica non si limitano alla proiezione di un filmato e alla richiesta di individuare l'emozione che vi compare; in questo caso, i soggetti sperimentali guardano l'intera videoregistrazione di una conversazione e valutano i pensieri nascosti di una persona — come pure i suoi sentimenti — durante tutta la proiezione. Queste ipotesi vengono poi confrontate con il racconto fornito dalla persona videoregistrata. In una serie di sette diversi esperimenti, in questo compito, generalmente le donne non riuscirono meglio degli uomini — in altre parole, non emerse la dimostrazione di un «intuito femminile».[4] L'eccezione significativa si ebbe in una particolare serie di test, nei quali le donne venivano impercettibilmente stimolate a dimostrare la propria empatia dal ricercatore, il quale lasciava loro intendere che essa fosse un carattere tipico dell'identità femminile. Con quello stimolo, tornò ad emergere un vantaggio femminile nell'empatia. In altre parole, la motivazione a *sembrare* empatiche rendeva le donne effettivamente tali (presumibilmente perché si sforzavano di più).[5]

In verità, un'importante analisi condotta su dati relativi alle differenze di sesso fra maschi e femmine sostiene che gli uomini abbiano, rispetto alle donne, la stessa abilità latente ma una minore motivazione ad essere empatici. Secondo questa tesi, nella misura in cui gli uomini tendono a vedere se stessi attraverso le lenti del machismo, sono meno motivati a considerarsi sensibili, perché questa qualità potrebbe essere interpretata come un segno di «debolezza».[6] Come dice William Ickes, uno dei principali ricercatori sull'empatia, «se a volte gli uomini sembrano socialmente insensibili, ciò ha probabilmente più a che fare con l'immagine che essi desiderano trasmettere che non con le abilità empatiche che effettivamente possiedono».[7]

Appendice 4

Strategie per trarre vantaggio dalla diversità

Le prime iniziative, animate dalle migliori intenzioni, di collocare in posizioni di prestigio individui appartenenti a gruppi di minoranza, solo per vederli poi fallire — senza dubbio e non in misura trascurabile, perché vittime della minaccia da stereotipo di cui abbiamo parlato nel Settimo Capitolo — sono state accolte da reazioni sfavorevoli. Tuttavia, diversi approcci possono essere d'aiuto.

Claude Steele, lo psicologo di Stanford che ha studiato il potere della minaccia da stereotipo, ne propone qualcuno. Prendendo le mosse dalla propria interpretazione della dinamica emotiva che indebolisce le prestazioni dei membri delle minoranze, Steele ha creato un programma di «strategie sagge» per modificare al meglio quella dinamica. I risultati sono stati incoraggianti — ad esempio, gli studenti neri dell'Università del Michigan, che parteciparono al suo programma di dieci settimane, diedero prestazioni di gran lunga migliori, nel corso del loro primo anno, di quelle di studenti di colore, peraltro simili a loro, che però non avevano seguito il programma.[1] Ecco alcuni aspetti del programma di Steele in armonia con certe strategie adottate dalle aziende per rendere il luogo di lavoro congeniale alle persone più diverse:

Leader ottimisti: I mentori o i supervisori confermano le capacità di individui che altrimenti potrebbero subire l'influenza di stereotipi minacciosi.

Autentici stimoli: La proposta di un lavoro stimolante trasmette un senso di considerazione per le potenzialità dell'individuo e dimostra che esso non viene osservato attraverso le lenti di uno stereotipo debilitante. Questi stimoli sono calibrati sulle capacità della persona e offrono la possibilità di impegnarsi a fondo in un'impresa abbordabile: in altre parole, non si tratta né di richieste scoraggianti destinate al fallimento, né di compiti troppo semplici che rinforzerebbero la peggior paura di chi soffre dello stereotipo — quella cioè di essere considerato incapace di svolgere il lavoro.

Porre l'accento sull'apprendimento: L'accento viene messo sull'idea che l'expertise e la capacità si sviluppino grazie all'apprendimento che ha luogo durante il lavoro e che la competenza aumenti gradualmente. Questa idea mette in discussione lo stereotipo più crudele — e cioè che le capacità di una persona siano limitate dal solo fatto di appartenere a un determinato gruppo.

Affermazione del senso di idoneità: Gli stereotipi negativi creano una sensazione — «In realtà io qui non sono adatto» — che getta il dubbio sulla propria idoneità per un lavoro. L'affermazione di idoneità, però, deve basarsi sulla reale capacità dell'individuo nel lavoro specifico.

Valutare molteplici prospettive: La cultura dell'organizzazione apprezza esplicitamente contributi diversi. Questo trasmette un messaggio a chi è minacciato dagli stereotipi — e cioè che nell'organizzazione in cui lavora quei pregiudizi non sono ammessi.

Modelli di ruolo: Individui appartenenti allo stesso gruppo, che abbiano avuto successo in quel particolare tipo di lavoro, trasmettono un messaggio implicito: in quello specifico ambiente lo stereotipo minaccioso non costituisce una barriera.

Aumentare la fiducia in se stessi attraverso un feedback socratico: Un continuo dialogo, invece di reazioni critiche sulla prestazione, contribuisce a guidare l'individuo, dando il minimo rilievo al fatto che abbia o meno ottenuto risultati positivi. Questo rafforza le relazioni con i mentori minimizzando l'impatto emotivo dei fallimenti precoci: una strategia che consente il graduale aumento della fiducia nelle proprie capacità, di pari passo al conseguimento di successi, piccoli o grandi che siano.

Appendice 5

Ulteriori questioni sul training

Qualcosa di più sulla valutazione delle competenze emotive

Nessuna misura di valutazione è perfetta. Le autovalutazioni, per esempio, sono soggette a distorsioni nel caso di persone che vogliano far buona impressione. Quando poi si tratta di valutare la competenza emotiva di qualcuno, si pone un interrogativo — e cioè se ci si possa fidare del fatto che un individuo scarsamente dotato di autoconsapevolezza valuti in modo accurato i propri punti di forza e le proprie debolezze. Le autovalutazioni possono essere utili (e sincere) se l'individuo crede che i risultati saranno usati per il suo bene, mentre in assenza di questa fiducia sono probabilmente meno attendibili.

Coloro che mettono a punto gli strumenti di autovalutazione solitamente vi inseriscono un «rivelatore di bugie» — una serie di domande intesa a smascherare le persone che cercano di sembrare «troppo buone per essere vere», ad esempio spuntando l'affermazione «Io non mento mai». Ma ecco la trappola: sebbene questi sistemi riescano in genere a individuare l'inganno flagrante, probabilmente non rilevano l'*auto*inganno dovuto a una scarsa consapevolezza di sé, un tratto che rende gli individui cattivi osservatori di se stessi.

«L'utilità delle autovalutazioni dipende dal loro scopo», mi spiega Susan Ennis, capo dello sviluppo dirigenti alla Bank Boston. «Una domanda-chiave è: "qual è il ruolo dell'azienda, e come saranno archiviati e utilizzati i dati?" La volontà di sembrare desiderabili influenzerà le risposte delle persone. Uno vuole sempre fare buona impressione.

«Quando l'autovalutazione avviene esclusivamente fra te e il tuo trainer in forma confidenziale, e non viene vagliata o archiviata dall'azienda», dice Ennis, «allora uno è più sincero, per lo meno quanto è possibile esserlo, dati gli eventuali limiti di consapevolezza di sé.»

D'altro canto, le valutazioni formulate da altre persone possono essere suscettibili di distorsioni di natura diversa. Quando entra in gioco la politica aziendale, ad esempio, non è detto che il feedback a 360 gradi rifletta realmente la persona oggetto dell'analisi, e questo perché tali valutazioni possono essere usate come armi nelle guerre interne all'azienda o come un modo per scambiarsi favori fra amici, dandosi reciprocamente dei «voti» gonfiati.

La politica dell'organizzazione può rendere particolarmente difficile per i dirigenti ai vertici ottenere delle valutazioni sincere, se non altro perché in questo il loro potere è d'intralcio — e, come abbiamo visto nel quarto capitolo, il successo può a volte alimentare la percezione narcisistica di non avere alcun punto debole. I dirigenti tendono a non entrare in contatto con le prove che dimostrerebbero loro il contrario, e questo in parte perché sono effettivamente isolati, e in parte perché i loro subordinati temono di offenderli.

In una certa misura, ogni giudizio riflette chi lo formula. Per questo motivo, un metodo per correggere ogni deformazione è quello di ottenere valutazioni da numerose fonti diverse, così che, presumibilmente, i piani politici o emotivi di un individuo possano essere bilanciati dalla presenza di altri giudizi.

Qualcosa di più sull'esatta valutazione della preparazione

Una ricerca di vasta portata (condotta su più di trentamila persone) da James Prochaska, uno psicologo dell'Università di Rhode Island, ha stabilito quattro livelli di preparazione attraverso i quali passano gli individui che compiono con successo una modificazione del proprio comportamento.

Inconsapevolezza. Come diceva G.K. Chesterton, l'erudito scrittore inglese: «Non è che non riescono a vedere la soluzione — non riescono a vedere il problema». A questo stadio le persone non sono assolutamente pronte: negano, in primo luogo, di avere bisogno di cambiare. Resistono a ogni tentativo di aiutarle a modificarsi: proprio non vedono il punto.

Buoni propositi. A questo livello le persone si rendono conto di aver bisogno di migliorare, e hanno cominciato a riflettere su come farlo. Sono disposte a parlarne, ma ancora non del tutto pronte a intraprendere il cammino dello sviluppo con reale convinzione. Cresce l'ambivalenza: alcuni aspettano che si presenti un «momento magico» in cui si sentiranno pronti — altri si lanciano nell'azione prematuramente ma si scontrano con l'insuccesso a causa della loro convinzione solo parziale. A questo stadio è probabile che la gente dica che intende far qualcosa «il mese prossimo», così come potrebbe dire di volerlo fare «nei prossimi sei mesi». Non è insolito, osserva Prochaska, che «passi anni a dire a se stessa che un giorno o l'altro cambierà». Sostituisce il pensiero all'azione. Prochaska cita il caso di un ingegnere che passò cinque anni ad analizzare i fattori che lo avevano reso passivo e timido — e che ciò nondimeno pensava di non aver ancora compreso il problema abbastanza bene per poterci fare qualcosa.

Preparazione. Qui la gente ha cominciato a concentrarsi sulla soluzione — sul come migliorare. A questo stadio le persone sono sul punto di agire, ansiose di sviluppare un piano d'azione. Sono consapevoli del problema, capiscono che ci sono i modi per risolverlo, e anticipano l'azione in modo tangibile. A volte le persone sono spinte in questo stadio di maggior preparazione da un evento drammatico — un colloquio a tu per tu con un supervisore, un disastro sul lavoro, una crisi nella vita personale. Un dirigente fu persuaso a potenziare la propria competenza nell'autocontrollo quando la polizia lo fermò mentre stava tornando a casa da un pranzo di lavoro, e lo arrestò per guida in stato di ebbrezza. A questo punto, la gente è matura per il cambiamento; questo è il momento di formulare un piano di sviluppo dettagliato e specifico.

Azione. Comincia il cambiamento visibile. La persona abbraccia il piano, comincia a percorrerne le tappe, cambia effettivamente il proprio modo di agire — i propri modelli emotivi, il modo in cui pensa a se stessa e tutte le altre sfaccettature implicate nel trasformare un'abitudine da tempo radicata. Questo stadio è quello che la maggior parte delle persone identifica con il «compiere il cambiamento» — sebbene in realtà esso si basi sugli stadi precedenti della preparazione.

Qualcosa di più sull'esercizio

A livello neurologico, coltivare una competenza significa «estinguere» la vecchia abitudine nella sua qualità di risposta automatica del cervello, e sostituirla con quella nuova. Lo stadio finale nell'acquisizione della padronanza di una competenza arriva quando la vecchia abitudine perde il suo status di risposta automatica e quella nuova prende il suo posto. A quel punto, la modificazione del comportamento si è stabilizzata, il che rende poco probabili le ricadute nella vecchia abitudine.

In genere, gli atteggiamenti profondamente radicati e i valori ad essi correlati sono più difficili da cambiare delle abitudini pratiche. Ad esempio, uno stereotipo verso un particolare gruppo etnico viene alterato meno facilmente di ciò che una persona dice o fa in presenza di qualcuno appartenente a quel gruppo. Motivazioni come il bisogno di realizzarsi e tratti della personalità come l'affabilità possono essere perfezionati o modificati, ma si tratta di un processo lento.[1] Lo stesso vale per capacità fondamentali come l'autoconsapevolezza, l'abilità di controllare e gestire emozioni negative, l'empatia e le abilità sociali.

Al di là della complessità della competenza da apprendere, la distanza fra il comportamento basale della persona e il suo obiettivo ha un'immensa importanza. Per individui che sono già relativamente empatici, imparare a offrire un feedback sapiente sulla prestazione altrui o a sintonizzarsi sulle esigenze di un cliente può essere molto facile, dal momento che queste competenze rappresentano applicazioni specifiche di una capacità che essi già possiedono. Ma per chi ha difficoltà a empatizzare, quelle stesse competenze richiederanno uno sforzo più determinato e prolungato.

I programmi di training che offrono alle persone una possibilità di esercitare la competenza desiderata attraverso simulazioni, giochi di ruolo e altri metodi simili ben mirati, possono offrire un saldo punto di partenza per esercitarsi. Ma quando si passa alla simulazione di compiti di lavoro più complessi, a giochi di simulazione aziendale computerizzati, al gioco di ruolo, ad esercizi di risoluzione di problemi in team e a simulazioni su vasta scala di un'intera realtà aziendale, i risultati tendono a essere contrastanti.

Spesso non è chiaro esattamente quale tipo di capacità queste simulazioni intendano coltivare; di solito viene prestata poca o nulla attenzione a stabilire precisamente quali competenze vengano esercitate. Inoltre, il semplice prendere parte a un gioco o a un esercizio non equivale ad apprendere. La raccomandazione generale, per questi giochi di simulazione, è che essi siano attentamente pianificati, concentrati su competenze specifiche chiaramente spiegate ai partecipanti, e che terminino con un rapporto sull'esperienza. Inoltre, dovrebbero proporsi come complementari (e non sostitutivi) rispetto alle figure tutoriali, al feedback, al rinforzo e all'esercizio sul lavoro.[2]

Il training guidato dal computer, attualmente di moda, ha dei limiti quando si tratta di offrire l'occasione di esercitare le competenze emotive. Sebbene queste tecniche assistite dal computer siano davvero promettenti per quanto riguarda l'istruzione individualizzata, la possibilità di stabilire un ritmo di apprendimento personalizzato, le opportunità private di ripasso e di esercizio, il feedback immediato sui progressi, l'assistenza per correggere gli errori, e altri aspetti simili, in genere sono più adatte all'addestramento tecnico che non al training delle capacità personali e interpersonali.

«Dicono che puoi metterti seduto al computer, valutare te stesso e scoprire come sviluppare una competenza», osserva Richard Boyatzis della Case Western Reserve University. «Ma non puoi fare queste cose senza delle relazioni — non puoi imparare queste cose standotene isolato.»

In molti ambienti c'è un grande entusiasmo sulla possibilità di convertire il training in strumenti multimediali ad alta tecnologia, ad esempio sistemi tutoriali computerizzati intelligenti, realtà virtuale, CD-ROM interattivi, e così via. Sebbene queste tecnologie possano offrire una maggiore flessibilità agli utenti e un risparmio sui costi — in quanto si servono di macchine invece che di persone come trainer —, se saranno gli unici strumenti usati probabilmente molte cose importanti andranno perdute. Come disse uno psicologo: «Nel training, gli strumenti multimediali ad alta tecnologia possono comportare molti vantaggi, ma nel caso dell'intelligenza emotiva se la cavano piuttosto male». Certo — questi supporti didattici ad alta tecnologia possono avere una loro collocazione nel progetto generale di un programma di training sulle competenze emotive (un esempio potrebbe essere quello di sedute di esercitazione individuali con spezzoni video per il feedback sull'accuratezza empatica). Un'altra possibilità potrebbe essere quella di gruppi di affinità on-line — una sorta di sostegno virtuale e di gruppo-guida.

Ma un'eccessiva enfasi sulla tecnologia a spese del contatto umano essenziale — soprattutto quando arriva il momento di esercitare le competenze — potrebbe rivelarsi un grandissimo errore. In un'analisi sulle tendenze del training troviamo quest'osservazione sarcastica: «Spesso, in un sistema di training, sono i fattori più terra terra e a bassa tecnologia a fare la differenza fra un programma di successo e uno spreco di risorse aziendali» — e questi fattori a bassa tecnologia altro non sono se non esseri umani con le competenze essenziali dell'intelligenza emotiva.[3]

Note

Capitolo 1 - Il nuovo criterio

1. Daniel Goleman, *Emotional Intelligence*, New York: Bantam Books, 1995 (*Intelligenza emotiva*, tr. it. di Isabella Blum e Brunello Lotti; Milano: Rizzoli, 1996). Si veda l'Appendice 1 per una discussione dettagliata sull'intelligenza emotiva.
2. Reuven Bar-On, *Bar-On Emotional Quotient Inventory: Technical Manual*, Toronto: Multi-Health Systems, 1997.
3. Reuven Bar-On — un pioniere nella valutazione dell'intelligenza emotiva — condusse questo studio e mi disse di aver riscontrato in tutto il mondo, ovunque avesse cercato (fra gli Igbu in Nigeria, i Tamil in Sri Lanka, come pure in Germania, Israele e America), profili identici relativamente ai punti di forza e alle debolezze nei due sessi. Le conclusioni di Bar-On sono basate sullo studio dell'intelligenza emotiva di più di 15.000 persone, in una dozzina di paesi sparsi in quattro continenti.
4. ASTD Benchmarking Forum, Member-to-Member Survey Results, American Society for Training and Development, Alexandria, Virginia, ottobre 1997.
5. I dati sono tratti da Challenger, Gray e Christmas, riportati da Bob Herbert nel suo articolo «Separation Anxiety», *New York Times*, 19 gennaio 1996.
6. Citato in Stephen Lohr, «On the Road with Chairman Lou», *New York Times*, 26 giugno 1994.
7. Ulric Neisser (a cura di) *The Rising Curve*, Washington: American Psychological Press, 1997.
8. Thomas Achenbach e Catherine Howell «Are America's Children's Problems Getting Worse? A 13-Year Comparison». *Journal of the American Academy of Child and Adolescent Psychiatry*, novembre 1989.
9. The Harris Education Research Council, «An Assessment of American Education», New York City, 1991.
10. Anthony P. Carnevale et al., «Workplace Basics: The Skills Employers Want», US Department of Labor Employment and Training Administration, 1989. Nel 1996 i datori di lavoro dichiaravano che le tre competenze più ricercate nei nuovi assunti erano le capacità di comunicazione orale, di stabilire relazioni interpersonali e di lavorare in team.

11. Karen O. Dowd e Jeanne Liedtka, «What Corporations Seeks in MBA Hires: A Survey», *The Magazine of the Graduate Management Admission Council*, inverno 1994.

Capitolo 2 – Competenze per eccellere

1. Lo studio sui giovani diplomatici e quello sui primi tentativi di valutazione delle competenze è descritto da David McClelland nella sua introduzione a Lyle M. Spencer Jr e Signe M. Spencer, *Competence at Work: Models for Superior Performance*, New York: John Wiley and Sons, 1993.
2. Vedi David C. McClelland, «Testing for Competence Rather than Intelligence», *American Psychologist* 46 (1973). Questo fondamentale articolo di McClelland continua a stimolare il dibattito anche a distanza di un quarto di secolo.
3. Spencer e Spencer, 1993, *Competence at Work*.
4. Kenneth Clark scoprì che i punteggi ottenuti dai candidati ai test di selezione per diventare funzionari del Foreign Service non erano fattori predittivi soddisfacenti del loro futuro successo, in seguito valutato in base alle loro prestazioni sul lavoro. I risultati di questo studio sono riportati in D.C. McClelland e D. Dailey, «Improving Officer Selection for the Foreign Service», Boston: McBer, 1972.
5. Si tratta del test «PONS» (Profile of Non-verbal Sensitivity), sviluppato ad Harvard da Robert Rosenthal. Si veda, ad esempio, Robert Rosenthal, «The PONS Test: Measuring Sensitivity to Nonverbal Cues», in *Advances in Psychological Assessment*, a cura di P. McReynolds; San Francisco: Jossey-Bass, 1997.
6. Si vedano, ad esempio, John B. Hunter e R.F. Schmidt, «Validity and Utility of Alternative Predictors of Job Performance», *Psychological Bulletin* 96 (1984); F.L. Schmidt e John B. Hunter, «Employment Testing: Old Theories and New Research Findings», *American Psychologist* 36 (1981).
7. Robert Sternberg *Successful Intelligence;* New York: Simon and Schuster, 1996. Sternberg, uno psicologo di Yale, è un'autorità nel campo degli studi sull'intelligenza e il successo.
8. Dean K. Whitla, «Value Added: Measuring the Impact of Undergraduate Education»; Office of Instructional Research and Evaluation, Harvard University, 1975; citato in David C. McClelland, «The Knowledge-Testing-Educational Complex Strikes Back»; *American Psychologist*, vol. TK (1994).
9. Originariamente chiamata McBer, l'azienda era stata fondata anche da David Berlew, un altro degli ex studenti di McClelland.
10. Spencer e Spencer, *Competence at Work*. Come sostengono gli autori, le abilità cognitive, da sole, non bastano a distinguere gli individui capa-

ci di prestazioni eccellenti, dal momento che «nelle posizioni manageriali, nelle professioni, nel marketing e nelle occupazioni tecniche di livello superiore, quasi *chiunque* ha un QI pari o superiore a 120 e un diploma universitario conseguito presso un buon ateneo. Ciò che distingue gli individui eccellenti in questi ambiti lavorativi è la motivazione, oltre alle capacità interpersonali e politiche».

11. Si veda Robert J. Sternberg e Richard K. Wagner, *Practical Intelligence: Nature and Origins of Competence in the Everyday World*; Cambridge: Cambridge University Press, 1986.
12. Sternberg, *Successful Intelligence*.
13. R.K. Wagner e R.J. Sternbeg, «Practical Intelligence in Real-World Pursuits: The Role of Tacit Knowledge», *Journal of Personality and Social Psychology* 49 (1985).
14. Spencer e Spencer, *Competence at Work*.
15. Il caso di Penn e Matt è raccontato da Robert Sternberg in *Successful Intelligence*.
16. L'aneddoto del presidente è stato raccontato da Ann Graham Ehringer, direttrice del Family Business Program della Marshall School of Business presso la South California University.
17. Il metodo per misurare la capacità di gestire la complessità cognitiva fu sviluppato da Elliot Jacques; si veda: Elliot Jacques, *Requisite Organization*; Arlington, VA: Cason Hall, 1996.
18. L'espressione «competenze emotive» è stata utilizzata in questo senso da diversi altri teorici e ricercatori; si veda, ad esempio, Carol Saarni, «Emotional Competence: How Emotions and Relationships Become Integrated», in *Nebraska Symposium on Motivation*, a cura di R. A. Thompson, vol. 36, 1988; Carol Saarni, «Emotional Competence and Self-regulation in Childhood», in *Emotional Development and Emotional Intelligence*, a cura di Peter Salovey e David J. Sluyter; New York: Basic Books, 1997. Nel dare risalto alle competenze emotive non voglio sottintendere che l'expertise e le abilità cognitive siano irrilevanti: queste abilità fanno parte di un sistema complesso, e in ognuno di tali sistemi interagenti tutte le parti danno il proprio contributo. Il mio scopo è quello di riconoscere alle competenze emotive — tanto facilmente sminuite o ignorate — tutta l'importanza che spetta loro.
19. Si sta oggi cominciando a cercare di tradurre le abilità emotive in software destinati a rendere più «umani» i computer; si veda a tal proposito Roz Picard, *Affective Computing*; Cambridge: MIT Press, 1998).
20. I danni alla corteccia cerebrale compromettono le nostre capacità di pensiero e di percezione; le lesioni ad aree subcorticali fondamentali distruggono la nostra capacità di esprimere le emozioni. La compromissione dei circuiti che hanno centro nell'amigdala ha un impatto decisamente devastante sulla capacità di esprimere l'emozione. Si veda Joseph LeDoux, *The Emotional Brain*; New York: Simon and Schuster,

1996 (*Il cervello emotivo. Alle origini delle emozioni*, tr. it. di S. Coyaud, Baldini e Castoldi, 1998). La resezione dei collegamenti esistenti a livello centrale fra gli strati corticali superiori e questi centri dell'emozione distrugge le competenze emotive, che dipendono tutte dalla precisa orchestrazione di pensiero e sentimento. I circuiti specifici che connettono la neocorteccia con le regioni sottocorticali, fondamentali ai fini dell'integrazione di pensiero ed emozione, collegano l'amigdala — che si trova nel sistema limbico, ossia nel centro cerebrale sottocorticale deputato all'elaborazione dell'emozione — con l'area ventromediale dei lobi prefrontali, che rappresentano il centro decisionale neocorticale del cervello. Questi circuiti sono descritti in dettaglio da Antonio Damasio, nel suo *Descartes' Error. Emotion, Reason, and the Human Brain*; New York: Grosset Putnam, 1994 (*L'errore di Cartesio. Emozione, ragione e cervello umano*, tr. it. di Filippo Macaluso; Milano: Adelphi, 1996). Damasio, un neurologo che lavora alla Medical School della Iowa University, ha compiuto la migliore ricerca di cui disponiamo sulle basi cerebrali di queste competenze. Quando gli inviai l'elenco delle competenze emotive, la sua conclusione fu che tutte sarebbero compromesse (preservando invece le abilità cognitive) in persone che avessero subito una lesione cerebrale tale da interrompere le connessioni fra i fondamentali centri prefrontali e quelli che elaborano l'emozione. Nella logica della neurologia, l'identificazione delle capacità che risultano compromesse in persone che abbiano riportato lesioni in una particolare area del cervello, indica che — negli individui con il cervello integro — quella stessa area sia deputata alla regolazione di tali capacità. In altre parole, i circuiti neurali alla base della competenza emotiva — contrapposta alla competenza intellettuale — collegano l'area prefrontale con i centri emotivi. Il principale indizio di ciò sta nel fatto che una lesione in quest'area compromette le abilità personali e sociali che consentono una prestazione lavorativa efficiente, anche se le abilità cognitive restano intatte.

21. Il termine «competenza emotiva» comprende al tempo stesso competenze sociali ed emotive, proprio come il termine «intelligenza personale» usato da Howard Gardner si riferisce ad abilità intra- ed interpersonali.

22. Questa inquadratura generica delle competenze attinge dati da: MOSAIC competencies for professionals and administrators (sviluppato dallo U.S. Department of Personnel, 1996). Spencer e Spencer, *Competence at Work*. Richard Boyatzis, *The Competent Manager: A Model for Effective Performance*; New York: John Wiley and Sons, 1982 — e dagli studi sulle competenze pubblicati in *The Competence Model Handbook*, a cura di Richard H. Rosier, vol. 1, 2 e 3; Lexington: Linkage, 1994-1996.

23. Le competenze specifiche per i rappresentanti della Blue Cross, i direttori dei grandi negozi di calzature, i brokers e gli agenti assicurativi

che lavorano nel ramo vita sono trattate in: Walter V. Clarke Associates «Activity Vector Analysis: Some Application to the Concepts of Emotional Intelligence», giugno 1996.
24. Ann Howard e Douglas W. Bray, *Managerial Lives in Transition*; New York: Guilford Press, 1988.
25. Esse rappresentano fino al 20 per cento di quelle necessarie per dare prestazioni eccellenti. Si veda Spencer e Spencer, *Competence at Work*.
26. Spencer e Spencer, *Competence at Work*.
27. Queste competenze emotive sono generiche, in larga misura applicabili alla prestazione eccellente in *qualsiasi* tipo di lavoro. Secondo una stima le competenze generiche coprirebbero — a seconda del lavoro specifico — dall'80 al 98 per cento dei comportamenti tipici degli individui eccellenti. Quella stima comprende tre competenze generiche puramente cognitive — il pensiero analitico, il pensiero concettuale e l'expertise specifico — pertanto non comprese nel gruppo facente capo all'intelligenza emotiva. Per una discussione più dettagliata si veda Spencer e Spencer, *Competence at Work*.

Capitolo 3 – Valutazione precisa delle competenze «soft»

1. Richard H. Rosier (a cura di) *The Competency Model Handbook*, vol. 1; Lexington, MA: Linkage, 1994.
2. Nei modelli di competenza migliori i tipi mediocri vengono confrontati con quelli che, nel loro campo, si collocano all'estremo superiore della distribuzione. Il pool degli individui migliori viene scelto solitamente in base al volume delle vendite o ad altri criteri oggettivi di eccellenza — oppure sulla base di valutazioni confidenziali «a 360 gradi» nelle quali superiori, colleghi, subordinati e clienti giudicano le loro prestazioni. Ciascun individuo eccellente — e un pool confrontabile di individui mediocri — è stato sottoposto a un colloquio rigoroso sulle sue prestazioni professionali, comprendente, ad esempio, il racconto dettagliato del proprio comportamento in tre casi poi risoltisi in grandi successi, e anche in tre casi di fallimento o passi falsi. I racconti vengono poi analizzati e codificati in base agli indizi di competenze dimostrati dall'individuo in quei particolari campionamenti del suo comportamento reale. Un metodo meno preciso, sebbene comunemente usato per risparmiare tempo e denaro, consiste a nel richiedere a gruppi di esperti di elencare il profilo di competenze tipicamente riscontrato negli individui eccellenti.
3. I modelli delle competenze del governo degli Stati Uniti sono raccolti in un CD-ROM, «Personnel Manager», Personnel Resources and Development Center, US Office of Personnel Management, Washington DC, 1997.

4. I leader capaci di prestazioni superiori facevano un maggior affidamento su una forma di pensiero che tiene conto del quadro generale, e contavano invece meno di altri su abilità deduttive, del tipo «se ... allora».
5. Robert Spector e Patrick D. McCarthy, *The Nordstrom Way;* New York: John Wiley, 1995.
6. John E. Hunter, Frank L. Schmidt e Michael K. Judiesch, «Individual Differences in Output Variability as a Function of Job Complexity», *Journal of Applied Psychology* 75, 1 (1990).
7. Invece, nel caso di lavori di basso livello l'un per cento superiore presentava un vantaggio del 52 per cento, mentre il valore aggiunto per i lavori di medio profilo era del'85 per cento: cifre ancora impressionanti. Si veda Hunter Schmidt e Judiesch, «Individual Differences».
8. Si veda il suo libro fondamentale: Lyle M. Spencer Jr e Signe M. Spencer, *Competence at Work: Models for Superior Performance;* New York: John Wiley and Sons, 1993.
9. J. Martin, *Rapid Application Development;* New York: McMillan, 1990. C. Jones, *Programming Productivity;* New York: McGraw Hill, 1986. Entrambi i libri sono stati citati da Lyle Spencer Jr nella sua relazione alla International Personnel Management Association, Boston, 25 giugno 1996.
10. S. Sloan e Lyle M. Spencer, «Participant Survey Results», Hay Salesforce Effectiveness Seminar, Atlanta, 1991.
11. Le sei o sette competenze che contribuivano al punto critico appartenevano a un insieme di dodici (dieci delle quali facenti capo all'intelligenza emotiva) particolarmente importanti per il successo in una data compagnia. David McClelland, «Behavioral Event Interviews as an alternative to traditional ability tests as a way to identify personal competencies associated with top executive success», *Psychological Science,* in corso di stampa, 1998. McClelland mi mise a parte anche di altri dati.
12. Spencer e Spencer, *Competence at Work.*
13. Hay/McBer Research and Innovation Group, 1997; McClelland, «Behavioral Event Interviews».
14. Hay/McBer Research and Innovation Group, 1997.
15. Per gli alti dirigenti, «fallire» significava essere licenziati, essere costretti a dimettersi, o anche finire in una posizione a fondo cieco, tale da non consentire ulteriori miglioramenti. Effettuato in origine al principio degli anni Ottanta da ricercatori del Center for Creative Leadership, lo studio venne poi aggiornato nel 1996 intervistando sessantadue dirigenti presso quindici fra le cinquecento società multinazionali nordamericane con il massimo fatturato, e in società equivalenti in dieci paesi europei. Jean Brittain Leslie ed Ellen Van Velsor, «A Look at Derailment Today: North America and Europe», Center for Creative Leadership, Greensboro, NC, 1996.

Note

16. Leslie e Van Velsor, «A Look at Derailment Today», 1996.
17. I punti di forza e le debolezze dei manager di successo rispetto a quelli che avevano fallito furono identificati una prima volta nell'insieme di dati originali, e poi largamente confermati nel follow-up del 1996. Leslie e Van Velsor, «A Look at Derailment Today», 1996.
18. Claudio Fernández-Aráoz, comunicazione personale, 1997.
19. Gli studi sui dirigenti che avevano fallito in Giappone furono effettuati da Ken Whitney e Tomo Watanabe e in Germania da Horst Bröecker, presso la Egon Zehnder International rispettivamente di Tokyo e di Monaco.
20. Leslie e Velson, «A Look at Derailment Today».
21. Spector e McCarthy, *The Nordstrom Way*.
22. Stephen Rose è direttore dello Science and Technology Advisory Board di New York, un progetto della Alfred P. Sloan Foundation. Si veda Stephen Rosen e Celia Paul, *Career Renewal: Tools for Scientists and Technical Professionals*, New York: Academic Press, 1997.
23. Gregory J. Feist e Frank Barron, «Emotional Intelligence and Academic Intelligence in Career and Life Success», relazione presentata alla Annual Convention of the American Psychological Society, San Francisco, giugno 1996.
24. Ernest O. Lawrence fece quel commento in una conversazione con Alvin M. Weinberg, ex direttore dell'Oak Ridge National Laboratory, che me lo riportò.

Capitolo 4 - La guida interiore

1. Ann Graham Ehringer, *Make Up Your Mind*, Santa Monica, CA: Merritt Publishing, 1995.
2. Il circuito dell'amigdala estesa, al quale mi riferisco per semplicità come all'«amigdala» è descritto in James D. Duffy «The Neural Substrates of Emotion», *Psychiatric Annals*, gennaio 1997.
3. Si veda Joseph LeDoux *The Emotional Brain*, New York, Simon and Schuster, 1996 (*Il cervello emotivo. Alle origini delle emozioni*, tr. it. di S. Coyaud; Milano: Baldini e Castoldi, 1998).
4. Gretchen Vogel, «Scientists Probe Feelings Behind Decision-Making», *Science*, 28 febbraio 1997. Come il brillante avvocato, altri pazienti di Damasio prendevano decisioni disastrose — di natura finanziaria, professionale o etica — pur essendo perfettamente in grado di descrivere i pro e i contro razionali di una decisione. Essi entravano e uscivano da matrimoni, sperperavano denaro in stupide operazioni finanziarie e sul lavoro offendevano involontariamente i colleghi o provocavano la loro ostilità.

5. Weston Agor, *The Logic of Intuitive Decision-making*, New York: Quorum Books, 1986.
6. Ehringer, *Make Up Your Mind*.
7. Nalini Ambady, «Half a Minute: Predicting Teacher Evaluations from Thin Slices of Nonverbal Behavior and Physical Attractiveness», *Journal of Personality and Social Psychology* 64 (1993). Quasi lo stesso livello di accuratezza è stato riscontrato nel corso di brevi osservazioni effettuate in altri quarantaquattro studi, compreso uno che verteva sulle interazioni dell'individuo con superiori, colleghi e subordinati: Nalini Ambady e Robert Rosenthal: «Thin Slices of Expressive Behavior as Predictors of Interpersonal Consequences: A Meta-analysis», *Psychological Bulletin* 111 (1992).
8. Gavin DeBecker, *The Gift of Fear: Survival Signs that Protect Us from Violence*, New York: Little Brown, 1997.
9. La «consapevolezza della propria esperienza emotiva», una delle diverse competenze identificate dalla American Express Financial Advisors, mi fu indicata da Kate Cannon, che lavorava in quell'azienda come direttrice dello sviluppo della leadership.
10. Stratford Sherman: «Leaders Learn To Heed the Voice Within», *Fortune*, 22 agosto 1994.
11. Sherman, «Leaders Learn To Heed the Voice Within».
12. Robert E. Kelley, *How to Be a Star at Work*, Times Books, 1998.
13. Ehringer, *Make Up Your Mind*.
14. Si veda Leonard Syme, «Explaining Inequalities in Heart Disease», *The Lancet*, 26 luglio 1997.
15. Uno dei principali metodi per potenziare la consapevolezza di sé usato da Zuboff è il «focusing» — la concentrazione focalizzata —, sviluppato da Eugene T. Gendlin dell'Università di Chicago e dal The Focusing Institute, Spring Valley, New York. Si veda Eugene T. Gendlin, *Focusing*, New York: Bantam Books, 1981.
16. Mort Meyerson, «Everything I Thought I Knew About Leadership Is Wrong», *Fast Company*, edizione speciale, maggio 1997.
17. Citato in: Allen M. Webber, «Destiny and the Job of the Leader», *Fast Company*, giugno-luglio 1996.
18. Robert E. Kaplan, *Beyond Ambition: How Driven Managers Can Lead Better and Live Better*, San Francisco: Jossey-Bass, 1991.
19. Morgan W. McCall Jr e Michael Lombardo, «Off the Track: Why and How Successful Executives Get Derailed», technical report no. 21, Center for Creative Leadership, Greensboro, NC, 1983. A.M. Morrison et al., *Breaking the Glass Ceiling: Can Women Reach the Top of America's Largest Corporations?* Reading, MA: Addison-Wesley, 1987.
20. Richard Boyatzis, *The Competent Manager: A Model for Effective Performance*, New York: John Wiley and Sons, 1982.
21. Kaplan, *Beyond Ambition*.

Note

22. Si veda, ad esempio, Dianne Nilsen, «Understanding Self-observer Discrepancies in Multi-rater Assessment Systems», presentato al convegno annuale dell'American Psychological Association, San Francisco, 1991.
23. James O. Prachaska et al., *Changing for Good*; New York: Avon, 1994
24. Dianne Nilsen e David P. Campbell, «Self-observer Rating Discrepancies: Once an Overrater, Always an Overrater?» *Human Resource Manager*, estate-autunno 1993.
25. Robert Kelley, *How to Be a Star at Work*.
26. Boyatzis, *The Competent Manager*.
27. Lee Iacocca, *Iacocca, An Autobiography*; New York: Bantam Books, 1984.
28. Citato in: David Leonard, «The Impact of Learning Goals on Self-directed Change in Education and Management Development», tesi di PhD, Weatherhead School of Management, Case Western Reserve University, 1996.
29. Si veda, ad esempio, Jerome Kagan, *Galen's Profecy*; New York, Basic Books, 1994.
30. Si veda: Albert Bandura, *Social Foundations of Thoughts and Action*; Englewood Cliffs, NJ: Prentice-Hall, 1986. Albert Bandura, «Organizational Applications of Social Cognitive Theory», *Australian Journal of Management*, dicembre 1988.
31. Alan M. Saks, «Longitudinal Field Investigation of the Moderating and Mediating Effects of Self-efficacy on the Relationship Between Training and Newcomer Adjustment», *Journal of Applied Psychology* 80 (1995).
32. Daniel Cervone: «Social-cognitive Mechanisms and Personality Coherence: Self-knowledge, Situational Beliefs, and Cross-situational Coherence in Perceived Self-efficacy», *Psychological Science* 8 (1997).
33. Ann Howard e Douglas W. Bray, *Managerial Lives in Transition*; New York: Guilford Press, 1988. Uno dopo l'altro, diversi studi confermano che la fiducia in se stessi distingue le persone efficienti e di successo da quelle che danno prestazioni deludenti; si veda, ad esempio, Boyatzis, *The Competent Manager*.
34. Carole K. Holahan e Robert R. Sears, *The Gifted Group in Later Maturity*; Stanford: Stanford University Press, 1995.
35. Louise E. Parker: «When to Fix It and When to Leave: Relationships Among Perceived Control, Self-efficacy, Dissent and Exit», *Journal of Applied Psychology* 78 (1993).

Capitolo 5 – Padronanza di sé

1. La migliore descrizione del ruolo dell'amigdala nell'economia delle emozioni è in Joseph LeDoux, *The emotional brain*, New York, Simon

and Shuster, 1996 (*Il cervello emotivo. Alle origini delle emozioni*, tr. it. di S. Coyaud; Milano: Baldini e Castoldi, 1998).
2. La liberazione di CRF, più specificamente, innesca quella di un'altra sostanza, l'ACTH, che a sua volta provoca un'ondata di ormoni noti come corticosteroidi; nell'uomo, il principale è il cortisolo.
3. Si veda, ad esempio, O.M. Wolkowitz et al., «Cognitive Effects of Corticosteroids», *American Journal of Psychiatry* 147, 10 (1990).
4. Bruce McEwen e R.M. Sapolsky, «Stress and Cognitive Function», *Current Opinions in Neurobiology* 5 (1995).
5. M. Mauri et al., «Memory Impairment in Cushing's Disease», *Acta Neurologica Scandinavia* 87 (1993).
6. Alex Markels «Memo 4/8/97, FYI: Messages Inundate Offices», *The Wall Street Journal*, 8 aprile 1997.
7. Robert E. Kelley, *How to Be a Star at Work*, Times Books, 1998.
8. Un uomo che aveva subito una lesione alla corteccia prefrontale in seguito all'esplosione di una gomma che gli aveva lanciato sulla fronte parte del battistrada, ad esempio, si trasformò improvvisamente da pio frequentatore di funzioni religiose a un tipo capace di scagliare un bicchiere di succo d'arancia dietro a una cameriera perché non era abbastanza freddo. Le persone con lesioni del lobo frontale sono soggette a questi attacchi di impulsi esplosivi e incontrollabili, in quanto i loro sentimenti primitivi di paura o rabbia sono fuori controllo. Si è scoperto che i veterani del Vietnam con lesioni del lobo frontale erano fino a sei volte più violenti e aggressivi di altri, che non avevano subito danni simili. Questi rapporti clinici sono significativi anche per gli individui normali: ogni qualvolta una lesione a un circuito neurale dà luogo a una così drammatica modificazione del comportamento, ciò indica che normali variazioni della funzione di quello stesso circuito possono causare variazioni parallele dello stesso tipo di comportamento. In *Intelligenza emotiva* (Milano: Rizzoli, 1996) ho passato in rassegna più dettagliatamente le prove del ruolo del lobo prefrontale — soprattutto della corteccia orbito-frontale — nell'inibizione degli impulsi.
9. Gordon D. Logan et al., «Impulsivity and Motor Control», *Psychological Science*, gennaio 1997.
10. Non appena questi circuiti inibitori smorzano l'attività dell'amigdala, consentono all'intelletto di operare in modo più efficace, anche sotto stress. In un esperimento di laboratorio, ad esempio, alcune persone furono sottoposte a uno stress analogo a quello che si presenta in un'ampia gamma di situazioni lavorative: dovevano risolvere problemi di aritmetica in condizioni di pressione crescente per quanto riguardava i tempi loro concessi. Gli individui con livelli di cortisolo più bassi davano le risposte più accurate e continuavano ad essere precisi più a lungo nonostante la tensione insita nella situazione; quelli che avevano livelli di cortisolo superiori erano più ansiosi e irritabili, e mo-

stravano segni di depressione e affaticamento, oltre a dare prestazioni intellettuali molto scadenti. J. Lehmann et al., «Differences in Mental Task Performance and Slow Potential Shifts in Subjects Differing in Cortisol Level», *International Journal of Psychophysiology* 13 (1992).

11. Robert F. Lusch e Rapy Serpkenci, «Personal Differences, Job Tension, Job Outcomes, and Store Performance: A Study of Retail Managers», *Journal of Marketing*, gennaio 1990.
12. La storia della rissa mai avvenuta mi è stata raccontata da Roger Grothe, che allora si occupava della formazione del personale presso le Northwest Airlines.
13. La raccolta e l'analisi dei dati relativi ai soggetti che da bambini avevano partecipato all'esperimento, una volta che ebbero raggiunta la seconda e terza decade di vita, sono state condotte da Philip Peake, psicologo dello Smith College, che ha condiviso i risultati con me.
14. Come mi spiegarono i ricercatori dell'Educational Testing Service di Princeton, che condussero il test, un vantaggio di 210 punti è dello stesso ordine di grandezza di quello riscontrato tra i figli delle famiglie più abbienti e di quelle più povere, oppure tra i figli di genitori che non hanno conseguito un diploma di scuola superiore e quelli che hanno almeno un genitore con un livello di istruzione pari alla laurea o superiore.
15. Il follow-up venne condotto da Philip Peake.
16. Arlie Hochschild, *The Managed Heart: The Commercialization of Human Feeling*, Berkeley: University of California Press, 1983.
17. Blake E. Ashforth and Ronald H. Humphrey, «Emotional Labor in Service Roles: The Influence of Identity», *Academy of Management Review* 18 (1993).
18. James J. Gross e Robert W. Levenson, «Hiding Feelings: The Acute Effects of Inhibiting Negative and Positive Emotion», *Journal of Abnormal Psychology* 106 (1997).
19. Richard Boyatzis, *The Competent Manager: A Model for Effective Performance*, New York: John Wiley and Sons, 1982.
20. Fred Moody, «Wonder Women in the Rude Boy's Paradise», *Fast Company*, giugno-luglio 1996.
21. Le mie ricerche ad Harvard mi offrirono la prima dimostrazione di questo effetto: si veda Daniel Goleman e Gary E. Schwartz, «Meditation as an Intervention in Stress Reactivity», *Journal of Clinical and Consulting Psychology* 44 (1976). Da allora, lo stesso effetto è stato riscontrato in molti altri studi; si veda anche: *Mind/Body Medicine*, a cura di Daniel Goleman e Joel Gurin; New York: Consumer Reports Books, 1994.
22. M. Afzalur Rahim e Clement Psenicka, «A Structural Equations Model of Stress, Locus of Control, Social Support, Psychiatric Symptoms, and Propensity to Leave a Job», *Journal of Social Psychology* 136 (1996).
23. Si veda anche Leonard Syme, «Explaining Inequalities in Heart Disease» *The Lancet*, 26 luglio 1997.

24. R. Karasek e T. Theorell, *Healthy Work: Stress, Productivity, and the Reconstruction of Working Life*, New York: Basic Books, 1990.
25. Sheldon Cohen, articolo presentato in occasione del Third International Congress of the International Society for Neuroimmunomodulation, Bethesda, MD, novembre 1996. Riportato su *Science*, 29 novembre 1996.
26. E.C. Gullete et al., «Effects of Mental Stress on Myocardial Ischemia During Daily Life», *Journal of the American Medical Association* 227 (1997).
27. L.J. Luecken et al., «Stress in Employed Women: Impact of Marital Status and Children at Home on Neurohormone Output and Home Strain», *Psychosomatic Medicine* 59 (1997).
28. Si veda Christine Blank, «Anticortisols Can Help Many», *Drug Topics*, 8 dicembre 1997.
29. Kathleen Fackelman, «The Cortisol Connection», *Science News*, 29 novembre 1997.
30. Richard Lazarus, *Emotion and Adaptation*; New York: Oxford University Press, 1991.
31. James Pennebaker, comunicazione personale.
32. Peter Salovey, John D. Mayer et al., «Emotional Attention, Clarity, and Repair: Exploring Emotional Intelligence Using the Trait Meta-mood Scale», in *Emotion, Disclsure, and Health*, a cura di James W. Pennebaker; Washington: American Psychological Press, 1995.
33. Deborah Sontag e Dan Barry, «Disrespect as Catalyst for Brutality», *The New York Times*, 19 novembre 1997.
34. Elizabeth Brondolo et al., «Correlates of Risk for Conflict Among New York City Traffic Agents», in *Violence on the Job: Identifying Risks and Developing Solutions*, a cura di Elizabeth Q. Bulatao; Washington: American Psychological Association, 1996.
35. Richard A. Boyatzis e James A. Burrus, «The Heart of Human Resource Development: Counseling Competencies», manoscritto non pubblicato, luglio 1995.
36. Lyle M. Spencer Jr e Signe M. Spencer, *Competence at Work: Models for Superior Performance*; New York: John Wiley and Sons, 1993.
37. Boyatzis, *The Competent Manager*.
38. Salvatore R. Maddi e Suzanne C. Kobasa, *The Hardy Executive: Health Under Stress*; Homewood, IL: Dow Jones-Irwin, 1984.
39. L'aneddoto è raccontato in: Stanley Foster Reed, *The Toxic Executive*; New York: HarperBusiness, 1993.
40. Riportato in Henry Fountain, «Of White Lies and Yellow Pads», *The New York Times*, 6 luglio 1997.
41. La valutazione delle 4265 persone è riportata in «Activity Vector Analysis: Some Applications to the Concepts of Emotional Intelligence», Walter V. Clarke ~~ociates di Pittsburgh, giugno 1996.
42. «Activity Vector Analysis».

43. M.R. Barrick e M.K. Mount, «The Big Five Personality Dimensions and Job Performance: A Meta-analysis», *Personnel Psychology* 44 (1991).
44. Murray R. Barrick, Michael K. Mount e Judy P. Strauss, «Conscientiousness and Performance of Sales Representatives: Test of the Mediating Effects of Goal Setting», *Journal of Applied Psychology* 78 (1993).
45. Murray R. Barrick, M.K. Mount e J.P. Strauss, «Antecedents of Involuntary Turnover Due to a Reduction in Force», *Personnel Psychology* 47 (1994).
46. Dennis W. Organ e Andreas Lingl, «Personality, Satisfaction, and Organizational Citizenship Behavior», *The Journal of Social Psychology* 135 (1995).
47. Robert A. Burgelman e Andrew S. Grove, «Strategic Dissonance», *California Management Review* 38, 2 (1996).
48. Queste idee sono sviluppate in: Burgelman e Grove, «Strategic Dissonance».
49. Judith Crown e Glenn Coleman, *The Rise and Fall of the Schwinn Bicycle Company, an American Institution;* New York: Henry Holt, 1996.
50. Boyatzis, *The Competent Manager*.
51. Stratford Sherman: «Levi's: As Ye Sew, So Shall Ye Reap», *Fortune*, 12 maggio 1997.
52. *Handbook of Human Intelligence*, a cura di Robert Sternberg, Cambridge, England: Cambridge University Press, 1988.
53. Teresa Amabile, «The Intrinsic Motivation Principle of Creativity», in *Research in Organizational Behavior*, a cura di Barry Staw e L.L. Cummings, vol. 10; Greenwich, CT: JAI Press, 1988.
54. Gina Imperato «Dirty Business, Bright Ideas», *Fast Company*, febbraio-marzo 1997.
55. Amabile, «The Intrinsic Motivation Principle of Creativity».
56. E.B. Roberts e A.R. Fusfeld, «Staffing the Innovative Technology-Based Organization», *Sloan Management Review* 22 (1981). C.M. Beath, «Supporting the Information Ttechnology Champion», *MIS Quarterly* 15 (1991).

Capitolo 6 – Motivazione

1. Mihaly Csikszentmihalyi, *Flow: The Psychology of Optimal Experience*, New York: Harper and Row, 1990 (*La corrente della vita. La psicologia del benessere interiore*, tr. it. di A. Guglielmini, Milano, Frassinelli, 1992).
2. I dati si basano su un'indagine condotta su 1528 uomini e donne che furono seguiti a intervalli di cinque anni o pressappoco, nel corso di tutta la loro vita, fino agli anni Novanta. Si veda: Carole K. Holahan e Robert R. Sears, *The Gifted Group in Later Maturity*, Palo Alto, CA: Stanford University Press, 1996.

3. Jean Hamilton et al., «Intrinsic Enjoyment and Boredom Coping Scales: Validation with Personality, Evoked Potential and Attention Measures», *Personality and Individual Differences* 5 (1984).
4. Judith LeFevre, «Flow and Quality of Experience During Work and Leisure» in *Optimal Experience: Psychological Studies of Flow in Consciousness*, a cura di M. Csikszentmihalyi e Isabella S. Csikszentmihalyi; Cambridge: Cambridge University Press, 1988.
5. Robert E. Kelley, *How to Be a Star at Work*; Times Books, 1998.
6. William A. Kahn, «To Be Fully There: Psychological Presence at Work», *Human Relations* 45 (1992). William A. Kahn, «Psychological Conditions of Personal Engagement and Disengagement at Work», *Academy of Management Journal* 33 (1990).
7. Maria T. Allison e Margaret C. Duncan, «Women, Work and Flow», in *Optimal Experience*, a cura di Csikszentmihalyi e Csikszentmihalyi.
8. La neurochimica della motivazione comporta senza dubbio l'azione di altre sostanze oltre a quelle citate, dal momento che il cervello secerne continuamente quantità maggiori o minori di più di 200 neurotrasmettitori. Tuttavia, le catecolamine sono i più studiati, e hanno un ruolo preminente nella chimica cerebrale della motivazione. Si veda, ad esempio, U. Lundberg, «Catecholamine and Cortisol Excretion Under Psychologically Different Laboratory Conditions», in *Catecholamines and Stress: Recent Advances*, a cura di J. Usdin, T. Kvetnanski e D. Kopin; North Holland: Elsevier, 1980.
9. Cary Cherniss, *Beyond Burnout*; New York: Routledge, 1995.
10. Si vedano: Richard Boyatzis, *The Competent Manager: A Model for Effective Performance*; New York: John Wiley and Sons, 1982. Lyle M. Spencer e Signe M. Spencer, *Competence at Work: Models for Superior Performance*; New York: John Wiley and Sons, 1993.
11. Spencer e Spencer, *Competence at Work*.
12. Boyatzis, *The Competent Manager*.
13. Da una serie di studi nel corso dei quali venne valutata la chimica cerebrale di persone con elevata motivazione di varia natura, David McClelland ha dedotto che quando viene risvegliato il bisogno di potere è coinvolta la noradrenalina, mentre l'esigenza di affiliazione — il desiderio di sentirsi vicini e legati agli altri — sembra associato alla dopamina, una sostanza chimica coinvolta, oltre che in altri stati d'animo, nella percezione del piacere. A tal proposito si vedano: David C. McClelland et al., «The Relationship of Affiliative Arousal to Dopamine Release», *Motivation and Emotion* 11 (1987). David C. McClelland et al., «The Need for Power, Brain Norepinephrine Turnover, and Memory», *Motivation and Emotion* 9 (1985). Quanto al bisogno di realizzazione e di successo, esso sembra coinvolgere, fra le altre sostanze chimiche cerebrali, un ormone ipofisario, la vasopressina. Si veda David McClelland, «Achievement Motivation in Relation to Achievement Related

Recall, Performance, and Urine Flow, a Marker Associated with Release of Vasopressin», *Motivation and Emotion* 19 (1995). Tuttavia, allo stadio attuale delle nostre conoscenze, tali connessioni specifiche fra motivazioni e biochimica cerebrale sono altamente speculative.
14. Roz Picard, *Affective Computing*, Cambridge, MA: MIT Press, 1998.
15. James D. Duffy, «The Neural Substrates of Emotion», *Psychiatric Annals*, gennaio 1997.
16. In un'analisi di 286 studi condotti su organizzazioni appartenenti a ventun paesi, la motivazione al successo si rivelò la competenza più frequente nel distinguere gli alti dirigenti capaci di prestazioni superiori. Spencer e Spencer, *Competence at Work*.
17. Nel settore di Gates, ossia nello sviluppo dei software, come del resto nella maggior parte delle altre specialità tecniche e professionali, l'aspirazione al successo e alla realizzazione distingue, più di qualsiasi altra competenza, gli individui capaci di prestazioni eccellenti da quelli mediocri. Spencer e Spencer, *Competence at Work*.
18. Michael Klepper e Robert Gunther, *The Wealthy 100: A Ranking of the Richest Americans, Past and Present*, New York: Carol Publishing Group, 1997.
19. John B. Miner et al., «Role of Entrepreneurial Task Motivation in the Growth of Technologically Innovative Firms: Interpretations from Follow-Up Data», *Journal of Applied Psychology* 79 (1994).
20. Carl F. Frost: *Changing Forever: The Well-Kept Secret of America's Leading Companies*; East Lansing: Michigan State University Press, 1996.
21. Ann Graham Ehringer, *Make Up Your Mind*, Santa Monica, CA: Merritt Publishing, 1995.
22. Ken Auletta, «Annals of Communication», *The New Yorker*, 12 maggio 1997.
23. La descrizione della preoccupazione per l'efficienza è in larga misura basata sul modello delle competenze descritto in Spencer e Spencer, *Competence at Work*.
24. Frost, *Changing Forever*.
25. Citato in *Fast Company*, ottobre-novembre 1997.
26. C.S. Leong et al., «The Moderating Effect of Organizational Commitment on the Occupational Stress Outcome Relationship», *Human Relations*, ottobre 1996.
27. Si veda, ad esempio, Arthur Brief e S.J. Motowidlo, «Prosocial Organizational Behaviors», *Academy of Management Review* 11 (1986).
28. Robert Eisenberger et al., «Perceived Organizational Support and Employee Diligence, Commitment and Innovation», *Journal of Applied Psychology* 75 (1990).
29. Spencer e Spencer, *Competence at Work*.
30. Tom Peters, «The Brand Called You», *Fast Company*, agosto-settembre 1997.

31. Adam Werbach: «We Can Sit Here Bemoaning Beavis and Butthead or We Can Learn from Their Appeal», *Time*, 27 giugno 1997.
32. L'aneddoto si trova in Spencer e Spencer, *Competence at Work*.
33. Kelley, *How to Be a Star at Work*.
34. Elliott Jacques, *Requisite Organization*; Arlington, VA: Cason Hall, 1992.
35. Boyatzis, *The Competent Manager*.
36. J. Michael Crant, «The Proactive Personality Scale and Objective Job Performance Among Real Estate Agents», *Journal of Applied Psychology* 80 (1995).
37. Richard H. Rosier (a cura di) *The Competency Model Handbook*, vol. 3; Boston: Linkage, 1996.
38. Citato in Spencer e Spencer, *Competence at Work*.
39. Ferdinand A. Gul et al., «Locus of Control, Task Difficulty, and Their Interaction with Employees' Attitudes», *Psychological Reports* 75 (1994).
40. L'aneddoto sul vicepresidente del marketing troppo prepotente si trova in: Boyatzis, *The Competent Manager*.
41. Boyatzis, *The Competent Manager*.
42. Il caso dei due dirigenti ai quali era stata rifiutata la promozione è descritto in Salvatore E. Maddi e Suzanne C. Kobasa, *The Hardy Executive: Health Under Stress*; Homewood, IL: Dow Jones-Irwin, 1984.
43. Patricia Sellers, «So You Fail. Now Bounce Back», *Fortune*, 1 maggio 1995.
44. Gli studi di Martin Seligman sull'ottimismo e il pessimismo negli agenti assicurativi sono descritti dettagliatamente in: Peter Schulman, «Explanatory Style and Achievement in School and Work» in *Explanatory Style*, a cura di G. Buchanan e Martin Seligman; Hillsdale, NJ: Lawrence Erlbaum, 1995.
45. Boyatzis, *The Competent Manager*; Spencer e Spencer, *Competence at Work*.
46. Spencer e Spencer, *Competence at Work*.
47. Stuart Kirk e Gary Koeske, «The Fate of Optimism: A Longitudinal Study of Case Managers' Hopefulness and Subsequent Morale», *Research in Social Work Practice*, gennaio 1995.
48. Shelley Taylor e J.D. Brown, «Illusion and Well-Being: A Social Psychological Perspective on Mental Health», *Psychological Bulletin* 183 (1988).

Capitolo 7 – Il radar sociale

1. Robert W. Levenson e Anna M. Ruef, «Physiological Aspects of Emotional Knowledge and Rapport», in *Empathic Accuracy*, a cura di William Ickes; New York: Guilford Press, 1997.
2. Il fenomeno riscontrato fra i membri delle coppie sposate, che rispecchiano l'uno la fisiologia dell'altro, ha una nota paradossale. Nelle

coppie che vanno d'accordo meno bene c'è una forte tendenza a instaurare un legame fisiologico durante la visione della videoregistrazione dello scontro: il coniuge che osserva il video si inquieta insieme al partner videoregistrato. Questo tango dell'amigdala, tuttavia, non aiuta l'unione — perché se è vero che ciascun coniuge è altamente empatico riguardo ai sentimenti dell'altro, è vero anche che nessuno dei due agisce in modo costruttivo sulla base di quella conoscenza. Sebbene essi abbiano una grossolana empatia fra di loro, mancano di accuratezza empatica, in quanto non sanno che cosa abbia causato i sentimenti che percepiscono, né hanno idea di che farne per migliorare le cose, o di come evitare che essi si ripresentino in futuro. Si veda Robert Levenson e Anna Ruef, «Emotional Knowledge and Rapport», in *Empathic Accuracy*, a cura di William Ickes; New York: Guilford Press, 1997.
3. Il legame fisiologico era massimo nel caso di potenti emozioni negative come la collera, la paura, il disgusto e il disprezzo. Quando i due partner entravano in rapporto attraverso emozioni positive, la tendenza fisiologica empatica portava ad avere una bassa frequenza cardiaca, a indicazione del fatto che l'amigdala si trovava in un modalità di equilibrio e non di attacco.
4. L'effetto dell'insensibilità aumenta nella misura in cui le proprie forti emozioni differiscono da quelle della persona con cui ci si trova. Fra due persone in collera può ancora esserci una certa risonanza, che invece manca se una di esse è in collera e l'altra è triste. Si veda Levenson e Ruef, «Emotional Knowledge and Rapport».
5. Richard Boyatzis e James Burrus, «Validation of a Competency Model for Alcohol Counselors in the US Navy»; McBer, Boston, 1977.
6. Elaine Hatfield et al., *Emotional Contagion*; New York: Cambridge University Press, 1994.
7. Questi dati sono stati analizzati in Elaine Hatfield et al., *Emotional Contagion*.
8. Elaine Hatfield et al., *Emotional Contagion*.
9. I neuroni dell'amigdala registrano automaticamente le emozioni nelle persone intorno a noi. Studi sui primati dimostrano che essi hanno neuroni che scaricano solo in risposta all'espressione di *specifiche* emozioni, ad esempio una smorfia di paura o un minaccioso scoprire i denti. Si veda: Leslie A. Brothers, in *Science News*, 18 gennaio 1997; e il suo «A Biological Perspective on Empathy», *American Journal of Psychiatry* 146 (1989).
Individui con gravi lesioni dell'amigdala non esibiscono né esprimono il disagio emotivo, indipendentemente dal fatto che si tratti di collera o di paura, e hanno difficoltà a riconoscere gli indizi di felicità e tristezza. Ross Buck e Benson Ginsburg, «Communicative Genes and

Evolution of Empathy», in *Empathic Accuracy*, a cura di William Ickes; New York: Guilford Press, 1997.
10. Wiliam A. Kahn, «Psychological Conditions of Personal Engagement and Disengagement at Work», *Academy of Management Journal* 33 (1990).
11. Howard Friedman e Robert DiMatteo, *Interpersonal Issues in Health Care*, New York: Academic Press, 1982.
12. H. B. Beckman e R.M. Frankel, «The Effect of Physician Behavior on the Collection of Data», *Annals of Internal Medicine* 101 (1984).
13. Wendy Levinson et al., «Physician-Patient Communication: The Relationship with Malpractice Claims Among Primary Care Physicians and Surgeons», *Journal of the American Medical Association*, 19 febbraio 1997.
14. Dorothy Leonard e Jeffrey F. Rayport, «Spark Innovation Through Empathic Design», *Harvard Business Review*, novembre-dicembre, 1997.
15. Spencer e Spencer, *Competence at Work*.
16. Anthony P. Carnevale et al., *Workplace Basics: The Skills Employers Want*; American Society for Training and Development, Arlington, VA, and U.S. Department of Labor, Washington, 1989.
17. R.B. Marks, *Personal Selling*, Boston: Allyn and Bacon, 1991.
18. Bruce K. Pilling e Sevo Eroglu, «An Empirical Examination of the Impact of Salesperson Empathy and Professionalism and Merchandise Salability on Retail Buyers' Evaluations», *Journal of Personal Selling and Sales Management*, inverno 1994.
19. Si veda anche Murray R. Barrick, Michael K. Mount e Judy P. Strauss, «Conscientiousness and Performance of Sales Representatives of the Meditating Effects of Goal Setting», *Journal of Applied Psychology* 78 (1993).
20. Mark Davis e Linda Kraus, «Personality and Empathic Accuracy».
21. Elaine Hatfield et al., *Emotional Contagion*.
22. Laura Shaw et al., «Empathy Avoidance: Forestalling Feeling for Another in Order to Escape the Motivational Consequences», *Journal of Personality and Social Psychology* 67 (1994).
23. Si veda, ad esempio, Richard Boyatzis, *The Competent Manager: A Model for Effective Performance*, New York: John Wiley and Sons, 1982.
24. C. Daniel Batson et al., «Empathy and the Collective Good: Caring for One of the Others in a Social Dilemma», *Journal of Personality and Social Psychology* 68 (1995).
25. Si veda, ad esempio, Hatfield et al., *Emotional Contagion*.
26. Deborah Sholl Humphreys, «Decline as a Natural Resource for Development», presentato al Convegno Annuale della Academy of Management, 1987.
27. Spencer e Spencer, *Competence at Work*.
28. Spencer e Spencer, *Competence at Work*.
29. Richard Boyatzis e James Burrus, «The Heart of Human Resource Development: Counseling Competencies», manoscritto non pubblica-

to, 1995; e anche: Boyatzis e Burrus, «Validation of a Competency Model».
30. Boyatzis, *The Competent Manager*.
31. Christopher Orpen, «The Effect of Mentoring on Employees' Career Success», *Journal of Social Psychology* 135 (1995). David Laband e Bernard Lentz, «Workplace Mentoring in the Legal Profession», *Southern Economic Journal*, gennaio 1995.
32. David Peterson et al., «Management Coaching at Work: Current Practices in Fortune 250 Companies», presentato alla conferenza annuale della American Psychological Association. Toronto, agosto 1996.
33. Spencer e Spencer, *Competence at Work*.
34. Paulette A. McCarty, «Effects of Feedback on the Self-confidence of Men and Women», *Academy of Manageent Journal* 29 (1986).
35. K.S. Crawford et al., «Pygmalion at Sea: Improving the Work Effectiveness of Low Performers», *Journal of Applied Behavioral Science* 16 (1980).
36. Mark Lepper et al., «Motivational Techniques of Expert Human Tutors», in *Computer as CognitiveTools*, a cura di S.P. Lajoie e S.J. Derry; Hillsdale, NJ: Lawrence Erlbaum, 1993.
37. Boyatzis, *The Competent Manager*.
38. Richard Rosier, *The Competency Model Handbook*, vol. 2; Boston: Linkage, 1995.
39. Donald McBane, «Empathy and the Salesperson: A Multidimensional Perspective», *Psychology and Marketing* 12 (1995).
40. Spencer e Spencer, *Competence at Work*.
41. Jennifer Steinhauer, «Whatever Happened to Service?» *The New York Times*, 4 marzo 1997.
42. Per ulteriori dettagli, si veda Spencer e Spencer, *Competence at Work*.
43. Riportato da Steinhauer, «Whatever Happened to Service?».
44. Il libro ignora i dati che dimostrano come le differenze nel QI riscontrate fra bianchi e neri in America non valgano nelle culture caraibiche, dove i neri non sono un gruppo oppresso; né tiene conto del fatto che in ogni società dove esista una classe privilegiata e un gruppo oppresso si riscontra, nei punteggi del QI, la stessa dispersione rilevata fra americani bianchi e neri — il che indica come tale effetto sia da ascriversi alle condizioni economiche e sociali, e non alla razza. Il libro trascura anche di menzionare i dati che dimostrano come — quando i membri di una minoranza oppressa migrano in una cultura nella quale non sono più vittime dell'oppressione — la differenza del QI scompaia nell'arco di una sola generazione. Si veda Ulric Neisser (a cura di) *The Rising Curve: Long Term Gains in IQ*; Washington: APA Press, 1998.
45. Claude M. Steele «A Threat in the Air. How Stereotypes Shape Intellectual Identity and Performance», *American Psychologist*, giugno 1997

46. «Women in Corporate Leadership: Progress and Prospects», *Catalyst*, New York, 1996.
47. La ricerca di Alice Eagly, della Northwestern University, è riportata in *The American Psychological Association Monitor*, agosto 1997.
48. N.M. Hewitt e E. Seymour, «Factors Contributing to High Attrition Rates Among Science and Engineering Undergraduate Majors», rapporto alla Alfred P. Sloan Foundation, 1991.
49. Boyatzis, *The Competent Manager*.
50. È più difficile leggere le emozioni di una persona quando essa proviene da un gruppo con il quale non si ha familiarità. Ad esempio, quando persone provenienti da altre nazioni cercano di leggere le emozioni degli americani nel contesto del test PONS, la loro prestazione è tanto meno soddisfacente quanto più dissimile è la loro cultura da quella degli Stati Uniti: Robert Rosenthal, Judith Hall et al., *Sensitivity to Nonverbal Communications: The PONS Test*; Baltimore: John Hopkins University Press, 1979.
51. David A. Thomas e Robin J. Ely, «Making Differences Matter: A New Paradigm for Managing Diversity», *Harvard Business Review*, settembre-ottobre, 1996.
52. Thomas ed Ely, «Making Differences Matter».
53. Thomas ed Ely, «Making Differences Matter».
54. Il diplomatico politicamente consapevole è descritto da David McClelland nella sua introduzione al libro di Spencer e Spencer *Competence at Work*.
55. Spencer e Spencer *Competence at Work*.
56. Boyatzis, *The Competent Manager*.
57. Riportato in Richard Rozier, *The Competency Model Handbook*, vol. 3.

Capitolo 8 – Le arti dell'influenza

1. Howard Friedman e Ronald Riggio, «Effect of Individual Differences in Nonverbal Expressiveness on Transmission of Emotion», *Journal of Nonverbal Behavior* 6 (1981).
2. Sigal Barsade, «The Ripple Effect: Emotional Contagion in Groups», Yale School of Management, 1998. Sigal Barsade e Donald E. Gibson, «Group emotion: A view from the top and bottom» in *Research on Managing Groups and Teams*, a cura di D. Gruenfeld et al.; Greenwich, Conn.: JAI Press, in corso di stampa, 1998.
3. Robert Levenson e Anna Ruef, «Emotional Knowledge and Rapport», in *Empathic Accuracy*, a cura di William Ickes; New York: Guilford Press, 1997.
4. Hatfield et al., *Emotional Contagion*.
5. Howard Friedman et al., «Understanding and Assessing Non-verbal

Expressiveness: The Affective Communication Test», *Journal of Personality and Social Psychology* 39 (1980).
6. Citato in: Richard Rosier (a cura di), *The Competency Model Handbook*, vol. 3; Boston: Linkage, 1996.
7. Richard Rosier (a cura di), *The Competency Model Handbook*, vol. 3.
8. Richard Boyatzis, *The Competent Manager: A Model for Effective Performance*, New York: John Wiley and Sons, 1982.
9. Boyatzis, *The Competent Manager*.
10. Lyle M. Spencer Jr e Signe M. Spencer, *Competence at Work: Models for Superior Performance*, New York: John Wiley and Sons, 1993.
11. Citato in: Richard Rosier (a cura di), *The Competency Model Handbook*, vol. 3.
12. Spencer e Spencer, *Competence at Work*.
13. Sander Larkin, replica in *Harvard Business Review*, settembre-ottobre 1996.
14. Paul C. Nutt, professore di management presso la Ohio State University, riportato su *Fast Company*, ottobre-novembre, 1997.
15. Spencer e Spencer, *Competence at Work*.
16. Michelle Conlin, «The Truth», *Forbes*, 10 febbraio 1997.
17. *Newsweek*, 12 agosto 1996.
18. John Haas e Christa Arnold, «An Examination of the Role of Listening in Judgements of Communication Competence in Coworkers», *The Journal of Business Communication*, aprile 1995.
19. Walter V. Clarke Associates, Pittsburgh, aprile 1997.
20. Si veda: Ralph Eber et al., «On Being Cool and Collected: Mood Regulation in Anticipation of Social Interaction», *Journal of Personality and Social Psychology* 70 (1996).
21. Goffman citava come esempi principali di individui assenti le persone affette da malattie mentali, che mostrano i propri stati d'animo privati in spazi pubblici. Erving Goffman, *Behavior in Public Places*, New York: Free Press, 1963.
22. Si veda S.M. Lyman e M.B. Scott, «Coolness in Everyday Life», in *The Sociology of the Absurd*, a cura di S.M. Lyman e M.B. Scott; Pacific Palisades, CA: Goodyear, 1968.
23. «Activity Vector Analysis: Some Applications to the Concepts of Emotional Intelligence», Walter V. Clarke Associates, Pittsburgh, giugno 1996.
24. Greg L. Stewart e Kenneth P. Carson, «Personality Dimensions and Domains of Service Performance. A Field Investigation», *Journal of Business and Psychology* 9 (1995).
25. Elsa Walsh, «The Negotiator», *The New Yorker*, 18 marzo 1996.
26. Herbert Kelman, «Negotiation as Interactive Problem-solving», *International Negotiation* 1 (1996).

27. Shankar Ganesan, «Negotiation Strategies and the Nature of Channel Relationships», *Journal of Marketing Research*, maggio 1993.
28. Linda Lantieri e Janet Patti, *Waging Peace in Our Schools*. Boston: Beacon Press, 1996.
29. Martha Brannigan e Joseph B. White, «Why Delta Airlines Decided It Was Time for CEO to Take Off», *Wall Street Journal*, 30-31 maggio 1997. Phyllis Berman e Roula Khalaf, «Sweet-talking the Board», *Forbes*, 15 marzo 1993.
30. Citato in: Stephen Lohr, «On the Road with Chairman Lou», *New York Times*, 26 giugno 1994.
31. G.J. McHugo et al., «Emotional Reactions to a Political Leader's Expressive Displays», *Journal of Personality and Social Psychology* 49 (1985). Nelle capacità di Reagan legate all'intelligenza emotiva c'era anche un aspetto meno brillante, che consisteva in una certa mancanza di consapevolezza di sé, se non proprio di autoillusione. A volte sembrava che non capisse la differenza tra i film che aveva visto e le storie che aveva sentito raccontare da una parte — e i fatti reali dall'altra. Una volta scoppiò in lacrime sotto gli occhi di Yitzhak Shamir, allora Primo ministro di Israele, uscendosene con una storia di quando, nei US Signal Corps, aveva documentato le atrocità dei campi di sterminio tedeschi alla fine della seconda guerra mondiale. Il problema è che Reagan aveva passato tutto il periodo della guerra a Hollywood, arruolando uomini per l'unità cinematografica dell'esercito. Tuttavia, aveva *visto* spezzoni girati nei campi appena liberati e, apparentemente, si era convinto di essere stato là. Si veda Michael Korda, «Prompting the President», *The New Yorker*, 6 ottobre 1997.
32. J.M. George e K. Bettenhausen, «Understanding Prosocial Behavior, Sales Performance, and Turnover: A Group Level Analysis in a Service Context», *Journal of Applied Psychology* 75 (1990).
33. Howard S. Friedman et al., «Understanding and Assessing Non-verbal Expressiveness: The Affective Communication Test», *Journal of Nonverbal Behavior* 6 (1981).
34. Patricia Wasielewski, «The Emotional Basis of Charisma», *Symbolic Interaction* 8 (1985).
35. Nella mia analisi (non pesata) sui modelli di competenza adottati da organizzazioni sparse in tutto il mondo, la proporzione fra quelle facenti capo all'intelligenza emotiva e quelle basate sulle abilità cognitive e l'expertise era di circa l'80 per cento. Ma in molti modelli aziendali di competenza per la leadership il 100 per cento degli ingredienti elencati derivano dall'intelligenza emotiva. Un'analisi pesata, effettuata dalla Hay/McBer, stima che la competenza emotiva contribuisca a prestazioni superiori nel campo della leadership in misura appena inferiore al 90 per cento. Si veda l'Appendice 2.
36. Lyle Spencer et al., *Competency Assessment Methods: History and State of the*

Art, Boston, Hay/McBer, 1997. I direttori generali studiati erano giapponesi, cinesi, filippini, canadesi, statunitensi, messicani, venezuelani, britannici, belgi, francesi, tedeschi, spagnoli e italiani. Questa ricetta per l'eccellenza della leadership sembra approssimativamente la stessa in tutto il mondo; le differenze da una regione all'altra consistono nelle diverse sfumature di espressione delle competenze in una data cultura.

37. Robert E. Kaplan, *Beyond Ambition: How Driven Managers Can Lead Better and Live Better*; San Francisco: Jossey-Bass, 1991.
38. Wallace Bachman, «Nice Guys Finish First: A SYMLOG Analysis of US Naval Commads», in *The SYMLOG Practitioner: Applications of Small Group Research*, a cura di Richard Brian Polley et al.; New York: Praeger, 1988.
39. Polley et al., *The SYMLOG Practitioner*.
40. Spencer e Spencer, *Competence at Work*.
41. David McClelland e Richard Boyatzis, «The Leadership Motive Profile and Long-term Success in Management», *Journal of Applied Psychology* 67 (1982).
42. Boyatzis, *The Competent Manager*.
43. Questa storia si trova in: Eric Ransdell, «IBM's Grassroots Revival», *Fast Company*, ottobre-novemre 1997.
44. Jane Howell e Bruce Avolio, «Transformational Leadership, Transactional Leadership, Locus of Control, and Support for Innovation: Key Predictors of Consolidated-Business-Unit Performance», *Journal of Applied Psychology* 78 (1993).
45. M.B. Bass, *Bass and Stodgill's Handbook of Leadership: Theory, Research and Applications* (terza edizione); New York: Free Press, 1990.
46. Si veda, a tal proposito, la discussione in Blake E. Ashforth e Ronald H. Humphreys, «Emotion in the Workplace: An Appraisal», *Human Relations* 48 (1995).
47. R.J. House et al., «Charismatic and Non-charismatic Leaders: Differences in Behavior and Effectiveness», in *Charismatic Leadership: The Elusive Factor in Organizational Effectiveness*, a cura di J.A. Conger et al.; San Francisco: Jossey-Bass, 1988.
48. Howell e Avolio, «Transformational Leadership».
49. John Kotter, «What Leaders Really Do», *Harvard Business Review*, maggio-giugno 1990.

Capitolo 9 – Collaborazione, squadre e QI dei gruppi

1. John Markoff, «The Soul of a New Economy», *The New York Times*, 29 dicembre 1997.
2. Intervistato da Michael S. Malone, in «John Doerr's Startup Manual», *Fast Company*, febbraio-marzo 1997.

3. Forse la prima a ipotizzare che l'esigenza di cooperazione sia stata una forza che ha plasmato il cervello nel corso dell'evoluzione fu Alison Jolly, nel suo articolo «Lemur Social Behaviour and Primate Intelligence», *Science* 153 (1966).
4. A questo proposito, il più importante teorico è David S. Wilson, nel suo «Incorporating Group Selection into the Adaptationist Program: A Case Study Involving Human Decision-making», in *Evolutionary Social Psychology*, a cura di J. Simpson e D. Kendrick; Hillsdale, NJ: Lawrence Erlbaum, 1997. Sebbene alcuni psicologi evoluzionisti si concentrino sull'abilità dell'uomo di ingannare gli altri interpretandola come una fonte di vantaggio competitivo, essi trascurano i più importanti benefici, arrecati da atti di cooperazione e aiuto reciproco, essenziali alla sopravvivenza stessa del gruppo, e peraltro più diffusi.
5. Il vantaggio evolutivo, comportato dalla cooperazione nell'evoluzione umana, può essere ravvisato nelle bande di scimpanzé; Jane Goodall riferisce che le femmine con alleanze cooperative particolarmente forti con altri individui del proprio sesso hanno piccoli con un tasso di sopravvivenza superiore; quanto alle loro figlie, maturano in età più precoce e si riproducono più rapidamente. Anne Pusey, Jennifer Williams e Jane Goodall: «The Influence of Dominance Rank on Reproductive Success of Female Chimpanzees», *Science*, 8 agosto 1997.
6. Bruce Bower, «Return of the Group», *Science News*, 18 novembre 1995.
7. La principale sostenitrice di questa teoria è Denise Cummins, una psicologa evoluzionista, autrice di *Human Reasoning: An Evolutionary Perspective*; Cambridge, MA: Bradford/MIT Press, 1997.
8. T. Sawaguchi e H. Kudo, «Neocortical Development and Social Structures in Primates», *Primates*, 31, 1990.
9. Si veda Cummins, *Human Reasoning*.
10. Robert E. Kelley, *How to Be a Star at Work*; New York: Times Books, 1998
11. Howard Gardner, *Frames of Mind*; New York: Basic Books, 1983 (*Formae mentis*, tr. it. di Libero Sosio, Milano: Feltrinelli 1993).
12. G.W. Hill, «Group Versus Individual Performance: Are N+1 Heads Better than One?» *Psychological Bulletin* 91 (1982).
13. Roger Dixon, *Interactive Minds*; New York: Cambridge University Press, 1996.
14. R. Meredith Belbin, *Management Teams: Why They Succeed or Fail*; London: Halstead Press, 1982. R. Meredith Belbin, *Team Roles at Work*; London: Butterworth-Heinemann, 1996.
15. I primi a sviluppare il concetto di QI del gruppo sono stati Wendy M. Williams e Robert J. Sternberg nel loro articolo «Group Intelligence: Why Some Groups Are Better than Others», *Intelligence* 12 (1988). Essi definiscono l'intelligenza del gruppo come «d'intelligenza funzionale di un gruppo di persone che lavorano come un'unità».

16. Williams e Sternberg, «Group Intelligence».
17. Michael A. Campion et al., «Relations Between Work Team Characteristics and Effectiveness: A Replication and Extension», *Personnel Psychology* 49 (1996).
18. Jeffrey Katzenberg, osservato da Nathan Myhrvold della Microsoft, e descritto in: Ken Auletta, «The Microsoft Provocateur», *The New Yorker*, maggio 1997.
19. Kelley, *How to Be a Star at Work*.
20. Kelley, *How to Be a Star at Work*.
21. »Venture Capitalists», *The Economist*, 25 gennaio 1997.
22. Citato in John Kotter, *Power in Management*; New York: AMACOM, 1979
23. Richard Boyatzis, *The Competent Manager: A Model for Effective Performance*; New York: John Wiley and Sons, 1982. Robert E. Kaplan, *Beyond Ambition: How Driven Managers Can Lead Better and Live Better*; San Francisco: Jossey-Bass, 1991.
24. Kelley, *How to Be a Star at Work*.
25. Nirmalya Kumar, «The Power of Trust in Manufacturer-Retailer Relationships», *Harvard Business Review*, novembre-dicembre, 1996.
26. Ken Partch, «Partnering: A Win-win Proposition... or the Latest Hula Hoop in Marketing?» *Supermarket Business*, maggio 1991.
27. Kumar, «The Power of Trust».
28. James Krantz, «The Managerial Couple: Superior-Subordinate Relationships as a Unit of Analysis», *Human Resource Management*, estate 1989.
29. Il miglior lavoro su questo insidioso processo è quello ormai classico di Thomas Ogden, *Projective Identification and Psychotherapeutic Technique*; New York: Jason Aronson, 1991.
30. »Owens Corning: Back from the Dead», *Fortune*, 26 maggio 1997
31. Citato in Lawler et al., *Employee Involvement and Total Quality Management: Practices and Results in Fortune 1,000 Companies*; San Francisco: Jossey-Bass, 1992.
32. Richard Moreland et al., «Training People to Work in Groups», in *Applications of Theory and Research on Groups to Social Issues*, a cura di R.S. Tinsdale; New York: Plenum, 1997.
33. In uno stabilimento per la produzione di fibre poliestere, i team migliori ne producevano 31 milioni di libbre all'anno, mentre quelli nella media solo 24. Il valore delle fibre prodotte dai team mediocri era di 33,6 milioni di dollari, contro i 43,4 dei team migliori. Il totale dei salari di un team era di soli 270.000 dollari. La fonte di questi dati è Lyle Spencer Jr, presentazione alla International Family Business Programs Association, Northampton, MA, 11 luglio 1997.
34. Lyle Spencer Jr. et al., *Competency Assessment Methods: History and State of the Art*; Boston: Hay/McBer, 1997.

35. Jean Brittain Leslie e Ellen Van Velsor, «A Look at Derailment Today: North America and Europe», Center for Creative Leadership, Greensboro, NC, 1996.
36. Lyle M. Spencer e Signe M. Spencer, *Competence at Work: Models for Superior Performance*, New York: John Wiley and Sons, 1993.
37. Gli studi effettuati sui team furono presentati da Lyle Spencer Jr e Charles Morrow alla International Conference on Competency-based Tools and Applications to Drive Organizational Performance; Londra, ottobre 1997.
38. C'erano diversi modi in cui i team potevano tradurre le proprie competenze in una prestazione efficace: non tutti i team superiori eccellevano in ciascuna di tali modalità. Una combinazione vincente, per esempio, associava l'esigenza di migliorarsi con un forte interesse interpersonale, il che assicurava che il gruppo fosse coesivo e armonioso nella sua cooperazione. Un'altra combinazione che portava all'eccellenza univa l'esigenza di migliorarsi con una prospettiva verso l'esterno, che poneva l'accento sulle necessità delle altre componenti della compagnia e sulla costruzione di legami con esse.
39. Allen C. Amason, «Distinguishing the Effects of Functional and Dysfunctional Conflict in Strategic Decision Making: Resolving a Paradox for Top Management Teams», *Academy of Management Journal* 39 (1996).
40. Tracy Kidder, *The Soul of a New Machine*, Boston: Little, Brown, 1981.
41. Lee Bolman e Terrence E. Deal, «What makes a team work?», *Organizational Dynamics* 23, 1992
42. Richard E. Boyatzis et al., «Entrepreneurial Innovation in Pharmaceutical Research and Development», *Human resource Planning* 15 (1990).
43. Si veda David S. Wilson, «Incorporating group selection».
44. Si veda, a esempio, L.E. Anderson e W.K. Balzer «The Effects of Timing of Leaders' Opinions on Problem-solving Groups: A Field Experiment», *Group and Organizational Studies* 16 (1991).
45. Susan G. Cohen et al., «A Predictive Model of Self-managing Work Team Effectiveness», *Human Relations* 49 (1996).
46. R.J. Beekun, «Assessing the Effectiveness of Sociotechnical Interventions: Antidote or Fad?» *Human Relations* 47 (1989).
47. Daniel R. Denison et al., «From Chimneys to Cross-functional Teams: Developing and Validating a Diagnostic Model», *Academy of Management Journal* 39 (1996).
48. I segni del flusso si riscontrano anche in quelli che — nel suo fondamentale studio su alcuni di questi team eccezionali — Warren Bennis definisce «Grandi Gruppi». Essi mostrano le stesse caratteristiche degli individui in uno stato di flusso collettivo. Questo è logico; il flusso è lo stato in cui si trova chi sta superando se stesso, e quindi emerge an-

che nei gruppi davvero straordinari. Warren Bennis e Patricia Ward Biederman, *Organizing Genius: The Secrets of Creative Collaboration*, Reading, MA: Addison-Wesley, 1997.
49. Feynman, citato in Bennis e Biederman, *Organizing Genius*.
50. Kidder, *The Soul of a New Machine*.

Capitolo 10 – L'errore da un miliardo di dollari

1. Lo studio sulla competenza emotiva all'American Express mi è stato messo a disposizione da Kate Cannon, direttrice del programma per lo sviluppo della leadership all'American Express Financial Advisors.
2. Le modificazioni cerebrali degli scienziati della Promega vennero misurate avvalendosi del metodo che rappresenta lo stato dell'arte in questo campo, ossia con una MRI funzionale eseguita prima e dopo il training. I partecipanti furono confrontati con un gruppo di controllo randomizzato di colleghi che non si erano ancora sottoposti al training. I dati furono raccolti da Richard Davidson, direttore del Laboratory for Affective Neuroscience presso l'Università del Wisconsin. Il training per esercitare l'attenzione venne offerto da Jon Kabat-Zinn, direttore del programma Stress and Relaxation della Massachusetts Medical School di Worcester.
3. Si veda, ad esempio, H.J. Smith et al., «Just a Hunch: Accuracy and Awareness in Person Perception», *Journal of Nonverbal Behavior* 15 (1991). In effetti, mentre in alcuni test sull'empatia le donne in media riescono meglio degli uomini, le differenze di genere, quali che esse siano, possono essere cancellate insegnando agli uomini a leggere le emozioni con la stessa accuratezza delle donne. Si veda William Ickes (a cura di), *Empathic Accuracy*, New York: Guilford Press, 1997.
4. William Ickes et al., «Studying empathic accuracy in a clinically relevant context», in Ickes (a cura di), *Empathic Accuracy*.
5. John D. Mayer, David R. Caruso e Peter Salovey, «Emotional Intelligence Meets Traditional Standards for an Intelligence», manoscritto non pubblicato, 1997.
6. Reuven Bar-On, *Bar-On Emotional Quotient Inventory: Technical Manual*; Toronto: Multi-Health Systems, 1997.
7. Ronald Ballou et al., «Fellowship in Lifelong Learning: An Executive Development Program for Advanced Professionals», manoscritto non pubblicato, Weatherhead School of Management, 1997.
8. Kelley, *How to Be a Star at Work*, Times Books, 1998.
9. Bruce Tracey et al., «Applying Trained Skills on the Job: the Importance of the Work Environment», *Journal of Applied Psychology* 80 (1995). Un'analisi più generale delle correlazioni fra ciò che le persone imparano nei programmi di training e quello che effettivamente trasferiscono nella

propria vita quotidiana evidenziò che più della metà delle correlazioni riportate fra apprendimento e comportamento era deludentemente bassa — in altre parole, il fatto che la gente non metta in pratica ciò che ha appreso è di comune riscontro. Si veda: G.M. Alliger e E.A. Janak, «Kirkpatrick's Levels of Training Criteria. Thirty Years Later», *Personnel Psychology* 42, 1992.

10. Scott I. Tannenbaum e Gary Yukl, «Training and Development in Work Organizations», *Annual Review of Psychology* 43 (1992).
11. Gerald Edelman, *Neural Darwinism: The Theory of Neuronal Group Selection*; New York: Basic Books, 1987.
12. Tannenbaum e Yukl, «Training and Development».
13. Charley C. Morrow et al., «An Investigation of the Effect and Economic Utility of Corporate-wide Training», *Personnel Psychology* 50 (1997).
14. Timothy T. Baldwin e J. Kevin Ford, «Transfer of Training», *Personnel Psychology* 41 (1988).
15. ASTD Benchmarking Forum, Member-to-Member Survey Results, American Society for Training and Development, Alexandria, Virginia, ottobre 1997.
16. Laurie J. Bassi et al., «The Top Ten Trends», *Training*, novembre 1996.
17. Si veda Morrow et al., «An Investigation of the Effect».
18. Due programmi, rivolti ai manager, vertevano su argomenti cognitivi o tecnici, e non sulle competenze emotive.
19. Sebbene il costo della valutazione effettuata dalla casa farmaceutica fosse una parte irrisoria del budget totale riservato al training, essa non prendeva in esame tutti i programmi di formazione offerti dall'azienda. In ogni modo, come sforzo-pilota, servì a stabilire i metodi per una valutazione continua, presumibilmente adottabile come prassi di routine a un costo ancora decisamente più basso.
20. Richard Boyatzis, «Consequences and Rejuvenation of Competency-based Human Resource and Organization Development», *Research in Organizational Change and Development*, 9 (1993).
21. Robert Dipboye, «Organizational Barriers to Implementing a Rational Model of Training», in *Training for a Rapidly Changing Workforce: Applications of Psychological Research*, a cura di M.A. Quinones e A. Ehrenstein; Washington: American Psychological Association, 1996.
22. William H. Clegg, «Management Training Evaluation: An Update», *Training and Development Journal*, febbraio 1987.
23. Il Consortium on Emotional Intelligence in the Organization può essere raggiunto nella persona del mio co-presidente, dott. Cary Cherniss, presso la Graduate School of Applied and Professional Psychology, Rutger University, Piscataway, New Jersey 08855-0819.
24. Il rapporto finale del Consortium può essere ottenuto richiedendolo al

Note

dottor Cary Cherniss (vedi nota 14) o accedendo al sito web: Http://www.EIConsortium.org.

25. L'iniziativa della Weatherhead e i dettagli sul corso «Managerial Assessment and Development» sono specificati in: Richard Boyatzis et al., *Innovation in Professional Education: Steps on a Journey from Teaching to Learning*, San Francisco: Jossey Bass, 1995.

26. Le competenze includono, fra le altre, la fiducia in se stessi, l'iniziativa, la flessibilità, l'autocontrollo, l'empatia, l'abilità di persuadere gli altri, la capacità di istituire reti e di servirsene, l'abilità nel negoziato, nella leadership e nel saper valorizzare gli altri. Sono comprese anche capacità analitiche e tecniche.

27. Boyatzis et al., *Innovation in Professional Education*.

28. Ronald Ballou et al., «Fellowship in Lifelong Learning»; Richard Boyatzis e Robert Wright, «Competency Development in Graduate Education: A Longitudinal Perspective», presentato alla First World Conference on Self-Directed Learning; Boston, settembre 1997.

29. J. Curran, *A Manual for Teaching People Successful Job Search Strategies*; Ann Arbor: Michigan Prevention Research Center, Institute for Social Research, University of Michigan, 1992.

30. Richard H. Price, «Psychosocial Impact of Job Loss on Individuals and Families», *Current Directions in Psychological Science* 1 (1992).

31. Robert Caplan, A.D. Vinokur e Robert Price, «Field Experiments in Prevention-focused Coping», in *Primary Prevention Works*, a cura di George Albee e Thomas Gullotta; Thousand Oaks, CA: Sage, 1997.

Capitolo 11 - Le prassi ottimali

1. Si veda, ad esempio, Chris Argyris e S.A. Schon, *Theory in Practice: Increasing Professional Effectiveness*, San Francisco: Jossey-Bass, 1974.

2. David McClelland, «Assessing Competencies Associated with Executive Success Through Behavioral Interviews», manoscritto non pubblicato, 1996.

3. I metodi sono descritti dettagliatamente in diverse fonti; si veda, ad esempio, Lyle M. Spencer Jr e Signe M. Spencer, *Competence at Work: Models for Superior Performance*, New York: John Wiley and Sons, 1993.

4. Si veda, ad esempio, Spencer e Spencer, *Competence at Work*; David Dubois, *Competency-Based Performance Improvement: A Strategy for Organizational Change*; Amherst, MA: HRD Press, 1993.

5. Spencer e Spencer, *Competence at Work*.

6. L'accuratezza empatica nei confronti di persone molto diverse da noi — proprio come qualsiasi altra competenza emotiva — può essere appresa. Noi includemmo un training sulla lettura dei sentimenti dal volto di persone appartenenti a culture con le quali le hostess avevano po-

ca familiarità. Adattammo inoltre il modo di accostarsi all'empatia, così da armonizzarlo alle realtà cross culturali di quel particolare tipo di lavoro. Il risultato fu che, sei mesi dopo, le hostess di un importante scalo estero, che erano state oggetto di molte lamentele da parte dei passeggeri, non ricevevano più reclami.

7. Mark Davis e Linda Kraus, «Personality and Accurate Empathy» in *Empathic Accuray*, a cura di William Ickes; New York: Guilford Press, 1997.
8. Una misura dell'intero spettro delle capacità dell'intelligenza emotiva che ho sviluppato insieme ad altri è l'Emotional Competence Inventory — 360 (ECI-360), che può essere richiesto agli Emotional Intelligence Services, Sudbury, MA, 01776. Indirizzo e-mail: EISGlobal@AOL.com.
9. Mark R. Edwards e Ann J. Ewen, *360° Feedback*, New York: AMACOM, 1996.
10. Si veda, ad esempio, «Performance Review Input by Peers Catches on at More Firms», *Los Angeles Times*, 17 aprile 1997.
11. La regola del 20 per cento si basa su dati provenienti da un'ampia gamma di programmi per il cambiamento comportamentale, ma la sua conclusione sembra adattarsi anche allo sviluppo e al training nelle organizzazioni. Si veda James O. Prochaska et al., *Changing for Good*; New York: Avon, 1994.
12. Prochaska, *Changing for Good*.
13. Miguel Quinones, «Contextual Influences on Training Effectiveness» in *Training for a Rapidly Changing Workforce: Applications of Psychological Research*, a cura di M.A. Quinones e A. Ehrenstein; Washington: American Psychological Association, 1996.
14. Ellen Van Velsor e Christopher Musselwhite, «The Timing of Training, Learning, and Transfer», *Training and Development Journal*, agosto 1986.
15. Si veda, ad esempio, Miguel Quinones, «Pretraining Context Effects: Training Assignment as Feedback», *Journal of Applied Psychology* 80 (1995).
16. Si veda, ad esempio, Scott I. Tannenbaum e Gary Yukl, «Training and Development in Work Organizations», *Annual Review of Psychology* 43 (1992).
17. Richard Boyatzis et al., *Innovation in Professional Education: Steps on a Journey from Teaching to Learning*; San Francisco: Jossey-Bass, 1995.
18. C.R. Snyder, *The Psychology of Hope*; New York: Free Press, 1993.
19. Snyder, *The Psychology of Hope*.
20. Hazel Markus e Peter Nurius, «Possible Selves», *American Psychologist* 41 (1989).
21. Il lettore troverà i principi fondamentali per la prevenzione delle ricadute in *Relapse Prevention*, a cura di Alan Marlatt e Judith Gordon; New York: Guilford Press, 1985. L'adattamento al training e allo sviluppo nelle organizzazioni è descritto in: Robert D. Marx, «Relapse Prevention for Managerial Training: A model for Maintenance of Behavior

Change», *Academy of Management Review* 7 (1982); e in Robert D. Marx, «Improving Management Development Through Relapse Prevention Strategies», *Journal of Management Development* 5 (1993).
22. Quinones, «Contextual Influences on Training Effectiveness».
23. F.N. Dempster, «The Spacing Effect: A Case Study in the Failure to Apply the Results of Psychological Research», *American Psychologist* 43 (1990).
24. Lyle Spencer e Charles Morrow hanno fatto l'analisi dei dati, che è riportata in: Lyle Spencer, «Competency Assessment Methods: What Works; Assessment, Development and Measurement», Hay/McBer, 1997.
25. Si veda, ad esempio, Timothy T. Baldwin e J. Kevin Ford, «Transfer of Training», *Personnel Psychology* 41 (1988).
26. Gran parte della ricerca sui benefici apportati da sforzi più prolungati volti a ottenere una modificazione del comportamento è stata compiuta da Kenneth Howard, uno psicologo della Northwestern University. Si veda, a esempio, Kenneth Howard et al., «The Dose-effect Relationship in Psychotherapy», *American Psychologist*, 41 (1986). Kenneth Howard et al., «Evaluation of Psychotherapy», *American Psychologist* 51 (1996).
27. Kathy E. Kram, «A Relational Approach to Career Development», in *The Career is Dead — Long Live the Career*, a cura di Douglas T. Hall and Associates; San Francisco: Jossey-Bass, 1996.
28. Judith Jordan et al. (a cura di), *Women's Growth in Connections;* New York: Guildford Press, 1991. Come indica il titolo, la modalità relazionale del mutuo apprendimento è più spontanea nelle donne che negli uomini (almeno negli Stati Uniti).
29. Si veda, ad esempio, R.K. Fleming e B. Sulzer-Azaroff, «Peer Management: Effects on Staff Teaching Performance», presentato alla Fifteenth Annual Convention of the Association for Behavioral Analysis, Nashville, Tennessee, 1990. Citato in: Tannenbaum e Yukl, «Training and Development».
30. A partire dal lavoro pionieristico di Albert Bandura esiste una ricca documentazione sul potere dei modelli positivi nella modificazione del comportamento. Si veda, ad esempio, Albert Bandura, «Psychotherapy Based on Modeling Principles», in *Handbook of Psychotherapy and Behavior Change: An Empirical Analysis*, a cura di A.E. Bergin e S.L. Garfield; New York: John Wiley and Sons, 1971.
31. Si veda, ad esempio, H.M. Weiss, «Subordinate Imitation of Supervisor Behavior: The Role of Modeling in Organizational Socialization», *Organizational Behavior and Human Performance* 19 (1977).
32. Charles C. Manz e Henry P. Sims, «Beyond Imitation: Complex Behavioral and Affective Linkages Resulting from Exposure to Leadership Training Models», *Journal of Applied Psychology* 71 (1986).
33. Episodio citato in Cherniss, *Beyond Burnout*.
34. David Kolb e Richard Boyatzis, «Goal Setting and Self-directed Behavior Change», *Human Relations* 23 (1970).

35. Si veda, ad esempio, Van Velsor e Musselwhite, «The Timing of Training».
36. Riportato in *Business Week*, 20 ottobre 1997.
37. William H. Clegg, «Management Training Evaluation: An Update», *Training and Development Journal*, febbraio 1987.
38. Tannenbaum e Yukl, «Training and Development».
39. Il follow-up condotto dalla Weatherhead School è sotto la direzione di Richard Boyatzis.

Capitolo 12 – Il polso dell'organizzazione

1. Mary York, U.S. Office of Personnel Management, rapporto non pubblicato, novembre 1997. Fra gli strumenti e i modelli di valutazione per le organizzazioni capaci di elevate prestazioni inclusi in quest'analisi si veda: S.M. Arad e M.A. Hanson, «High Performance Workplaces: A Construct Definition», presentato alla Dodicesima conferenza annuale della Society for Industrial and Organization Psychology, St. Louis, MO; David Campbell, *The Campbell Organizational Survey: For Surveying Employee Attitudes about Organizational Issues;* National Computer Systems, 1988. James Collins e J.J. Porras, *Built to Last: Successful Habits for Visionary Companies;* New York: Harper Collins Publishers, 1994. D.R. Denison, *Organizational Dynamics: Bring Corporate Culture to the Bottom Line*; New York: American Management Association, 1984. D.R. Denison e A.K. Mishra, «Toward a Theory of Organizational Culture and Effectiveness», Organization Science, vol 6 (2), 1995. D.R. Denison e W.S. Neale, *DENISON: Organizational Culture Survey, Linking Organizational Culture to the Bottom Line;* AVAIT, 1994. Jac Fitz-Enz, *The 8 Practices of Exceptional Companies: How Great Organizations Make the Most of Their Human Assets*; New York: American Management Association, 1997. D.J. Kravetz, *The Human Resource Revolution: Implementing Progressive Management Practices for Bottom-Line Success*; San Francisco: Jossey-Bass Publishers, 1988. United States Office of Personnel Management, *Building a Model Agency: Changing OPM's Culture to Support Workplace Partnership and Diversity Initiatives, Organizational Assessment Survey*; Washington: US Office of Personnel Management, 1995.
2. Nell'analisi preliminare, solo una — o più spesso nessuna — delle liste delle dimensioni fondamentali per l'efficienza a livello di organizzazione corrispondeva alla competenza emotiva collettiva.
3. Si veda Chris Argyris, «Interpersonal Barriers to Decision Making», *Harvard Business Review*, marzo-aprile, 1966.
4. Carl F. Frost, *Changing Forever: The Well-Kept Secret of America's Leading Companies*; East Lansing: Michigan State University Press, 1996.

Note

5. William Jennings, «A Corporate Conscience Must Start at the Top», *New York Times*, 29 dicembre 1996.
6. Jennings, «A Corporate Conscience».
7. Christina Maslach e Michael P. Leiter, *The Truth About Burnout: How Organizations Cause Personal Stress and What to Do About It*, San Francisco: Jossey-Bass, 1998.
8. Michael P. Leiter et al., «The Correspondence of Nurse Burnout and Patient Satisfaction», *Social Science and Medicine*, in corso di stampa, 1998.
9. John W. Jones et al., «Stress and Medical Malpractice: Organizational Risk Assessment and Intervention», *Journal of Applied Psychology* 73 (1988).
10. Michael P. Leiter e L. Robichaud, «Relationships of Occupational Hazards with Burnout: An Assessment of Measures and Models», *Journal of Occupational Health Psychology* 2 (1997); Maslach e Leiter, *The Truth About Burnout*.
11. Maslach e Leiter, *The Truth About Burnout*.
12. Peter Senge et al., *The Fifth Discipline Fieldbook: Strategies and Tools for Building a Learning Organization*; New York: Doubleday Currency, 1994.
13. Gran parte della mia descrizione del subbuglio emotivo affrontato in occasione del lancio della Lincoln Continental del 1995, e del modo in cui quei problemi furono poi risolti, proviene dal resoconto riportato da George Roth e Art Kliener in «The Learning Initiative at the AutoCo Epsilon Program, 1991-1994», distribuito dal Center for Organizational Learning del MIT, 1995. Sebbene il documento descriva l'applicazione, in quella circostanza, dei principi dell'apprendimento a livello di organizzazione, esso tratta anche, inevitabilmente, della dinamica sociale ed emotiva, dal momento che nella vita le due componenti sono intimamente intrecciate.
14. Per ulteriori informazioni sul metodo, si veda Chris Argyris, *Overcoming Organizational Defenses*; New York: Prentice-Hall, 1990.
15. Per ulteriori informazioni sul metodo delle due colonne, si veda Peter Senge et al., *The Fifth Discipline Fieldbook*. Sebbene questo metodo sia sempre presentato come un modo per portare in superficie pensieri e sentimenti nascosti, nella pratica le emozioni che accompagnano i pensieri sembrano spesso ignorate, nonostante in teoria siano importanti proprio come quelli.
16. Zeniuk si espresse così in occasione di una relazione insieme a Fred Simon, tenuta al Council for Continuous Improvement, «Learning to Learn: A New Look at Product Development», 1996.

Capitolo 13 – Il cuore della prestazione

1. L'incontro alla General Electrics è descritto in L.B. Ward, «In the Executive Alphabet You Call Them C.L.O.'s», *New York Times*, 4 febbraio 1996.

2. Mary Ann Glynn, «Innovative Genius: A Framework for Relating Individual and Organizational Intelligences to Innovation», *Academy of Management Review* 21 (1996). Glynn dà questa definizione in qualche modo un poco macchinosa: «L'intelligenza di un'organizzazione è la sua capacità di elaborare, interpretare, codificare, manipolare e accedere all'informazione in modo finalizzato, diretto a un obiettivo, così che essa possa aumentare il suo potenziale adattativo nell'ambiente in cui opera.»
3. Questa definizione dell'intelligenza è una variante di quella proposta da Howard Gardner nel suo libro *Frames of Mind;* New York: Basic Books, 1983 (*Formae mentis*, tr. it. di Libero Sosio; Milano: Feltrinelli 1993).
4. John Seely Brown e Estee Solomon Gray, «The People Are the Company», *Fast Company*, novembre 1995.
5. Jac Fitz-Enz, «The Truth About Best Practices: What They Are and How to Apply Them», *Human Resources Management*, primavera 1997.
6. Jac Fitz-Enz, *The Eight Practices of Exceptional Companies*; New York: American Management Association, 1997.
7. Naturalmente, l'intelligenza emotiva collettiva non è che una fra le innumerevoli forze complesse in gioco nel determinare la prestazione dell'azienda.
8. Oltre a utili fonti presso l'azienda, mi sono servito dello studio della Harvard Business School, «Egon Zehnder International», effettuato da Eunice Lai e Susan Harmeling sotto la guida del professor Michael Y. Yoshino, Harvard Business School (N9-395-076), 2 novembre 1994.
9. Nancy Garrison-Jenn, Economist Intelligence Unit, 1996.

Alcune considerazioni conclusive

1. Delle compagnie elencate nel 1955, nel 1995 trecentoventicinque erano scomparse. Si veda Charles J. Bishop, rapporto annuale del 1995 dell'Industrial Research Institute, citato in Philip H. Abelson, «The Changing Frontiers of Science and Technology», *Science*, 26 luglio 1996.
2. Questo studio fu effettuato da Michael Hair della Frank N. Magid Associates di Los Angeles, ed è riportato in Dudley Buffa e Michael Hair, «How knowledge workers vote», *Fast Company*, ottobre-novembre 1996.

Appendice 1

1. Si veda Howard Gardner, *Frames of Mind*; New York: Basic Books, 1983 (*Formae mentis*, tr. it. di Libero Sosio; Milano: Feltrinelli, 1993). Oltre alle abilità cognitive standard, come il ragionamento matematico e la fluenza verbale (e anche altre intelligenze, negli ambiti del movimento e della musica), Gardner propose l'esistenza di due «intelli-

genze personali»: una per gestire se stessi e l'altra per guidare le proprie relazioni. Ma nelle sue descrizioni delle intelligenze personali, Gardner pone sempre l'accento sui loro elementi cognitivi esplorando poco il ruolo essenziale che le emozioni hanno in questi regni.
2. Peter Salovey e John D. Mayer, «Emotional Intelligence», *Imagination, Cognition, and Personality* 9 (1990).
3. La teoria di Reuven Bar-On sull'intelligenza emotiva apparve per la prima volta nella sua tesi di dottorato che, corredata di ulteriori ricerche, fu poi esposta in: Reuven Bar-On, «The Development of a Concept and Test of Psychological Well-Being», manoscritto non pubblicato, 1992. Essenzialmente, il suo modello descrive l'intelligenza emotiva come «una gamma di abilità personali, emotive e sociali che influenza la capacità di fronteggiare le esigenze e le pressioni dell'ambiente». Le quindici abilità fondamentali sono raggruppate in cinque categorie: capacità intrapersonali (l'abilità di essere consapevoli del proprio sé, di capire le proprie emozioni e di affermare i propri sentimenti e le proprie idee); capacità interpersonali (l'abilità di essere consapevoli e di capire i sentimenti degli altri, di preoccuparsi di loro in generale, e di stabilire relazioni emotivamente intime); l'adattabilità (la capacità di verificare i propri sentimenti, di giudicare accuratamente la situazione contingente, di modificare con flessibilità sentimenti e pensieri, e di risolvere problemi); strategie per la gestione dello stress (la capacità di far fronte allo stress e di controllare forti emozioni); e, infine, fattori motivazionali e relativi all'umore generale (la capacità di essere ottimisti, di godere di se stessi e degli altri, e di sentire ed esprimere felicità).

Appendice 2

1. Richard Boyatzis, *The Competent Manager: A Model for Effective Performance*; New York: John Wiley and Sons, 1982.
2. Si veda, ad esempio, Elliott Jacques, *Requisite Organization*; Arlington, VA: Cason Hall, 1989.

Appendice 3

1. Si veda, ad esempio, Tiffany Graham e William Ickes, «When Women's Intuition Isn't Greater than Men's», in *Empathic Accuracy*, a cura di William Ickes; New York: Guilford Press, 1997.
2. Graham e Ickes, «When Women's Intuition Isn't Greater than Men's».
3. Si veda Judith Hall, *Nonverbal Sex Difference*; Baltimore: John Hopkins University Press, 1984.

4. Graham e Ickes, «When Women's Intuition Isn't Greater than Men's».
5. Graham e Ickes, «When Women's Intuition Isn't Greater than Men's».
6. Graham e Ickes, «When Women's Intuition Isn't Greater than Men's».
7. Ickes, citato in *Science News*, 23 marzo 1996.

Appendice 4

1. Claude M. Steele, «A Threat in the Air: How Stereotypes Shape Intellectual Identity and Performance». *American Psychologist*, giugno 1997.

Appendice 5

1. Adattato da Lyle Spencer Jr et al., *Competency Assessment Methods: History and State of the Art*; Boston: Hay/McBer, 1997.
2. Scott I. Tannenbaum e Gary Yukl, «Training and Development in Work Organizations», *Annual Review of Psychology* 43 (1992).
3. Miguel Quinones, «Contextual Influences on Training Effectiveness», in *Training for a Rapidly Changing Workforce: Applications of Psychological Research*, a cura di M.A. Quinones e A. Ehrestein; Washington: American Psychological Association, 1996.

Indice

Ringraziamenti .... pag. 7

PARTE PRIMA
Oltre l'expertise

1 - Il nuovo criterio 13
2 - Competenze per eccellere 28
3 - Valutazione precisa delle competenze «soft» 46

PARTE SECONDA
Padronanza di sé

4 - La guida interiore 67
5 - Padronanza di sé 95
6 - Motivazione 132

PARTE TERZA
Abilità sociali

7 - Il radar sociale 163
8 - Le arti dell'influenza 197
9 - Collaborazione, squadre e QI dei gruppi 237

PARTE QUARTA
Un nuovo modello di apprendimento

10 - L'errore da un miliardo di dollari 279
11 - Le prassi ottimali 305

PARTE QUINTA
L'organizzazione intelligente sul piano emotivo

12 - Il polso dell'organizzazione 331
13 - Il cuore della prestazione 349

Alcune considerazioni conclusive 367

Appendici

Appendice 1 - Intelligenza emotiva 375
Appendice 2 - Calcolare le competenze di chi eccelle 377
Appendice 3 - Genere ed empatia 381
Appendice 4 - Strategie per trarre vantaggio
  dalla diversità 384
Appendice 5 - Ulteriori questioni sul training 386

Note 393

Finito di stampare nell'agosto 2019 presso
Grafica Veneta – via Malcanton, 2 – Trebaseleghe (PD)
Printed in Italy